दया प्रकाश सिन्हा

नाट्य-समग्र

हास्य-व्यंग्य एवं सामाजिक नाटक

खण्ड एक

स्वीकृति हेतु पता :
बी-255, सेक्टर-26
नोएडा-201301
ई-मेल : dpsinha50@hotmail.com तथा
pkbharti2004@yahoo.com

दया प्रकाश सिन्हा

नाट्य-समग्र

खण्ड एक

हास्य-व्यंग्य एवं सामाजिक नाटक

वाणी प्रकाशन

वाणी प्रकाशन

4695, 21-ए, दरियागंज, नयी दिल्ली 110 002

शाखा

अशोक राजपथ, पटना 800 004

फ़ोन : +91 11 23273167 फ़ैक्स : +91 11 23275710

www.vaniprakashan.in
vaniprakashan@gmail.com
sales@vaniprakashan.in

HASYA-VYANGYA EVAM SAMAJIK NATAK-1
by Daya Prakash Sinha

ISBN : 978-93-87889-14-9
Collection of Play

प्रथम संस्करण

मूल्य : ₹899

हर्ष प्रिंटर्स, दिल्ली-110 093 में मुद्रित

वाणी प्रकाशन का लोगो मक़बूल फ़िदा हुसेन की कूची से

मेरी नाटक-यात्रा

मेरे अतिप्रसिद्ध नाटक 'कथा एक कंस की' में एक संवाद है–''कहाँ से प्रारम्भ होती है यह कथा?'' यही प्रश्न मैं आज अपने आप से पूछ रहा हूँ–''कहाँ से प्रारम्भ होती है मेरी नाटक-यात्रा?'' साथ ही इससे जुड़ा एक दूसरा प्रश्न भी उठता है–''क्या था उद्देश्य मेरी नाटक-यात्रा का? क्यों प्रारम्भ की मैंने अपनी नाटक-यात्रा?'' मेरे पास इन प्रश्नों का कोई उत्तर नहीं है। सच तो यह है कि बिना सोचे समझे ही मैं निकल पड़ा था, नाटक की राह पर। इसके पीछे न तो कोई निश्चित योजना थी; न उस मंज़िल का ज्ञान, जहाँ मैं पहुँचना चाहता था। न वह लक्ष्य, जिसे मैं प्राप्त करना चाहता था। बस अपने आप ही नाटक और रंगमंच के दुरूह किन्तु रंगारंग मार्ग पर मेरे पैर भटक गये।

क्या वह भटकना मेरी नियति थी; या यह पूर्व जन्म के संस्कार थे; अथवा यह मेरे शरीर की आन्तरिक बनावट का प्रतिफल था, जिसे आधुनिक विज्ञान में 'जीन्स' **(genes)** कहते हैं?

मुझे एक धुँधली-सी याद है कि जब मैं चार-पाँच साल का था, तो अपने माता-पिता के साथ सिनेमा देख रहा था। सिनेमा के चित्रपट पर कोई रो रहा था। और मेरे मन में कौंधा कि देखो वह रो रहा है और इतने सारे लोग उसे देख रहे हैं। मैं जब रोता हूँ, तो मुझे कोई नहीं देखता। उस विचार की स्मृति मेरे मन में गहरी उतर गयी। इसीलिए तो यह आज भी याद है। इससे लगता है कि प्रदर्शन-प्रियता मेरे व्यक्तित्व की बनावट का अंग रही है, जिसने अनजाने ही मुझे नाटक और रंगमंच के मार्ग पर ढकेल दिया। प्रदर्शन-प्रियता!!

मेरी आयु सात वर्ष की थी। उस समय, मेरे पिता जी की नियुक्ति उत्तर प्रदेश के एक छोटे से नगर फर्रुख़ाबाद में थी। वहाँ उनके मित्रों ने प्रसिद्ध बंगाली नाटककार द्विजेन्द्र लाल राय के नाटक 'चन्द्रगुप्त' का मंचन किया था। सिकन्दर की भूमिका में वहाँ के सबसे बड़े डॉक्टर थे। चन्द्रगुप्त की भूमिका में वहाँ के एक प्रसिद्ध वकील थे। मेरे पिता जी चाणक्य की भूमिका में थे। मुझे नाटक के निर्देशक का नाम याद नहीं है। उसने चाणक्य को लम्बी चोटी के साथ लम्बी

दाढ़ी भी दी थी। यद्यपि नाटक किसी कन्या विद्यालय के लिए धन संग्रह के उद्देश्य से मंचस्थ किया गया था, किन्तु नाटक में स्त्री-पात्रों की भूमिका भी पुरुष निर्वहन कर रहे थे। उस नाटक के अनेक दृश्य, सात दशकों के बाद भी मेरी स्मृति में सजीव हैं।

फिर नौ-दस वर्ष की आयु में, उत्तर प्रदेश के एक दूसरे नगर मैनपुरी में 'लैला मजनूँ' नाटक देखा। यह नाटक पेशेवर पारसी थियेटर कम्पनी की प्रस्तुति थी। वहाँ देखा कि कैसे मजनूँ अपनी लैला के लिए कपड़े फाड़ देता है; और फिर फटे चिथड़ों में पागल सा वह 'लैला-लैला' कहता हुआ भटकता है।

इसके कुछ दिनों बाद, मुझे नौटंकी देखने का अवसर प्राप्त हुआ। उन दिनों द्वितीय विश्वयुद्ध चल रहा था। भारत पर जापान के हमले का डर मँडरा रहा था। नौटंकी का एक गीत मुझे अब तक याद है–"हिन्दुस्तान में आ नहीं सकता, जर्मन या जापान।" साथ ही नौटंकी में बजते नगाड़े की भी याद है।

उन्हीं दिनों दशहरे पर, हम लोग मोहल्ले में रामलीला का खेल भी करते थे। धनुष-बाण धारण कर राम-लक्ष्मण बन जाते थे।

बारह-तेरह वर्ष की आयु में फ़ैज़ाबाद इण्टर कॉलेज में नाटक में भाग लिया। दस-पन्द्रह मिनट की नाटिका थी वह।

जैसे-जैसे आयु बढ़ रही थी, वैसे-वैसे नाटक के प्रति आकर्षण और जिज्ञासा भी बढ़ रही थी। उस समय 14-15 वर्ष की आयु थी। फ़ैज़ाबाद में घर के सामने राम-जानकी मन्दिर था। उसमें रामलीला में भाग लेने वाली 'मूर्तियों' का 'मेकअप' होता था। मेकअप-मैन उनको गोरा बनाने के लिए एक सफ़ेद लेप उनके चेहरे और हाथों पर लगाता था। उस सफ़ेद लेप को 'मुर्दासंख' कहते थे। 'मुर्दासंख' के बाद, गालों और होंठों पर लाली लगाई जाती। फिर आँखों में काजल लगाया जाता। उसके बाद बिन्दी, तिलक, दाढ़ी वग़ैरा लगाये जाते। देखते-देखते सामान्य आदमियों का पौराणिक चरित्रों में परिवर्तन मुझे बहुत आकर्षित करता। मैं घण्टों इसे देख सकता था। एक दिन एक आदमी बनियान और पायजामा पहने मेरे पास आया। उसके हाथ में दो कुल्हड़ थे; और एक लाल कपड़ा था। लाल कपड़ा मेरे हाथों में देकर उसने दोनों कुल्हड़, उलटे करके अपने सीने पर रख दिये। फिर उसने इशारे से उस लाल कपड़े से कुल्हड़ों को अपने सीने पर बाँधने को कहा। मैं कुछ सकुचाया, फिर हिम्मत करके उन कुल्हड़ों को उसके सीने पर बाँध दिया। चोली की तरह उस कपड़े की गाँठ उस आदमी की पीठ पर लगाई। उस आदमी ने कुल्हड़ हिलाकर देखा। इस बात से सन्तुष्ट होने के बाद कि कुल्हड़ ठीक से बँधे हैं, उसने रंगीन कुर्ती (ब्लाउज़) पहनी। पाजामे

पर लहँगा चढ़ाया। सिर पर दो चोटी वाला 'विग' लगाया। और देखते ही देखते वह आदमी से औरत बन गया। बाद में, रामलीला में मैंने देखा, वह 'शूर्पणखा' बनकर अदाएँ मारता, आँखें नचाता, कामुकता से कूल्हे मटकाता और कुल्हड़ों को हिलाता, दशकों को रिझाता घूम रहा है। उस दिन मेरी निगाहें उन कुल्हड़ों से नहीं हट सकीं।

फिर सतरह-अट्ठारह वर्ष की आयु में इलाहाबाद विश्वविद्यालय में प्रवेश। उसी वर्ष यूनिवर्सिटी यूनियन की कार्यकारिणी की सदस्यता के लिए चुनाव लड़ा। ऐसे ही किसी मित्र ने सुझाव दिया था, और यूँ ही खेल-खेल में मैं चुनाव लड़ गया। और जीत भी गया।

यूनियन की किसी बैठक में, आयोजन हेतु, कार्यक्रमों पर विचार हो रहा था। मैंने कहा कि मैं 15-20 मिनट का एक नाटक प्रस्तुत करूँगा। इस प्रस्ताव को देने के पहले कोई सोच-विचार मैंने नहीं किया था। बस उसी क्षण यह विचार आया कि मुझे नाटक करना चाहिए, और मैंने आत्मविश्वास से कहा कि मैं नाटक करूँगा। नहीं जानता, कहाँ से आया यह आत्मविश्वास। संयोग से मेरा प्रस्ताव स्वीकार हो गया।

मैंने एक नाटक लिखा। मेरा पहला नाटक। शीर्षक था–'भूख'। उस समय दरिद्रों और वंचितों के प्रति सहानुभूति हवा में थी; सिनेमा में थी, और विद्यार्थियों में भी थी। और फिर नाटक हुआ। यूनिवर्सिटी यूनियन का हॉल खचाखच भरा हुआ था। बालकनी में भी तिल भर जगह नहीं थी। मैं स्वयं नाटक का हीरो था। उसमें दृश्य था कि मैं अपने आप से प्रश्न पूछता हूँ, और उसका उत्तर मेरी अन्तरात्मा की आवाज देती है। मेरी अन्तरात्मा की आवाज़ के संवाद, नेपथ्य में खड़े हुए मित्र को, नाटक से पढ़ते हुए देने थे। किन्तु जब मैंने मंच पर अपने संवाद बोले, तो उनकी प्रतिक्रिया में, जो संवाद उसे अन्तरात्मा की आवाज़ के रूप में बोलने थे, वह नहीं बोला। मैंने पुनः अपना संवाद मंच से बोला। किन्तु नेपथ्य से अन्तरात्मा की आवाज़ नहीं आयी। मैंने अपना संवाद तीन-चार बार और बोला, किन्तु अन्तरात्मा की आवाज़ फिर भी नहीं आयी। नेपथ्य बराबर मौन रहा। नाटक जैसे अचानक रुक गया। दर्शक समझ गये, कुछ गड़बड़ी है। उन्होंने 'हूट' करना शुरू कर दिया। 'बोर-बोर' चिल्लाना शुरू कर दिया। शायद एक-दो लोगों के पास भोंपू थे। उस शोर-शराबे में भोंपू की आवाज़ भी आने लगी। मैं परेशान। मैंने चीखकर कहा–परदा बन्द करो। मैं क्रोध से आग-बबूला हो गया। तेज़ क़दमों से नेपथ्य की ओर लपका।

नेपथ्य में मेरे पहुँचने से पहले वह ग़ायब था, जिसे अन्तरात्मा के संवाद बोलने

थे। बाद में पता लगा कि जिस टंकित स्क्रिप्ट से उसको अन्तरात्मा के संवाद पढ़ कर बोलने थे, उसके पेज ऊपर-नीचे हो गये थे। इसलिए वह घबरा गया और संवाद नहीं बोल सका। वह 'अन्तरात्मा की आवाज़' आज 'यूनिवर्सिटी ऑफ़ इलीनोय' (अमेरिका) का अवकाश-प्राप्त प्रोफ़ेसर है, और जिसकी अपने क्षेत्र में विश्व के श्रेष्ठतम वैज्ञानिक के रूप में गिनती होती है।

जब मैं एम.ए. (प्रीवियस) में था, मेरी भेंट अचानक के.बी. चन्द्रा से हो गयी। वह भी नाटक-यात्रा के यात्री थे। उन्होंने बताया कि बी.ए. करने के बाद वे फ़िल्मों के निर्देशक बनने बम्बई चले गये थे। वहाँ वे तत्कालीन प्रसिद्ध फ़िल्म निर्देशक केदार शर्मा के सहायक थे। मन नहीं लगा, इसलिए वापस आ गये। अब 'लॉ' (कानून) कर रहे थे। वह बम्बई से असफल होकर लौटे, या अपनी मर्जी से लौटे, यह जानने की मुझे जिज्ञासा नहीं थी। हम सबके लिए यही काफ़ी था कि वह बम्बई-पलट हैं। इससे हम लोगों के लिए, उनके व्यक्तित्व में 'ग्लैमर' (लुभावनापन) जुड़ गया था। उन्होंने बताया कि पिछले साल उन्होंने एक नाटक विश्वविद्यालय में किया था, जिसमें लड़कियों ने 'एक्टिंग' की थी। इस तथ्य ने हमारी आँखों में उनका आसन धरती से उठाकर हवा में टाँग दिया। उन दिनों तक इलाहाबाद विश्वविद्यालय में हिन्दी नाटकों में लड़कियाँ भाग नहीं लेती थीं। विश्वविद्यालय में अंग्रेज़ी विभाग से सम्बद्ध एक नाट्यसंस्था 'फ्राइडे क्लब' अपवाद थी, जिसमें महिला पात्रों का अभिनय स्वयं महिलाएँ करती थीं।

उन्हीं दिनों, मैंने विश्वविद्यालय के संस्कृत विभाग द्वारा मंचस्थ एक नाटक देखा था। नाटक के निर्देशक संस्कृत विभाग के ही एक पण्डित जी थे। उन्होंने स्त्रियों की भूमिका गोरे लड़कों को सौंपी थी और पुरुषों की भूमिका काले लड़कों को। अभिनेताओं की क़द-काठी पर उनका ध्यान नहीं गया था। इसलिए नाटक में लम्बी-चौड़ी स्त्रियाँ थीं, और छोटे-छोटे पुरुष। इस परिप्रेक्ष्य में, मुझे वह बम्बई-पलट नाट्य-निर्देशक महान हस्ती लगा, जिसके कहने पर लड़कियाँ 'हिन्दी-नाटकों' में भाग ले सकती हैं। उसका नाम था कृष्ण बहादुर चन्द्रा, जो के.बी. या चन्द्रा के नाम से विख्यात था। वह इलाहाबाद के मशहूर आँखों के डॉक्टर का छोटा भाई था, और एक द्वितीय विश्वयुद्ध के पहले की पुरानी कार, ठोंक-पीट कर चलाता था। उससे मेरी दोस्ती हो गयी। वह नाटक-यात्रा का मेरा हमराही बन गया।

उन दिनों किसी पत्रिका में मैंने डॉ. लक्ष्मीनारायण लाल का नाटक 'ताजमहल के आँसू' पढ़ा। मुझे बहुत पसन्द आया। मैंने के.बी. से कहा कि इस नाटक को हम लोगों को करना चाहिए। के.बी. सहमत हो गये। हम लोग 'डेलीगेसी

कल्चरल एक्टिविटीज़' के प्रेसीडेण्ट, प्रोफ़ेसर यू.एस. कोचक के पास गये। 'ताजमहल के आँसू' पर उनकी सहमति मिल गयी।

अब नाटक करना था। तय हुआ कि बम्बई-पलट के.बी. चन्द्रा नाटक का निर्देशन करेंगे; और मैं शाहजहाँ की भूमिका में रहूँगा। जहाँनारा भी तय हो गयी। अन्य चरित्र भी। बात अटक गयी मुमताज महल पर। चन्द्रा ने मुमताज महल के लिए जिस लड़की का नाम सुझाया वह बिल्कुल भी सुन्दर नहीं थी। मेरा कहना था कि मुमताज महल को तो बहुत ही सुन्दर होना चाहिए। उन दिनों, चुनाव जीतकर एक लड़की यूनिवर्सिटी यूनियन की सेक्रेटरी बनी थी। उसका नाम था–रज़िया काज़मी। वह जितनी 'बोल्ड' थी, उतनी ही सुन्दर भी। मुझे लगा कि वह बनी-बनाई मुमताज महल है। कौन उससे कहे, हम लोगों के साथ नाटक करने को? मैंने ही हिम्मत करके उससे नाटक में भाग लेने को कहा। उसने इनकार कर दिया। मैं निराश नहीं हुआ। उन दिनों इलाहाबाद में नाट्य-आलोचक नेमिचन्द्र जैन रहा करते थे। सिविल लाइन्स में उनकी किताबों की दुकान थी–'आधुनिक पुस्तक भण्डार'। मैं उनके घर आया-जाया करता था। उनकी पत्नी रेखा जी, बहुत ही सहृदय थीं। नृत्य का उनको शौक़ था। वह इप्टा की सदस्य थीं। मैंने उनको अपनी समस्या बताई। तो वह बोलीं–''मैं रज़िया क़ाजमी से चल कर कह सकती हूँ।'' और फिर मैं और रेखा जी रज़िया क़ाजमी के घर गये। रेखा जी रिक्शे में, और मैं साइकिल पर। रेखा जी ने रज़िया से कहा–''सिन्हा साहब बहुत अच्छे आदमी हैं। तुम नाटक में ज़रूर भाग लो।'' रज़िया के पास उत्तर नहीं था। उसने मुझसे कहा–''आपने मुझे फाँस लिया।''

रज़िया पहले से ही विश्वविद्यालय में जानी जाती थी। और जब विद्यार्थियों को पता लगा कि वह 'ताजमहल के आँसू' में अभिनय कर रही हैं, तो वे नाटक में उमड़ पड़े। इलाहाबाद विश्वविद्यालय के 'ड्रेमेटिक हॉल' में बैठने की जगह कम पड़ गयी। नाटक हर तरह से सफल रहा।

'ताजमहल के आँसू' नाटक के रूप-सज्जाकार (मेकअपमैन) का नाम रॉबिन बैनर्जी था। उन्होंने मेरा 'मेकअप' समाप्त करने के बाद मुझसे कहा–''मैंने मेकअप के ज़रिए तुम्हारे जिस्म में नाटक के जर्म्स (बेक्ट्रिया) डाल दिये हैं। अब कभी तुम इनसे पीछा नहीं छुड़ा पाओगे, चाहे कितनी ही कोशिश करो।'' रॉबिन दा का कहना ठीक निकला। उस दिन के बाद से आज तक मैं नाटक से मुक्त नहीं हो पाया। ऐसा भी हुआ कि कभी-कभी दस वर्षों तक न नाटक लिखा, न निर्देशित किया और न अभिनय किया। फिर भी नाटक का कीड़ा जिस्म में मरा नहीं। वह कुलबुलाता रहा।

प्रोफ़ेसर कोचक विश्वविद्यालय के संगीत विभाग के अध्यक्ष थे। वे भौतिक शास्त्र (फ़िज़िक्स) में लखनऊ विश्वविद्यालय से एम.एससी. थे। संगीत उनका शौक़ था। वह अपने शौक़ में इतने पारंगत हो गये, कि विज्ञान छूट गया, और संगीत ही उनका जीवन और जीविका बन गया। उनका व्यक्तित्व बहुत ही नरम था। वह बहुत आहिस्ता-आहिस्ता लखनवी अन्दाज़ में मुस्कराते हुए बात करते थे। उनको क्रोध करते कभी किसी ने नहीं देखा था। वह स्वभाव से लोकतन्त्रवादी थे। कभी अपनी इच्छा या निर्णय हम लोगों पर नहीं थोपते थे। सबसे सलाह करते थे। एक दिन जब हम लोग 'ताजमहल के आँसू' का रिहर्सल कर रहे थे, उन्होंने मुझसे तथा के.बी. चन्द्रा से धीरे से कहा–"तुम लोग सोच लो। क्या हम लोग ठीक कर रहे हैं?" "क्या"?–हम लोगों ने आश्चर्य से पूछा। "यही, नाटक में लड़कियों से एक्टिंग करवाना!"–उन्होंने कहा। मुझे हँसी आयी किन्तु मैं हँसा नहीं। उनकी गम्भीरता देखकर मैं भी गम्भीर बना रहा। किन्तु के.बी. चन्द्रा ने बेधड़क कहा–"इसमें बुरा क्या है? बम्बई में क्या लड़कियाँ फ़िल्मों में एक्टिंग नहीं करतीं? वहाँ मराठी नाटकों में भी लड़कियाँ एक्टिंग करती हैं।" प्रो. कोचक की गम्भीरता बनी रही। वह भविष्य के प्रति आशंकित थे। बोले–"यह सोचने की बात है। क्या आग और रुई को साथ-साथ रखना चाहिए?" चन्द्रा ने हँसते हुए कहा–"आगे सोचेंगे। यह नाटक हो जाये, तब फिर सोचेंगे।"

प्रोफ़ेसर कोचक का 'आग और रुई' का राग आसानी से नहीं छूटा। मैं धर्मवीर भारती के नाटक 'नदी प्यासी थी' में नायक की भूमिका निर्वहन कर रहा था। उसके एक दृश्य में मैं नायिका के पास जाता हूँ, और उससे कहता हूँ–"मत रो पद्मा। मत रो। आँसू पोंछ लो। प्यार तो तुमने डॉ. कक्कड़ से किया है। मेरे साथ तो बस कुछ दिनों का साथ था।" प्रो. कोचक जो रिहर्सल देख रहे थे, बीच में मुझे टोकते हुए बोले, "मि. सिन्हा, आप यह डायलॉग हीरोइन के इतने पास जाकर न बोलें। दूर से, आसमान को देखते हुए बोलें तो।" मुझे हँसी आ गयी। हीरोइन भी मुस्कराने लगी। वहाँ सब ही के मुखों पर मुस्कान बिखर गयी। मैंने उनका मन रखने को कहा–"सर, कल कोशिश करेंगे।" कालान्तर में प्रोफ़ेसर कोचक की भी आपत्ति धीरे-धीरे समय के साथ विलोप हो गयी। वह 1955 था। आज 2018 है। पिछले तिरसठ वर्षों में कितना पानी गंगा में बह गया!

'ताजमहल के आँसू' के बाद नाटकों का सिलसिला बढ़ता गया। 1956 में एम.ए. करने के पश्चात्, प्राचीन इतिहास का शोधार्थी बन गया। इस दौरान अपना लिखा एकांकी 'रीत-विपरीत' मंचस्थ किया।

अन्य अनेक नाटक जिनमें धर्मवीर भारती का 'नदी प्यासी थी', डॉ. रामकुमार वर्मा का 'उत्सर्ग', रामेश्वर सिंह कश्यप का 'और दिया जल उठा', उपेन्द्रनाथ अश्क का 'पर्दा उठाओ, पर्दा गिराओ' विशेष रूप से उल्लेखनीय हैं। 'रीत-विपरीत' के पश्चात् मैंने 1957 में अपना पूर्णकालिक नाटक 'साँझ-सबेरा' लिखा, जिसका प्रथम मंचन जनवरी, 1958 में विश्वविद्यालय के ड्रेमेटिक हॉल में हुआ। नाटक का निर्देशन मैंने किया था। नाटक का नायक भी मैं स्वयं था।

इसी दौरान विश्वविद्यालय के बाहर हम लोगों ने इलाहाबाद आर्टिस्ट एसोसिएशन की स्थापना की। इसमें हम और चन्द्रा तो थे ही। साथ में जे.पी. वर्मा, बालकृष्ण मालवीय, सरनबली, जगदीश प्रसाद श्रीवास्तव, हीरा चड्ढा आदि भी थे। अध्यक्ष थे–प्रोफ़ेसर यू.एस. कोचक। संरक्षक थे कवि सुमित्रानन्दन पन्त तथा श्रीमती कमला बहुगुणा। कमला जी उस समय इलाहाबाद में राजनेता थीं, जो कला में भी रुचि रखती थीं।

इलाहाबाद आर्टिस्ट एसोसिएशन ने डॉ. धर्मवीर भारती के सुझाव पर डॉ. लक्ष्मीनारायण लाल का सद्यलिखित और अप्रकाशित नाटक 'अन्धा कुआँ' चुना। नाटक के निर्देशक थे के.बी. चन्द्रा। नाटक में मैंने अभिनय किया था। डॉ. भारती की पहली पत्नी कान्ता भारती भी उसमें अभिनय कर रही थीं। नाटक का उद्घाटन कवयित्री महादेवी वर्मा ने किया था।

'अन्धा कुआँ' की प्रस्तुति के साथ इलाहाबाद आर्टिस्ट एसोसिएशन, जो 'थ्री-ए' के नाम से भी जाना जाता था, इलाहाबाद की प्रतिष्ठित नाट्य संस्था के रूप में स्थापित हो गया। 'थ्री-ए' की दूसरी प्रस्तुति के.बी. चन्द्रा द्वारा लिखित नाटक 'सरहद' थी। इसमें मैंने एक पचहत्तर-अस्सी साल के बूढ़े अन्धे का अभिनय किया था। कवि बालकृष्ण राव ने मेरे अभिनय की विशेष प्रशंसा, इलाहाबाद से प्रकाशित अंग्रेज़ी दैनिक 'द लीडर' में अपनी समीक्षा में की। थ्री-ए ने अनेक नाटक किये, जिनमें कुछ मराठी और बँगला से अनूदित थे। इन सब नाटकों में मैंने प्रायः नायक या किसी महत्त्वपूर्ण भूमिका में अभिनय किया। इस बीच 1959-60 में मैंने अपना दूसरा पूर्णकालिक नाटक 'मन के भँवर' लिखा, जिसे 'थ्री-ए' में जनवरी, 1961 में मंचस्थ किया। उस समय इलाहाबाद के कलक्टर की पत्नी श्रीमती विमला रैना को भी नाट्य-लेखन और निर्देशन का शौक़ था। वे रेडियो में नाटक-प्रोड्यूसर के पद पर नियुक्त हो गयी थीं और 'रंगशाला' नाम से एक नाट्य-संस्था भी चलाती थीं। हम लोग, थ्री-ए में रंगशाला से प्रतिस्पर्धा करते थे, और प्रयत्न करते थे कि हमारी प्रस्तुतियाँ, रंगशाला की प्रस्तुतियों से उन्नीस न पड़े।

1959 में केन्द्रीय संगीत नाटक अकादमी ने दिल्ली में एक अखिल भारतीय नाटक समारोह आयोजित किया। ऐसा लगता है, उस समय अखिल भारतीय स्तर पर नाटक की गतिविधियाँ बहुत सीमित थीं। कदाचित इसीलिए नाट्य समारोह में इलाहाबाद से दो नाटक आमन्त्रित किये गये। एक इलाहाबाद आर्टिस्ट एसोसिएशन का नाटक 'सरहद' तथा दूसरा—इलाहाबाद यूनिवर्सिटी के नाट्यदल का नाटक 'साँझ-सवेरा'। 'सरहद' नाटक में मेरी प्रमुख भूमिका थी। एक पचहत्तर-अस्सी साल के अन्धे बूढ़े की। 'साँझ-सवेरा' नाटक का मैं लेखक और नायक था। यह नाटक समारोह दिल्ली के 'आईफेक्स हॉल' में आयोजित किया गया था। मुझे आज भी याद है कि 'साँझ-सवेरा' नाटक की प्रस्तुति के बाद दिल्ली में अनेक लड़के-लड़कियों ने मेरे हस्ताक्षर (ऑटोग्राफ़) लेने के लिए मुझे घेर लिया था। 24-25 वर्ष की आयु में इलाहाबाद जैसे छोटे नगर से देश की राजधानी में नाट्य-प्रस्तुति और फिर यह ऑटोग्राफ़ की माँग! उस समय मेरा सिर आकाश में था।

आज की तरह उन दिनों सरकार से अनुदान नहीं मिलता था। नाटक के लिए हम लोग आपस में ही चन्दा देकर धन इकट्ठा करते थे। कभी-कभी नाटक की स्मारिका के लिए विज्ञापन एकत्रित करने के लिए यूनिवर्सिटी रोड की दुकान-दुकान जाते थे। बिना आर्थिक संसाधनों के नाटक करना कठिन था, किन्तु असम्भव नहीं, क्योंकि आर्थिक अभाव की पूर्ति हम लोगों के युवा-उत्साह और नाट्य-निष्ठा से हो जाती थी।

उन दिनों इलाहाबाद में नाटक करने के लिए आधारभूत सुविधाओं (इन्फ्रास्ट्रक्चर) का सर्वथा अभाव था। नाटक या तो ऑफ़िसर्स ट्रेनिंग स्कूल के हॉल में होते थे, या पैलेस सिनेमा हॉल में। दोनों ही जगह प्रकाश और ध्वनि उपकरण बाहर से लाकर लगाने पड़ते थे। उस समय 'डिमर' नहीं होते थे, लेकिन चन्द्रप्रकाश, जिसे मोती बाबू भी कहते थे, अपने 'जुगाड़' से 'डिमर' बना लेता था। खुले मुँह के डालडा के बड़े टिन में शायद वह एसिड भर कर, उसमें धातु से बना 'इलेक्ट्रोड' डाल कर ऊपर-नीचे करता, तो मंच का प्रकाश घटता-बढ़ता था। इसमें हमेशा किसी दुर्घटना का ख़तरा बना रहता। तो क्या? वह दीवानगी ही क्या, जिसमें ख़तरा न हो!!

पैलेस सिनेमा में हम लोगों को केवल इतवार के दिन, 'मैटनी शो' के स्थान पर दस बजे प्रातः से एक बजे अपराह्न के बीच नाटक करना पड़ता था। हम लोगों को मंचसज्जा के लिए शनिवार की रात को, सेकण्ड शो के बाद, लगभग 12 बजे रात हॉल मिलता। हम लोग बारह बजे रात से सुबह नौ बजे तक

दृश्य-बन्ध (सेट) लगाते, ध्वनि और प्रकाश उपकरण लगाते और रिहर्सल करते। और फिर अगले दिन सुबह दस बजे नाटक करते। इन कठिन परिस्थितियों से जूझते हुए, हिन्दी-भाषी शौकिया रंग-आन्दोलन गुज़रा है।

इलाहाबाद के 1955 से 1960 तक के नाट्य-संघर्ष ने मुझे उस नाट्य-प्रशिक्षण से दीक्षित किया, जो सामान्य नाट्य-विद्यालयों में प्राप्त करना सम्भव नहीं है।

वर्ष 1959 में ही, नाट्य-प्रशिक्षण हेतु एशियन थियेटर इंस्टीट्यूट, दिल्ली में मेरा 'एडमिशन' हो गया। भारत सरकार द्वारा स्थापित इस संस्था का नाम, बाद में बदल कर, नेशनल स्कूल ऑफ़ ड्रामा (एन.एस.डी.) कर दिया गया है। नाटक का भूत तो उस समय मुझ पर सवार ही था। इसलिए उसमें भर्ती होने के लिए मैंने आवेदन-पत्र भेज दिया था। साक्षात्कार हेतु बुलाया गया। साक्षात्कार बोर्ड में नेमिचन्द्र जैन, शीला भाटिया, सत्तू सेन आदि थे। साक्षात्कार में मैं चुन लिया गया। उसी वर्ष ब्रिटिश ड्रामा लीग, लन्दन में भी नाट्य-प्रशिक्षण हेतु मेरा चयन हो गया। उत्तर प्रदेश सरकार से लन्दन जाने का किराया भी मुख्यमन्त्री विवेकाधीन कोष से मिल गया। संयोग से उसी वर्ष नौकरी की परीक्षा का परिणाम भी घोषित हुआ, जिसके लिए, मैंने एक वर्ष पूर्व परीक्षा दी थी। मैं परीक्षा में सफल घोषित हुआ। कहावत है कि जब ईश्वर देता है, तो एक साथ छप्पर फाड़ कर देता है। कुछ ऐसा ही मेरे साथ भी हुआ उस वर्ष।

मेरा हृदय नाटक की दुनिया में जाना चाह रहा था, जबकि बुद्धि नौकरी के विकल्प को चुन रही थी। सब परिवार के लोग–माता, पिता, भाई, आदि भी नौकरी के पक्ष में थे। उस समय मराठी नाटककार मामा वरेरकर मनोनीत सांसद थे। वह दिल्ली में रह रहे थे। मैंने मामा वररेकर के एक नाटक का हिन्दी में मंचन किया था, इसलिए उनसे कुछ परिचय था। मैं उनके घर अपनी समस्या पर सलाह लेने गया। वहाँ बंगाली के लब्धप्रतिष्ठ नाटककार शंभु मित्रा से भेंट हो गयी। मैंने उनको अपनी समस्या बताई। उन्होंने कुछ देर सोचने के बाद मुझसे अंग्रेज़ी में कहा–"तुम नौकरी ज्वाइन कर लो।" फिर समझाते हुए बोले, "देखो थियेटर में जाना, अँधेरे में छलाँग लगाने जैसा है। कोई नहीं कह सकता कि छलाँग से वह पार निकल जायेगा, या बीच में ही किसी गहरे गड्ढे में गिर पड़ेगा।" उनका उत्तर सुनकर थोड़ा निराश हुआ। मैं आशा कर रहा था कि उनकी सलाह मुझे थियेटर और नौकरी के बीच, थियेटर को चुनने में सहायक होगी। अतएव मैंने उनसे साग्रह कहा–"आप स्वयं तो थियेटर में हैं, और मुझे नौकरी की सलाह दे रहे हैं। क्यों?" शंभूदा कुछ देर चुप रहे, फिर उन्होंने सधे शब्दों में कहा–"जब मैंने थियेटर चुना था, तब मैंने इस बारे में किसी की सलाह नहीं ली

थी।'' उनका उत्तर थोड़े से शब्दों में बहुत कुछ कह गया। वह कह रहे थे कि तुममें इतना साहस ही नहीं है कि थियेटर को अपना सको। यह तो ''जो घर जारे आपना, चले हमारे साथ'' जैसी चुनौती है। इसलिए तुम नौकरी में जाओ। और मैं नौकरी में चला गया।

कहावत है कि चोर चोरी से जाये, लेकिन हेरा-फेरी से न जाये। मैं वह हेरा-फेरी बराबर करता रहा। नाटक में अभिनय या निर्देशन करने के अभाव में, मेरी रचनात्मकता, नाट्य-लेखन पर केन्द्रित हुई। जब लिख सका, मैंने नाटक लिखे। नाटक लेखन मेरी रचनात्मक अभिव्यक्ति का मुख्य साधन बन गया।

1962 में मेरा विवाह हुआ था। उस समय बहराइच में मेरी नियुक्ति थी। प्रायः सबका ही विवाहेतर काल जीवन का सतयुग होता है। मेरा भी था। उसकी अभिव्यक्ति मेरे नाटक 'अपने अपने दाँव' में हुई, जो मैंने 1963 में लिखा था। यह एक मनोरंजक सुखान्तकी है, जो दर्शकों को आदि से अन्त तक गुदगुदाती है। इसकी लोकप्रियता का प्रमाण है कि रचना के लगभग 53-54 वर्षों के बाद भी यह नाटक देश के किसी न किसी नगर में खेला जा रहा है। पिछले दिनों दिल्ली की एक नाट्य-संस्था 'सुमुखा' ने जब मेरे छह नाटकों का एक उत्सव, दिल्ली के राष्ट्रीय नाट्य विद्यालय में आयोजित किया तो उसमें मुम्बई की नाट्य-संस्था 'आवारा थियेटर' ने 'अपने अपने दाँव' नाटक की प्रस्तुति से आयोजन का उद्घाटन किया।

बहराइच और दिल्ली के बाद जब 1965 में मेरी तैनाती इलाहाबाद में हुई तो मैं प्रसन्न था। मुझे लगा कि चार-पाँच वर्षों के पश्चात् पुराने मित्रों की टोली के साथ में पुनः अभिनय करूँगा। ऐसा ही हुआ भी। 6 नवम्बर, 1966 को मेरे नाटक 'अपने अपने दाँव' का मंचन इलाहाबाद आर्टिस्ट एसोसिएशन द्वारा निश्चित किया गया। निर्देशन डॉ. बालकृष्ण मालवीय कर रहे थे। उसमें, एक छोटी भूमिका में, मैं भी अभिनय कर रहा था। लगभग एक महीने तक मैंने नाटक का रिहर्सल किया। किन्तु नाटक प्रारम्भ होने के ठीक एक घण्टे पहले मेरे पास जिलाधिकारी का हाथ-लिखा नोट मिला, जिसमें लिखा था–''सराय आकिल थाने में साम्प्रदायिक दंगा हो गया है। पुलिस के साथ वहाँ पहुँचो।'' मैं क्या करता। नाटक छोड़कर, अपनी नौकरी बचाने, बीच में ही चला गया। उसके बाद मित्रों ने ऐलान कर दिया कि वे मुझे नाटक में नहीं लेंगे।

इलाहाबाद नियुक्ति के दौरान, 1965 से 1968 के बीच, न तो निर्देशन कर सका, और न अभिनय। किन्तु एक नाटक अवश्य लिखा। एक 'फ़ार्स' (अतिरंजित हास्य नाटक)–'दुश्मन'। अगले संस्करण में, इसका नाम बदल कर

'दुस्मन उर्फ़ सैंया मगन पहलवानी में' कर दिया है। हुआ यों, कि मेरे मित्र के.बी. चन्द्रा, जो उत्तर प्रदेश के सूचना विभाग में गीत एवं नाट्य अधिकारी थे, नौकरी बदल कर परिवार नियोजन विभाग में जाना चाहते थे। इसके लिए वह परिवार नियोजन के विषय पर आधारित कोई हास्य नाटक चाहते थे। उन्होंने मुझे ऐसा नाटक लिखने को कहा। दोस्त की बात थी। इसलिए मैंने चुनौती स्वीकार की। नाटक इतना सफल हुआ कि के.बी. को परिवार नियोजन विभाग में नौकरी मिल गयी। नाटक की 2500 प्रस्तुतियाँ उत्तर प्रदेश सरकार के सूचना विभाग ने आयोजित कीं। भारत सरकार के गीत एवं नाट्य प्रभाग ने भी नाटक की हज़ारों प्रस्तुतियाँ आयोजित कीं। सन् 1975-76 में आपातकाल लागू था। नाटक में परिवार नियोजन का सन्देश निहित है, इसलिए 'यूथ कांग्रेस' के सांस्कृतिक प्रकोष्ठ ने भी नाटक के अनेक प्रदर्शन किये। एक प्रदर्शन में कांग्रेस नेता संजय गाँधी को बुलाकर दिखाया। उसमें लेखक के रूप में मैं भी आमन्त्रित था। एल.टी.जी. दिल्ली ने भी नाटक के एक हज़ार प्रायोजित प्रदर्शन किये। 'दुश्मन' मेरा एकमात्र ऐसा नाटक है, जो मैंने किसी की फ़र्माइश पर लिखा था। यह एक अपवाद है। मेरे अन्य सब नाटक स्वप्रेरणा से रचित नाटक हैं।

दिल्ली में मैं 1968 में आया था। दिल्ली में मैंने अपनी नियुक्ति माँग कर करवाई थी। नवायु में उत्साह होता है, नयी जगह देखने का, नयी चुनौतियाँ स्वीकार करने का, तथा नेपथ्य के अन्धकार से मंच पर प्रकाश-वृत्त में आने का। अवचेतन में अव्यक्त कामना थी, रंगमंच से जोड़ने वाले सूत्रों का दिल्ली में अन्वेषण, जो पिछले सात सालों से टूट गये थे। दिल्ली में डॉ. लक्ष्मीनारायण लाल पहले से अपनी नाट्य संस्था 'संवाद' चला रहे थे। उनके आग्रह पर मैंने उनके नये नाटक 'कलंकी' में अभिनय किया। नायक 'हेरूप' की भूमिका थी। नाटक सफल रहा। मेरे अभिनय की कुछ समाचार-पत्रों ने विशेष सराहना की।

1969 तथा 1970 के बीच मैंने दिल्ली में नियमित रूप से नाटक देखे। रंगमंच को आत्मसात किया। नाटक और रंगमंच के साहित्य का भी अध्ययन किया। उस दौरान अमेरिकन सेण्टर और ब्रिटिश काउन्सिल के पुस्तकालयों का भी लाभ लिया। साथ ही 1969 में अपना नाटक 'मेरे भाई : मेरे दोस्त' भी लिखा। 1970 में 'इतिहास-चक्र' लिखा और 1971 में 'ओह अमेरिका'। 1971 में 'शतरूप' नाम की एक नाट्य-संस्था मित्रों के साथ मिलकर बनाई। इस संस्था के अन्तर्गत नाटक 'मेरे भाई : मेरे दोस्त' की प्रथम प्रस्तुति 18 सितम्बर, 1971 को नयी दिल्ली के कमानी प्रेक्षागृह में की। कमानी प्रेक्षाग्रह प्रस्तुति के कुछ

दिन पूर्व ही बनकर तैयार हुआ था। इस तरह से 'मेरे भाई : मेरे दोस्त' कमानी प्रेक्षागृह में मंचस्थ होने वाला पहला नाटक था।

'मेरे भाई : मेरे दोस्त' की प्रस्तुति में दर्शकों में कवि हरिवंश राय बच्चन, नाटककार जगदीश चन्द्र माथुर तथा दिल्ली सरकार के मुख्य सचिव श्री त्रिलोकी नाथ चतुर्वेदी थे। नाटक की समाप्ति के पश्चात् चतुर्वेदी जी ने मुझसे कहा कि दिल्ली सरकार ने साहित्य और कला के उन्नयन के लिए 'साहित्य कला परिषद' की स्थापना की है। और वे चाहते हैं कि मैं उसका दायित्व ले लूँ। मेरे पास उसे स्वीकार करने के सिवा और कोई विकल्प नहीं था। इस तरह अचानक सामान्य प्रशासन से सांस्कृतिक प्रशासन के क्षेत्र में मेरा प्रवेश हो गया।

बच्चन जी इलाहाबाद के दिनों से मेरे पिताजी के मित्र थे। उन्होंने अपने घर पर आने को फ़ोन किया। वहाँ उन्होंने मेरे नाटक की प्रशंसा की। साथ ही मुझको बताया कि उन्होंने शेक्सपियर के नाटक 'हैमलेट' का हिन्दी अनुवाद किया है, और वे चाहते हैं कि मैं उसका निर्देशन करूँ। साथ ही उन्होंने ये भी कहा कि उसमें 'हैमलेट' की भूमिका में उनका पुत्र अमिताभ अभिनय करेगा। 'हैमलेट' को निर्देशित करने के प्रस्ताव ने मुझे बहुत 'एक्साइट' किया, किन्तु अमिताभ क्यों? मैं क्यों नहीं?? उस समय मैं जवान था। हर अभिनेता के समान एक मिथ्याभिमान, आत्मविश्वास और आत्मप्रेम से ग्रसित था। मुझे लगा कि हैमलेट के लिए वह 'लम्बू' इतना उपयुक्त नहीं है, जितना मैं हूँ। अतएव मैं बच्चन जी के प्रस्ताव को टाल गया। अमिताभ बच्चन इस सदी के महानायक हैं, और मैं?

जगदीश चन्द्र माथुर आई.सी.एस. थे। वे उस समय कदाचित भारत सरकार के कृषि मन्त्रालय में सचिव के पद पर थे। मेरे वरिष्ठ थे। मैं उनसे मिलने गया, तो उन्होंने मुझसे कहा–"तुम अच्छा लिखते हो। आगे भी अच्छा लिखोगे, लेकिन तुम्हें यश नहीं मिलेगा, जैसे मुझे नहीं मिला।" मैंने उनसे कारण पूछा, तो उन्होंने उत्तर दिया–"देखो विश्वविद्यालयों के 'एकेडेमिक्स' आसानी से प्रशासनिक अधिकारियों को स्वीकार नहीं करते।" इसकी पुष्टि लगभग दस वर्षो बाद हुई। उस समय रामदरश मिश्र जी हमारे पड़ोसी थे। प्रायः रोज़ का ही उनसे आना-जाना था। एक दिन उन्होंने मुझसे कहा–"सिन्हा साहब, आप लिखते तो बहुत अच्छा हैं, लेकिन मैं उस पर लिखूँगा नहीं।" मैंने पूछा–"क्यों? ऐसा मैंने कौन-सा गुनाह कर दिया।" वह बोले–"अगर मैं लिखूँगा तो लोग पूछेंगे कि सिन्हा साहब से तुमको क्या चाहिए?"

सन् 1972 में मैंने नाटक 'इतिहास-चक्र' लिखा, जिसे 'शतरूप' ने आईफेक्स हॉल, नयी दिल्ली में अक्टूबर, 1972 में मंचस्थ किया। नाटक सफल रहा।

समाचार-पत्रों से भी सराहना मिली। नाटक में मैं सूत्रधार की केन्द्रीय भूमिका में था।

1974 में जब 'शतरूप' द्वारा मेरे नाटक 'अपने अपने दाँव' का रिहर्सल हो रहा था, जिसमें मेरी पत्नी प्रतिभा की मुख्य भूमिका थी। मेरी दोनों पुत्रियाँ–प्राची और प्रतीची, जिनकी आयु छह-सात वर्ष की रही होगी, भी उसमें छोटा-मोटा अभिनय कर रही थीं। इस नाटक में मेरा भी, एक-दृश्यीय छोटा-सा चरित्र था। यह वही चरित्र था, जिसका अभिनय मुझे 1965 में इलाहाबाद में करना था, और जो मैं नहीं कर पाया था। एक प्रकार से मेरा पूरा परिवार ही इस नाटक से जुड़ा हुआ था। पत्नी की मुख्य भूमिका थी, इसलिए उनको लगभग दो घण्टे रिहर्सल करना पड़ता था। मेरी छोटी-सी भूमिका थी, इसलिए मैं पन्द्रह मिनट में ही रिहर्सल से मुक्त हो जाता था। अतएव मैं दूसरे कमरे में बैठ कर प्रतीक्षा करता था। इस दौरान ही मैंने अपने नये नाटक 'कथा एक कंस की' की रचना की।

वर्ष 1974 में ही 'मेरे भाई : मेरे दोस्त' का मंचन दिल्ली के प्यारे लाल भवन में किया। नाटक का निर्देशन एस.एस. कालरा ने किया था।

1975 में, लखनऊ में, के.बी. चन्द्रा मेरे नवीनतम नाटक 'कथा एक कंस की' का रिहर्सल कर रहे थे। नाटक की प्रस्तुति के हफ़्ते-दस दिन पूर्व जो अभिनेता नायक की भूमिका में था, किसी कारण से रिहर्सल छोड़ कर चला गया। चन्द्रा के हाथ-पाँव फूल गये। मुझे बुलाया गया। एक हफ़्ते की तैयारी के बाद मैंने नाटक में अभिनय किया।

वर्ष 1975 में ही मैंने 'ओह-अमेरिका' मंचस्थ किया। इसका निर्देशन भी एस.एस. कालरा का था। मैंने भी इसमें अभिनय किया था।

फिर 1976 में मेरी नियुक्ति फ़ीजी द्वीप में भारतीय सांस्कृतिक केन्द्र के निदेशक पद पर हो गयी। फ़ीजी में भी मैंने स्थानीय भारतवंशी कलाकारों के साथ नाटक 'अपने अपने दाँव' 1977 में किया। नाटक में मेरी पत्नी प्रतिभा, मेरी पुत्रियों प्राची एवं प्रतीची तथा स्वयं मैंने भी अभिनय किया। हमारे परिवार के अतिरिक्त अनेक भारतवंशी युवाओं और युवतियों ने भी नाटक में भाग लिया। इसके पश्चात् स्थानीय कलाकारों के साथ ही रमेश मेहता का एक एकांकी, तथा संस्कृत के 'भगवदज्जुकम' को हिन्दी में मंचस्थ किया। प्रतिभा ने रेखा जैन लिखित एक बच्चों का नाटक निर्देशित किया, जिसका नाम मुझे याद नहीं है।

प्रतिभा की अचानक हृदय रोग से 1978 में मृत्यु हो गयी। उनकी मृत्यु के साथ नाटक में अभिनय करने के उत्साह का भी अन्त हो गया। इसके बाद मैंने

किसी नाटक में अभिनय नहीं किया। लेखन और निर्देशन की गति भी शिथिल हो गयी।

प्रतिभा केवल मेरी पत्नी ही नहीं थी, मेरी नाटक-यात्रा की सहयात्री थी। विवाह के पूर्व उसने कलकत्ता की नाट्य-संस्था 'अनामिका' में अभिनय भी किया था। 1959 में संगीत नाटक अकादमी द्वारा आयोजित 'अखिल भारतीय नाट्य-समारोह' में वह कलकत्ते के नाट्य-दल में थी, और इलाहाबाद के नाट्य-दल में मैं। मेरे द्वारा लिखे नाटकों को वह अपना समझती थी, और उन पर मुझसे अधिक गर्व करती थी। मेरे साथ केवल एक नाटक 'अपने अपने दाँव' में भाग लिया था, किन्तु मेरे द्वारा निर्देशित प्रत्येक नाटक में वह रिहर्सल में बराबर से मौजूद रहती थी। वह यह भी निश्चित करती थी कि मेरे नाटक में कौन लड़की/महिला अभिनय करे, और कौन न करे। और प्रतिभा के अचानक चले जाने से मेरी नाट्य-यात्रा जैसे अचानक रुक गयी।

सन् 1968 से 1976 के बीच आठ वर्षों में मैंने पाँच नाटक लिखे थे। लगभग एक नाटक प्रतिवर्ष। प्रतिभा के जाने के बाद मेरी कलम अचानक रुक गयी। बरसों कुछ नहीं लिखा। अगला नाटक, तेरह वर्षों के अन्तराल के बाद 'सीढ़ियाँ' लिखा और निर्देशित किया। फिर छह वर्षों का सन्नाटा, जिसके बाद नाटक 'इतिहास' लिखा और निर्देशित किया। 'इतिहास' लिखने के नौ वर्षों के बाद 2004 में 'रक्त-अभिषेक' लिखा और निर्देशित किया। पुनः दस वर्षों का मौन टूटा, जब मैंने 2014 में 'सम्राट अशोक' लिखा और निर्देशित किया।

सदा की तरह, मैंने इस दौरान भी नये नाटक लिखकर, उनके प्रकाशन के पूर्व स्वयं निर्देशित किये। उनको मंचसिद्ध किया। उनकी अनेक प्रस्तुतियाँ विभिन्न नगरों तथा मंचों पर कीं। इस प्रक्रिया ने मेरा सम्बन्ध रंगमंच से सतत जीवन्त बनाये रखा। इस माध्यम से, नाटक और दर्शक की समय के साथ परिवर्तित होती प्रवृत्तियों से मैं अवगत होता रहा। इनके द्वारा मैं मंचीय ध्वनि तथा प्रकाश उपकरणों में हो रहे अद्यतन तकनीकी प्रगति से भी क़दमताल कर सका, और उनको अपनी नाट्य-प्रस्तुतियों में समावेशित कर सका।

पिछले पाँच दशकों की अवधि में, मेरे नाटक समीक्षों द्वारा सराहे गये हैं; विभिन्न भारतीय भाषाओं और अंग्रेज़ी में अनुवादित हुए हैं; देश के प्रायः सभी बड़े नगरों में और विदेश में भी मंचस्थ हुए हैं; अनेक विश्वविद्यालय के पाठ्यक्रम में निर्धारित रहे हैं; और कश्मीर से केरल तक के अनेक विश्वविद्यालयों में शोधार्थियों ने इन पर पीएच.डी. भी की है। इन नाटकों ने मेरे लिए पूरे भारत से प्रायः सभी महत्त्वपूर्ण पुरस्कार/सम्मान अर्जित किये।

नाटक-यात्रा, आज जिस पड़ाव पर है वह अन्तिम पड़ाव नहीं है। मेरी नाटक-यात्रा में सैकड़ों सहयात्री थे, जो समय-समय पर यात्रा से जुड़ते रहे, और बिछुड़ते रहे। अनेक साथी जिनके साथ यह भव्य यात्रा प्रारम्भ की थी, अब इस संसार में नहीं हैं। यात्रा में जो उन्होंने अपने मधुर साथ का उजाला बिखेरा था, वह आज भी स्मृति में है। महीनों रिहर्सल का साथ, दूसरे नगरों में प्रस्तुति हेतु साथ-साथ यात्रा का साथ, नाटक की सफल प्रस्तुति के आह्लाद में साथ और असफलता के विषाद में साथ–इन सबके साथ यात्रा चलती रही। इस सब से मैं भूला रह सका अपनी 39 वर्षीय पत्नी तथा 31 वर्षीय पुत्री की मृत्यु की वेदना। सरकारी नौकरी के तनाव और सहकर्मियों की ईर्ष्या तथा छोटेपन से निःस्पृह और अप्रभावित, चलती रही है मेरी नाटक-यात्रा। वह यात्रा, अब अपने निर्धारित मंज़िल तक सकुशल पहुँच गयी है। अब कुछ और चाहने को नहीं बचा।

नोएडा
मार्च, 2018

दया प्रकाश सिन्हा

***स्मृति-चित्र :** इलाहाबाद आर्टिस्ट एसोसिएशन की प्रथम नाट्य-प्रस्तुति 'अन्धाकुआँ' (1957) के दृश्यबन्ध (सेट) पर मित्रों के साथ आमोद के कुछ क्षण। (प्रथम पंक्ति) बालकृष्ण मालवीय तथा जगदीश भटनागर; (द्वितीय पंक्ति) जे.पी. वर्मा, के.बी. चन्द्रा, दया प्रकाश सिन्हा और विनय मालवीय।*

अनुक्रम

हास्य एकांकी
(1956)

प्रथम संस्करण की भूमिका

बंगला का अपना रंगमंच है, मराठी का अपना तथा गुज़राती का अपना। अन्य क्षेत्रीय भाषाओं में भी रंगमंच पर्याप्त मात्रा में विकसित हैं। एक हिन्दी क्षेत्र ही ऐसा अभागा है, जिसके पास अपना रंगमंच कहने को कुछ नहीं है। इधर हिन्दी के अल्प-विकसित अव्यावसायिक रंगमंच में क्षेत्रीय भाषाओं के सफल नाटकों की बाढ़-सी आयी है, जिनको मंचित करने में हिन्दी-निर्देशक एक-दूसरे से होड़ ले रहे हैं, तथा गर्व अनुभव करते हैं। यह भी अन्ततः हिन्दी नाटक-लेखन के लिए अहितकर है। भय है कि क्षेत्रीय भाषाओं की नाटक-लेखन की समृद्ध परम्परा के विशाल वृक्ष की छाया में हिन्दी नाटक का सुकुमार नव-अंकुर सूख ही न जाए।

हिन्दी रंगमंचीय एकांकी की स्थिति भी अच्छी नहीं है। पिछले वर्षों में अधिकतर ध्वनि-एकांकी रेडियो के लिए लिखे गये हैं। कारण स्पष्ट है। रेडियो से ध्वनि-एकांकियों की माँग रही है, जिसमें पारिश्रमिक भुगतान (कितना ही कम क्यों न हो) तुरन्त है। इसके विरुद्ध न तो रंगमंच से एकांकी की माँग थी, और न उससे किसी प्रकार के पारिश्रमिक प्राप्त होने की आशा। इसलिए स्वभावतः रंगमंचीय एकांकी नहीं लिखे गये। कुछ प्रतिष्ठित लेखकों ने अपने रेडियो-रूपक हेर-फेर करके रंगमंचीय एकांकियों के रूप में प्रकाशित करवा दिये। किन्तु वे प्रेक्षकों में सफल नहीं हो सके। बाह्य-रूप परिवर्तन करने पर भी रेडियो-नाटक मंच पर सफल नहीं हो सकता, क्योंकि उसकी मूल-कल्पना श्रव्य-नाटक के रूप में होती है, जो मंचीय आवश्यकताओं से भिन्न ही नहीं, सर्वथा विरोधी होती है। मंच पर वही नाटक सफल हो सकता है, जो प्रेक्षक वर्ग के लिए लिखा गया हो, तथा जिसकी मूल-कल्पना मंचीय दृश्य-नाटक के रूप में की गयी हो।

प्रस्तुत संग्रह में संकलित एकांकी मूलतः रंगमंच के लिए लिखे गये हैं तथा रंगमंच पर सफलतापूर्वक अभिनीत भी हो चुके हैं। इससे आशा है कि यह संग्रह रंगमंचीय हिन्दी-एकांकी के अभाव की पूर्ति में अपना विनम्र योगदान प्रदान करेगा।

—दया प्रकाश सिन्हा

वर्तमान संस्करण की भूमिका

यह मेरे व्यक्तिगत संज्ञान में है कि इस संग्रह में संकलित एकांकी नाटकों के अनगिनत प्रदर्शन स्कूलों में हुए हैं, किन्तु केवल गिने-चुने स्कूलों ने इन एकांकियों के मंचस्थ करने के पूर्व नाटककार की विधिवत स्वीकृति माँगी। इसका कारण यह है कि भारत में आजादी के बाद, इतनी दशाब्दियों के बीत जाने के बाद भी, नाटक/रंगमंच समाज के हाशिये पर है। अतएवं रंगकर्मी जानते ही नहीं कि नाटक मंचस्थ करने के पूर्व, नाटककार की स्वीकृति आवश्यक है। बिना पूर्व स्वीकृति के नाटक मंचस्थ करना एक दंडनीय अपराध है। स्कूलों में जो विद्यार्थी अपने नवायु उत्साह में नाटक करते हैं, वे इस प्राविधान से अनभिज्ञ होते हैं। वे अध्यापक भी जिनके पास सांस्कृतिक कार्यक्रमों के आयोजन का दायित्व होता है, इस प्राविधान को नहीं जानते हैं। और अगर जानते भी हैं तो इसे बहुत महत्वपूर्ण नहीं समझते। कौन स्वीकृति माँगने के झंझट में पड़े? बिना बात की लिखा-पढ़ी और चिट्ठी-पत्री! कहाँ लेखक को पता लगने वाला है कि उसका नाटक किस दूर-दराज के स्कूल में मंचस्थ हो गया? साथ ही बहुत से रंगकर्मियों को यह भी भय रहता है कि अगर नाटककार ने रॉयल्टी के रूप में मोटी रकम माँग ली तो? वैसे भी नाटक मंचस्थ करना महँगा सौदा है। और अगर नाटककार को भी रॉयल्टी देनी पड़ी, तो कैसे होगा नाटक? ये मजबूरियाँ हैं जिनके कारण, नाटक प्रायः नाटककार की पूर्व स्वीकृति के बिना ही किये जाते हैं।

नाटक मंचन के पूर्व नाटककार की स्वीकृति लेना रंगकर्मियों का नैतिक दायित्व है। ये रंगविधा की मूलभूत शर्त है। ये रंग-संस्कृति का अनिवार्य अनुशासन है। मेरा अनुभव है कि हिन्दी के प्रायः सभी नाटककार बिना रॉयल्टी की माँग के अपने नाटक की प्रस्तुति की स्वीकृति दे देते हैं। मैंने भी अब तक बिना किसी माँग के अपने नाटकों के मंचन की स्वीकृति दी है। इस माध्यम से नाटककार को ज्ञात होता है कि उसका नाटक कहाँ-कहाँ किस नाटक मंडली ने खेला। वह कितना लोकप्रिय या अलोकप्रिय हुआ। अलोकप्रिय हुआ तो क्यों? नाटक मंचन के पूर्व नाटककार की स्वीकृति प्राप्त करते समय, यदि रंगमंडली अपनी आर्थिक

स्थिति का हवाला देते हुए साफ-साफ लिख दे कि वह रॉयल्टी देने की स्थिति में नहीं है, तो नाटककार रॉयल्टी की माँग ही नहीं करेगा। नाटककार के लिए रॉयल्टी की छोटी-सी धनराशि से बड़ा संतोष नाटक के मंचस्थ होने में होगा।

मुझे आशा है कि रंगान्दोलन के विस्तार के साथ नाटकों को मंचस्थ करने के पूर्व, नाटककार की पूर्व स्वीकृति प्राप्त करना रंगकर्मी अपना नैतिक कर्तव्य समझेंगे।

जून, 2013 **दया प्रकाश सिन्हा**

अनुक्रम

पुराने चावल

पात्र

रंजीत : 28-30 वर्ष का सम्पन्न, शिक्षित युवक।
धीर : रंजीत का समवयस्क मित्र।
हरीश : रंजीत का समवयस्क मित्र।
छदामी लाल : रंजीत का पड़ोसी। आयु लगभग 55 वर्ष।

समय : वर्तमान।
मंचसज्जा : रंजीत का मध्यवर्गीय ड्राइंग रूम। सजावट नाटक खेलने वालों की सुविधानुसार।

कमरे का एक द्वार घर के बाहर खुलता है, और एक घर के अन्दर। पर्दा खुलने पर रंजीत और धीर, जो चाय पी रहे हैं बड़े जोर से हँसते हुए दिखाई पड़ते हैं। तब ही अचानक लाला छदामी लाल बाहर से आते हैं। छदामी लाल की आयु लगभग पचपन वर्ष है। वह शरीर से दुबले-पतले हैं, मगर बहुत ही अकड़कर चलते हैं। मूँछें ऐंठकर रखते हैं। बगुले के पंख जैसी बारीक सफेद धोती और कुर्ते पर सोने की 'चेन' गले में डालते हैं।

छदामी : **(प्रवेश करके)** रंजीत बाबू!
रंजीत : **(अप्रत्याशित आने से चौंककर)** बाबू छदामी लाल आप? आइए, आइए!
धीर : यह कौन साहब हैं रंजीत बाबू?
रंजीत : आप हैं लाला छदामी लाल—हमारे पड़ोसी। और लाला जी, यह हैं हमारे दोस्त—धीर शंकर।...आप सोच क्या रहे हैं? तशरीफ़ रखिए।

छदामी : **(अचानक)** मैं कहता हूँ...एकदम बेहया है।

रंजीत : **(हँसकर)** ख़ैरियत तो है। कौन बेहया है?

छदामी : वही!

रंजीत : आख़िर कौन?

छदामी : हमारी घरवाली!

रंजीत : ओह! अच्छा बैठ तो जाइए। **(छदामी लाल बैठता है)** हाँ, अब बताइए, क्या बात है?

छदामी : क्या बताएँ! उसने हमारी जिन्दगी दूभर कर दी है। तिरिया चरित्तर दिखाती है।

रंजीत : तिरिया है तो तिरिया चरित्तर तो दिखाएगी ही! क्या हुआ?

छदामी : कुछ न पूछो रंजीत बाबू! मेरा खून खौल रहा है।

रंजीत : बताइए तो क्या हुआ? **(छदामी धीर की ओर देखता है)** ये मेरे दोस्त बिल्कुल मेरे सगे भाई की तरह हैं। इनके आगे आप बेखटके कहिए।

छदामी : अब तुम्हीं बताओ रंजीत बाबू, कुलच्छिनी के पास तीन-तीन सौतों की जमा-जथा है, कपड़े-लत्ते, गहना-कंगना है। चौथी होने की वजह से मैंने भी तीनों से ज़्यादा इसको दिया है। बाबूजी, आधे सेर सोने की तगड़ी दो महीने पहले बनवा के दी है। आधा सेर सोना कम होता है?

रंजीत : नहीं।

छदामी : तुम भी तो बताओ धीर बाबू! आधा सेर सोना कम होता है?

धीर : इतना सोना तो मैंने आज तक नहीं देखा।

छदामी : अब बताओ, इस पर भी उसके नखरे कम नहीं। लगाएँ दो हाथ तो ठीक हो जाए। कहती है, सौतों की साड़ी पुराने फैसन की हैं। नयी साड़ी चाहिए। यह लो, अब नयी साड़ी लाओ।

धीर : तो फिर आप लाए नयी साड़ी?

छदामी : पहली-दूसरी होती तो झोंटा पकड़कर कहता—जो है वही पहनो, नहीं तो रास्ता नापो अपना! हमसे यह तिकिड़-बिकिड़ नहीं चलेगी। **(हताश स्वर में)** लेकिन यह तो चौथी है। लानी ही पड़ी।

धीर : हाँ, चौथी बीवी का कहना कोई कैसे टाल सकता है।

छदामी : फिर धीर बाबू, एक तो साड़ी लाओ, ऊपर से नाज-नखरे!

यह नहीं, नैलोन वाली लाओ—झिन्नी- झिन्नी जिसके आर-पार दिखाई दे। जाओ मरो। कोई नुमाइस करनी है! झिन्नी साड़ी पहननी है तो पहनो ही क्यों?

रंजीत : अब समझा झगड़े की वजह! आप नाइलोन की साड़ी नहीं लाए?

छदामी : लाया क्यों नहीं! चौथी है; लानी ही पड़ी।

धीर : तब क्या हुआ?

छदामी : पहले बोली थी नीली नैलोन वाली जैसी सर्माइन के पास है। ले आया भाई। फिर बोली, पीली नैलोन वाली जैसी वर्माइन के पास है। वह भी ले आया। तब बोली काली नैलोन वाली जैसी ललाइन के पास है...

रंजीत : **(अटकल लगाते हुए)** वह नहीं लाए आप? बस इसी पर झगड़ा...

छदामी : वह भी ले आया। लाता कैसे नहीं? चौथी जो है।

धीर : तब?

छदामी : फिर बोली—फूलों छाप वाली नैलोन।

रंजीत : उसे भी ले आए आप?

छदामी : नहीं।

रंजीत : नहीं क्यों? चौथी के लिए भी नहीं?

छदामी : हम भी तो आदमी हैं। हमारे भी तो दिल है। बीवियों के लिए तो हमेसा ही लाए, कभी अपने लिए भी तो कुछ करना चाहिए।

रंजीत : बेशक!

छदामी : गया था चौथी के लिए फूलों छाप वाली नैलोन लेने, लेकिन वहाँ दुसाले पर मन फिसल गया।

रंजीत : बस, इसी का झगड़ा है।

छदामी : झगड़ा! रंजीत बाबू, इसे तुम झगड़ा कहते हो? अरे झगड़ा नहीं, कम्बख्त ने तो महाभारत मचा दी है। बोली, घर में घुसने नहीं दूँगी। अब बताओ, मैं बाहर खड़ा और अपने ही घर में न घुस पाऊँ!

धीर : उसे कहने देते। आप घर में घुस जाते।

छदामी : आपने कह दिया और मैं घर में घुस गया! कैसे घुस जाता?

वह तो साच्छात् चंडी-सी दरवाजे पर बेलन लिए खड़ी थी।

रंजीत : फिर आप घर में नहीं जा पाए?

छदामी : गया।

रंजीत : कैसे?

छदामी : घर के भीतर बिल्ली ने छीके पर से हंडिया गिराई। वह बिल्ली भगाने अन्दर गयी। **(अपनी चतुरता पर प्रसन्न होकर)** बस, उसके दरवाजे पर से हटते ही मैं घर में घुस गया।

धीर : तब?

छदामी : **(शिकायत के स्वर में)** दिन-भर का थका-माँदा, न उसने पानी को पूछा, न पत्ते को। मैंने कहा—भलीमानस ज़रा चाय तो बना दे, तो हरामजादी बोली—चाय नहीं है। बताइए साहब, मेरी बिल्ली मुझी को म्याऊँ। मैं कमा-कमा के मर जाऊँ और मेरे लिए ही चाय खत्म। साहब, मैं बड़ा ख़राब आदमी हूँ। आजकल के लौंडों जैसा नहीं हूँ। जोरू को पैर की जूती समझता हूँ। मारे हन्टरों के खाल उधेड़ दूँगा! मुझे क्या समझा है उसने? हाँ!!

धीर : **(परिहास में)** आप आदमी ज़ोरदार हैं!

रंजीत : यह पुराने लोग ही तो आजकल पतियों की शान का झंडा ऊँचा किये हैं। **(छदामी लाल से)** हाँ तो लाला जी, जब उसने चाय नहीं दी तो आपने क्या कहा?

छदामी : बस इसमें तकरार बढ़ गयी। मैंने उससे कहा-तुम मेरी लौंडी के बराबर हो। मैं तुमसे बिल्कुल नहीं डरता। और इतना डाँटा कि जिन्दगी-भर याद रखेगी।

धीर : उसने जवाब नहीं दिया?

छदामी : वह जवाब देगी! भला उसकी इतनी हिम्मत! मैं तीन-तीन को गंगा के घाट उतार चुका हूँ। जिस साल मैं दूसरी को घर लाया था, उस साल तो वह पैदा हुई थी। कल की बच्ची है मेरे सामने।

धीर : तो वह चुपचाप आपकी डाँट सुनती रही?

छदामी : बिल्कुल! **(कुछ देर रुककर)** मगर धीर बाबू, बड़ी बेसरम है। जब तक मैं डाँटता रहा, चुपचाप सुनती रही। जब मैं डाँट चुका तो बोली—जब तक तुम फूलों छाप वाली साड़ी नहीं

लाते, घर में नहीं रह सकते। और उसकी हिम्मत तो देखिए, मेरी बाँह पकड़कर मुझे घर के बाहर खड़ा कर गयी! और अन्दर से दरवाजा बन्द कर लिया। बेहया की हिम्मत तो देखें, मुझे मेरे ही घर से बाहर निकाल गयी! अब बताइए, मैं कहाँ जाता?

रंजीत : **(व्यंग्य से)** क्योंकि आपको मेरा दरवाजा खुला दिखाई पड़ा, इसलिए आप यहाँ चले आए।

छदामी : बताइए, मैं क्या करता? मगर रंजीत बाबू, मैं बहुत बुरा आदमी हूँ। उसकी हरकत का मजा चखा के ही रहूँगा। आजकल के लौंडों की तरह नहीं हूँ जो बीवी से डर जाऊँ! मैं मर्द हूँ!

धीर : क्या मर्दानगी है आपकी! बीवी घर से बाहर निकाल गयी, और आप निकल आए!

छदामी : **(अपनी ही धुन में)** मैं उसकी नाक पर वह घूँसा मारूँगा कि पिच्च से खून निकल पड़ेगा। जो सफेद-सफेद दाँत हैं न, इनकी पूरी बत्तीसी मुँह से बाहर आ जाएगी। उसकी जबान कैंची से काटकर कव्वों को खिला दूँगा। उसके फूले-फूले गालों पर वह थप्पड़ लगाऊँगा कि उन पर पाँचों उँगलियाँ उभर आएँगी! **(प्रसन्न होकर)** कोई भी दूर से देखकर बता देगा—पड़ा है लाला छदामी लाल के पंजे का निसान! हाँ!!

रंजीत : लाला जी ने तो अपने ख़यालों में चौथी की अच्छी-ख़ासी मरम्मत कर दी!

धीर : **(तिरस्कार में)** बस ख़्यालों ही ख़्यालों में!

छदामी : मैं मर्द हूँ मर्द! बीवी के आगे झुक नहीं सकता।

धीर : अरे लाला जी, तुम्हें कैसे समझाएँ! बीवी के आगे हार मानने में ही कल्याण है।

छदामी : धीर बाबू, यह जनानी बातें आजकल के नौजवानों को बताओ। मैंने असली घी खाया है! रुपये के पच्चीस सेर का गेहूँ खाया है!

रंजीत : लाला जी, ज़रा जोश कम करिए, दिमाग़ ज़रा ठंडा कीजिए। आजकल के नौजवान न तो बीवी के बेलन के डर से घर के बाहर खड़े रहते हैं, और न घर से निकाले जाते हैं।

धीर : अब ज़माना बदल गया है।

छदामी : (चिढ़कर) ज़माना बदला है तो क्या?

रंजीत : अब बीवी के कहे पर चलने ही में ख़ैर है।

छदामी : लेकिन मैं तो नहीं बदला!

रंजीत : आप नहीं बदले लेकिन आपकी बीवी तो बदल गयी! यह पहली नहीं है लाला जी, चौथी है, चौथी! नये ज़माने की नयी। बदली बीवी के साथ चलना है तो आपको भी बदलना पड़ेगा।

छदामी : **(उलाहने से)** तो मैं साहब बहादुर बन जाऊँ! गले में फाँसी-सी टाई लटका लूँ! हवादार धोती की जगह जेलखाने-सा पतलून पहन लूँ, और बगल में चौथी को दबाये बाजार-हाट घूमता फिरूँ और कहूँ—**(नकल बनाते हुए)** माई डार्लिंग!

धीर : इतना न बदल सकें, तो कम-से-कम उसे बुरा-भला तो न कहें! गाली-गलौज तो न करें!

छदामी : सुनो रंजीत बाबू, अपने दोस्त की! मुझे उपदेस देते हैं। अरे साहब, यह औरत की जात! इसे हफ्ते-दस दिन में जब तक एक बार रुई की तरह धुन न दो, तब तक यह समझेगी ही नहीं कि इसका मरद इसे चाहता है।

धीर : **(चिढ़कर)** तो चौथी भी कभी दो-एक बेलन चलाकर आपका सिर फोड़ दे, तो उसे आप उसका प्यार ही समझिएगा।

रंजीत : अरे हटाओ इसे! यह सब तो दूर की बातें हैं। इस वक़्त की सोचो-लाला जी अपने घर में कैसे जाएँ?

धीर : साफ़ बात है। लाला जी फूलों छाप वाली साड़ी लाएँ, और अपनी बीवी से माफ़ी माँगें।

छदामी : मैं मरद होकर माफ़ी माँगूँ—जनानी जात से?

रंजीत : लाला जी, अपनी बीवी से माफ़ी माँगने में कोई बुराई नहीं। दुनिया का हर बड़ा आदमी अपनी बीवी के आगे छोटा बनकर ही बड़ा आदमी बन सका है।

धीर : लाला जी, अक़्लमंदी इसी में है कि साड़ी ख़रीदकर ले जाइए। इसके अलावा कोई चारा नहीं।

छदामी : **(बिगड़कर)** उसके लिए साड़ी ख़रीदेगी मेरी जूती! मैं मरद हूँ, मरद! मैं ऐसी बातें सुनने यहाँ नहीं बैठ सकता!
(तेज़ कदमों से बाहर प्रस्थान)

धीर : बाप रे बाप! बड़ी गर्मी है।

रंजीत : **(हँसकर)** पुराने चावल हैं!

धीर : बस, ज़बान के शेर हैं!

रंजीत : आजकल का आदमी तो ज़बान भी नहीं खोल सकता।

धीर : लेकिन पीठ के पीछे ही। सामने लाला जी बोलें, तो चौथी उनका क़ीमा बना दे!

छदामी : **(बाहर से प्रवेश करके)** आपसे एक ज़रूरी सवाल पूछना है।

रंजीत : सवाल? अच्छा-अच्छा, तशरीफ़ रखिए। फिर सवाल पूछिएगा।

छदामी : क्या आदमी को किसी का बिस्वास करना चाहिए?

रंजीत : छदामी लाल जी, आपको यह फ़लसफ़े का शौक़ कब से हो गया?

छदामी : आप भी सोचिए धीर बाबू! क्या आदमी को किसी का बिस्वास करना चाहिए?

धीर : बेशक! यह दुनिया तो विश्वास पर ही चलती है।

छदामी : गलत! एकदम गलत!

रंजीत : सबका नहीं, आदमी देखकर विश्वास करना चाहिए। कुछ लोग एतबार के क़ाबिल होते हैं और कुछ लोग नहीं।

छदामी : आप भी गलत! यही तो बचपन है आप लोगों का! **(समझाते हुए)** इस दुनिया में किसी का भी बिस्वास नहीं करना चाहिए।

धीर : किसी का भी नहीं?

छदामी : किसी का भी नहीं। **(रंजीत से)** मैं पूछता हूँ रंजीत बाबू, आप मेरा बिस्वास करेंगे?

रंजीत : मैं तो आपका विश्वास कर लूँगा!

छदामी : गलत! आपको मेरा भी बिस्वास नहीं करना चाहिए। आदमी की नीयत का क्या ठीक! कब डाँवाँडोल हो जाए! क्यों, ठीक कहा न धीर बाबू?

धीर : **(अनिश्चित-सा)** जी...

छदामी : रंजीत बाबू, यह रही मेरी सोने की अँगूठी! इसे आप रख लीजिए।

रंजीत : इसका मैं क्या करूँगा?

छदामी : **(जोर देकर)** मैं कहता हूँ इसे आप रख लीजिए। इसमें असली पुखराज लगा है। ऐसा पुखराज आजकल नहीं मिलता।

रंजीत : लेकिन क्यों?

छदामी : रख भी लीजिए और चार हजार रुपये दे दीजिए।

रंजीत : चार हज़ार रुपये?

छदामी : क्या करूँ, मेरा बटुआ तो घर में ही छूट गया है। वह निगोड़ी बिना साड़ी के घर में नहीं घुसने देगी।

धीर : **(एकदम हँसकर)** तो साड़ी के लिए रुपये चाहिए! दे दो रंजीत! चलो, लाला जी के समझ तो आई।

रंजीत : **(रुपये निकालकर देते हुए)** यह लीजिए लाला जी! **(अँगूठी लेकर पर्स में रखता है।)**

छदामी : आपका भला हो रंजीत बाबू! बात यह है कि चौथी को मायके में तो कभी दोनों वक़्त भरपेट खाने को मिला नहीं, इसलिए बड़ी लिलही है। सोचता हूँ—मैं नहीं लाऊँगा तो कौन लाएगा, बेचारी के लिए! इसलिए तरस खाकर ले ही जाऊँगा। अच्छा अब चलूँ। **(उठता है, लेकिन उठने पर कमर में दर्द होता है।)** आह!

धीर : क्या हुआ?

रंजीत : आपको उठने में तकलीफ़ होती है?

छदामी : कुछ नहीं है...कुछ नहीं है।

रंजीत : क्या कमर में दर्द है?

छदामी : **(एकदम सफाई में)** उसने मुझे नहीं मारा। नहीं-नहीं, उसने मुझे नहीं मारा।

रंजीत : जी?

छदामी : आप लोग यह न सोचिएगा कि उसने मुझे बेलन से मारा।

रंजीत : **(हँसी दबाते हुए)** हम लोग कहाँ सोचते हैं?

छदामी : उसने मुझे नहीं मारा। यह तो...यह तो मैं गिर गया था। ठोकर लग जाने से गिर गया था, उसी से कमर में मोच आ गयी। उसने मुझे बेलन नहीं मारा। आप लोग मेरा भरोसा कीजिए।

धीर : हम लोग आपका भरोसा करते हैं।

छदामी : अगर वह मुझे मारे तो मैं उसकी जान ही ले लूँ। मैं बड़ा ख़राब आदमी हूँ। बीवी को लौंडी समझता हूँ। मैं मरद हूँ मरद! आह! **(बाहर प्रस्थान)**

(रंजीत और धीर खुलकर हँसते हैं।)

रंजीत : **(हँसते हुए)** चले गये जबान के शेर!

धीर : यह मरद हैं! **(नकल करते हुए)** आह! आप लोग यह न समझिएगा कि उसने मुझे बेलन से मारा।

रंजीत : चोर की दाढ़ी में तिनका!

हरीश : **(बाहर से प्रवेश करके)** किसकी दाढ़ी में तिनका?

रंजीत : आओ, आओ हरीश!

हरीश : किसके बारे में बातचीत हो रही है? किसकी दाढ़ी में तिनका है?

रंजीत : एक हैं लाला छदामी लाल! उनकी बीवी ने...

धीर : **(टोकते हुए)** उनकी चौथी बीवी ने...

रंजीत : हाँ-हाँ, लाला जी को उनकी चौथी बीवी ने मारा क्योंकि वह उसके लिए साड़ी ख़रीदकर नहीं ले गये।

हरीश : बेचारे!

रंजीत : उठने पर कमर की चोट से जब कराह उठे, तो अपने आप ही सफ़ाई में बोल पड़े—बीवी ने बेलन से नहीं मारा है!

धीर : अरे रंजीत, हरीश तो शहर के बड़े ज्वेलर्स हैं! इन्हें दिखाओ न वह सोने की अँगूठी!

रंजीत : हाँ, हाँ। हरीश, लाला जी यह सोने की अँगूठी देकर मुझसे चार हज़ार रुपये ले गये हैं।

धीर : चार हज़ार रुपये से लाला जी साड़ी ख़रीदकर लाएँगे, तब कहीं बेचारे अपने घर में घुस पाएँगे।

हरीश : **(अँगूठी देखकर)** यह अँगूठी तो सोने की नहीं है।

रंजीत : क्या??

हरीश : यह तो एकदम पीतल की है।

रंजीत : पीतल की? और यह नग?

हरीश : यह मामूली काँच का टुकड़ा है।

रंजीत : हे भगवान्! वह तो कहता था, असली पुखराज है!

धीर : **(हँसकर)** लगा गये चूना लाला जी! उनमें गुणों की कमी नहीं। असली पुराने चावल हैं!!

(यवनिका)

बिन घरनी घर भूत का डेरा

पात्र

अखिल : 26 वर्षीय नवयुवक।

महेश
स्वराज } अखिल के सम-वयस्क मित्र।
गोविन्द

बराती : अखिल का नौकर। आयु लगभग 50 वर्ष।

जगदम्बा प्रसाद : सुसम्पन्न प्रौढ़। अखिल के भावी ससुर।

समय : सायंकाल।

स्थान : अखिल का कमरा।

पर्दा खुलने पर एक साधारण मध्यवर्गीय कमरा दिखलाई पड़ता है जिसमें तीन दरवाजे हैं। दाहिना दरवाजा गुसलखाने में खुलता है। पीछे का दरवाजा घर के अंदर कमरों में तथा बायाँ दरवाजा घर के बाहर। कमरे की साजसज्जा अविवाहितों के कमरे जैसी अर्थात् कमरे का सब सामान अस्त-व्यस्त एवं बिखरा है। चप्पल खूँटी पर टँगी है; सूट, कोट आदि कुर्सियों पर पड़े हैं; एक कोने में कमीज पड़ी है; रेडियो के ऊपर चादर और उस पर चाय के बर्तन रखे हैं।

(अखिल का प्रवेश–बायें द्वारा से! अखिल सूट पहने हुए अपटूडेट किस्म का नवयुवक है।)

अखिल : **(इधर-उधर देखकर पुकारता हुआ)** बराती! बराती! न जाने कहाँ चला गया कम्बख़्त! काम के समय ज़रूर ग़ायब हो जाता है, और दरवाज़ा भी खुला छोड़ गया। जानता है घर में कोई नहीं है, फिर भी अकेला खुला छोड़ गया है। ज़रूर

पड़ोस में नौकरों के साथ बैठकर चिलम पी रहा होगा। इन कम्बख़्तों की तो कॉनफ़्रेन्स होती है। **(बायें द्वार पर बाहर जाकर पुकारते हुए)**–बराती! बराती...!

बराती : **(नैपथ्य में)** आइन सरकार–आइन!

(थोड़ी देर बाद अखिल और उसके पीछे बराती का प्रवेश)

अखिल : मैं पूछता हूँ कहाँ चले गये थे? फिर वही हरखू और बनवारी के पास, तम्बाकू पीने-?

बराती : **(मिठुआते हुए)** नहीं सरकार।

अखिल : तब कहाँ गये थे? **(बराती चुप रहता है)** बोलते क्यों नहीं? चुप क्यों हो? कहाँ गये थे?

बराती : **(झेंपते हुए)** कहीं नहीं...

अखिल : कहीं तो ज़रूर गये थे; इस समय कहाँ से आ रहे हो?

बराती : वहीं से। उन्हीं लोगन से कुछ बात करै को रही।

अखिल : वही लोग कौन? हरखू और बनवारी?

बराती : हाँ।

अखिल : फिर क्यों कहते हो कि उन लोगों के पास नहीं गये थे?

बराती : अब का कही सरकार।

अखिल : क्या बात करनी थी? वही अपनी शादी के बारे में?

बाराती : **(चापलूसी के स्वर में)** सरकार!

अखिल : तुम्हारी उमर कितनी है?

बराती : पचास पार हुई।

अखिल : कितने लड़के हैं?

बराती : दो।

अखिल : उनकी शादी हो गयी?

बराती : हाँ।

अखिल : और लड़कियाँ?

बराती : तीन

अखिल : तीनों की शादी हो गयी?

बराती : हाँ।

अखिल : और नाती-पोते?

बराती : कुल मिलाय के चौदह।

अखिल : दो लड़के, तीन लड़कियाँ, चौदह नाती-पोते। फिर भी शादी

करने के लिए पागल हुए घूमते हो! देखो, मैंने अभी तक शादी नहीं की। 26 साल का हो गया हूँ, और अभी कम-से-कम चार साल और शादी करने का इरादा नहीं...

बराती : **(बात काटते हुए अधिकार के शब्दों में)** हमारी मानों तो तुम्हें ब्याह कर लेने को चाही सरकार!

अखिल : **(चिढ़कर)** अच्छा जी! तो आप हमें सलाह दे रहे हैं?

बराती : बिना ब्याह के घर मनहूस लागत है।

अखिल : **(व्यंग्य से)** और इसीलिए तुम शायद शादी करने के लिए हाथ धोकर पीछे पड़े हो!

बराती : का कही सरकार! घर पर मन नहीं लागत। घर पर खेत हैं-जानवर हैं—तबहूँ गाँव छोड़-छाड़ के यहाँ सहर में पड़ा हैं। घर जात हैं तो जैसे काटे को दौड़त है। सूना-सूना लागत है।

अखिल : बेटे और पोते तो हैं। फिर क्यों सूना लगता है?

बराती : घरवाली की बात और ही हय सरकार! अब ई तू का जानौ?

अखिल : **(व्यंग्य से)** हाँ, मैं क्यों जानूँगा! तुम ज़्यादा जानते हो। **(स्वर बदलकर)** अच्छा यह बताओ, चाय तैयार है?

बराती : चाय तो तैयार है। मगर अब ठंडी हो गयी है। रोज़ तो तुम चार-साढ़े चार बजे आत रहे, आज इतनी देर से आए हो—अब छः पौने छः हुआ चाही।

अखिल : **(चौंककर घड़ी देते हुए)** उफ़! इतनी देर हो गयी और मैं यहाँ खड़ा बातें कर रहा हूँ! रावत और मिसेज रावत मेरा इन्तज़ार कर रहे होंगे सिनेमा चलने को। देखो बराती, ज़रा जल्दी से गरम-गरम एक कप चाय लाओ। और देखो, ज़रा जूते पर पालिश भी कर देना। मैं तब तक कपड़े बदलता हूँ।

बराती : अच्छा सरकार! **(पीछे के द्वार से प्रस्थान)**

(अखिल कोट, टाई और कमीज उतारकर, केवल पैन्ट और बनियान पहने, दाहिने द्वार से अन्दर जाता है। भीतर नल चलने की आवाज और अखिल के बेसुरे गले से गाने की आवाज आती है। किन्तु शीघ्र ही अखिल दायें द्वार से मंच पर आता है। उसके हाथ कुहनियों तक भीगे हैं।)

अखिल : **(पुकारते हुए)** बराती! बराती!

बाराती : **(पीछे के द्वार से प्रवेश करके)** का हुआ?

अखिल : बाथरूम का साबुन कहाँ गया?

बराती : वहीं हुइये?

अखिल : वहाँ नहीं है!

बराती : वहाँ नहीं है तब हम का जानी?

अखिल : **(बिगड़कर)** तुम नहीं जानोगे तो क्या मैं जानूँगा? अखिरकार तुम करते क्या हो? जब कोई चीज़ माँगो तब नहीं है। साबुन कहाँ चला गया?

बराती : अब हम का जानी? साबुन वहीं धरा रहा, सो वहीं होय को चाही। कहत हो नाहीं है, तो नहीं हुइये। वहीं तो हम रखा रहे।

अखिल : तुमने वहीं रखा था तो क्या दीवारें खा गयीं?

बराती : **(सोचकर)** होई सकत है। राजा नल का नौलखा हार खूँटी निगल गयी रहै।

अखिल : **(झुंझलाकर)** अच्छा-अच्छा, बन्द करो यह बकवास! बिना साबुन के ही मैं मुँह-हाथ धो लूँगा। तुम चाय जल्दी से बनाकर लाओ। **(दायें द्वारा से प्रस्थान)**

(बराती भी पीछे के द्वार से अन्दर जाता है। थोड़ी देर बाद दायें द्वार से अखिल का प्रवेश। वह कमरे में इधर-उधर तौलिया ढूँढ़ता है।)

अखिल : **(पुकारते हुए)** बराती! बराती!

बराती : **(नेपथ्य में)** आइन सरकार! **(प्रवेश करके)** का है सरकार?

अखिल : इतनी देर से ढूँढ रहा हूँ, यहाँ कोई तौलिया दिखाई ही नहीं देती!

बराती : यहीं तो रही सरकार!

अखिल : यहाँ तो कहीं नहीं है।

बराती : **(विश्वास से)** है सरकार! **(कमरे में इधर-उधर ढूँढ़ते हुए)** यहीं होन को चाही। न जाने कहाँ बिलाय गयी!

अखिल : जल्दी करो, मुझे सिनेमा को देर हो रही है।

बराती : सरकार आपहू ढुंढ़ाय लेओ। जल्दी हय!

अखिल : **(ढूँढ़ते हुए)** तौलिया!...तौलिया! न जाने कहाँ ग़ायब हो गयी!

बराती : तौलिया नाहीं मिलत तो धोती से हाथ-मुँह पोंछ लेओ। **(धोती उठाकर आगे बढ़ाता है)**

अखिल : **(विवश स्वर में)** धोती ही लाओ। **(बराती से धोती लेकर मुँह पोंछता है)** तुम जल्दी से चाय लाओ।

बराती : बस अब्बै लाइत है, एक मिनट में। **(प्रस्थान पीछे)**

(अखिल बक्स से कमीज निकालकर पहनता है तथा बाल काढ़ता है। बराती का चाय का प्याला लिए पीछे से प्रवेश)

बराती : लेओ, चाय तैयार होय गयी। **(चाय का प्याला अखिल को देकर बायें द्वार की बढ़ता है)**

अखिल : **(एक घूँट पीकर)** तुम कहाँ जा रहे हो? देखो चाय में...

बराती : **(काटते हुए)** चीनी नहीं है? वही तो लैन जात रहिन सरकार! अब्बै आइत है।

अखिल : अब जाओगे बाजार से शक्कर लेने! अब तक क्या सो रहे थे? तुम्हारी तो वही हालत है कि जब प्यास लगी, तब कुआँ खोदने चले। रहने दो, मुझे चाय नहीं पीनी है। सिनेमा को देर हो जाएगी। **(रुककर)** देखो कहीं सेफ़्टी-पिन हो तो दे दो। इस कमीज़ में बटन ही नहीं है।

बराती : सरकार सैफ्टीपिन नहीं, मुला आलपिन है। कहो तो उसे ही लगाय देई?

अखिल : आलपिन! अरे न बाबा, कहीं वह सीने में न घुस जाए।

बराती : घबराया जिन! हम बड़ी होसियारी से लगा देबै।

अखिल : अच्छा, बटन नहीं, तो आलपिन ही सही।

बराती : **(आलपिन लगाते हुए)** घर की हालत तो यह हुइए ही। न तौलिया, न साबुन, न बटन, न कमीज, न सूट—अब ई सब काम तो मेहररूअन के हय, हम कैसे करें। बस इसका सिर्फ एक इलाज है—तू ब्याह करके घरवाली ले आओ...

अखिल : **(चीखकर)** अरे बाप रे बाप! बेवकूफ, ऑलपिन चुभा दिया। मुझे नहीं लगवाना ऑलपिन! कमीज़ में बटन नहीं तो न सही। बड़ी सलाह देने चले हैं। ब्याह करके घरवाली ले आओ...

(बाहर दरवाजे पर खटखटाहट की आवाज)

अखिल : देख तो बराती, बाहर कौन आया है?

बराती : अच्छा सरकार! **(बायें द्वार से प्रस्थान)**

(थोड़ी देर बाद बराती बाहर से लिफाफा लिए वापिस लौटता है।)

बराती : **(बायें द्वार से प्रवेश)** सरकार डाकिया रहा। यह लिफाफा दे गया है।

अखिल : लाओ। **(लिफाफा खोलता है)**

बराती : **(उत्सुकता से)** किस की चिट्ठी है सरकार?

अखिल : बाबूजी की।

बराती : ख़ैरियत तो है सरकार?

अखिल : **(पढ़ते हुए)** हूँ, बाबूजी लिखते हैं कि उन्होंने मेरी शादी रायबहादुर बाबू जगदम्बा प्रसाद की लड़की से क़रीब-क़रीब तय कर दी है। माँ ने लड़की देख ली है, सुन्दर है। उन्हें उम्मीद है कि मुझे शादी मंजूर होगी। उन्होंने मेरी रज़ामन्दी माँगी है।

बराती : **(एकदम खुशश होकर)** सादी! बियाह!! सच सरकार!!!

अखिल : हाँ, आज-कल में ससुर जी मुझसे मिलने यहीं आने वाले हैं। **(उपेक्षा से)** उँह! अरे तू कहाँ चला रे?

बराती : **(बराती बायें द्वार के पास से)** ही-ही-ही सरकार, आपके बियाह की खबर मोहल्ले वालों को बताने।

अखिल : **(बिगड़कर)** ए बेवकूफ़, यह बात अपने ही तक रख! इधर-उधर गाने की ज़रूरत नहीं।

बराती : **(आश्चर्य से)** का कहिते हो सरकार? फिर आपके ससुर जी भी तो आपको देखे आय रहे हैं। हाय सरकार, बड़े भाग से आते हैं ससुर जी देखने! हमारी मानो तो अब तू नाहीं न करौ। सीधे से राजी हो जाओ। फिर तो बाबू, घर के बाहर सहनाइयाँ, और घर के भीतर चूड़ियों की खनक, पायल की झनक!

अखिल : अच्छा चुप रह! **(दरवाजे पर दस्तक की आवाज)** देख तो, कौन खटखटा रहा है? कोई आया है।

बराती : **(मगन होकर)** लगता है आय गये ससुर जी!

(बायें द्वार से महेश का प्रवेश)

महेश : **(प्रवेश करके)** ससुर! यह क्या बदतमीज़ी है?

अखिल : **(झेंपकर)** अरे यार, यह तुम हो महेश!

महेश : हाँ-हाँ, मैं हूँ। माना कि मेरी शादी के तीन साल में चार लड़कियाँ हैं, मगर वह तो अभी छोटी हैं। अभी से कैसे मैं ससुर हो गया?

बराती : बात ई है सरकार, कि अब्बै बाबू जी के पिता की चिट्ठी आई रही। सो ऊमें लिखा रहा कि बाबू जी कै ससुर देखै आय रहे हैं। सो वही ससुर जी हम आपको समझे। यह देखो उनकी चिट्ठी। (पत्र देता है।)

महेश : **(पढ़कर)** राय बहादुर जगदम्बा प्रसाद! ओह, यह बात है! मैं तो घबरा गया था। अरे अखिल, खिलाओ मिठाई! ऐसे मौक़े जिन्दगी में बार-बार तो आते नहीं। लुटा दो जो कुछ है! ऐसे मौक़ों पर पहले बादशाह और नवाब अपना ख़ज़ाना ख़ाली कर देते थे।

अखिल : माफ़ कीजिए, न तो मैं बादाह हूँ और न नवाब।

महेश : बादशाह नवाब नहीं हो, तो भी मुँह तो मीठा कराओ ही। यह खुशी का मौक़ा...

अखिल : मुझे शादी नहीं करनी है।

महेश : कंजूस कहीं का! **(रुककर)** अरे, मिठाई नहीं खिलाना चाहते हो तो झूठ क्यों बोलते हो? अरे प्यारे, शादी वह जाल है जिसमें सब क्वाँरे फँसना चाहते हैं, और सब विवाहित निकलना चाहते हैं। मगर कौन इससे बच सका है? अच्छा चल, तू भी क्या कहेगा, किसी रईस से पाला पड़ा है। मैं ही तेरा मुँह मीठा कराता हूँ। **(पुकारते हुए)** बराती, यह लो सौ रुपये और बढ़िया-सी रस-मलाई पास वाली दुकान से ले आओ।

बराती : अभी लीजिए सरकार-लेकिन सरकार चाय के लिए सक्कर भी खतम हो गयी है।

महेश : अच्छा-अच्छा, यह सौ रुपये और लो।

बराती : लाए सरकार! अभी दो मिल्ट में आया। **(प्रस्थान बायें द्वार से)**

अखिल : आज तो एकदम दरिया-दिल हो गये हो! क्या बात है महेश साहब?

महेश : मैंने सोचा, दोस्त के लिए कुछ ख़र्च ही कर दूँ। यह मौक़ा बार-बार तो आएगा नहीं।

अखिल : धन्य भाग मेरे! यह पहला मौक़ा है जब तुमने कुछ ख़र्च किया, वरना तो यही रोना रोया करते हो कि ख़र्चा नहीं चलता, चार-चार लड़कियाँ हैं—बुरा हो इस शादी का, गृहस्थी का बोझ बुरी तरह सर पर बैठ गया है।

महेश : ग़लत तो नहीं कहता! नाई-नाई बाल सामने ही आएँगे। जब तुम्हारी शादी हो जाएगी और तुम्हारे भी तीन साल में चार लड़कियाँ हो जाएँगी...

अखिल : **(काटते हुए)** भगवान के लिए अपनी यह दुआएँ अपने पास ही रखो।

महेश : लगे न चौंकने अभी से! अरे मियाँ, शादी के पहले सभी चौंकते हैं, मगर उसका चक्कर ही ऐसा होता है कि बड़े-बड़े अफलातूँ भी उसमें आ जाते हैं! भूल गये राग रंग, भूल गये चौकड़ी; तीन चीज़ याद रहीं नोन, तेल, लकड़ी! और जनाब इसके पहले कि आँखें खुलें, घर में तीन-चार साहबज़ादे अम्मा-बाबू पुकारने लगते हैं—जी हाँ, क्या समझे?

अखिल : देखो भाई महेश, अब अपना यह लेक्चर बन्द करो। मिस्टर रावत और उनकी मिसेज सिनेमा जाने के लिए मेरी प्रतीक्षा कर रहे होंगे। तुम चाय पियो—मुझे इजाज़त दो—मुझे जल्दी है।

महेश : यह कैसे हो सकता है? तुम्हारे बिना ऐसे खुशी के मौक़े पर मैं अकेले चाय पिऊँ?

(गोविन्द और स्वराज का बायें द्वार से प्रवेश)

गोविन्द : अरे भाई कैसा खुशी का मौक़ा है? हम भी तो जानें?

महेश : अरे आओ गोविन्द? ओह स्वराज, तुम भी हो! आओ-आओ। अखिल की शादी तय हो गयी, इसके ससुर आज-कल में इससे मिलने आने वाले हैं। इसी की खुशी में...

गोविन्द : **(काटते हुए)** खुशी? हाँ, आज खुशी तो है ही! कम से कम अखिल को तो खुश होना ही चाहिए। मगर भाई, सच पूछो तो मेरी समझ में नहीं आता कि इसमें खुशी की क्या बात है? अच्छे-भले खेलते-कूदते आदमी के पैरों में बेड़ी पड़ जाए—और तुम कहो खुशी है।

स्वराज : किसी ने कहा है-विवाह वह जनाज़ा है जिसमें मुर्दा बोलता है।

गोविन्द : मुझसे कोई विवाह करने के पहले पूछे-विवाह करूँ या नहीं तो मैं कहूँगा—नहीं। तुम्हें मालूम है स्वराज, यूनिवर्सिटी में पढ़ाकर लौटने पर मेरे कोट की तलाशी ली जाती है। एक-एक कागज़ देखा जाता है और अक्सर चीज़ें ग़ायब

हो जाती हैं। मैं पत्नी से पूछता हूँ कि उन्होंने मेरे कोट की जेबें टटोली हैं, तो क़सम खाकर कहेंगी कि वह कोट के निकट तक ही नहीं गयीं। मैं उनकी बात का विश्वास कर लेता हूँ, हालाँकि मैं जानता हूँ कि उन्होंने झूठी क़सम खाई है। क्या करूँ, किसी तरह से घर में शान्ति तो रखनी ही चाहिए।

महेश : और ज़रा मेरी पत्नी की शाहख़र्ची की हालत सुनो। सौ रुपये गज़ के बढ़िया कपड़े को यदि मैं श्रीमती जी को दस रुपये गज़ का बता के दिखाऊँ, और दस रुपये के घटिया कपड़े को सौ रुपये ग़ज का बताऊँ, तो वह घटिया कपड़े को ज़्यादा दाम का देखकर पसन्द कर लेंगी। बस वह तो दाम पर टूटती हैं—दाम पर! अपनी अक़्ल तो है ही नहीं।

स्वराज : अजी औरतों के अक़्ल ही कहाँ होती है। यही नहीं, सारे ख़र्चे ख़ुद ही करती हैं, मगर ताना यही रहेगा कि सारा रुपया तो तुम दोस्तों की चाय-पार्टी ही में फूँक देते हो।

महेश : हमारी बीवियों को हम लोगों के दोस्तों से सौतिया डाह होती है, सौतिया डाह!

अखिल : **(विवशता से)** भले आदमियो! मैं तुम लोगों के हाथ जोड़ता हूँ। बन्द करो यह पत्नी-पुराण! कोई दूसरे काम की बातें करो।

गोविन्द : ओह, हम लोग यह तो भूल ही गये थे कि तुम्हारी शादी तय होने जा रही है। क्या बेमौक़े अपना रोना लेकर बैठ गये। मगर भाई अखिल, एक दिन तो तुम्हें रोना पड़ेगा ही।

(बायें द्वार से बराती का प्रवेश)

बराती : यह लीजिए सरकार, ले आए मिठाई। शक्कर भी आय गयी सरकार-दो मिल्ट में चाय। (मिठाई **मेज पर रखकर पीछे के द्वार से प्रस्थान)**

स्वराज : मिठाई? जियो अखिल, जियो! भगवान बार-बार यह दिन दिखाए।

गोविन्द : **(चौंककर)** क्या कह रहे हो स्वराज? बार-बार यह दिन दिखाए।

स्वराज : ओह माफ़ करना। बर्थ-डे की विश विवाह पर कह गया। **(बात बनाकर)** मेरा मतलब है कि मुझे बहुत ख़ुशी है।

गोविन्द : मगर यार अखिल, इतनी थोड़ी रसमलाइयों से क्या होगा? कुछ और मँगाओ। आठ रसमलाइयाँ तो मैं अकेले ही खा जाऊँगा, और फिर नमकीन मुँह करने के लिए भी कुछ चाहिए।

महेश : **(शाही लहजे में)** घबराते क्यों हो? **(पुकारते हुए)** बराती!

बराती : **(हाथ में चाय की ट्रे लेकर प्रवेश)** हाँ सरकार!

महेश : चाय यहीं रख दो। देखो, गोविन्द और स्वराज बाबू भी आ गये हैं। पाँच सौ रुपये की मिठाई नमकीन और लेकर आओ। ज़्यादा नहीं होगी, अगर बचे तो वह तुम्हारे काम आ जाएगी। हाँ, जल्दी आना!

बराती : अभी लेओ सरकार, दो मिल्ट में! कुत्ते की चाल गये और बिल्ली की चाल आए। **(प्रस्थान बाहर)**

अखिल : भाई महेश, तुमने तो सचमुच कमाल कर दिया। आज एकाएक कैसे शाह-ख़र्च हो गये? क्या भाभीजी के बकस की चाबी हाथ लग गयी?

महेश : नहीं भाई, यह सब तुम्हारी मेहरबानी है अखिल!

अखिल : मेरी मेहरबानी कैसे?

महेश : अरे पता लग जाएगा थोड़ी देर में। अरे हाँ, यह तो बताओ कि तुम्हारी भावी पत्नी पढ़ी कहाँ तक है?

अखिल : ख़ुदा जाने कहाँ तक पढ़ी है!

गोविन्द : कुछ भी पढ़ी हों-मगर मेरी मानों अखिल, एम.एस-सी. पास लड़की से कभी शादी न करना। साइन्स पढ़कर लड़कियाँ एकदम नीरस हो जाती हैं। मेरो सलाह मानो तो किसी हिन्दी में एम.ए. पास लड़की से शादी करना।

महेश : न बाबा न! एम.ए. हिन्दी लड़की से शादी तो कभी न करना! मैं तो पछता ही रहा हूँ। मैं नहीं चाहता कि कोई दूसरा बिचारा एम.ए. हिन्दी लड़की पर बलि चढ़े। एम.एस.सी. लड़की फिर भी अच्छी है गोविन्द! तुम्हारी पत्नी क्या बुरी है? मगर हिन्दी में एम.ए.? तौबा! तौबा! भगवान बचाए ऐसी लड़की से!

गोविन्द : नहीं महेश, हिन्दी में एम.ए. लड़की एम.एस-सी. पास से तो कहीं अच्छी होगी! वह सरस तो होगी! मानव मन की कोमल अनुभूतियों के लिए उसमें संवेदनाएँ तो होंगी!

महेश : अरे बस करो यार, यह ऊँची-ऊँची बातें! यही तो ले डूबती हैं। एक तो वैसे ही सब लड़कियाँ जन्म से कवयित्री होती हैं, फिर अगर कहीं हिन्दी में एम.ए. कर लिया, तो बस हो गयी छुट्टी। एक तो करेला और ऊपर से नीम चढ़े। मियाँ जी चूल्हा फूँक रहे हैं और देवीजी कविता बना रही हैं।

अखिल : अरे यार, फिर तुम्हारा रिकार्ड चालू! मुझे जाने दो। मिस्टर रावत और मिसेज रावत मेरा इन्तज़ार कर रहे होंगे। मैं तो चलता हूँ...

गोविन्द : नहीं, जब तक हम लोग चाय न पी लें, तुम नहीं जा सकते। समझे।

महेश : मेरे विचार से अगर शादी ही करनी है तो स्वराज की तरह किसी गाँव की बिना पढ़ी-लिखी-काली लड़की से करो। वह पति को परमेश्वर मानकर सेवा तो करेगी! जीवन तो सुखी हो जाएगा! क्यों है न स्वराज?

स्वराज : इस पर मैं न बोलूँ तभी अच्छा।

अखिल : **(विवश रुचि से)** नहीं साहब, आप ज़रूर बोलिए। अपनी राय प्रगट कीजिए।

स्वराज : इसके उत्तर में मैं केवल एक बात कहूँगा। मेरी दाढ़ी देखते हो तुम लोग!

सब : हाँ!

स्वराज : यही है मेरा उत्तर!

अखिल : हम समझे नहीं?

स्वराज : तो सुनो, मैंने इसी विचार से काली और बिना पढ़ी-लिखी लड़की से विवाह किया था कि जीवन तो सुखी होगा। किन्तु सुख तो और कोसों दूर चला गया! मेरी पत्नी को विश्वास ही नहीं होता कि मैं एक काली और अपढ़ लड़की से प्रेम कर सकता हूँ। इसी पर आए दिन झगड़ा होने लगा, और हारकर मैंने उसे विश्वास दिलाने के लिए कि मैं तुम्हारे सिवाय किसी से प्रेम नहीं करता, यह दाढ़ी रखाई है।

गोविन्द : तो यह राज़ है तुम्हारी दाढ़ी का!

स्वराज : हाँ! अखिल तुम एम.ए. हिन्दी से चाहे शादी कर लो...मगर काली लड़की से कभी न करना।

अखिल : **(रुचि लेते हुए)** तुम लोग भी खूब हो! सब एक-दूसरे की विरोधी बातें कर रहे हो।

महेश : सचं तो यह है कि पत्नी एम.एस-सी. भी अच्छी, एम.ए. हिन्दी भी अच्छी और अपढ़ भी अच्छी। जो मिल जाए वही अच्छी।

स्वराज : शेक्सपियर ने कहा है मौत और पत्नी के पीछे सदा ही भाग्य कार्य करता है। इसीलिए बेकार दिमाग़ ख़राब नहीं करना चाहिए।

गोविन्द : और फिर जब एक बार विवाह हो गया, फिर क़िस्से सदा के वही। अगर रात को देर से लौटे तो पत्नी से झगड़ा, सिनेमा नहीं ले गये तो रोना, बाप के घर जाने की धमकी, उनकी पसन्द का कपड़ा न पहना तो खाना न खाना, फिर आपकी एक-एक हरकत पर जासूसी निगाह!

महेश : सच तो यह है अखिल, हर आदमी शादी करके पछताता है। सबसे आदर्श विवाह तो तभी हो सकता है, जब पत्नी अंधी हो और पति बहरा, नहीं तो जीवन-भर लड़ा करते हैं एक-दूसरे से। **(स्वर बदलकर)** मगर इसका यह मतलब नहीं अखिल कि तुम हताश हो जाओ। तुम अवश्य शादी करो।

अखिल : **(तलखी से)** जी धन्यवाद!

स्वराज : मगर यार, इन औरतों का कुछ भरोसा नहीं। चार आदमी एक साथ रह लें मगर दो औरतें कभी एक साथ नहीं रह सकतीं। अगर अखिल तुम्हें अपने किसी दोस्त से झगड़ा न करना हो तो अपनी पत्नी को उसकी पत्नी के साथ कभी न रहने देना—समझे न! इन औरतों का दिमाग़ दूसरा ही होता है। तुम तो अब तक क्वाँरे रहे, तुम क्या जानो इन्हें!

अखिल : बहुत-बहुत धन्यवाद तुम्हारा स्वराज, इन बिना माँगी सलाहों के लिए! लेकिन शायद तुम्हें यह जानकर धक्का पहुँचे, कि तुम्हारी सलाहें बेकार गयीं। मैं विवाह नहीं करूँगा।

स्वराज : अरे जाओ, सब यों ही कहते हैं। हम लोग भी यों ही कहा करते थे। क्यों, है न गोविन्द?

गोविन्द : बिल्कुल ठीक! सब इसी तरह से...

(बराती का मिठाई लिए बायें द्वार से प्रवेश)

बराती : ले आए मिठाई बाबू जी।

महेश : बराती इज़ ग्रेट! **(सब मिठाई खाते हैं)**

गोविन्द : कुछ बिचारे अखिल को भी खिला दो। अभी खा-पी ले, आगे न जाने क्या हो।

महेश : तुम तो ऐसे कह रहे हो गोविन्द, जैसे बेचारा शेर की माँद में जा रहा हो।

गोविन्द : शेर की माँद तो है ही। **(मिठाई खाते हुए)** वाह, बहुत बढ़िया मिठाई है अखिल।

अखिल : महेश से कहो, आज न जाने कैसे उसने इतने रुपये ख़र्च कर ही दिये।

महेश : मैंने क्या किया? यह सब तुम्हारी मेहरबानी है अखिल!

अखिल : मेरी? कैसे?

महेश : यह लीजिए आपका बटुआ, इसमें से सिर्फ सात सौ रुपये ख़र्च हुए हैं।

अखिल : मेरा बटुआ! हे भगवान्, यू रैसकल! अब समझा यह शाहख़र्ची! दूसरों के धन पर सत्यनारायन! निकलिए आप लोग-काफ़ी हो गया...

गोविन्द : अखिल, मेहमानों की इज्ज़त करना सीखो।

अखिल : **(चिढ़कर)** बड़े मेहमान आए! जैसे देवता, वैसी पूजा। बहुत बेवकूफ़ बना चुके तुम लोग! निकलो जल्दी से, मुझे सिनेमा को देर हो रही है।

(नेपथ्य में मोटर के आकर रुकने की आवाज)

स्वराज : अखिल लगता है तुम्हारे यहाँ कार से कोई आया है।

अखिल : देख तो बराती, बाहर कौन है?

(बराती खिड़की से बाहर देखता है)

बराती : सरकार कौनो बुड्ढ़ा-सा आदमी मोटर से आया है।

महेश : मोटर से? कौन बुड्ढ़ा-सा आदमी तुमसे मोटर से मिलने आएगा अखिल? मैं तो तुम्हारे सब दोस्तों को जानता हूँ।

गोविन्द : अरे महेश, वह अखिल का ससुर होगा। क्या नाम बताया था उसका? **(सोचकर)** याद आया—राय बहादुर जगदम्बा प्रसाद।

महेश : हाँ-हाँ वही होगा। **(अखिल से)** चलकर अपने भावी ससुर जी का स्वागत करो। अगवानी करने बढ़ो, पलक पाँवड़े बिछाओ।

जगदम्बा : **(नेपथ्य से-बायाँ द्वार खटखटाते हुए)** क्या मैं अन्दर आ सकता हूँ?

गोविन्द : **(बायों द्वार के बाहर जाकर बुलाते हुए)** आइए, आइए!

(जगदम्बा प्रसाद का प्रवेश)

जगदम्बा : **(बैठते हुए)** मैं मिस्टर अखिल से मिलना चाहता हूँ।

महेश : वह तो हम समझ ही गये थे। देखिए न, ठीक से बैठ जाइए।

जगदम्बा : मैं....

महेश : **(काटते हुए)** आप न बताइए, हम जानते हैं कि आप कौन हैं। देखिए तकल्लुफ़ न कीजिए। आराम से बैठ जाइए। यहाँ सब लोग अपने ही हैं। मेरा नाम महेश है।

स्वराज : मेरा नाम स्वराज है जी!

गोविन्द : लोग मुझे गोविन्द कहकर पुकारते हैं।

बराती : और हमारा नाम बराती है सरकार!

महेश : और यह है अखिल! अबे ए अखिल, नमस्ते कर!

अखिल : नमस्ते।

जगदम्बा : नमस्ते।

स्वराज : **(फुसफुसाते हुए)** अरे बेटा अखिल, ये ससुर हैं। पैर छू, पैर!

अखिल : चुप रहो!

गोविन्द : हम सब अखिल के दोस्त हैं। ही-ही-ही! सच पूछिए साहब, हम लोग आपकी ही प्रतीक्षा कर रहे थे और इसी ख़ुशी में हम अखिल की दावत कर रहे थे।

अखिल : गोविन्द!

गोविन्द : ओह माफ़ कीजिएगा, हम लोग नहीं, अखिल हम लोगों की दावत कर रहा था।

जगदम्बा : आप लोगों से मिलकर मुझे बड़ी ख़ुशी हुई।

महेश : होनी ही चाहिए...। यानी ख़ुशी हम लोगों को हुई। ही-ही-ही!

जगदम्बा : बात यह है कि....

स्वराज : **(काटते हुए)** अजी साहब, बात क्या है, सब ठीक ही समझिए। सच्ची बात तो यह है कि हमारा सबसे प्यारा और शरीफ़ दोस्त अखिल, स्वभाव से देवता है जी, देवता!

गोविन्द : बिल्कुल ठीक साहब! छल, फ़रेब और चालबाज़ी तो इसे छू नहीं गयी है। दुनियादारी तो नाम को भी नहीं जानता। इसे तो जैसे किसी चीज़ से मतलब ही नहीं है।

स्वराज : मतलब क्या? अरे जनाब, अखिल तो कभी-कभी यह भी भूल जाता है कि आज उसने खाना खाया है कि नहीं। फिर जो मिल गया, वही खा लिया।

गोविन्द : फिर वही हाल बाबू जी, कपड़े का है। जो मिल गया तन पर डाल लिया। इसकी भी चिन्ता नहीं कि गन्दा है या साफ़, इस्त्री है कि नहीं।

महेश : सिधाई की हद तो यह है कि वह नहाना भी भूल जाता है। इसी का नतीजा है कि अखिल बस जुम्मे-जुम्मे ही नहाता है।

स्वराज : क्या बात करते हो महेश? अखिल और जुम्मे-जुम्मे!! अजी जनाब, बस इसके नहाने का नम्बर ईद-बकरीद ही आता है। साल में एक-दो बार।

(जगदम्बा प्रसाद खाँसते हैं)

अखिल : **(रोष से)** स्वराज!

स्वराज : क्या है अखिल? **(बात बनाते हुए)** देखा न जनाब आपने! अखिल बेचारा कितना शरीफ़ है। हम लोग जो इसकी तारीफ़ कर रहे हैं, इसलिए शरमा रहा है।...हैं-हैं-देखा, अपनी तारीफ़ अपने सामने सुनने में शर्माता है बिचरा!

गोविन्द : सच तो यह है जनाब, हमारा यह दोस्त अखिल सिधाई में तो एकदम गऊ है गऊ।

महेश : मगर साहब मेहनत से जी कभी नहीं चुराता। मेहनत करने में तो बैल से किसी हालत में कम नहीं है।

गोविन्द : ऐसा अच्छा लड़का तो आप चिराग लेकर भी ढूँढ़ें, तो न मिले। सब अच्छी आदतें हैं इसमें। सुबह मुँह अँधेरे उठने में तो एकदम मुर्गा है-मुर्गा...

स्वराज : और चौकन्नी नींद सोने में कुत्ता।

जगदम्बा : कुत्ता?

स्वराज : एकदम कुत्ता राय बहादुर जगदम्बा प्रसाद जी।

जगदम्बा : क्या कहा—राय बहादुर जगदम्बा प्रसाद? जी मेरा नाम उल्फत राय है। **(सब एकदम अचम्भे में ठगे स्वर में)**

सब : उल्फत राय!!!

जगदम्बा : जी हाँ, उल्फत राय। इंश्योरेन्स एजेन्ट।

महेश : **(कड़ुवा घूँट निगलते हुए)** इंशोरेन्स एजेन्ट! सुनिए इंशोरेन्स एजेन्ट साहब, यहाँ किसी को अपनी जिन्दगी का बीमा नहीं कराना है। आप तशरीफ़ ले जा सकते हैं।

जगदम्बा : लेकिन सुनिए तो साहब, हमारी कम्पनी के टर्म्स तो देख लीजिए।

स्वराज : **(बिगड़कर)** कह दिया न, हमारा समय ख़राब न कीजिए। बिचारे अखिल को इस समय सिनेमा जाना है! फिर कभी मिलिएगा।

जगदम्बा : जैसी आपकी आज्ञा। अच्छा नमस्ते **(प्रस्थान बायें द्वार से)**

स्वराज : गया...। कम्बख़्त ने सारा मज़ा किरकिरा कर दिया। उल्फ़त राय! इंशोरेन्स एजेन्ट! हम समझे ससुर जी हैं।

गोविद : अमां यह मुँह लटकाए क्यों बैठे हो, अखिल? यह इंशोरेन्स एजेन्ट निकला तो इसमें ग़म क्यों करते हो। ससुर जी अभी नहीं आए तो आज-कल में आते ही होंगे।

स्वराज : बिचारा उदास हो गया। मगर एक बात है गोविन्द, उदासी में अखिल का सौन्दर्य और निखर आता है।

महेश : काश, ससुर जी अखिल का यह रूप देख पाते, तो एकदम लट्टू होकर कहते-बेटा अखिल, मैं अपनी एक नहीं तीन-तीन लड़कियों की शादी तुमसे करने को तैयार हूँ।

अखिल : अच्छा-अच्छा, काफ़ी मज़ाक हो गया। अब आप लोग फ़ौरन तारीफ़ ले जाइए। मुझे सिनेमा देखने जाना है।

गोविन्द : हम लोग तुरन्त चले जाएँगे, मगर एक शर्त पर।

अखिल : वह क्या?

गोविन्द : देखो, तुम्हारे ससुर आने वाले हैं! उसकी ख़ुशी में वादा करो कि डिनर खिलाओगे!

अखिल : डिनर-विनर कुछ नहीं! अब आप लोग खिसकिए।

गोविन्द : **(चुनौती के स्वर में)** तो यह बात है अखिल? तुम्हारे ससुर क्या आने वाले हैं, तुम्हारे मिजाज़ चढ़ गये। हम नहीं जाते।

महेश : हम लोग नहीं जाते।

स्वराज : सत्याग्रह! हम लोग नहीं जाते।

अखिल : **(अनुनय के स्वर में)** अच्छा बाबा, इस समय तो चलो। जब कहोगे, जहाँ कहोगे, वहाँ तुम लोगों की डिनर पक्की रही।

गोविन्द : जियो अखिल, जियो। अच्छा, अब हम लोग चलें। मगर जाने के पहले नारा तो लगा लें-ससुर जी...

सब : जिन्दाबाद!

अखिल : रैस्कल्स!

स्वराज : चलें यार अखिल बेस्ट ऑफ़ लक—**(सबका बायें द्वार से प्रस्थान)**

अखिल : कम्बख़्त टले तो! एकदम पीछे लग गये थे।

बराती : हमारी मानौ सरकार, तू अब बियाह कर लेओ। बाबा तुलसीदास कह गये हैं—बिन घरनी घर भूत का डेरा।

अखिल : **(हँसकर)** बात तो तुम ठीक कहते हो बराती। यह महेश, गोविन्द और स्वराज किन भूतों से कम हैं। **(रुककर)** सोचता हूँ शादी कर ही लूँ।

बराती : **(प्रसन्नता से डदलकर)** सच बाबू, तू राजी हो? दुलहनिया छल-छम-छम। **(रुककर)** लेओ सरकार, यही खुशी में एक प्याला चाय और पीयो।

(अखिल हँसता है-तभी द्वार पर दस्तक)

अखिल : देख तो बराती, बाहर कौन आया है?

बराती : अच्छा सरकार!

(बराती बायें द्वार से बाहर जाकर लौटता है)

बराती : सरकार, पास के होटल से एक आदमी यह चिट्ठी लाया है।

अखिल : लाओ देखूँ। **(पढ़ते हुए)** रायबहादुर जगदम्बा प्रसाद!

बराती : ससुर जी की चिट्ठी? काव लिखा है?

अखिल : **(मायूस स्वर में)** बराती!!

बराती : सरकार?

अखिल : अरे वह इंशोरेन्स एजेन्ट नहीं, ससुर जी थे। **(डूबते स्वर में)** वह लिखते हैं कि उन्हें अब शादी नामंजूर है।

बराती : **(चौंककर)** सरकार!! **(सम्हलकर अखिल को सांत्वना देते हुए)** कौनौ बात नाही सरकार! लो तू चाय पियो।

अखिल : **(उसी डूबी आवाज में)** अरे बराती, चाय नहीं, पानी पिला, ठंडा पानी!

(यवनिका)

प्रेम-कथा

पात्र

पंचायत मंत्री : आयु लगभग 30 वर्ष।

मंत्राणी : पंचायत मंत्री की पत्नी, आयु 28 वर्ष।

मास्टरनी : मंत्राणी की मित्र, आयु 35 वर्ष।

स्थान : उत्तर प्रदेश का एक कस्बा।

समय : वर्तमान।

मंचसज्जा : ***पंचायत मंत्री के घर का दृष्य। मंच पर बायीं तरफ पीछे खपरैल का एक कमरा दिखाई देता है। उस कमरे का एक दरवाजा और खिड़की ही दिखाई पड़ती है। उसका शेष भाग नेपथ्य में है। दायीं ओर तथा पीछे की तरफ आँगन की चारदीवारी है, जिसमें दायीं तरफ एक दरवाजा है, जो घर के बाहर खुलता है।***

(दायें दरवाजे पर खटखटाने की आवाज)

मास्टरनी : **(बाहर से)** दरवाजा खोलो! दरवाजा खोलो! पंचायत मंत्रानी, दरवाजा खोलो!

(पंचायत मंत्राणी कमरे के भीतर से दरवाजा खोलकर मंच पर आती है। उसकी आँखों से लगता है कि वह सो रही थी। जम्हाई लेती वह बाहर का दरवाजा खोलती है।)

मंत्राणी : **(दरवाजा खोलकर)** क्या है?

मास्टरनी : **(प्रवेश करके, क्रोध से)** सुनाई नहीं पड़ता?

मंत्राणी : मैं तो...

मास्टरनी : इतनी देर से दरवाजा पीटती खड़ी रही। महारानी बनी है।

मंत्राणी : क्या है?

मास्टरनी : मैं तो गुलाम हूँ। खटखटाती खड़ी रहूँ...

मंत्राणी : **(चिढ़कर)** क्या मास्टरनी, ज़रा दरवाजा खोलने में देर हो गयी तो गरम हुई जा रही हो? हमारा घर है। घर में दरवाजा न बन्द करें तो क्या सड़क पर खड़ी रहें?

मास्टरनी : बड़ी घरवाली बनी हो। तुम्हारा क्या?

मंत्राणी : क्यों?

मास्टरनी : जहाँ बैठ जाओ, वहीं घर!

मंत्राणी : जबान सम्हाल कर बात करो मास्टरनी!

मास्टरनी : मैं झूठ कहूँ, तो जबान गिर पड़े। पहले सईदपुर वाले बूढ़े का घर तुम्हारा घर था...

मंत्राणी : **(काटते हुए)** क्या कहती हो...?

मास्टरनी : बिस्तर समेटकर पंचायत मंत्री के घर आ बैठीं तो यह घर तुम्हारा हो गया?

मंत्राणी : झगड़ा करने का मन है?

मास्टरनी : बस, बन गयी पंचायत मंत्रनी! **(नफरत से)** मंत्रानी नहीं तो!

मंत्राणी : **(क्रोध से)** तुम तो बड़ी दूध की धोई हो! बिल्ली चली हज करने, चूहा खाए पचहत्तर!

मास्टरनी : मैंने कौन घर बदला? उसी आदमी का हाथ पकड़े बैठी हूँ, जिसका हाथ एक बार पकड़ा।

मंत्राणी : बहुत कहलाओ मत! मैं सब जानती हूँ।

मास्टरनी : क्या जानती हो? कह सको तो कहो।

मंत्राणी : चमेली को देखा है? अम्माँ की कमी पूरी...

मास्टरनी : **(दहाड़कर)** क्या देखा?

मंत्राणी : 'बीडियो' साहब के लड़के के साथ ताका-झाँकी करती थी।

मास्टरनी : खबरदार, जो हमारी क्वाँरी लड़की को ऐब लगाया! भगवान देखेंगे, हाँ।

मंत्राणी : भगवान तो देखते ही हैं।

मास्टरनी : किस मुँहजले ने कहा? मैं उसके दाँत उखाड़ लूँगी।

मंत्राणी : किसी ने कहा, तब ही न!

मास्टरनी : नाम बताओ। किस हरामजादे के नाती ने...

मंत्राणी : गाली न दो।

मास्टरनी : क्यों न दें? मैं तो दूँगी। उसके खानदान का सत्यानास हो जाए।

मंत्राणी : सच कह दिया तो मिरच लग गयी।

मास्टरनी : **(चुनौती में)** किसने देखा?

मंत्राणी : हमारे आदमी ने देखा। अपनी दो आँखों से देखा।

मास्टरनी : **(हिकारत से)** तुम्हारा आदमी...वही पंचायत मंत्री?

मंत्राणी : हाँ, पंचायत मंत्री जी! बीडियो साहब भी जानते हैं।

मास्टरनी : तुम्हारे आदमी की आदत गयी नहीं। अब भी दूसरे की बिटिया-बहू ताकता फिरता है!

मंत्राणी : **(चुनौती में)** अब बोलो?

मास्टरनी : पंचायत मंत्री के मुँह में खून लग गया है। सईदपुर के बूढ़े के यहाँ से तुम्हें भगा के उसके मुँह में खून लग गया है।

मंत्राणी : बड़ी सती-सावित्री बनती हो! अब बोलो। लड़की तुम्हारे मुँह पर कलई कर रही है।

मास्टरनी : तुम्हारा आदमी तो छँटा गुण्डा है।

मंत्राणी : खबरदार, हमारे मरद को कुछ कहा तो।

मास्टरनी : हमने कहा, उसे समझा लो।

मंत्राणी : **(उपेक्षा से)** क्या समझा लें?

मास्टरनी : समझा लो। **(गंभीरता से)** अभी पानी सर से ऊपर नहीं है।

मंत्राणी : क्या बात हुई? पहेली बुझाती हो?.

मास्टरनी : कह दो हमारे पीछे न पड़ें।

मंत्राणी : **(आहत)** क्या?

मास्टरनी : डोरा न डाले हम पर।

मंत्राणी : सच बहन?

मास्टरनी : तो क्या मैं झूठ कहती हूँ?

मंत्राणी : **(क्रोध से)** उसके यह लच्छन!

मास्टरनी : तुम्हें अब पता लगा?

मंत्राणी : यही सब करने के लिए सईदपुर के बूढ़े के यहाँ से भगा के लाया था मुझे?

मास्टरनी : तुम ही जानों।

मंत्राणी : बड़ा चुप्पा है।

मास्टरनी : पेट का गहरा है।

मंत्राणी : ऊपर से देखो, बस चिकनी-चुपड़ी बोलता है।

मास्टरनी : **(नकल करते हुए)** नमस्ते जी!

मंत्राणी : टोपी लगाकर बन गया पंचायत मंत्री! मैं बीडियो साहब से कहूँगी।

मास्टरनी : सम्हलकर रहो। मैंने कहा उसके मुँह में खून लग गया है। औरों का चक्कर काटता है।

मंत्राणी : आने दो पंचायत मंत्री को, दो झाड़ू में ठीक कर दूँगी।

मास्टरनी : बड़ा मरद बनता है।

मंत्राणी : सारी उसकी सेखी ठीक न कर दी तो हमारा नाम नहीं।

मास्टरनी : मैंने कहा, तुम मेरी छोटी बहिन हो। भगवान तुम्हारा घर बनाए रखें। अपने आदमी पर आँख रखो।

मंत्राणी : **(सोचते हुए संदेह से)** मैं कहती हूँ, मेरा मरद तो ऐसा नहीं है।

मास्टरनी : पंचायत मंत्रानी, तुम अपने मरद को नहीं जानती हो।

मंत्राणी : मैं अपने मरद को नहीं जानती तो क्या तुम हमारे मरद को जानती हो?

मास्टरनी : **(आत्मविश्वास से)** हाँ जानती हूँ।

मंत्राणी : वह तो ऐसा सीधा है...कहीं तुम ही तो उस पर डोरे नहीं डालतीं?

मास्टरनी : **(आश्चर्य से)** क्या कह रही हो!

मंत्राणी : तुम्हारी नस-नस मैं पहचानती हूँ। यह छरछंद किसी और को दिखाना।

मास्टरनी : तुम्हारी कसम।

मंत्राणी : मंत्री जी तो मुझसे एक बोल भी नहीं बोल पाते मास्टरनी! यह सब तुम्हारा ही काम है।

मास्टरनी : देखो मंत्रानी...

मंत्राणी : "तिरिया चरित्तर न जाने कोई। खसम मार के सत्ती होई।" खुद ही मंत्री जी पर डोरे डालती हो और कहती हो वह मुझ पर डोरे डालता है।

मास्टरनी : खबरदार, जो मुझे ऐब लगाया।

मंत्राणी : क्या मैं तुमसे डरती हूँ?

मास्टरनी : मेरी लड़की पर ऐब लगाया, समझो मुझ पर ऐब लगाया—मैं कहे देती हूँ...

मत्राणी : कुटनी, मंतर मारती फिरती है...

मास्टरनी : जबान सम्हालकर बात करो।

मंत्राणी : झूठ बोलूँ तो मेरी उँगलियाँ सड़ जाएँ।

मंत्राणी : राजा हरिसचन्दर के मरने के बाद तू ही तो पैदा हुई है।

मास्टरनी : भरोसा न हो तो मेरी पीठ देख लो मंत्रानी। मारते-मारते दम निकाल दिया है।

मंत्राणी : यह उसने मारा है?

मास्टरनी : हाँ।

मंत्राणी : पंचायत मंत्री जी ने?

मास्टरनी : वह मारता, तो मैं उसकी जान न ले लेती, हाँ!

मंत्राणी : तब?

मास्टरनी : भला उसकी इतनी हिम्मत।

मंत्राणी : तब किसने मारा?

मास्टरनी : हमारे मास्टर जी ने मारा। क्या मुझे कोई दूसरा मरद मार सकता है?

मंत्राणी : क्यों मारा?

मास्टरनी : यह अपने खसम से पूछो।

मंत्राणी : तुम बताओ।

मास्टरनी : मैं कहती हूँ, वह मेरा आदमी है। चाहे मारे, चाहे काटकर रख दे, किसी और का कलेजा क्यों जलता है?

मंत्राणी : क्या हुआ?

मास्टरनी : मुकदमा किया है।

मंत्राणी : किसने?

मास्टरनी : तुम्हारे आदमी ने, हमारे मास्टर जी पर।

मंत्राणी : मुकदमा?

मास्टरनी : मैं कहती हूँ, अगर मरद है तो सराब पिएगा ही!

मंत्राणी : हाँ।

मास्टरनी : सराब पिएगा तो नसा भी आएगा ही।

मंत्राणी : बेसक।

मास्टरनी : नसा आएगा तो मारेगा भी ज़रूर।

मंत्राणी : ज़रूर।

मास्टरनी : मारने के लिए वह क्या पराई औरत के पास जाएगा?

मंत्राणी : नहीं।

मास्टरनी : अपनी औरत को ही तो मारेगा?

मंत्राणी : और क्या!

मास्टरनी : तब मंत्री जी के पेट में क्यों दरद होता है? क्यों उन्होंने हमारे मरद पर मुकदमा किया?

मंत्राणी : आने दो मंत्री जी को।

मास्टरनी : सभापति जी से कहकर हमारे आदमी पर पंचायत में मुकदमा कर दिया। मास्टर जी ने सुना, तो मुझ पर खौल पड़े। बोले-मंत्री जी की तू कौन लगती है, जो उन्होंने मुकदमा करा?

मंत्राणी : तुमने क्या कहा?

मास्टरनी : मैं क्या कहती! मैंने कहा उसके मुँह में खून लग गया है।

मंत्राणी : आने दो पंचायत मंत्री को-वह खबर लूँगी...वह खबर लूँगी... **(सटकर)** इससे अच्छा तो वह बूढ़ा था...

मास्टरनी : कौन?

मंत्राणी : वह सईदपुर का बूढ़ा-मेरा पहला मरद।

मास्टरनी : कैसे?

मंत्राणी : पंचायत मंत्री भी कोई मरद है!

मास्टरनी : **(अविश्वास से)** क्या कह रही हो?

मंत्राणी : झगड़ा होने लगता है, तो ऐसे चुप्पी मारता है, जैसे जबान ही नहीं।

मास्टरनी : चुप्पा है।

मंत्राणी : इससे तो अच्छा वह सईदपुर वाला था। वैसे तो बेकार था, पर झगड़ा होने पर बराबर से झगड़ता था। यह नहीं कि मुँह बन्द किया और घर से भाग गये।

मास्टरनी : मैं तो कह रही हूँ, चुप्पा है। मन-ही-मन घुटा करता है। मेरे आदमी ने सुना, तो बिगड़े और लगे मारने।

मंत्राणी : फिर मारा क्या?

मास्टरनी : हाँ, फिर मारा। मारते-मारते लकड़ी तोड़ दी। बोला–जा अपने पंचायत मंत्री जी के पास! कर दे दूसरा मुकदमा! हाँ...यह लो आ गये।

(मंत्री जी बाहर से प्रवेश करते हैं। मास्टरनी को देखकर उनके मुख पर शिष्टाचार की मुस्कराहट फैल जाती है। मास्टरनी मंत्री जी की तरफ घूँघट तानती है।)

मंत्री : **(मास्टरनी से)** भाभी जी, नमस्ते।

मंत्राणी : अरे मैंने कहा मंत्री जी, मास्टरनी आपकी भौजाई कब से हो गयी?

मंत्री : क्यों?

मंत्राणी : मास्टर जी तुम्हारे सगे भाई हैं?

मंत्री : मेरा मतलब है...कस्बे की...हैं।

मंत्राणी : कस्बे की सब औरतें तुम्हारी भौजाई हैं। और सबके तुम देवर हो। होली खेलो।

मंत्री : क्या कह रही हो।

मंत्राणी : खेलो होली देवर-भौजाई।

मास्टरनी : मेरा कोई मुँहझौंसा देवर नहीं है।

मंत्राणी : मगर ये तो हैं। मान न मान मैं तेरा देवर।

मंत्री : यह सब क्या वाहियात बोल रही हो?

मंत्राणी : वाहियात! अंग्रेजी बोलने लगे।

मास्टरनी : मेरे मास्टरजी पहलवानी करते हैं। बता दो बहन इनको।

मंत्राणी : अरे उससे क्या?

मास्टरनी : एक हाथ में ही नानी याद आ जाएगी। मैं तो उसकी मार जानती हूँ।

मंत्राणी : मेरे पंचायत मंत्री ऐसे नहीं जो डर जाएँ। उन्होंने तो आसिकी बाना पहना है। वह बायस्कोप देखा था? क्या गाना था...

मंत्री : क्या हो गया है तुमको?

मंत्राणी : हाय, जबान पर रखा है...

मास्टरनी : कौन-सा बायस्कोप?

मंत्राणी : ...याद आया...प्यार किया तो डरना क्या! **(चिढ़ाते हुए)** क्यों मंत्री जी, प्यार किया तो डरना कैसा?

मास्टरनी : मास्टर जी के एक ही मुक्के में जान निकल जाएगी।

मंत्राणी : तो क्या? लोग कहेंगे-आसिक का जनाज़ा है, ज़रा सान से निकले!

मंत्री : **(क्रोध से)** तुम्हारा दिमाग ख़राब हो गया है। न जाने क्या बकती जा रही हो! जबान में जैसे लगाम ही नहीं है! मैं जाता हूँ।

मंत्राणी : अरे, कहाँ चले मजनूँ के बाप! कौन तुम्हारी राधा बाट जोहती बैठी हैं?

मंत्री : कैसी राधा!

मंत्राणी : बड़े भोले हो मंत्री जी तुम तो! कुछ जानते भी नहीं।

मास्टरनी : बहन मैं चलती हूँ।

मंत्राणी : लो मंत्री जी, तुम्हारी सग्गी तो चल दीं।

मास्टरनी : नासपिटा?

मंत्राणी : हाय-हाय, तुम खड़े देख रहे हो? मास्टरनी जा रही हैं! दौड़कर पैर तो पकड़ो, और कहो—न, जाओ मेरी लाल परी!

मास्टरनी : मेरे रास्ते जो आया, उसकी ख़ैरियत नहीं। हाँ!

(प्रस्थान बाहर)

मंत्राणी : हाय चली गयी तुम्हारी!

मंत्री : जब से आया हूँ, तब से बकवास कर रही हो!

मंत्राणी : तुम्हारे मुँह में खून लग गया है।

मंत्री : क्या?

मंत्राणी : अब तो दूसरों की बहू-बेटी ताकना छोड़ो।

मंत्री : मैं किसी की बहू-बेटी नहीं ताकता।

मंत्राणी : सईदपुर के बूढ़े के यहाँ से मुझको क्या भगा लाए, समझते हो हर एक की औरत भगा ले जाओगे।

मंत्री : तुम्हारा दिमाग़ किसी ने भर दिया है। ऐसी झूठी बातें...

मंत्राणी : झूठी बातें?

मंत्री : हाँ, झूठी बातें।

मंत्राणी : बताओ, तुम मास्टरनी के पीछे नहीं पड़े हो?

मंत्री : बिल्कुल नहीं।

मंत्राणी : तब वह तुम्हारी कौन लगती है? क्या रिस्ता है तुम्हारा?

मंत्री : कोई नहीं लगती। कोई रिश्ता नहीं!

मंत्राणी : तब तुमने मास्टर जी पर मुकदमा क्यों किया?

मंत्री : वह उसको शराब पीकर मारता है।

मंत्राणी : वह उसका मरद है, चाहे मारे चाहे चूमे। तुम्हें उसका क्या? तुम्हारा हिया क्यों पिराता है उसके लिए?

मंत्री : समाज में नारी पर अत्याचार देखना भी पाप है।

मंत्राणी : हाय, हाय! दुनिया-भर की नारियों का ठेका तो तुम्हीं ने ले रखा है।

मंत्री : मैं समाज-सुधारक हूँ।

मंत्राणी : हाय! बूढ़े के यहाँ से मुझे भगा लाए, क्या यह भी समाज-सुधार किया है?

मंत्री : हाँ किया है। **(दृढ़ता से)** समाज-सुधार तो किया है।

मंत्राणी : कैसे?

मंत्री : वह बूढ़ा तुमसे चालीस साल बड़ा था। अनमेल विवाह भी तो नारी पर अत्याचार होता है।

मंत्राणी : वाह मेरे वाजिदअली साह! जहाँ-जहाँ नारी पर अत्याचार देखो, उसे भगा लाओ। बड़ा अच्छा है तुम्हारा समाज-सुधार! मास्टरनी ठीक कहती हैं। तुम्हारे मुँह में खून लग गया है। तो मास्टरनी को भी भगा लाओ!

मंत्री : **(सफाई में)** मेरा मतलब यह नहीं है...

मंत्राणी : करो समाज-सुधार! भगा ले जाओ मास्टरनी को। उसका आदमी उसे मारता है।

मंत्री : तुम हमेशा गलत समझती हो।

मंत्राणी : नारी के बचावनहार तो तुम्हीं हो किरसन कन्हैया! करो सोलह हजार, एक सौ आठ ब्याह!

मंत्री : मैं जाता हूँ। **(चलने को बढ़ता है।)**

मंत्राणी : भाग कहाँ रहे हो मंत्रीजी? रुककर सीधे से बात का जवाब दो। तो मुझको भगाकर तुमने समाज-सुधार किया है?

मंत्री : तुमको मैंने नहीं भगाया।

मंत्राणी : **(विस्मित-सी)** क्या?

मंत्री : तुम तो खुद ही भाग आईं।

मंत्राणी : हाय-हाय, कोई तुम्हारे दूध के दाँत तो देखे! तुमने मुझे नहीं फुसलाया?

मंत्री : तुम ही आकर मुझसे बूढ़े की बुराई किया करती थीं।

मंत्राणी : हाय लो, बुराई करती थी या अपना जी हल्का करती थी?

मंत्री : वही मतलब।

मंत्राणी : कोई दुखियारी तुमसे अपना दुख रोये तो तुम समझो कि वह तुम्हारे साथ भागना चाहती है।

मंत्री : जब बूढ़ा घर पर नहीं रहता था, तब ही तुम मेरे पास आती थीं।

मंत्राणी : तुम्हें मैं भला आदमी समझती थी। मुझे क्या मालूम था कि तुम्हारे बिस का डंक है।

मंत्री : **(चिढ़कर)** तुम बनती तो बहुत सीधी हो। तुम्हीं ने मुझको उकसाया था।

मंत्राणी : हाय मइया, कोई इनकी सुनो! तुम्हें हनुमान स्वामी की कसम! सच-सच बताओ। मैंने तुमसे कहा था कि मुझे भगा ले चलो?

मंत्री : सब कुछ कहने से नहीं होता है।

मंत्राणी : **(चुनौती में)** अब कह दो, सब झूठ है। तुमने पहले मेरा हाथ नहीं पकड़ा?...कहो झूठ...है...! अगर मैं झूठ बोलूँ तो मेरी जबान कटकर गिर पड़े। पहले तुम्हीं ने मेरा हाथ पकड़ा।

मंत्री : हाँ पकड़ा, लेकिन हाथ पकड़ने से ही सब कुछ नहीं होता...

मंत्राणी : तो काहे से होता है?

मंत्री : मैं तो तुमसे दूर-दूर ही रहना चाहता था...

मंत्राणी : तब काहे हाथ पकड़ा? क्यों भगा लाए?

मंत्री : तुम मुझे ऐसी निगाहों से देखती थीं...ऐसी घायल-घायल आँखों से मुझे उकसाती थीं कि ऋषि-मुनि भी पिघल जाएँ...

मंत्राणी : **(हताश)** सारा दोस मेरा ही है पंचायत मंत्री, तुम तो साबुन के धुले हो! हे भगवान, यही दिन देखने को मुझे जिन्दा रखा! हे परमेसर, उठा लो मुझे!

मंत्री : क्या शोर कर रही हो?

मंत्राणी : अब मेरी बात सोर हो गयी! मन ऊब गया मुझसे! **(रुआँसी-सी)** मेरी तो किस्मत ही फूट गयी।

मंत्री : जब से घर में आया हूँ, मुसीबत कर दी है। चुप भी रहो।

मंत्राणी : नहीं चुप रहती। तुम क्या करोगे? क्या मैं तुम्हारी नौकरानी हूँ? बड़े लाट कमंडल बन गये। (ऊँचे स्वर में रोती हुई) मुझे तो सईदपुर के बूढ़े की आह लग गयी। इस नासपिटे ने जिन्दगी जहर कर दी! मुँहज़रा अब आँखें दिखाता है। हे राम!

मंत्री : **(क्रोध से)** खबरदार, मुझे गाली मत देना।

मत्राणी : दूँगी गाली। हजार बार दूँगी। हरामखोर, उचक्का, बेईमान...

मंत्री : **(अतीव क्रोध से)** मैं...मैं...

मंत्राणी : क्या कर लोगे तुम? जाओ नारी की घायल आँखें देखो...

मंत्री : नहीं मानती तो ले...**(पास पड़ी छड़ी उठाकर मारता है)** ले ससुरी...**(फिर मारता है)** हरामजादी...

मंत्राणी : **(चीखती हुई)** हाय, हाय मार डाला! मुँहजरे ने मार डाला...

(मंत्राणी जितना चिल्लाती है, मंत्री उतना ही और मारता है। मंत्राणी भागकर पीछे कमरे में चली जाती है। मंत्री गुस्से में पीछा करता उसके पीछे कमरे में जाता है। भीतर से कुछ देर मारने और चिल्लाने की आवाज आती है। थोड़ी देर में टूटा बेंत लिए मंत्री कोठरी से बाहर निकलता है। बेंत एक ओर फेंककर वह घर के बाहर निकल जाता है। भीतर से मंत्राणी के चीखने रोने और गाली देने की आवाज आती रहती है।)

(थोड़ी देर में मंत्राणी का रोना बन्द हो जाता है। मास्टरनी इधर-उधर देखती सशंकित, बाहर से घर में घुसती है। तब ही लँगड़ाती, बाल और कपड़े बिखेरे मंत्राणी कमरे से बाहर निकलकर आँगन में आती है। मास्टरनी दौड़कर उसे बाँहों में पकड़कर सम्भालती हैं। मंत्राणी इशारे से पानी माँगती है। मास्टरनी दोड़कर पानी लाती है। मंत्राणी पानी पीती है।)

मास्टरनी : हाय, बहन, बेंत तोड़ दिया! मैं बाहर छिपी खड़ी थी। आज तो पंचायत मंत्री जी ने बहुत मारा। हाय राम, बहुत मारा!

मंत्राणी : **(पानी पीकर, अतीव सन्तुष्टि की की मुस्कान से)** बहन आज मालूम पड़ा-मरद है।

(यवनिका)

नाक का सवाल

पात्र

ठाकुर साहब : आयु लगभग 55 वर्ष।

कुँवर : ठाकुर साहब का पुत्र, आयु 22 वर्ष।

पाण्डे जी : ठाकुर साहब के समवयस्क मित्र।

समय : वर्तमान।

स्थान : ***गाँव में ठाकुर साहब की चौपाल।***

ठाकुर साहब तख्त पर गाव तकिया लगाए बैठे हैं तथा हुक्का पी रहे हैं। उनका लड़का कुँवर-पास ही बैठा किताब पढ़ रहा है।

(बाहर से पाण्डे जी का प्रवेश)

पाण्डे : राम राम, ठाकुर!

ठाकुर : अरे पाण्डे जी! आओ, आओ, बैठो! पायलागी!

पाण्डे : **(बैठते हुए)** प्रसन्न रहो।

ठाकुर : **(कुँवर से)** अरे कुँवर, पाण्डे जी को पायलागी कर।

कुँवर : पायलागी ताऊ!

ठाकुर : **(नकल करते हुए)** पायलागी ताऊ! **(बिगड़कर)** बी.ए. पास हो गया, मगर अक्ल नहीं आई। यह भी कोई ढंग है। ढाई सेर की खोपड़ी नहीं झुकाई गयी। **(कुँवर हँसता है)** पैर छूने से तू छोटा नहीं हो जाएगा।

पाण्डे : आजकल के लड़के हैं ठाकुर!

ठाकुर : पाण्डे जी के चरन छूकर पायलागी कह।

(कुँवर हँसता हुआ पाण्डे जी के पैर छूता है।)

कुँवर : पायलागी ताऊ!

पाण्डे : **(गदगद स्वर में)** बहुत बड़ी आयु पाओ बेटा। **(स्वर बदल कर)** और कहो ठाकुर, सब कुसल-मंगल तो है?

ठाकुर : आपका आशीर्वाद है पाण्डेजी! **(चिन्तित-सा)** बड़कू की चिट्ठी नहीं आई।

पाण्डे : तुम तो कह रहे थे कि वह आने वाला है?

ठाकुर : हाँ, आने वाला तो है ही। उसने पिछली चिट्ठी में लिखा था कि इस महीने के आख़िर तक पहुँच जाएगा। महीना खत्म होने को आ रहा है...

पाण्डे : **(बीच में ही)** आने की तारीख नहीं लिखी थी?

ठाकुर : नहीं। लिखा था कि पहुँचने की तारीख बाद में लिख भेजूँगा। सो उसी चिट्ठी का इन्तजार कर रहा हूँ।

पाण्डे : आती ही होगी ठाकुर! तुम चिन्तित मत हो। चिट्ठी रास्ता भी तो भूल सकती है।

कुँवर : ताऊ, चिट्ठी भी रास्ता भूल सकती है?

पाण्डे : क्यों? क्यों नहीं भूल सकती? **(रुककर)** हमारे गाँव से शहर कितनी दूर है? बोलो? उत्तर दो!

कुँवर : सत्रह मील।

पाण्डे : और पतालपुरी कितनी दूर है?

कुँवर : पतालपुरी?...**(सोचते हुए)** यानी अमरीका?

पाण्डे : सहस्रों योजन दूर। है कि नहीं?

कुँवर : **(अनिश्चित-सा)** हाँ।

पाण्डे : जब मैं यहाँ से सत्रह मील सहर जाने में रास्ता भूल जाता हूँ, तो क्या चिट्ठी पातालपुरी से यहाँ तक सहस्रों योजन की यात्रा में रास्ता नहीं भूल सकती? **(कुँवर हँसता है। उससे चिढ़कर)** हँसते क्या हो?

ठाकुर : **(स्थिति सँभालते हुए)** बिल्कुल भूल सकती है, पाण्डे जी! **(रुककर)** हँसते क्यों हो कुँवर! पाण्डे जी बात अनुभव से करते हैं।

पाण्डे : अभी बात इसकी समझ में नहीं आएगी।

ठाकुर : बच्चा है। **(कुँवर से)** हुक्का तो बिल्कुल ठंडा है। जाओ, चिलम तो ताजा कर लाओ।

कुँवर : अच्छा बप्पा। **(हँसते हुए प्रस्थान)**

पाण्डे : **(रौब से)** अरे बताओ, इतनी दूर से चिट्ठी आती है, हजारों आदमियों के हाथ में होकर! कहीं इधर-उधर नहीं हो सकती?

ठाकुर : कहा न मैंने पाण्डे जी, बच्चा है अभी तक। उसके कहे कहा बुरा न मानिएगा। **(विषय बदलते हुए)** आपका बेटा तो इंजीनियरी पास हो गया। कहीं नौकरी-वौकरी का कुछ सिलसिला...?

पाण्डे : तुम्हारे बड़कू ने तो गाँव के सब लड़कों के दिमाग ख़राब कर दिये हैं...

ठाकुर : **(आश्चर्य से)** बड़कू ने?

पाण्डे : हाँ-हाँ, बड़कू ने! बड़कू ने ही सब लड़कों के दिमाग में उड़न-खटोला बैठाया। अब तुम्हीं बताओ, हमारे यहाँ हजारों साल से जजमानी होती आ रही है, मगर मेरे सुपुत्र बोले—मैं जजमानी नहीं करूँगा। **(लड़के की नकल करते हुए)** मैं तो पढूँगा-बड़कू भइया की तरह!

ठाकुर : बड़कू को मैं भी नहीं पढ़ाना चाहता था। घर पर खेत हैं, ढोर हैं। क्या ज़रूरत पढ़ाई की। मगर नहीं माना, लड़-झगड़कर अपने आप ही स्कूल में नाम लिखा लिया।

पाण्डे : **(अपने लड़के की नकल करते हुए)** बड़कू भइया कॉलिज में पढ़े हैं, तो मैं भी पढूँगा।...पढ़ लिया। मगर सुपुत्र जी को अब भी सन्तोष नहीं। बड़कू भइया अमरीका गये हैं, मैं भी जाऊँगा।

ठाकुर : लड़के हैं। जवान हैं। देश-विदेश देखना चाहते हैं। इसमें बुराई क्या है पाण्डे जी!

पाण्डे : **(व्यंग्य से)** पण्डित रामनारायण पाण्डे का पुत्र, पण्डित कालिका सरन पाण्डे का पौत्र, पण्डित हरिकीर्तन पाण्डे का प्रपौत्र पाताल लोक जाना चाहता है। आहा, इसमें कोई बुराई नहीं!! अरे ठाकुर, जब राजा रामगढ़ के बाबा पहली बार विलायत से लौटे, तो हमारे ही पितामह पण्डित हरिकीर्तन पाण्डे ने उनको गोमूत्र और गोबर से सुद्ध किया था। अब इसी पाण्डे परिवार का लड़का समुन्दर पार करेगा!! राम राम! हरिओम्! लोग सुनेंगे तो क्या कहेंगे?

ठाकुर : अगर लड़का जाने पर ही उतारू हो गया, तो तुम क्या कर लोगे पाण्डे जी? **(समझाते हुए)** अब ज़माना बदल रहा है।

पाण्डे : ज़माना तो बदल ही रहा है। नहीं तो पाण्डे-परिवार में कोई जजमानी छोड़कर फिरंगी भासा पढ़ता!

ठाकुर : जाने दो उसे अमरीका। जब लौटकर आए, तो उसे भी गोमूत्र और गोबर खिलाकर शुद्ध कर लेना।

पाण्डे : मैं तो मान लूँ, लेकिन पण्डिताइन क्या कहेंगी?

ठाकुर : पाण्डे जी, सब वक़्त की बात है। हर चीज़ बदल जाती है। हमने सुना है कि हमारे बाबा मिट्टी का तेल घर में नहीं आने देते थे!

पाण्डे : क्यों?

ठाकुर : मिट्टी का तेल अंग्रेज लाए थे। लालटेन भी वे ही लाए थे।

पाण्डे : सुना पहले अंडी का तेल जलता था।

ठाकुर : हमारे बाबा कहते थे कि मिट्टी के तेल की रोशनी आँखों की रोशनी मिट्टी कर देती है।

पाण्डे : नहीं तो।

ठाकुर : गलत तो है ही। मगर उस समय बाबा यही समझते थे। क्या मजाल कि उनके समय में मिट्टी का तेल घर में आ पाता। वह कहा करते थे—

जब से चला लंप अंग्रेजी
मिटने लगी आँख की तेज़ी।

सो जिस घर में मिट्टी का तेल नहीं जा सकता था, वहाँ अब बिजली भी लग गयी।

(कुँवर का प्रवेश। वह एक हाथ में चिलम तथा दूसरे में पान की तश्तरी लिए है। चिलम हुक्के पर रखकर पान पाण्डे जी को देता है।)

कुँवर : ताऊ, पान लो।

पाण्डे : **(पान खाकर)** समय होत बलवान। **(रुककर)** मैंने सुना है, वहाँ पाताल-लोक में बहुत बड़ी-बड़ी इमारतें हैं।

कुँवर : ताऊ, इतनी बड़ी, इतनी ऊँची कि उनकी चोटी देखना चाहो तो सिर की टोपी गिर जाए फिर भी न देख पाओ।

पाण्डे : कैसे बनती हैं इतनी ऊँची इमारतें? कोई पिसाच सिद्ध किया लगता है।

ठाकुर : **(सर्वज्ञ की भाँति)** सब 'सैंस' का कमाल है।

कुँवर : वहाँ सड़कों पर इतनी भीड़ होती है, इतनी सवारी होती है ताऊ, कि पूछो न! एक मिनट को सिपाही सवारी रोक दे, तो मीलों लंबी मोटरों की लाइन लग जाए।

ठाकुर : **(वितृष्णा से)** हर समय मोटरों की पों-पों मची रहती होगी।

पाण्डे : वह भी कोई जगह है, जहाँ एक मिनट भी सान्ती नहीं।

कुँवर : वहाँ सड़क पार करना तो एकदम नामुमकिन-सा है। एक के पीछे एक मोटर हर समय लगी रहती है, और वह भी साठ-सत्तर मील की रफ़्तार से।

पाण्डे : तो लोग सड़क कैसे पार करते हैं?

कुँवर : इस पर ताऊ एक कहानी याद आ गयी। एक हिन्दुस्तानी अमरीका गया। वहाँ वह अपने एक अमरीकी दोस्त से मिलने उसके घर जा रहा था। रास्ते में उसे सड़क पार करनी थी। सड़क पर बराबर तीर-सी मोटरें दौड़ रही थीं। वह घंटों वहीं खड़ा रहा लेकिन सड़क पार नहीं कर पाया।

पाण्डे : **(रुचि से)** तो? तो उसने क्या किया?

कुँवर : ताऊ, तब ही उसे अपना अमरीकी दोस्त सड़क के दूसरी तरफ दिखाई पड़ा। उसने अपने दोस्त से चिल्लाकर पूछा—तुम सड़क के उस पार कैसे गये?

पाण्डे : उसने क्या जवाब दिया?

कुँवर : वह बोला—मैं सड़क के इस तरफ पैदा हुआ हूँ?

पाण्डे : हरि ओम्! हरि ओम्!

ठाकुर : **(जोर से एकदम हँसकर)** यानी सड़क पार करने के लिए दूसरा जनम लो, तब ही सड़क के दूसरी तरफ पहुँच सकते हो। क्या समझे पाण्डे जी?

पाण्डे : मैं तो अगर वहाँ जाऊँ तो पागल ही हो जाऊँ। सुनते हैं, वहाँ औरतें बिल्कुल परदा नहीं करतीं! क्या यह सही है?

कुँवर : ताऊ परदा करना तो दूर है, वहाँ औरतें यह भी नहीं जानतीं कि परदा क्या होता है।

पाण्डे : ठाकुर, हमारी पण्डिताइन बुढ़ा गयी, लेकिन अब तक मुँह पर से घूँघट नहीं गया।

कुँवर : वहाँ मर्द और औरत बिल्कुल बराबर हैं। दोनों में कोई फ़र्क़ नहीं।

पाण्डे : सुना है, औरतें फर्राटे से मोटर चलाती हैं?

कुँवर : ताऊ, हवाई जहाज़ चलाती हैं।

पाण्डे : **(आश्चर्य चकित)** हवाई जहाज भी?

कुँवर : हाँ, हाँ ताऊ। औरतें वहाँ वह सब काम करती हैं, जो आदमी करते हैं। दफ़्तरों में अफ़सर होती हैं; डॉक्टर, इंजीनियर होती हैं; सब काम करती हैं।

ठाकुर : अपने देश में भी औरतें सब काम करने लग गयी हैं।

पाण्डे : कौन मैं रोज़-रोज़ सहर जाता हूँ, जो जानूँ। जजमानी से फुर्सत ही नहीं मिलती।

ठाकुर : बड़कू ने लिखा था कि उसके कॉलिज की प्रिन्सिपल औरत है।

पाण्डे : एक बार तो मुझे भी एक औरत मिली **(समझाते हुए)** विलायती औरत...मेम!

कुँवर : तुमको ताऊ!

पाण्डे : हरिद्वार जा रहा था। किसी स्टेसन पर एक मेम मेरे ही डिब्बे में चढ़ी।

ठाकुर : **(अविश्वास से)** तुम्हारे डिब्बे में? तीसरे दर्जे में?

पाण्डे : हाँ ठाकुर। तुम्हारी सौगन्ध।

कुँवर : बप्पा, विलायत में जब से कंगाली बढ़ी है, बहुत-सी मेमें तीसरे दर्जे में चढ़ने लगी हैं।

ठाकुर : तो?

पाण्डे : बस, वह मेम मेरे पास आकर बैठ गयी। मेरी तो ऊपर की साँस ऊपर, और नीचे की नीचे।

कुँवर : क्यों ताऊ?

पाण्डे : हाथ-पैर काँपने लगे, दिल धकधकाने लगा। अगर कहीं पण्डिताइन देख लेतीं तो...

ठाकुर : **(परिहास में)** तो पाण्डे जी के सिर में एक बाल न बचता।

पाण्डे : ठाकुर, मैं तो सचमुच घबरा गया। पहली बार किसी औरत के बगल में बैठा था...

ठाकुर : **(मुस्कराकर)** क्यों, पण्डिताइन के साथ कभी नहीं बैठे?

पाण्डे : **(झिड़कते हुए)** पण्डिताइन से क्या मतलब! मैं तो औरत की

बात कह रहा हूँ, पण्डिताइन की नहीं। **(स्वर बदलकर)** फिर वह मेम बैठी ही रहती, तब भी गनीमत होती। वह तो मुझसे बोलने लगी।

कुँवर : क्या बोली ताऊ?

पाण्डे : हिन्दी में बोली। बिल्कुल हिन्दी में—"गाड़ी हरडवार कब पहुँचटा?"

कुँवर : आपने क्या जवाब दिया?

पाण्डे : मैंने सोचा जब यह मेम होकर हिन्दी में बोलती है, तो मैं भी अंग्रेजी में जवाब दूँ।

ठाकुर : अंग्रेजी में? आप जानते हैं अंग्रेजी?

पाण्डे : **(गर्व से)** मेरा लड़का इंजीनियर पास हो गया है। थोड़ी-बहुत तो जानता ही हूँ।

कुँवर : क्या कहा आपने अंग्रेजी में?

पाण्डे : जब उसने दुबारा पूछा—"गाड़ी हरडवार कब पहुँचटा?" तो मैंने फ़ौरन अंग्रेजी में जबाव दिया-"थैंक यू।"

(कुँवर और ठाकुर एकदम हँसते हैं।)

कुँवर : वाह ताऊ, खूब जवाब दिया!

पाण्डे : **(नेपथ्य में मंच की एक तरफ देखते हुए)** वह देखो, डाकिया आ रहा है।

ठाकुर : **(उधर देखते हुए)** हाँ, डाकिया इधर ही आ रहा है। कुँवर चिट्ठी तो लेकर आ उससे!

(कुँवर का नेपथ्य में प्रस्थान)

पाण्डे : मेरा हृदय बोल रहा है कि बड़कू की चिट्ठी है।

ठाकुर : आपके मुँह में घी-शक्कर।

(दोनों उत्सुकता से नेपथ्य की ओर देखते हैं। थोड़ी देर बाद चिट्ठी लिए कुँवर का प्रवेश)

ठाकुर : यह तो बड़कू की ही चिट्ठी लगती है।

कुँवर : **(पत्र खोलते हुए)** हाँ बप्पा, उन्हीं की है।

पाण्डे : मेरा हृदय बोल रहा था।

ठाकुर : पढ़के तो सुना बेटा!

कुँवर : **(पत्र पढ़ते हुए)** आदरणीय बाबू जी, सादर चरण-स्पर्श!

ठाकुर : **(पिता के गर्व से)** जीते रहो! **(स्वर बदलकर)** हाँ, आगे पढ़ो।

कुँवर : **(पढ़ते हुए)** मैं 31 सितम्बर को दिल्ली के पालम हवाई अड्डे पर हवाई जहाज से सुबह सवा आठ बजे पहुँच जाऊँगा।

ठाकुर : **(खुशी से)** 31 को!

पाण्डे : सब भगवान की किरपा है। चार साल बाद बेटा आ रहा है।

ठाकुर : सिर्फ चार दिन बाद! मैंने तो पाण्डे जी, सत्यनारायण की कथा बोली है।

पाण्डे : तुम्हारे विचार बड़े धार्मिक हैं, तब ही तो इतना आज्ञाकारी बेटा पाया। सात समन्दर पार हो आया, किन्तु पत्र में लिखता है-'चरन-स्पर्स'! धन्य है।

ठाकुर : मेरा बड़कू बड़ा लायक है। कोई भी बुरी आदत नहीं। पढ़ाई और पढ़ाई। बस! अमरीका जाने लगा तो बड़कू की अम्मा बोलीं-कहीं मेम न ले आए।

पाण्डे : इसी डर से तो पण्डिताइन अपने बेटे को पातालपुरी नहीं भेजना चाहतीं।

ठाकुर : मैंने कहा—बड़कू की अम्मा, बड़कू बिना मुझसे पूछे कहीं शादी नहीं कर सकता। बात सही निकली। चार साल अमरीका में रहा, लेकिन सिवाय पढ़ाई के, और कहीं मन नहीं भरमाया। तब ही तो हमेशा अव्वल आया! **(रुककर)** हाँ कुँवर, आगे पढ़ो।

कुँवर : **(पत्र पढ़ते हुए)** मैं अपने साथ बहुत सारा सामान ला रहा हूँ। बप्पा, आपके लिए ऐसी दियासलाई ला रहा हूँ, जो कभी खत्म न हो।

पाण्डे : **(चकित-सा)** यह कैसी दियासलाई है?

ठाकुर : सब 'सैंस' का करिश्मा है। आगे पढ़ो कुँवर!

कुँवर : **(पत्र पढ़ते हुए)** अम्मा के लिए एक ऐसी पतीली ला रहा हूँ, जिसमें दाल पाँच मिनट में पक जाए।

ठाकुर : सब 'सैंस' का कमाल है।

पाण्डे : हमारे यहाँ से ही विद्या चुरा ले गये हैं, ये सब। हमारे वेदों में क्या नहीं था!

कुँवर : **(पढ़ते हुए)** एक ऐसी अलमारी ला रहा हूँ, जिसमें खाना हफ़्तों रखा जा सकता है—फिर भी न सड़े।

पाण्डे : वाह-वाह!

कुँवर : एक ऐसी मशीन ला रहा हूँ जिसमें गन्दे कपड़े डालो और पाँच मिनट में अपने आप ही धुल जाएँ।

ठाकुर : **(असन्तोष से)** इसकी क्या ज़रूरत थी! क्या धोबी उठ गये हैं! ख़ैर, आगे पढ़ो।

कुँवर : **(पढ़ते हुए)** बहन के लिए एक ऐसा बाजा ला रहा हूँ कि इधर वह गाए, उधर उसमें वही गाना भर जाए। फिर चाहे हजारों बार वही गाना सुनो। कुँवर के लिए ऐसी दाढ़ी बनाने की मशीन ला रहा हूँ कि आधे मिनट में ही दाढ़ी बन जाए।

पाण्डे : **(विनोद में)** यह लो, नाई की छुट्टी हो गयी।

ठाकुर : सब 'सैंस' की माया है।

कुँवर : **(पढ़ते हुए)** बाबूजी, अपने लिए भी एक चीज़ ला रहा हूँ। आशा है, आप मुझे क्षमा कर देंगे।

ठाकुर : **(विमूढ़-सा)** क्षमा कर देंगे!!

पाण्डे : ऐसी क्या चीज़ ला रहा है?

ठाकुर : **(गम्भीर स्वर में)** आगे पढ़ो कुँवर! **(कुँवर नहीं पढ़ता, तो आदेश से)** पढ़ो! पढ़ते क्यों नहीं?

कुँवर : **(पढ़ते हुए)** मैं अपने लिए एक अमरीकी पत्नी ला रहा हूँ।

ठाकुर : **(बिगड़कर)** पत्नी ला रहा है? नालायक! गधा!!

पाण्डे : **(समझाते हुए)** ज़माना खराब है, ठाकुर!

ठाकुर : क्या ख़राब है? नालायक़ है।

पाण्डे : सब समय की बात है। समय से कोई बड़ा नहीं।

ठाकुर : मेरा बेटा–इसने तो मेरी नाक ही काट दी। नालायक कहीं का।

पाण्डे : सबर करो ठाकुर! जवानी में ग़लती हो ही जाती है।

ठाकुर : लानत है ऐसी जवानी पर! सबसे नीचे लिखता है–अपने लिए एक अमरीकी पत्नी ला रहा हूँ!

पाण्डे : सर्माता होगा बिचारा। कैसे बाप को लिखे!

ठाकुर : इसमें शर्माना क्या पाण्डे जी? अगर हम होते तो सबसे पहले लिखते-बाबूजी, मैंने अमरीकी लड़की से शादी कर ली है।

पाण्डे : **(स्तंभित)** ठाकुर!

ठाकुर : हाँ और क्या? इसमें शर्माना कैसा! नालायक, डरपोक! सबसे बाद में लिखा है। अरे पाण्डे जी, तुम मुँह फाड़कर क्या

देख रहे हो? राजा दशरथ की रानी सुमित्रा-सुमात्रा देश की थीं-बर्मा के भी आगे जो देश है, वहाँ की। आने दो बड़कू को! मेम-बहू के साथ बैठाकर उसको सत्यनारायण की कथा सुनवाऊँगा। पाण्डे जी, तुम चाहो तो मेम-बहू को गोबर और गोमूत्र से शुद्ध कर देना।

(हँसता है। पाण्डे जी मुँह फाड़कर ठाकुर को देखते हैं।)

(यवनिका)

रीत-विपरीत

पात्र

मनोज : 25 वर्षीय युवक।
मंटो : मनोज का समवयस्क मित्र।
रामनरेश : मनोज के पिता, आयु 50 वर्ष।
कन्हैया लाल }
सैयद महमूद } रामनरेश के मित्र।
शम्भू : रामनरेश का नौकर।
माँ : नामनरेश की पत्नी।
पूजा : रामनरेश की पुत्री; आयु 22 वर्ष
समय : वर्तमान।
स्थान : बाबू रामनरेश के मकान की बैठक।

पर्दा खुलने पर बाबू रामनरेश के मकान की मध्यवर्गीय बैठक दिखाई पड़ती है। इसका एक द्वार घर के भीतर खुलता है तथा दूसरा द्वार घर के बाहर। इसमें एक कुर्सी पर बैठा, मंटो पत्रिका के पन्ने पलटता दिखाई पड़ता हैं बीच में कभी वह हाथ की घड़ी देखता है, तो कभी घर के भीतर जाने वाले द्वार को। इससे स्पष्ट है कि वह समय काटने के लिए पत्रिका देख रहा है, और अब ऊब रहा है।

मंटो : **(जम्हाई लेकर पुकारते हुए)** अरे-ए-मनोज!
मनोज : **(नेपथ्य से)** आया।
मंटो : **(नाराजगी से)** अरे, आ तो तुम एक घंटे से रहे हो, जल्दी करो।
मनोज : **(नेपथ्य से ही)** बस मंटो, अभी आया थोड़ी देर में।

मंटो : कमाल है, ज़रा से कपड़े बदलने में इतनी देर! तुमने तो लड़कियों को भी मात कर दिया। पूरे एक घंटे से इन्तज़ार कर रहा हूँ और आप हैं—अन्दर से ही कह देंगे—**(आवाज की नकल करते हुए)** आ रहा हूँ!

मनोज : **(प्रवेश करके)** नाराज़ न हो मंटो! लो आ गया—ज़रा देर हो गयी।

मंटो : **(आश्चर्य से)** अभी तक तुमने जूते भी नहीं पहने! हाथ में लिए चले आ रहे हो। सूट पहन लिया है, लेकिन टाई कंधे पर पड़ी है। तुम भी कहोगे कि तुम्हें एक टट्टू मोल ले दें।

मनोज : **(हिचकते हुए)** इसे तुम...**(हाथ में लिए जूते मंटो को दिखाता है)**

मंटो : **(तेज़ी से बात काटते हुए)** क्या कहा? मैं तुम्हें जूते पहनाऊँ? ए मिस्टर, जब तुम्हारी शादी हो जाए, तब इस काम के लिए अपनी श्रीमती से कहना। मुझे समझा क्या है?

मनोज : ओह, आई एम सॉरी! जूते नहीं मंटो, मेरा मतलब है—देखो न दिमाग कितना अपसेट है—मेरा मतलब है कि टाई तुम बाँध दो। इतनी देर से बांध रहा हूँ मगर बँध ही नहीं रही है।

मंटो : क्यों नहीं बँध रही है? रोज़ कौन बाँधता था?

मनोज : रोज़ तो मैं ही बाँध लेता था, लेकिन आज न जाने क्या बात है कि ठीक नॉट ही नहीं लग रही है।

मंटो : वाह मनोज, अभी से यह हाल है नरवसनेस का! आगे-आगे देखिए, होता है क्या! **(तनिक रौब से)** अपने आप टाई बाँधो, मैं नहीं बाँधता।

मनोज : **(रूष्टता से)** अच्छा...! **(अपने आप टाई बाँधता है)**

मंटो : **(पत्रिका में से पढ़ते हुए)** किसी दार्शनिक ने कहा है कि विवाह वह फाँसी है जिसे लोग गा-बजाकर अपने आप गले में डालते हैं। **(तनिक रुककर)** और एक दूसरे दार्शनिक ने कहा है कि विवाह के पहले 6 महीने पति बोलता है और पत्नी सुनती है। फिर अगले 6 महीने पत्नी बोलती है और पति सुनता है। उसके बाद दोनों बोलते हैं और पड़ोसी सुनते हैं।

मनोज : **(बहुत ही असन्तुष्टि के स्वर में)** मंटो! तुम्हें बस यही पढ़ने को रह गया है?

मंटो : मैं क्या करूँ, यह तो पत्रिका में लिखा है, मैं उसी को पढ़ रहा हूँ। यह देखो।

मनोज : झूठ मत बोलो। लाओ देखूँ पत्रिका।

मंटो : अरे हटाओ भी, उसमें कुछ नहीं लिखा है। मैं यों ही कह रहा था। मगर भाई मनोज, जल्दी करो। कोई तुम्हारा इन्तज़ार कर रहा होगा। तुम्हारी प्रतीक्षा की बेसब्री में किसी का हर पल युग बन रहा होगा।

मनोज : **(शिकायत के स्वर में)** मंटो!

मंटो : सच मानो मनोज, तुम बहुत जँच रहे हो। जिधर से निकल जाओगे, उधर से बेहोश हो जाने वालों के लिए स्पेशल ऐम्बुलेन्स का प्रबन्ध करना पड़ेगा। और फिर सेठ मानिकचन्द...वह तो...

मनोज : ओह धीरे बोलो, अगर कहीं बाबूजी आ गये और उन्होंने सुन लिया तो...

रामनरेश : **(बाहर से प्रवेश करते हुए)** कौन-सी बात बाबूजी से छिपाई जा रही है?

मंटो : कुछ नहीं जी...कुछ नहीं!

रामनरेश : कुछ बात तो ज़रूर है? क्यों मनोज क्या बात है?

मनोज : **(किंकर्त्तव्यविमूढ़-सा)** बात तो कुछ नहीं है, लेकिन बात यह है कि वह जो हैं न...

रामनरेश : कौन हैं न?

मनोज : वही...सेठ मालिकचन्द...तो...तो सेठ मानिकचन्द की...सेठ मानिकचन्द की...

मंटो : **(बात सम्हालते हुए)** सेठ मानिकचन्द की फ़र्म में एक नौकरी का इन्टरव्यू है...उसी के लिए...

रामनरेश : नौकरी का इन्टरव्यू है? क्या तुमने एप्लाई किया था?

मनोज : जी हाँ! जी हाँ!!

रामनरेश : तो इसमें छिपाने की क्या बात थी?

मनोज : बात असल यह थी...बाबूजी...कि बात यों थी कि...

मंटो : सरप्राइज़!

मनोज : जी हाँ, बिल्कुल यही बाबूजी, मैं आपको सरप्राइज़ देना चाहता था, और फिर मैंने सोचा कि नहीं लिए गये तो इन्सल्ट होगी इसीलिए—

रामनरेश : ओह, यह बात है! मैं समझा कुछ और! क्या नौकरी है?

मनोज : नौकरी क्या है...क्या है...उसका नाम?

मंटो : वैलफ़ेयर ऑफ़ीसर।

मनोज : जी हाँ,-सेठ मानिकचन्द की फ़र्म में वैलफ़ेयर ऑफ़ीसर का काम है।

रामनरेश : तनख़्वाह क्या है?

मनोज : जी, बस यही समझिए...पाँच हज़ार रुपया।

रामनरेश : पाँच हज़ार रुपये? सिर्फ पाँच हज़ार रुपये?

मंटो : यह तो सिर्फ एलाउन्स है। तनख्वाह तो बीस हज़ार रुपया है, इस तरह कुल मिलाकर पचीस हज़ार होते हैं।

मनोज : जी हाँ, इस तरह पचीस हज़ार होते हैं।

रामनरेश : तब तो ठीक है। **(पुकारते हुए)** पूजा की माँ...पूजा की मा. **(मनोज से)** सुनते हैं मनोज, सेठ मानिकचन्द बहुत ही कंजूस और बेईमान आदमी हैं...

मनोज : जी हाँ, लेकिन उसके अलावा उसके घर का कोई आदमी ऐसा नहीं है। और सब बेहद अच्छे और शरीफ़ हैं...

रामनरेश : उसके घरवालों से तुम्हें क्या मतलब?

मंटो : हाँ बाबू जी ठीक ही तो कह रहे हैं! उसके घरवालों से तुम्हें क्या मतलब? काम तो तुम्हें उससे पड़ेगा।

माँ : **(भीतर प्रवेश करके)** क्या है जी? कैसे बुलाया?

रामनरेश : देखो तो पूजा की माँ...अपने सुपुत्र मनोज को! नौकरी के इन्टरव्यू में जा रहे हैं, लेकिन सबसे छिपकर...जैसे कोई चोरी हो...

माँ : क्या नौकरी है?

रामनरेश : वैलफ़ियर ऑफ़ीसर की! पचीस हज़ार रुपया तनख़्वाह।

माँ : नौकरी तो अच्छी है। मेरा लड़का अफसर बनेगा। अरे सुनता है...**(पुकारते हुए)** शम्भू...**(फिर अपने आप से)** आज कौन दिन है?

रामनरेश : शुक्र।

शम्भू : **(भीतर से प्रवेश करते हुए)** हमें बुलाइन का, बहू जी?

माँ : हाँ, देख...शम्भू, ज़रा-सा दही ले आ। जा देख...स्टोर रूम में गेहूँ के घड़े के ऊपर अलमारी में...तीसरे खाने में जो हँडिया है, उसी में रक्खा है।

शम्भू : अच्छा, बहूजी! **(शम्भू का घर के भीतर प्रस्थान)**

मनोज : माँ, दही का क्या होगा?

माँ : तू तो कुछ समझता ही नहीं।

रवि को पान, सोम को दर्पन।
मंगल को गुड़ खिलवाई।
बुध को धनिया, बीफे राई।
शूक कहे मोहे दही सुहाई।
शनी कहे जो अदरक पाऊँ,
रन को जीत तुरत ले आऊँ।

(पुकारते हुए) शम्भू, जल्दी कर!

शम्भू : **(प्रवेश कर)** लीजिए बहूजी। **(कटोरी में दही देता है।)**

माँ : और देख शम्भू...एक भरा घड़ा लेकर दुवार पर खड़ा हो जा। शुभ होता है। लो मनोज इसे खा लो।

मनोज : अच्छा माँ! **(दही खाकर)** देर हो जाएगी, माँ, अब चलेंगे...

पूजा : **(प्रवेश करते हुए)** भइया कहाँ जा रहे हो?

माँ : **(बिगड़कर)** जा रहे हैं तेरी ससुराल! पूजा, तू इतनी बड़ी हो गयी, बी.ए. पास हो गयी, मगर इतनी भी तमीज नहीं आई कि जब कोई जाता है तो उसे टोकना नहीं चाहिए। न जाने क्या पढ़ाते हैं यूनीवर्सिटी में? **(शम्भू भीतर से घड़ा लिए आता है और बाहर के दरवाजे के पास खड़ा हो जाता है।)**

मंटो : माँ जी...मुझे छींक आने वाली है। **(परेशानी से नाक-मुँह सिकोड़ता है।)**

माँ : **(क्रोध से भड़ककर)** ऐ लो मंटो, तुझे भी छींक इसी समय आने को रह गयी थी!

मंटो : छींक आई...आई...आई...गयी। गयी माँ जी! **(सब हँसते हैं।)**

मनोज : तो अब चलूँ माँ!

रामनरेश : हाँ, लेकिन माँ को प्रणाम करो। बड़ों का आशीर्वाद सदैव सफलता देता है।

मंटो : **(चापलूसी के स्वर में)** और बाबूजी को भी प्रणाम करो मनोज! बाबूजी सबसे बड़े हैं...उनका आशीर्वाद सबसे बड़ा होगा।

मनोज : बाबूजी प्रणाम!

रामनरेश : **(प्रसन्न होकर)** भगवान तुम्हारी सफलता का मार्ग प्रशस्त करें।

मनोज : चलो मंटो। **(बाबू रामनरेश मन्त्र पढ़ते हैं। मनोज मंटो घर के बाहर जाते हैं।)**

माँ : भगवान करे कि हमारे मनोज को नौकरी आज मिल जाए।

रामनरेश : नहीं पूजा की माँ, मेरी बेटी से कुछ न कहो—**(भावुकता से)** अब यह यहाँ रहेगी ही कितने दिन? कुछ ही दिनों में पराई हो जाएगी।

माँ : तभी तो और कहती हूँ कि तौर-तरीके सीख ले, नहीं तो ससुराल में जाकर नाक कटाएगी। लोग कहेंगे कि माँ ने कुछ नहीं सिखाया। **(पूजा तुनककर घर के भीतर चली जाती है।)**

रामनरेश : **(भावुकता से)** देखो, देखो...पूजा बेटी नाराज़ होके चली गयी। मैं कहता हूँ पूजा की माँ, कुछ तो ख़्याल करो! उसके सामने ससुराल का नाम न लिया करो। उसे दुःख होता है।

माँ : दुनिया में सभी लड़कियाँ ससुराल जाती हैं। सभी को माँ-बाप छोड़ने पड़ते हैं। वह कोई अनोखी तो है नहीं!

रामनरेश : **(चिढ़ाते हुए)** पूजा की माँ, सबको तुम अपने जैसा समझती हो। जिस तरह तुम्हारे बाप-भाई तुम्हें प्यार नहीं करते थे, उस तरह तुम समझती हो...

माँ : **(बिगड़कर)** कौन कहता है कि मेरे बाप-भाई मुझे प्यार नहीं करते थे? मैं अपने बाप की दुलारी इकलौती बेटी थी! मेरी माँ बेचारी शादी के एक महीने पहले से ही रो-रोकर आँखें ख़राब किये ले रही थीं।

रामनरेश : आँखें ख़राब करे ले रहीं थीं! चू चू चू... अरे सचमुच आँखें ख़राब कर लेतीं तो हम कुछ समझते भी?

माँ : हटो भी, तुम बड़े वैसे हो! बाबू जी बेचारे तो शादी होते ही बीमार पड़ गये, फिर महीने भर उठ नहीं सके। मेरा भी रोते-रोते बुरा हाल था। शादी के एक हफ्ते पहले से मैंने खाना नहीं खाया था।

रामनरेश : **(बनावटी दुःख से)** तब तो तुम एकदम दुबली हो गयी होगी, एकदमी सींक-सी! सींक-सी दुबली तो तुम अभी हो, हालांकि वजन तुम्हारा सिर्फ दो मन तीस सेर होगा।

माँ : फिर वही! लड़की की शादी आजकल में होने वाली है, लड़के

को नौकरी मिलने वाली है और तुम हो कि हर समय मजाक! हटो भी, बुढ़ापे में यह मजाक अच्छा नहीं लगता।

रामनरेश : अरे पूजा की माँ, बुढ़ापे में मज़ाक ही तो रह जाता है! **(रुककर)** मैंने तो अपनी शादी के एक हफ़्ते पहले से खूब खाया था, शायद तुम्हारा हिस्सा भी खा लिया करता हूँगा। फिर सिरमौर लगाकर ठाठ से घोड़े पर बैठकर आया था बरात में! आजकल के लोग तो मोटर में बैठकर जाते हैं।

माँ : मैंने छत से देखा था, सखियों से छुपकर।

रामनरेश : सच बताओ, कैसा लग रहा था मैं? जँच रहा था कि नहीं?

माँ : तुम तो ऐसे अकड़े बैठे थे, जैसे लड़ाई में जा रहे हो!

रामनरेश : तुम्हारी सब सखियाँ सोच रही थीं कि ऐसे छबीले दूल्हे से मेरी शादी क्यों नहीं हुई?

माँ : **(बिगड़कर)** हाँ-हाँ, वह तो सोच ही रहीं थीं। **(व्यंग्य से)** कभी सूरत देखी थी आईने में? **(दरवाजे पर दस्तक)**

रामनरेश : शायद, डाकिया आया।

माँ : हाँ, डाकिया ही होगा।

रामनरेश : बाबू भरोसेलाल की मंजूरी की चिट्ठी आई होगी। तो खिलाओ मिठाई! पूजा की शादी तय हो गयी। **(पुकारते हुए)** शम्भू...शम्भू...**(शम्भू का उत्तर नेपथ्य से–"आया सरकार!")**

माँ : जितनी चाहे उतनी मिठाई खाओ। काम भी तो तुम्हें ही करना पड़ेगा! शहनाई वाले, बाजे वाले, हलवाई, दरजी, सुनार–अरे, लड़की की शादी कोई मजाक नहीं है।

शम्भू : **(प्रवेश करके)** जी सरकार!

रामनरेश : देखो शम्भू, बाहर डाकिया आया है, उससे चिट्ठी ले आओ।

शम्भू : जी अच्छा, सरकार!

(शम्भू का बाहर प्रस्थान)

माँ : पूजा के ब्याह और मनोज की नौकरी के लिए मैंने सतनारायन की कथा और देवी की चुनरी मानी थी। भगवान मेरी मनौती पूरी करें।

रामनरेश : मैं भी प्रसाद चढ़ाऊँगा। ये दो ही तो बच्चे हैं, इनका किसी तरह ठीक ठिकाना लग जाए, मैं तो वृन्दावन जाके साधू हो जाऊँगा।

(शम्भू का बाहर से प्रवेश)

रामनरेश : अरे शम्भू, चिट्ठी कहाँ है?

शम्भू : वह डाकिया नहीं रहा सरकार! वह तो बाबू अवध बिहारी का पता पूछता रहा, सो हम बता दिया।

रामनरेश : अच्छा जाओ। मैं समझा डाकिया था। बड़ा धोखा हुआ। पूजा की माँ, आजकल हिन्दुस्तान में दो बड़ी समस्याएँ हैं—लड़कों को नौकरी और लड़की की शादी। **(शम्भू का घर के भीतर प्रस्थान)**

माँ : अरे हमारे मनोज की नौकरी लग जाए और पूजा का ब्याह हो जाए तो हमें क्या पड़ी है सारे हिन्दुस्तान की!

रामनरेश : तुम्हीं देखो, पूजा की शादी के लिए छह महीनों से कितनी दौड़-धूप कर रहा हूँ...और मनोज की नौकरी—वह तो ऐसी है जैसे गूलर के फूल देखने की कोशिश। रोज़-रोज़ सर्टीफ़िकेट छपते हैं। अटेस्ट होते हैं, अख़बारों में वाण्टेड के कॉलम देखे जाते हैं, अर्ज़ियाँ जाती हैं—मगर सब बेकार।

माँ : भगवान ने चाहा तो आज उसे नौकरी मिल जाएगी। सेठ मानिकचन्द की लड़की नीला, पूजा की दोस्त है। उसके साथ बैडमिण्टन खेलती है।

रामनरेश : और इसे भी भाग्य ही कहो कि पूजा के लिए बाबू भरोसेलाल भरोसा दिला गये हैं।

माँ : मगर मुझे यह लड़का उतना पसन्द नहीं, जितना दूसरा था, जो कलेक्टरी के इम्तहान में बैठ रहा था।

रामनरेश : अरे पूजा की माँ, ये सब लड़के कलेक्टरी में सिर्फ़ इसलिए बैठ जाते हैं कि किसी अच्छी जगह ब्याह हो जाए। पढ़ता-लिखता कौन है इनमें! और फिर यह लड़का भी क्या बुरा है? सब-एडीटर है। पूजा की माँ, लड़का इन्टेलेक्चुअल है।

माँ : यह क्या होता है?

रामनरेश : इन्टेलेक्चुअल नहीं जानती तुम? यों समझो...यों समझो—इन्टेलेक्चुअल वे लोग होते हैं जिनका दिमाग़ भरा और पेट ख़ाली होता है, जैसे पत्रकार, लेखक, कवि, आर्टिस्ट और मास्टर—**(रुककर)** और फिर आजकल लड़के मिलते ही कहाँ हैं? कितना मुश्किल है आजकल लड़कियों का विवाह करना—

लड़के वाले तो दस-बीस लाख से कम माँगते ही नहीं—इसलिए मैं कहता था कि कम ख़र्च करो—किफायत से चलो।

माँ : लगे मुझे कहने, जैसे मैं सब ख़र्च कर डालती हूँ। तुम्हारे ही ख़र्च लगे रहते हैं। आज यह दोस्त है तो कल वह, इसकी ख़ातिरदारी तो उसकी मेहमानदारी—फिर सबके लड़कियाँ हैं, उनकी शादी में भेंट—तोहफ़े!

रामनरेश : क्या तुमने अपने भाई की शादी में तोहफ़े नहीं दिये?

माँ : **(बिगड़कर)** बस, मुझे यह पसन्द नहीं। मेरे इकलौते भाई की शादी भी तुम्हारी आँखों में खटकने लगी! मुझे नहीं मतलब आपकी गृहस्थी से! कसम है जो अब एक पैसा भी इस घर का लूँ।

रामनरेश : अरे रे—नाराज न हो, मैं तो सिर्फ एक बात कह रहा था। मेरा मतलब और कुछ तो था नहीं—तुम—तुम—मैं तो चाहता था कि कुछ किफ़ायत हो, इसी से 'कम ख़र्च कैसे करें' की किताब लाकर तुम्हें दी थी। लेकिन तुमने—**(बाहर से आवाज —रामनरेश बाबू!)**

माँ : आ गये आपके मित्र लोग, लगता है जैसे बिना आपसे मिले इनका खाना नहीं हजम होता।

रामनरेश : देखो पूजा की माँ, मुझे अपने दोस्तों के खिलाफ एक शब्द भी नहीं सुनना है। **(रुककर)** अच्छा भीतर से इनके लिए पान-सिगरेट भेज देना।

माँ : सिगरेट और पान बन्द।

रामनरेश : **(चौंककर)** क्यों? क्यों?

माँ : किफायत।

रामनरेश : किफायत! कैसी किफायत?

माँ : आप ही ने 'कम ख़र्च कैसे करें' की किताब लाकर दी है, यह उसी का पहला पाठ है।

रामनरेश : हैं? उसका पहला पाठ है! लेकिन...लेकिन...**(बाहर से आवाज-रामनरेश बाबू!)**

रामनरेश : आया जी-अभी आया! **(पत्नी से)** लेकिन सुनो तो...

माँ : सुनना-सुनाना कुछ नहीं। आप ही कहते हैं कि मैं किफायत नहीं करती। बस, मैं यही कर रही हूँ।

(**प्रस्थान घर के भीतर**)

रामनरेश : उँह चली गयी। (**बाहर से आवाज आती है-रामनरेश बाबू!**)

रामनरेश : आया-आया (**बाहर का दरवाजा खोलकर**) अरे तुम हो कन्हैयालाल, अरे आओ भाई-आओ आओ!

कन्हैयालाल : (**प्रवेश करके**) क्या कर रहे थे?

रामनरेश : अजी कर क्या रहा था-अन्धेर हो गया-अन्धेर!

कन्हैयालाल : ख़ैरियत तो है!

रामनरेश : ख़ैरियत की न पूछो, तभी बेहतर है। ठीक से बैठ जाओ। देखो न यह पेटीकोट सरकार की एकदम ज़्यादती है, अन्याय है। मैंने 'कम ख़र्च कैसे करें' नाम की किताब पूजा की माँ को लाकर दी। सोचा कि उस किताब को पढ़कर शायद वह कुछ किफायत करे। मगर भाई साहब, मियाँ की जूती मियाँ की चाँद! अपने खर्चे में तो कोई कमी आई नहीं, लेकिन मेरी सिगरेट और पान दोनों बन्द। अब आप पूछते हैं—ख़ैरियत तो है!

कन्हैयालाल : अरे साहब, इन सब औरतों का यही हाल है। असल बात तो यह है कि इनको स्वयं तो कमाना पड़ता नहीं है। बचपन में माँ-बाप, बड़े होने पर पति, और बुढ़ापे में बेटे। अब आप ही बताइए, ये सब कैसे जानें रुपये की क़ीमत? उसे तो धूल समझकर उड़ाती हैं।

रामनरेश : आजकल तो साहब. लिपस्टिक, पाउडर, रूज़-ऊज़ न जाने क्या-क्या निकला है, जिनका कि मैं नाम भी नहीं जानता।

कन्हैयालाल : अरे भाई, दूर क्यों जाते हो! अपनी भाभी-यानी मेरी पत्नी ही को लो। नाम है आपका—लक्ष्मी। मैंने सोचा, चलो अच्छा है। नाम का कुछ तो असर होगा ही, मगर साहब, भगवान की कुछ ऐसी उल्टी कृपा हुई कि छः लक्ष्मियाँ और आ गयीं।

रामनरेश : छः! तब तो वाक़ई में समस्या होगी। मेरे तो भगवान की कृपा से एक ही लड़की है, लेकिन उसके लिए बाबू भरोसेलाल भरोसा दिला गये हैं।

कन्हैयालाल : बाबू रामनरेश साहब, आप क्या समझते हैं, लड़कियों की शादी करना बच्चों का खेल है? और फिर साहब, आजकल

के लड़कों के तो मिजाज़ ही नही मिलते। चाहतें हैं कि लड़की एकदम हूर हो।

रामनरेश : इस सिनेमा ने सबके दिमाग़ ख़राब कर दिये हैं। सिनेमा देख-देखकर सब लड़के चाहते हैं कि लड़की...क्या नाम है **(याद करते हुए)** याद आया—लड़की एकदम मरलिन मनरो हो।

कन्हैयालाल : जी हाँ, सब सिनेमा का ही असर है। तो मैं कह रहा था कि लड़के चाहते हैं कि लड़की—क्या नाम बताया आपने?

रामनरेश : मरलिन मनरो ।

कन्हैयालाल : मरलिन मनरो -जी हाँ, लड़के चाहते हैं कि लड़की वह हो और ऊपर से दहेज पाँच लाख रुपया हो। यही नहीं जनाब और सुनिए-लड़की एम.ए. पास हो और उमर सिर्फ 15 साल हो! अब आप ही बताइए कि एम.ए. के सोलह साल होते हैं, तो वह पहला दरजा क्या पेट से पास करके आए?

रामनरेश : **(मुस्कराकर)** इस सवाल का जवाब तो वाक़ई मुश्किल है।

कन्हैयालाल : पिछली दफ़े का हाल सुनिए, जब मैं अपनी बड़ी लड़की की शादी तय करने बलिया गया था। लड़के का बाप निहायत ही काइयाँ इन्सान था। मुझसे बोला—बाबू कन्हैयालाल, हमें न सामान चाहिए, न रुपया। हम तो इन्सान देखते हैं और उसका दिल। आप आला ख़ानदान के हैं, हम तो आपकी सज्जनता पर लट्टू हैं। अगर आप दहेज़ में कंकड़-पत्थर भी दे देंगे तो हम सर—आँखों पर रख लेंगे।

रामनरेश : बातें तो बड़ी अच्छी करता था!

कन्हैयालाल : बात ही बात थी। मैंने कहा—ऐसी बातें क्यों कहते हैं? जब सब कुछ आपने हमारे ऊपर छोड़ दिया है तो कंकड़-पत्थर क्यों, जहाँ तक होगा वहाँ तक मैं जान लड़ाकर सोना-चाँदी दूँगा और फिर सबसे बढ़कर हीरा जैसी बेटी कन्यादान में दूँगा।

रामनरेश : तब वह क्या बोला?

कन्हैयालाल : तब वह कहने लगा—कन्यादान तो संसार का सबसे बड़ा दान है। जब आप यह दे रहे हैं तो मैं अपना लड़का ही आपको दे दूँगा। लेकिन हाँ, लड़का विलायत जाना चाहता है, उसमें पाँच

लाख रुपये लगेंगे। जब वह आपका ही लड़का हो गया तो आप उसकी इच्छा पूरी करेंगे ही। और उसकी अब तक की पढ़ाई में दस लाख रुपये मकान गिरवी रखकर ख़र्च किये हैं। जब मैंने आपको अपना लड़का ही दे दिया तो आप मेरा मकान छुड़वा ही देंगे।

रामनरेश : पाँच और दस—कुल पन्द्रह लाख रुपया!

कन्हैयालाल : यही नहीं, इनके अलावा, लड़के के चाचा, भाई, बाबा, नाना, मामा इन सबकी आशाएँ और उम्मीदें। चूँकि उन्होंने मुझे वह लड़का दे ही दिया है, इसलिए मैं सबकी आशाएँ पूरी करूँगा। इस तरह कुल मिलाकर दस लाख की चोट थी। मैंने कहा—मैं सब कुछ दे दूँगा। लड़के के विलायत जाने का खर्चा, आपके गिरवी रखे मकान को छुड़ाने का रुपया और बाबा, चाचा, नाना और मामा-सबका। मैं सब कुछ दूँगा अगर आप सिर्फ एक चीज़ देने का वायदा करें। वह बोला—क्या? मैंने कहा-एक कटोरा और एक डंडा ताकि मैं सड़क पर भीख माँग सकूँ।

रामनरेश : **(हँसकर)** भई वाह कन्हैयाला, तुमने कहा ख़ूब! फिर उसने क्या जवाब दिया?

कन्हैयालाल : जवाब क्या देता? अपना-सा मुँह लेकर चुप हो गया।

रामनरेश : वाक़ई साहब! बड़ी परेशानी है। ख़ैर मेरे तो एक ही लड़की है। उसके लिए बाबू भरोसेलाल भरोसा दे गये हैं।

कन्हैयालाल : **(दिलचस्पी से)** क्या कहा बाबू रामनरेश, पूजा बेटी की शादी तय हो गयी?

रामनरेश : तय तो नहीं, तय ही समझिए। मेरा मतलब है—एक तरह से तय ही हो गयी है। बाबू भरोसेलाल अच्छे आदमी हैं। वह भरोसा दे गये हैं कि जाते ही मंज़ूरी की चिट्ठी भेजेंगे।

कन्हैयालाल : यह बाबू भरोसेलाल कौन हैं?

रामनरेश : लड़के के चाचा।

कन्हैयालाल : लड़का क्या करता है?

रामनरेश : लड़का लखनऊ में एक अख़बार में सब-एडीटर है। देखने-सुनने में अच्छा ख़ासा है। लड़की को सुख से रखेगा।

कन्हैयालाल : अरे, और चाहिए क्या! लड़की को सुख से रखे। **(धीमे स्वर में)** लड़के ने लड़की की फ़ोटो देख ली है?

रामनरेश : फ़ोटो! लगता है बाबू कन्हैयालाल, आपको अब भी अपना ज़माना याद है। अरे साहब, वह ज़माने लद गये, जब जहाँ भी बाप तय करते थे वहाँ आँखें बन्द करके शादी कर लेते थे। आजकल के लड़के तो फ़ोटो सबसे पहले देखते हैं। **(रुककर)** फ़ोटो ही से सब्र हो जाए तो भी ठीक है। कहेंगे—लड़की को मैं खुद देखूँगा—इन्टरव्यू करूँगा।

कन्हैयालाल : इन्टरव्यू! बहुत खूब! अभी तक नौकरी का ही इन्टरव्यू सुना था, शादी का भी शुरू हो गया। गोया की शादी भी नौकरी हो गयी।

रामनरेश : मैं क्या बताऊँ आपको! तरह-तरह के पोज़ों में लड़की के फ़ोटो खिंचवाए! बीसियों जगह उनको भेजा, लेकिन कहीं से कोई नुक़्स निकल आता है, तो कहीं से दूसरा। इसके अलावा जन्मपत्री का दूसरा रोना है। कहीं बीस गुण, तो कहीं बाईस गुण, कहीं सब अवगुण। मैं तो परेशान हो गया।

कन्हैयालाल : यह जो एक ग़लती हमने और आपने की थी, उसी की सजा है।

रामनरेश : कौन-सी ग़लती?

कन्हैयालाल : शादी! दुनिया की सबसे बड़ी ग़लती है—शादी। न शादी करते और न यह मुसीबत मोल लेते!

रामनरेश : हाँ साहब, वाक़ई ग़लती हो गयी। शादी सचमुच सबसे बड़ी ग़लती है। फिर उन जैसी लड़की से शादी-भगवान बचाए—एकदम डिक्टेटर हैं। उनके डर से तो भूत भागते हैं! **(उसीसमय भीतर दरवाजे की कुण्डी जोर से खटकती है)** अरे कहीं उन्होंने सुन तो नहीं लिया?...नहीं—मैं यह कह रहा था कन्हैयालाल कि तुम्हारी भाभी का स्वभाव ऐसा मीठा है जैसे शहद। **(कुण्डी फिर खटकती है, तो पुकारकर)** कौन-पूजा की माँ—तुम हो? ये कन्हैयालाल आए हैं-और यह तुमसे नमस्ते कहते हैं।

कन्हैयालाल : भाभी जी नमस्ते!

रामनरेश : देखो कन्हैयालाल, मैं अभी तुम्हारी भाभी के स्वभाव की कितनी प्रशंसा कर रहा था!

कन्हैयालाल : हाँ, बाबू रामनरेश कह रहे थे कि भाभी का मुक़ाबिला दुनिया में नहीं है।

रामनरेश : एकदम सच है! सुनती हो-ज़रा बाबू कन्हैयालाल के लिए पान भिजवा दो। **(रुककर)** शायद गयी। **(सोचकर)** अगर कहीं सुन लिया होगा तो सचमुच अपनी तो मुसीबत है।

कन्हैयालाल : बाबू रामनरेश, यह तो विवाहित जीवन का गहना है। मेरा तो जिस दिन पत्नी से झगड़ा नहीं होता, मैं समझता हूँ वह दिन अधूरा रह गया। हटाओ इसे-यह बताओ, लड़का पूजा बेटी को देख गया?

रामनरेश : नहीं, लड़के ने तो सिर्फ फ़ोटो देखी है, लेकिन उसके चाचा बाबू भरोसाल देख गये हैं, और वह भरोसा दे गये हैं कि पूजा बेटी उन्हें पसन्द है। घर जाते ही मंजूरी की चिट्ठी भेज देंगे।

शम्भू : **(भीतर से प्रवेश करते हुए)** बहू जी आपको बुलावत हैं, सरकार!

रामनरेश : बहू जी! **(घबराकर)** कह दो उनसे कि थोड़ी देर बाद आएँगे। बाबू कन्हैयालाल आने ही नहीं दे रहे हैं-हाँ, उनसे कह दो कि पान नहीं चाहिए—जाओ। **(बाहर दरवाजे पर दस्तक)** देखो शम्भू, शायद पोस्टमैन आया है।

सैयद महमूद : **(बाहर से ही)** पोस्टमैन नहीं आया क़िबला...**(प्रवेश करते हुए)** यह मैं हूँ सैयद महमूद।

रामनरेश : तुम हो भाई? माफ़ करना। मैं समझा-पोस्टमैन।

सैयद महमूद : ओ हो, बाबू कन्हैयालाल भी यहीं हैं! मियाँ यह पोस्टमैन की याद कैसे सता रही है? बाबू रामनरेश साहब, क्या भाभीजान मायके में हैं?

रामनरेश : **(हँसकर झेंप मिटाते हुए)** नहीं नहीं—बात यह है कि मेरी लड़की पूजा की शादी को लड़के के चाचा बाबू भरोसेलाल भरोसा दिला गये हैं कि जाते ही मंजूरी की चिट्ठी डालेंगे—सो उन्हीं की चिट्ठी का इन्तज़ार कर रहे हैं।

सैयद महमूद : बड़ी ख़ुशी की बात है। और साहबज़ादे—क्या नाम है उनका, ख़ुदा उन्हें उम्र-दराज़ करे, मनोज साहब के क्या हालचाल हैं?

रामनरेश : वह आपकी इनायत से अच्छा है। आज उसकी नौकरी का इण्टरव्यू है। भगवान ने चाहा तो नौकरी मिल जाएगी।

सैयद महमूद : बड़े ख़ुशक़िस्मत हो यार! लड़के की नौकरी—और लड़की की शादी। म्याँ ख़ुदा का ख़ास साया है तुम्हारे ऊपर!

रामनरेश : सब आप ही लोगों की मेहरबानी है।

सैयद महमूद : मेरे साहबज़ादे सलीम के हाल सुनिए। बी.ए. में चार साल से फ़ेल हो रहे हैं—क्या उम्मीद करूँ उनसे?

रामनरेश : उसे समझा दीजिए सैयद महमूद साहब! लड़का वह बड़ा अच्छा है।

सैयद महमूद : ख़ाक अच्छा है! यह सब सोहबत का नतीजा है। न पढ़ाई में अच्छे, न खेल-कूद में। अरे, किसी में न सही, नाच-गाने में ही अच्छे होते तो सब्र होता! अरे किसी चीज़ में महारत हासिल करो—मगर वह सबमें गोल हैं। सिनेमा देखेंगे, कॉफ़ी हाउस में बेकार घंटों बैठे रहेंगे और टाई लगाकर सिविल लाइन्स में टहलेंगे। गोया जिन्दगी बहुत बड़ा क्लब है, जिसमें कोई काम है ही नहीं। निकम्मे! कामचोर!

रामनरेश : यह तो चिन्ता की बात है।

सैयद महमूद : और सुनिए—आज के नये ज़माने में ये दो चीज़ नयी पैदा हो गयी हैं—एक मोहबबत, दूसरा मूड। लाहोलविलाक़ूवत! हम लोगों के ज़माने में तो यह कुछ था ही नहीं। आजकल जिसे देखिए, मोहब्बत और मूड मे मरज में मुब्तिला है। **(सब हँसते हैं)**

रामनरेश : मुझे तो अक्सर आजकल के नौजवानों को देखकर दुःख होता है।

सैयद महमूद : खुदा का नाम लीजिए रामनरेश साहब! इन लोगों को आप जवान कहते हैं—सींक से बदन वालों को? टिटहरी जैसे! लाहोलविलाक़ूवत—एक फूँक मारिए तो उड़ जावें। सच पूछिए बाबू रामनरेश साहब, और बाबू कन्हैयालाल साहब, आज के ज़माने में सिर्फ दो चीज़ें होती हैं—बचपन और बुढ़ापा! जवानी नाम की चीज़ तो अब होती ही नहीं।

कन्हैयालाल : नहीं, आप ग़लत कह रहे हैं। आजकल जैसे इन एटमबमों की वजह से मौसम का कुछ ठीक नहीं, कि कब जाड़ा पड़ने लगे और कब गरमी हो जाए—इसी तरह जवानी का ठीक नहीं

कि किस उमर में आए। मिसाल के तौर पर सैयद महमूद साहब, जवानी आपको...बुढ़ापे में आ रही है।

सैयद महमूद : **(नाराजगी से)** क्या मतलब, बाबू कन्हैयालाल?

कन्हैयालाल : **(रामनरेश से)** बाबू रामनरेश, ज़रा सैयद महमूद साहब की दाढ़ी देखिए। लगता है जैसे पूनों का चाँद तार-तार होके दाढ़ी बन गया है, और पूछिए मुन्ना के महीने का है?

सैयद महमूद : मुझे यह मज़ाक क़तई पसन्द नहीं।

कन्हैयालाल : पसन्द कैसे आए? सच कह दिया! आप ही जैसे लोगों की वजह से हिन्दुस्तान में इतनी मुसीबतें हैं—फूड प्रोब्लम, बेकारी, महँगाई—और आप हैं कि हिन्दुस्तान की आबदी बेशुमार बढ़ाए जा रहे हैं।

सैयद महमूद : ओह भाई रामनरेश, मुझे अचानक एक काम याद आ गया। चलता हूँ फिर आऊँगा...

रामनरेश : थोड़ी देर और बैठिए।

सैयद महमूद : नहीं भाई चलूँगा। बड़ा ज़रूरी काम है। अच्छा आदाब अर्ज़! **(उठकर घर से बाहर जाता है)**

कन्हैयालाल : शायद मेरी बातों का बुरा मान गये मौलाना। मेरी बला से! अपने लड़के को बुरा-भला कह रहे थे। अब बताइए, वह ख़राब क्यों न होगा? कभी उसकी ओर ध्यान दिया है? अपनी शादियों से फुरसत मिले तो ध्यान दें। यह चौथा निकाह है मौलाना का! बाप बनना आसान है, लेकिन उसकी ज़िम्मेदारी निभाना आसान नहीं है। लड़कों की ज़्यादातर कमियों के लिए ज़िम्मेदार उनके माँ-बाप होते हैं। अच्छा अब चलूँगा। **(उठकर खड़े होते हैं)**

रामनरेश : अरे थोड़ी देर तो और बैठो! पान-वान...?

कन्हैयालाल : पान-वान का झंझट छोड़ो। फिर कभी खाएँगे। लेकिन इस समय तो जाने ही दो। **(हँसकर)** और फिर भाभी का भी...

रामनरेश : चलो तुम्हें बाहर तक पहुँचा दूँ। **(बाहर के दरवाजे तक पहुँचाकर लौटता है।)**

रामनरेश : **(पुकारते हुए)** शम्भू! शम्भू, इधर तो आना!

शम्भू : **(प्रवेश करके)** जी सरकार!

रामनरेश : खाने का इन्तज़ाम करो। **(बाहर के दरवाजे पर दस्तक)** देख शम्भू बाहर कौन है?

(शम्भू बाहर जाकर दो चिट्ठियाँ लेकर आता है।)

शम्भू : ये चिट्ठियाँ आई हैं सरकार!

रामनरेश : **(खुश होकर)** अब की तो सचमुच डाकिया ही है—यह बाबू भरोसेलाल की चिट्ठी है। **(पुकारते हुए)** पूजा की माँ! पूजा की माँ!!

पूजा : **(भीतर से प्रवेश करके)** माँ पूछ रही हैं कि क्या बात है?

रामनरेश : देखो पूजा, जल्दी से अपनी माँ को भेज दो। कह दो बड़ा ज़रूरी काम है। हाँ, और देखो पूजा, एक चिट्ठी तुम्हारे नाम है।

(पूजा चिट्ठी लेकर भीतर जाती है।)

माँ : **(भीतर से प्रवेश करके)** क्या बात है?

रामनरेश : हे भगवान, तेरा लाख-लाख शुक्रिया। देखो भगवान ने हमारी सुन ली। बाबू भरोसेलाल की चिट्ठी है। मैं कहता था न—बाबू भरोसेलाल भरोसा दिला गये हैं।

(चिट्ठी का लिफाफा फाड़ता है)

माँ : देखो जी, देवी को चुनरी चढ़ाना और सत्यनारायण की कथा कहना न भूलना! नहीं तो लीलावती और कलावती की कहानी तो तुम जानते ही हो!

रामनरेश : बस फ़िक्र मत करो, पूजा की माँ! भगवान यह दिन दिखा रहा है तो मैं किसी तरह की कमी नहीं करूँगा। **(चिट्ठी पढ़ता है)**

माँ : कौन-सी तारीख लिखी है? भई, मैं तो शादी जाड़े में ही करूँगी। गर्मियों में तो लू-लपट—और सब तरह की तकलीफ...

रामनरेश : **(क्रोध से)** नालायक़ गधे...बेईमान हैं...

माँ : क्या हुआ जी? क्या हुआ? कुछ तो बताओ!

रामनरेश : क्या बताएँ? बहाना करते हैं। लिखा है—भाई साहब अभी शादी के लिए तैयार नहीं हैं। लड़का मना करता है। धोखेबाज़ **(मुँह बनाते हुए)** भरोसेलाल जी भरोसा दिला गये थे!

माँ : हे भगवन, अब क्या होगा?

रामनरेश : **(क्रोध से)** मैं तो पहले ही समझ गया था कि सब रंगे सियार हैं। बातों की चिकनी मखमल में मतलब की छुरी रखते हैं।

(**बाहर खटखटाहट की आवाज**) कौन है?

मंटो : (**नेपथ्य से**) मैं हूँ मंटो! अन्दर आ जाऊँ?

रामनरेश : आ जाओ। (**मंटो का बाहर से प्रवेश**) क्या है?

मंटो : (**प्रवेश करके**) यह चिट्ठी है।

रामनरेश : लाओ देखूँ। (**चिट्ठी पढ़कर**) मंटो, यह सलाह तुमने मनोज को दी होगी?

मंटो : जी!

रामनरेश : आख़िर को तो दोस्त हो। दोस्त ही अपने दोस्त के भले के लिए सलाह देता ही है।

मंटो : जी हाँ, यह सलाह मैंने ही दी थी। आख़िर दोस्त होने पर यह मेरा फ़र्ज़ ही था। आप वैसे तो आज्ञा देते नहीं, इसलिए मैंने सोचा कि जब नीला और मनोज, मनोज और नीला एक-दूसरे से...

रामनरेश : (**जैसे भूकम्प फूट पड़ा**) निकल जाओ...!

मंटो : (**इधर-उधर देखते हुए**) यहाँ तो कोई नहीं है! आप किससे कह रहे हैं—निकल जाओ?

रामनरेश : तुमसे! निकल जाओ!

मंटो : मुझसे? अच्छा मैं निकला जा रहा हूँ। (**प्रस्थान बाहर**)

माँ : (**विमूढ़-सी**) क्या है? क्या है यह सब?

रामनरेश : सुना तुमने, तुम्हारे मनोज नौकरी करने नहीं, शादी करने गये हैं। कह रहे थे कि सेठ मानिकचन्द की फ़र्म में नौकरी है...झूठा! उनकी लड़की नीला से कचहरी में जाकर सिविल मैरिज कर ली है। लिखते हैं—पिता जी यदि आप क्षमा कर देंगे और आग्रह करेंगे तो हम लोग वैदिक रीति से दोबारा विवाह कर लेंगे।

माँ : मनोज ने ब्याह कर लिया, बिना माँ-बाप को बताए? (**बैठते हुए**) क्या ज़माना आ लगा है—हे भगवान!

रामनरेश : शादी पूजा की होने वाली थी, खुद शादी करके बैठ गया। नौकरी की कोई चिन्ता नहीं! अब बहू को और लाके बिठा देगा हम लोगों के सिर!

(**पूजा का भीतर से प्रवेश**)

पूजा : बाबू जी, आप भाभी की कोई फ़िक्र न करें, और न मेरे लिए ही कोई चिन्ता कीजिए। मैंने कुछ दिनों पहले नौकरी के लिए एप्लाई किया था, वह नौकरी मुझे मिल गयी है। यह देखिए, अपाइन्टमेंट लैटर।

माँ : ऐं-क्या? पूजा तूने नौकरी कर ली? हे भगवान! **(बेहोश होकर गिरती है)**

रामनरेश : **(घबराकर)** अरे दौड़ो! पानी लाओ! यह तो बेहोश हो गयीं।

(यवनिका)

जहाँगीर ने कहा था

पात्र

रंजीत : 27-28 साल का नवयुवक।
डॉली : रंजीत की पत्नी।
धीर : रंजीत का मित्र।

प्रथम दृश्य

समय : वर्तमान।

स्थान : रंजीत का उच्चवर्गीय ड्राइंग-रूम। इस कमरे में दो दरवाजे हैं। एक दरवाजा घर के बाहर खुलता है तथा दूसरा घर के भीतर।

प्रारंभ : ***पर्दा खुलने पर, बाहर वाले दरवाजे के निकट, कुर्सी डाले डॉली बैठी बुनाई कर रही है। उसके हाथों की गति से लगता है कि वह क्रोधित है। बार-बार दरवाजे को देखती है। थोड़ी देर बाद नेपथ्य में कार रुकने की आवाज आती है।***

(बाहर से रंजीत का प्रवेश)

रंजीत : ओह डॉली, तुम!

डॉली : हाँ हाँ मैं। तुम चौंक क्यों गये मुझ को देखकर?

रंजीत : यही कि दरवाजे पर ऐसे बैठी हो जैसे चौकीदारी कर रही हो।

डॉली : चोर को सब चौकीदार ही नज़र आते हैं। तुम्हारी घड़ी कहाँ है?

रंजीत : क्यों? मेरे हाथ में है।

डॉली : घड़ी फ़ैशन के लिए लगाई जाती है या कभी देखी भी जाती है? क्या बजा है?

रंजीत : छै, **(अचानक प्रश्न का अर्थ समझकर)** आज ज़रा दफ़्तर में देर हो गयी।

डॉली : कोई नया बहाना करो। **(रुककर)** आज तुमने दफ़्तर कितने बजे छोड़ा था?

रंजीत : मैंने?

डॉली : मैं बताती हूँ चार बजे छोड़ा था और अब छः बजे हैं, जब तुम वापिस घर आ रहे हो।

रंजीत : मैं घूमने नहीं गया था। वहाँ से चीफ़ इंजीनियर के दफ़्तर गया था।

डॉली : तो तुम सीधे चीफ़ इंजीनियर के दफ़्तर से आ रहे हो?

रंजीत : और नहीं तो क्या?

डॉली : तुम्हारे जैसा झूठा आदमी इस दुनिया में नहीं मिलेगा। मैं सब जानती हूँ, लेकिन मैं तुम्हारे मुँह से सुनना चाहती हूँ।

रंजीत : कह तो दिया एक बार। बार-बार मेरा दिमाग़ क्यों चाट रही हो!

डॉली : तुम नहीं मानोगे, तो सुनो। चार बजे तुम अपने दफ़्तर से चलकर चार बजकर पाँच मिनट पर चीफ़ इंजीनियर के दफ़्तर पहुँचे। वहाँ बीस मिनट तक रुककर तुम चार बजकर पच्चीस मिनट पर चल दिये। पाँच बजे तुम्हारी मोटर कॉफ़ी हाउस पर देखी गयी।

रंजीत : **(चापलूसी में)** कमाल है, डॉली डार्लिंग, कमाल है। तुमको तो सरकार के जासूस विभाग का हैड बनाना चाहिए।

डॉली : टेलीफ़ोन से मैंने सब पता लगा लिया।

रंजीत : लेकिन यह कैसे पता लगा कि मैं कॉफ़ी हाउस गया हूँ?

डॉली : मेरी एक सहेली के मकान से कॉफ़ी हाउस दिखाई पड़ता है। उसने अपने घर से वहाँ तुम्हारी मोटर खड़ी देखी और मुझे तुरन्त फ़ोन किया।

रंजीत : बहुत खूब! इसके माने ये हुए कि आप अकेली जासूस नहीं हैं, बल्कि जासूसों के दल की सरदार हैं। सारे शहर में आपके सहयोगियों का जाल है। हिटलर के गेस्टापो के बाद आपका ही जासूस दल है।

डॉली : आख़िर आप झूठ किसलिए बोलते हैं?

रंजीत : इस उम्मीद में कि पकड़ा नहीं जाऊँगा।

डॉली : आज तो पकड़े गये!

रंजीत : दस दिन में यदि एक दिन पकड़े भी जाएँ तो क्या होता है।

डॉली : **(आहत)** क्या? तो आप हर रोज़ झूठ बोलते हैं। आपको शर्म नहीं आती? पत्नी से झूठ बोलते हैं।

रंजीत : यह किस किताब में लिखा है कि पत्नी से झूठ नहीं बोलो और अगर बोलो तो शर्माओ।

डॉली : चोरी और फिर सीनाज़ोरी! एक तो झूठ बोलते हैं और बजाए इसके कि शर्माएँ उल्टा मुझको धौंस देते हैं। शराफ़त भी कोई चीज़ है। मैं बीवी नहीं, नौकरानी हूँ, जिसे अपने खाने, कपड़े और घर के इन्तज़ाम के अलावा किसी चीज़ से कोई मतलब नहीं। अगर मैं कुछ पूछने या जानने की कोशिश करूँ तो मेरी गुस्ताख़ी है।

रंजीत : तुम तो नाराज़ होने लगीं।

डॉली : मैं आपसे कुछ नहीं पूछूँगी। आप जहाँ चाहें जाइए, जो चाहे कीजिए। कभी नहीं पूछूँगी।

रंजीत : तुम तो सचमुच नाराज़ हो गयीं। लो भाई, क़सम खाई। उधर घड़ी पाँच बजाएगी, इधर मैं सीधा घर को चल दूँगा...चलो उठो, उठो न, अभी धीर आता होगा।

डॉली : क्यों?

रंजीत : मुझको लिवाने। आज हम लोगों का, दोस्तों का पुराना गुट इकट्ठा होगा।

डॉली : **(एकदम क्रोध से)** अगर वह आएँगे तो नौकर से निकलवा दूँगी। आप नहीं जाएँगे। आपको नहीं जाना है, समझे।

रंजीत : जाना तो है ही।

डॉली : तो जाइए। जाना था तो आए ही क्यों? जाइए, बाहर ही रहिए। घर के भीतर आने की कोई ज़रूरत नहीं। **(घर के भीतर जाकर दरवाजा बन्द करती है)**

रंजीत : **(दरवाजा खटखटाते हुए)** डॉली! दरवाजा खोलो! दरवाजा खोलो। **(दरवाजा खटखटाता है)**

(धीर का बाहर से प्रवेश)

धीर : यह क्या रंजीत! अभी तक तुम तैयार नहीं हुए। चलना नहीं है क्या?

रंजीत : हमारी श्रीमती जी का पारा आसमान पर है। एक तो देर से आज घर आया, फिर जाने को कहा, तो जैसे आग में घी

पड़ गया। अन्दर से दरवाजा बन्द कर लिया है।

धीर : तभी तुम यहाँ बाहर के कमरे में अब तक हो?

रंजीत : क्या करूँ? मैंने कहा धीर लिवाने आएगा, तो बोली उसे नौकर से निकलवा दूँगी।

धीर : बाप रे बाप! तो मैं नौकर से निकलवाया जाऊँगा।

रंजीत : इसीलिए कहता हूँ जल्दी यहाँ से चले जाओ।

धीर : अगर यह बात है रंजीत, तो अपने राम भी आज नहीं हटेंगे यहाँ से।

रंजीत : क्यों अपने सर शामत मोल लेते हो धीर, साथ साथ मुझे भी मुसीबत में डालोगे।

धीर : अच्छा है, थोड़ा शुगल रहेगा।

डॉली : **(दरवाजा खोलकर प्रवेश करते हुए)** मैं इस रामलाल को एक मिनट और नौकर नहीं रख सकती। आज ही इसका हिसाब कीजिए।

धीर : भाभी जी नमस्ते।

डॉली : ओह धीर भाई! तो आप आ गये? इनको बुलाने?

रंजीत : चलो बच्चू धीर, अब तुम्हारा नम्बर है।

धीर : बुलाने आने वाला था लेकिन अब नहीं आया हूँ।

डॉली : तब आप कैसे आए हैं?

धीर : यह कहने आया हूँ कि मैं न जा सकूँगा। रंजीत अकेला चला जाए।

डॉली : आप क्यों नहीं जा रहे हैं?

धीर : बात यह है कि मेरी पत्नी ने मना कर दिया है। इसलिए नहीं जा रहा हूँ।

डॉली : पत्नी ने मना कर दिया और आप मान गये?

धीर : मानता कैसे नहीं? पत्नी तो आख़िर पत्नी है—धर्मपत्नी।

डॉली : सुनते हैं, धीर भाई की पत्नी ने मना किया और यह बेचारे नहीं जा रहे हैं।

रंजीत : बेचारे!

डॉली : और एक आप हैं जो महाभारत करने पर उतारू हो जाते हैं।

धीर : यह तो बड़ी ख़राब बात है रंजीत! भाभी का कहना तुम्हें मानना चाहिए।

डॉली : धीर भाई आप चाय पीजिए।

धीर : नहीं, चाय पीकर आया हूँ। **(रंजीत से)** तुम कितने भाग्यवान हो रंजीत, जो भाभी जी जैसी कुशल और योग्य पत्नी मिलीं। इनका तो तुमको मान करना चाहिए।

डॉली : भाई साहब, चाय तो आपको पीनी ही पड़ेगी और हाँ, कल बड़े मामा आगरे से पेठा और दालमोठ लाए हैं वह भी आपको खाने पड़ेंगे। **(जाते हुए)** बस, एक मिनट में चाय लाई। **(प्रस्थान घर के भीतर)**

रंजीत : धीर, तुम तो बड़े उस्ताद हो, लगे हाँ में हाँ मिलाने।

धीर : हाँ में हाँ न मिलाता, तो नौकर से धक्के खाता। मुझे तो दालमोठ और पेठा खाना ज़्यादा पसन्द है।

रंजीत : एक दिन की बात हो तो मैं भी फुसला लूँ मगर यार यहाँ तो चौबीस घण्टों की मुसीबत है। **(मेज से डॉली की तस्वीर उठाकर)** यह डॉली की शादी से पहले की तस्वीर हैं। यह तस्वीर मेरी पसन्द के लिए भेजी गयी थी।

धीर : तस्वीर अच्छी है।

रंजीत : कभी इस तस्वीर को देखकर लगता है कि नाजुक कली-सी इस तस्वीर वाली के दिमाग़ में एटम बम्ब है!

धीर : तुम बड़े मज़ेदार हो रंजीत।

रंजीत : और कली-सी नाजुक लड़कियाँ शादी के बाद अपने असली रूप में आती हैं...पति की पर्सनलिटी को धीरे-धीरे तब तक तोड़ना, जब तक वह बिल्कुल नष्ट न हो जाए, अपना प्रथम कर्त्तव्य समझती हैं।

धीर : मेहमूद ग़ज़नवी की तरह बुतशिकन।

रंजीत : शादी के दो-तीन साल बाद किसी भी आदमी को देख लो, क्या रह जाता है उसमें! बीवियाँ इस बीच मारपीट कर एकदम घरेलू बछिय सा बना लेती हैं।

धीर : आज तो रंजीत यार, तुमको बला की ब्रेन-वेव आ रही है।

रंजीत : अगर किसी पति ने इसका विरोध किया, उसने पत्नी के सामने अपनी पर्सनालिटी बचाए रखने की कोशिश की, तो बस, महायुद्ध-महाभारत।

धीर : पतियों के झण्डे को तुम थामे हो, बीवियों के आगे गिरने नहीं दिया, इसके लिए तो तुम्हें परमवीर चक्र मिलना चाहिए।

रंजीत : मज़ाक छोड़ो। इस रोज़-रोज़ के झगड़े ने तो जिन्दगी ज़हर कर दी है।

डॉली : **(प्रवेश करते हुए)** मैंने जिन्दगी ज़हर कर दी है?

रंजीत : मैंने कहा झगड़ों ने।

डॉली : मैं झगड़ों के लिए बिल्कुल भी ज़िम्मेदार नहीं हूँ।

रंजीत : **(रोष से)** सारी ज़िम्मेदारी मेरी है?

डॉली : हाँ आपकी। धीर भाई, आप ही बताइए, अगर ये दफ़्तर से देर से आएँ और मैं ज़रा-सा पूछ बैठूँ, तो बस यह बिगड़कर झगड़ा कर बैठें, तो इसमें मेरी क्या ज़िम्मेदारी है?

रंजीत : मेरा एक दोस्त तो कहता है, रंजीत मेरी शादी क्या हुई, जन्म क़ैद हो गयी।

धीर : **(हँसकर)** पूरी जिन्दगी की बामुशक्क़त सज़ा...

डॉली : **(चिढ़कर)** मैं तो जैसे चक्की चलवाती हूँ? शाम को जल्दी घर आने को कह दो तो जेल हो गयी।

रंजीत : मैं तुम्हें क्या बताऊँ धीर, मेरी अजब साइकोलोजी हो गयी है। हर समय लगता है कि कोई मुझे बन्द कर देना चाहता है। एक तरह की घबराहट, एक तरह की हौलदिली छाई रहती है। दहशत-सी बैठ गयी है। ऐसा लगता है कि मेरे चारों ओर मुझे पकड़कर बन्द कर देने की साज़िश हो रही है।

डॉली : **(व्यंग्य से)** मैं तुम्हें बन्द कर देना चाहती हूँ?

रंजीत : डॉली, यह सब तुम्हारी बदौलत है। अगर मैं पागल हुआ तो तुम्हीं कारण होगी। धीर, मैं हर रात सपना देखता हूँ कि कोई मुझे चूहेदान में बन्द कर देना चाहता है। मैं भागता हूँ, मगर चूहेदान के पैर हैं। वह मेरे पीछे-पीछे भागता है।

डॉली : यह सब मैं खूब समझती हूँ। धीर भाई, इनको जुआँ खेलने का चस्का है, वह मैं खेलने नहीं देती। बस इसी की शिकायत है।

रंजीत : मैं क्लब में रमी खेलने जाता हूँ, उसे यह जुआँ कहती हैं। अपनी-अपनी अक़ल है।

डॉली : रमी जुआँ तो है ही।

रंजीत : क्लब में क्लेक्टर, जज, एस.पी, सब ही रमी खेलते हैं।

डॉली : खेलते हैं तो सब जुआँरी हैं। मैं अगर पुलिस में होती तो सबको जेल में डाल देती।

रंजीत : खुदा गंजे को नाखून न दे।

डॉली : **(क्रोध से)** देखा धीर भाई! कुछ न मिला तो गाली-गलौज पर उतारू हो गये। जुआँरी भला बातों से माने हैं। **(पैर पटकते हुए घर के भीतर प्रस्थान)**

रंजीत : देखा तुमने? देखा तुमने धीर! बात-बात में कुछ कह दो तो दनदनाती हुई उठ करके चल देंगी। मुझसे तो नहीं निभता यह रोज़-रोज़ का नरक।

धीर : बादशाह जहाँगीर पर भी ऐसी ही मुसीबत आई थी।

रंजीत : क्या?

धीर : जहाँगीर ने अपने दरबार के रत्नों से मशवरा किया। उन्होंने बताया-दरअसल औरत एक माँ होती है। वह पति को भी अपना बच्चा ही समझती है। जिस तरह माँ चिन्तित रहती है कि उसका बच्चा अच्छा बने, उसी तरह पत्नी अपने पति को अच्छा बनाने के लिए चिन्तित रहती है।

रंजीत : **(उपेक्षा से)** उँह!

धीर : शादी होते ही पत्नी सोचती है कि उसका पति बिना उसकी देख-रेख के इतना बड़ा हुआ है तो ज़रूर ख़राब हो गया होगा। इसलिए वह शादी होते ही उसको ठीक करने का बीड़ा उठा लेती है।

रंजीत : इससे छुटकारा कहाँ है?

धीर : अगर किसी तरह पति पत्नी को यह विश्वास दिला दे कि शादी के पहले वह कितना ही ख़राब क्यों न रहा हो, अब उसके संरक्षण में सुधार गया है, तो पत्नी अपनी नकेल ढीली कर देगी। न हो, उसे एक महीने अज़माकर देखो।

रंजीत : **(ठण्डी साँस से)** एक महीने!

धीर : हाँ, सिर्फ एक महीने।

(यवनिका)

द्वितीय दृश्य

समय : प्रथम अंक के समय के एक माह पश्चात्।

स्थान : वही-प्रथम अंक के समान।

पर्दा खुलने पर डॉली कमरे में बैठी बुनाई करती दिखाई पड़ती है। उसके चेहरे पर मुस्कराहट है। तभी बाहर कार रुकने की आवाज। थोड़ी देर पश्चात् हाथों में तस्वीरों का बंडल लिए रंजीत बाहर से प्रवेश करता है।

रंजीत : **(आते हुए)** गुड ईवनिंग मेम साहब। जब मैं दफ़्तर से आता हूँ तब ठीक पाँच बजकर पाँच मिनट होते हैं। अगर आपकी घड़ी में कुछ और हो तो वह ग़लत है।

डॉली : पिछले एक महीने से तो आप बिल्कुल बदल गये हैं। चलिए आपकी ख़िदमत में गर्मागर्म चाय तैयार है। **(रुककर)** आपके हाथ में क्या है?

रंजीत : तस्वीरें।

डॉली : तस्वीरें? लाइए देखें तो। **(हाथ से तस्वीर लेकर देखती है)**

डॉली : यह किसकी तस्वीरें हैं?

रंजीत : जहाँगीर की।

डॉली : इतनी सब! इनका क्या होगा?

रंजीत : घर में लगाई जाएँगी।

डॉली : यह आपको क्या सूझा! जहाँगीर की तस्वीर में ऐसी क्या बात है जो उसकी तस्वीरें लगा रहे हैं।

रंजीत : कोई ख़ास बात है तभी तो...

डॉली : मैं भी तो सुनूँ।

रंजीत : **(झिझकते हुए)** आज दफ़्तर से लंच में मैं एक मीटिंग में चला गया था **(सफाई में)** मैं तुमसे बिना पूछे तो कहीं जाता नहीं। ज़बरदस्ती पकड़ ले गये थे। तुम्हारी क़सम!

डॉली : मीटिंग? किस बात की थी?

रंजीत : हेन पेक्ड हसबैंड्ज की?

डॉली : हेन पेक्ड हसबैंड्ज की?

रंजीत : शहर-भर के जोरू के गुलाम वहाँ पर मौजूद थे।

डॉली : लेकिन आप तो हॅन-पॅक्ड नहीं हैं।

रंजीत : हाँ, मैंने भी उन लोगों से यह कहा कि क्योंकि मेरी बीवी मुझे हॅन-पॅक्ड नहीं कहती, इसलिए मैं हॅन-पॅक्ड नहीं हूँ।

डॉली : तो?

रंजीत : इस पर वे बोले कि तुम असली जोरू के गुलाम हो और मुझे ज़बरदस्ती पकड़ ले गये। वहाँ आफ़िस-बियररर्स का चुनाव हो रहा था। एक ने मेरा नाम प्रस्तावित किया दूसरे ने समर्थन किया और मैं देखते-ही-देखते जोरू के गुलामों का वाइस-प्रेसीडेंट चुन लिया गया।

डॉली : आप वाइस-प्रेसीडेंट हो गये!

रंजीत : **(सफाई के स्वर में)** लेकिन मैंने तुरन्त इनकार कर दिया। मैंने साफ़-साफ़ कह दिया कि मैं अपनी बीवी से बिना पूछे वाइस-प्रेसीडेंट नहीं बन सकता।

डॉली : फिर?

रंजीत : बस इस पर उन लोगों ने मुझे प्रेसीडेन्ट चुन लिया।

डॉली : प्रेसीडेन्ट?

रंजीत : हाँ डॉली, अब मैं पत्नी-दास-सभा का सभापति हूँ। उर्दू में कहा जाए तो गुलामे-जोरू जमात का सदर हूँ।

डॉली : अच्छा मज़ाक है।

रंजीत : डॉली, तुम नाराज़ न हो। प्रेसीडेंटशिप मैंने इसी शर्त पर स्वीकार की है कि अगर तुम मना कर दोगी तो मैं रिज़ाइन कर दूँगा।

डॉली : ये तस्वीरें कैसी हैं?

रंजीत : हमारी एसोसिएशन के हर सदस्य को जहाँगीर की तस्वीर अपने घर में लगानी पड़ती है, क्योंकि जहाँगीर अपने समय का सबसे बड़ा जोरू का गुलाम था। वैसे हम लोगों को प्रेरणा तो भगवान राम से प्राप्त हुई है।

डॉली : **(साश्चर्य से)** भगवान राम से?

रंजीत : भगवान राम तो स्वयं ईश्वर थे। अन्तर्यामी थे। सब कुछ जानते थे, लेकिन जब सोने का हिरन देखकर सीता जी ने उसकी खाल माँगी, तो जानते हुए भी कि हिरन माया का है वह उसे मारने दौड़ पड़े। इसका अर्थ यह हुआ कि भगवान मनुष्य के रूप सब कुछ उसी प्रकार कर रहे थे जिस प्रकार

मनुष्य को करना चाहिए। जोरू का इशारा पाते ही वह आदर्श मनुष्य-धर्म निबाहते हुए एक पत्नी के गुलाम की भाँति हिरन के पीछे भाग निकले।

डॉली : **(परिहास में)** फिर राम की तस्वीरें क्यों नहीं लगाते?

रंजीत : भगवान राम हिन्दुओं के देवता हैं। हमारा हॅन-पॅक्ड एसोसिएशन धर्मनिरपेक्ष है। जोरू धर्म सब धर्मों से बड़ा धर्म है। वह काल, दिशा, देश आदि के भेदभावों को नहीं मानता। उसका कारण भी है। जोरू के गुलाम हर देश में मिल जाएँगे। चाहे वह काला अफ्रीका हो या गोरा यूरोप, भूरा हिन्दुस्तान या पीला जापान।

डॉली : तो फिर?

रंजीत : कम्युनिस्ट रूस और पूँजीवादी अमरीका में भी जोरू के गुलामों की कमी नहीं, इसीलिए तो हमारे एसोसिएशन का नारा है—दुनिया के जोरू के गुलाम एक हों।

डॉली : अच्छा, अच्छा, समझ गयी। लेकिन जहाँगीर को क्यों अपना देवता चुना?

रंजीत : जब कोई धार्मिक देवता आदर्श नहीं बन सकता, तो कोई ऐतिहासिक सम्राट चुनना था। साफ़ बात है कि जहाँगीर के बराबर का जोरू का गुलाम कोई दूसरा बादशाह दुनिया के किसी देश में पैदा नहीं हुआ।

डॉली : **(संशय से)** अच्छा!

रंजीत : जहाँगीर के जलाल का डंका पूरे हिन्दुस्तान में बजता था। उसकी धाक ईरान और तूरान के शाही तख़्तों पर थी। उसकी दौलत और शानोशौक़त की शोहरत सात समुन्दर पार करके विलायत पहुँची और वहाँ से सर टामस हज़ारों मुसीबतें झेलता जहाँगीर के हुज़ूर में जुहार करने पहुँचा। ऐसे पुरनूर हुज़ूरे आला, शहंशाह की पाक शोहरत का राज़ जानती हो क्या था? वह एक फ़रमाबरदार जोरू का गुलाम था।
(दोनों घुटनों पर बैठकर सर झुकाता है)

डॉली : आप अच्छे एक्टर बन सकते हैं।

रंजीत : शुक्रिया! हाँ, तो मैं कह रहा था कि जहाँगीर ने अपने ख़्वाबों की महबूबा, हसीना दिलरुबा नूरजहाँ के आगे घुटने टेककर

कहा—मेरे दिलोजान की मलिका, यह ताजोतख़्त तो सब तुम्हारा है। तुम्हारे रहमोकरम से एक जाम शराब और एक अदद गोली अफ़ीम मिल जाए तो मेरे लिए बहुत है। मुझे और कुछ नहीं चाहिए। मैं तुम्हारा एक अदना गुलाम हूँ।

डॉली : बातें ही बनाएँगे या चाय भी पीनी है।

रंजीत : तुम चलो, मैं एक मिनट में आया तस्वीर लगाकर।

डॉली : क्या सचमुच तस्वीर लगाएँगे?

रंजीत : क्या मैं मज़ाक कर रहा था!

डॉली : **(आमोदित)** अच्छा तो लगाइए तस्वीर। मैं अन्दर चाय ठीक करती हूँ। **(प्रस्थान-अन्दर)**

(रंजीत जहाँगीर की तस्वीर टाँगता है, तब ही बाहर से धीर का प्रवेश)

धीर : **(प्रवेश करते हुए)** लग गयी जहाँगीर की तस्वीर।

रंजीत : आओ धीर, आओ।

धीर : रंजीत, जहाँगीर की तस्वीर का कुछ असर हुआ?

रंजीत : असर? थैंक यू वेरीमच धीर।

धीर : क़ैदी पर पहरा कुछ कम हुआ?

रंजीत : जेलख़ाने की कोठरी में खिड़कियाँ बन गयी हैं।

धीर : अच्छा?

रंजीत : कभी-कभी खिड़कियों से एक आध भटकती किरण भी आ जाती है।

धीर : क़ैदी कभी-कभी गुड कन्डक्ट पर पेरोल पर भी छोड़े जाते हैं।

रंजीत : मैं तो रिहाई की उम्मीद लगाए बैठा हूँ।

धीर : तब तो जेलर बहुत ही ख़ुश हैं?

रंजीत : और नहीं तो क्या!

धीर : तब तो आज मौक़ा अच्छा है। इजाज़त माँगकर देखो।

डॉली : **(प्रवेश करके)** चाय तैयार है। ओह धीर भाई! आप कितने दिन बाद आज आए!

धीर : भाभी जी, रंजीत भी तो उधर एक महीने बिल्कुल दिखाई नहीं पड़ा।

रंजीत : धीर, मैंने आवारगी छोड़ दी है। ठीक है ना डॉली?

धीर : लगता है भाभी जी, आपने बिचारे पर मन्तर पढ़ दिया है।

रंजीत : मुझे खुद ही समझ आ गयी है। अब बताओ, दिन-भर निठल्लों की तरह कॉफ़ी हाउस में समय बरबाद करने में क्या तुक है। ठीक जवाब दिया न डॉली?

डॉली : कामकाजी आदमी को इतनी फुरसत कहाँ?

धीर : क्लब में तुम्हारी बहुत याद होती थी रंजीत। गुप्ता कह रहा था कि अगर तुम्हारी तरह उसे क्लब न आने को मिले तो वह तो बोरडम से ही मर जाए।

डॉली : उनकी अभी शादी नहीं हुई है, तब ही ऐसी बातें करते हैं।

रंजीत : गुप्ता अभी जानता नहीं कि शादी के बाद घर पर कितना मन लगता है। घरेलू बातें कम रोचक नहीं होतीं। आजकल तरकारियों के दाम बढ़ गये हैं। नौकर बड़े लाट साहब हो गये हैं। पड़ोसिन की लड़की बड़ी पापुलर हो रही है वग़ैरह-वग़ैरह। कभी-कभी तो ज्ञानवर्द्धक डिस्कशन हो जाते हैं। बेसन की पकोड़ी घी में ज़्यादा अच्छी बनती है, या तेल में। नीले ड्राइंग-रूम में नीले पर्दे ज़्यादा अच्छे लगेंगे या पीले। अब बताओ, ऐसी इन्टेलेक्चुअल बातें घर के अलावा कहीं और मिल सकती हैं?

धीर : कभी नहीं।

रंजीत : कल हम लोगों का पिक्चर का प्रोग्राम है।

धीर : कौन-सी पिक्चर?

रंजीत : क्या नाम है उसका डॉली?

डॉली : प्यार की चकाचौंध।

रंजीत : आहा, क्या नाम है! प्यार की चकाचौंध!!

धीर : रंजीत, तुमने हिन्दी पिक्चरें कब से देखनी शुरू कर दी हैं।

रंजीत : जब से अक़ल आई। क्यों ठीक कहा ना डॉली?

डॉली : अंग्रेज़ी फ़िल्में कितनी ही अच्छी क्यों न हों, उनमें वह इन्टरटेनमेंट नहीं होता, जो हिन्दी फ़िल्मों में होता है।

रंजीत : बम्बइया फ़िल्में तो इन्टरटेनमेंट में कमाल कर देती हैं। कुछ दिनों पहले हम लोगों ने एक पिक्चर देखी। नाम था 'जिगर और खंजर'। उसमें जब हीरोइन को अपने प्रेमी के मरने की ख़बर मिली तो एकदम गाना गाने लगी। क्या दर्दनाक ग़ज़ल थी। पूरा हॉल रोने लगा। डॉली ने भी आँसूओं से रूमाल

भिगो दिया। बताओ, अंग्रेज़ी फ़िल्म में हीरोइन रोने की जगह गाना गा सकती है। ठीक कहा न डॉली?

डॉली : आप मेरा मज़ाक बना रहे हैं?

रंजीत : धीर, इनकी यही बात बुरी लग जाती है। सच कहता हूँ, दिल पर जो चोट लगती है बताई नहीं जा सकती।

धीर : क्या बात?

रंजीत : यही हर समय मुझ पर शक करना! मैं कितनी ही गम्भीरता से बात कहूँ, तुम्हारी भाभी हमेशा ही कहेंगी, मैं मज़ाक कर रहा हूँ।

धीर : यह बात तो ठीक नहीं है भाभी जी। रंजीत बेचारा तो हमेशा आपके गुणों की गाथा गाया करता था।

डॉली : **(रुचि से)** अच्छा!

धीर : हाँ और क्या! जब बात करो, तो यही कहेगा कि मेरी बीवी ने मेरी जिन्दगी बना दी। शादी के पहले मैंने हज़ारों रुपये उड़ा दिये। मुझे उसने अच्छे बुरे में फ़र्क़ करने की तमीज़ दी। मुझे आँखें दी, कान दिये। आपको तो कहता है बस देवी हैं देवी। स्वर्ग से सीधी उतरकर मेरा उद्धार करने चली आईं।

डॉली : **(प्रसन्नता को छिपाने का प्रयास करती हुई)** अरे यों ही कह दिया होगा।

धीर : मुँह पर तो सभी तारीफ़ करते हैं। पीठ पीछे जो तारीफ़ करे, सच्ची तारीफ़ वही है।

रंजीत : **(रौब से)** मैं यों ही कहूँगा। मैं गुलामे जोरू-जमात का सदर यों ही कहूँगा?

धीर : किसके सदर?

रंजीत : दुनिया जानती है कि डॉली ने मेरे नकेल डाल दी है। मैं कौन-सा काम अपने-आप करता हूँ, तुम्हीं बताओ धीर।

धीर : इसे हटाओ रंजीत! यह बताओ, आज पार्टी में चल रहे हो?

रंजीत : नहीं भाई। मैंने डॉली से पूछा नहीं है।

डॉली : कौन-सी पार्टी?

धीर : हम लोगों का एक दोस्त पाँच साल बाद अमरीका से वापस आया है। उसी के लिए गुप्ता डिनर थ्रो कर रहा है। ऑल

मेल पार्टी जिसमें स्त्रियाँ सम्मिलित नहीं हो सकतीं। मेरा मतलब समझ गयी होंगी आप?

डॉली : समझ गयी मतलब।

धीर : अगर आप इजाज़त दें, तो रंजीत भी शामिल हो आए उसमें।

डॉली : आप जाना चाहते हैं?

रंजीत : बिल्कुल नहीं। भला तुम्हें छोड़कर जाने की इच्छा होगी मेरी!

डॉली : मन-मन भावे मुड़ी हिलावे। जाइए, हो आइए।

रंजीत : तुम कहती हो तो चला जाऊँगा।

डॉली : हाँ मन बदल जाएगा। मैं भी चलूँ। मुझे भी बहुत काम करने हैं **(जाते हुए दूर से)** और डिनर के बाद दोस्त लोग कहें, तो रमी भी खेल लीजिएगा। **(प्रस्थान)**

रंजीत : **(रुककर)** धीर, तुमने वही सुना जो मैंने सुना? डॉली ने कहा रमी खेल लीजिएगा।

धीर : (हँसकर) जेलर ने रिहाई का ऐलान किया है, जहाँगीर का शुक्रिया अदा करो।

रंजीत : जय जहाँगीर। **(जहाँगीर की तस्वीर के सामने सर झुकाता है)**

(इति)

साँझ-सबेरा
(1957)

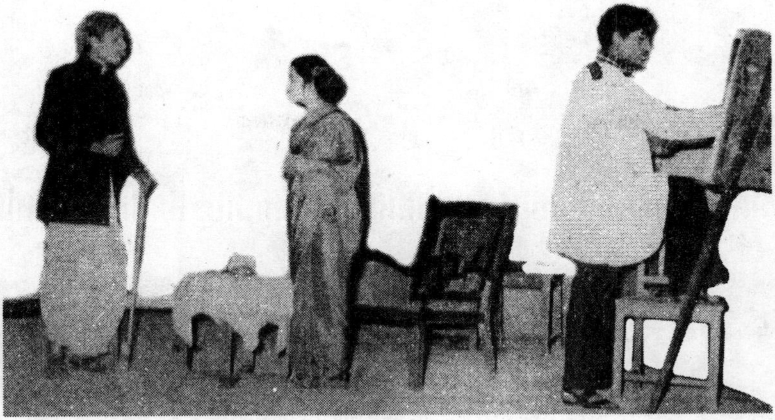

प्रो. यू.एस. कोचक

की पावन स्मृति को

जिनके सहज संरक्षण में
मेरी नाट्याभिरुचि का बीज
इलाहाबाद विश्वविद्यालय में
अंकुरित हुआ।

प्रथम संस्करण की भूमिका

मनुष्य के शरीर की माँग (इंस्टिंक्टिव डिमांड्स) तथा मस्तिष्क की समाज सापेक्ष माँग (विवेक) अलग-अलग हैं। इन दो माँगों का विरोध और विषमता ही मनुष्य की सबसे बड़ी त्रासदी है। मनुष्य के अतिरिक्त अन्य प्राणियों के सम्मुख ऐसी कोई समस्या नहीं है, क्योंकि उनके मस्तिष्क उनकी 'इंस्टिंक्ट' को नियमित नहीं करते, अपितु अनुपालन करते हैं। खतरा देखते ही वह भाग खड़े होते हैं, और क्रोधित होने पर फाड़ खाने को चढ़ बैठते हैं। इसके विरुद्ध मनुष्य, सभ्य मनुष्य, सभ्यता के नित नवीन आयामों का आविष्कारक मनुष्य, ख़तरा देखकर अपने भागते क़दमों को रोक लेता है, और क्रोध से बँधी मुट्ठियों को पीठ के पीछे छिपा के, आँखों में उतरते ख़ून को रोककर, दाँत निपोर कर घिघयाता है। यह वस्तुस्थिति है। इससे छुटकारा नहीं है। अतएव इसे स्वीकारना ही होगा, और स्वीकार कर ही मुक्ति की राहें तलाशनी होंगी।

सुख की एक मात्र स्थिति और स्रोत, मनुष्य की शारीरिक और मानसिक माँगों में सामंजस्य है। सौभाग्य से मानव-मस्तिष्क की शक्ति अपरिमित है, और वह सही अर्थों में शरीर का स्वामी हो सकता है—यदि प्रयत्न किया जाये। इस सन्दर्भ में आदर्शों का महत्त्व रहा है और रहेगा, चाहे हम कितने ही आदर्शहीन हो जायें, या आदर्श अर्थहीन लगने लगें।

यह नाटक मैंने अपने तारुण्य की उषा में लिखा था, जब मोहभंग की प्रक्रिया प्रारम्भ ही हुई थी, और बाल्यावस्था तथा किशोर-मस्तिष्क पर शिक्षाओं, आदर्शों और नीति-कथाओं की जकड़ गहरी थी। फिर भी यह नाटक में हावी नहीं हो सके, और नाटकीय-मुहावरे में ढल गये। इसका प्रमाण इस नाटक के अनेक सफल मंचन हैं।

दया प्रकाश सिन्हा

दिल्ली
सितम्बर, 1974

वर्तमान संस्करण की भूमिका

प्राचीन भारत में नाटक और रंगमंच की बड़ी समृद्ध परम्परा थी। मध्यकाल में यह परम्परा भंग हो गयी। हिन्दीभाषी क्षेत्रों पर अंग्रेजी हुकूमत की स्थापना के बाद, अंग्रेजी नाटकों की नक़ल में पारसी नाटकों का आविर्भाव हुआ। और पारसी थियेटर तथा क्षेत्रीय सांगीतिक परम्पराओं के मिश्रण से नौटंकी जैसी नाट्य-विधाओं का जन्म हुआ। पारसी थियेटर और नौटंकी—इन दोनों ही नाट्य-शैलियों की जड़ें समाज में गहरी नहीं थीं। अतएव चलचित्र के आविष्कार के साथ ही ये विलुप्त हो गयीं। आज़ादी के पश्चात् हिन्दीभाषी क्षेत्र में शौकिया रंगमंच (अमेटर थियेटर) का विस्फोट हुआ। इसका विस्तार महानगरों से नगरों और कस्बों तक हुआ। किन्तु दुर्भाग्य से, आज़ादी की इतनी शताब्दियों के बाद भी शौकिया रंगमंच अभी भी शौकिया के दायरे के बाहर नहीं निकल पाया है। आज भी शौकिया नाट्यदल, किसी भी नाटक की एक या दो प्रस्तुतियाँ मंचस्थ करके समझते हैं कि उनका काम पूरा हो गया। और अगली प्रस्तुति के लिए नये नाटक की पाण्डुलिपि की खोज में लग जाते हैं। वे नहीं जानते कि जब तक नाटक की दस-बीस प्रस्तुतियाँ मंचस्थ न हो जाएँ, तब तक अभिनेता अपनी भूमिका की सम्भावनाओं को समझ ही नहीं पाता। विदेशों में तो किसी भी नाटक की सौ-दो सौ प्रस्तुतियाँ आम बात है। कभी-कभी तो नाटक दस-बीस साल तक नियमित रूप से चलते हैं। आज आवश्यकता है शौकिया रंगमंच के अपनी बनायी लक्ष्मण रेखा से बाहर आने की। थोड़ा बड़ा सोचने की। तभी हिन्दी क्षेत्र में नाट्यान्दोलन हाशिये से हटकर समाज के केन्द्र में अपना आधिकारिक स्थान प्राप्त करेगा।

प्रायः शौकिया नाट्यदल अपनी नयी प्रस्तुति के लिए अद्यतन ('लेटेस्ट') नाटक ढूँढ़ते हैं। यहाँ उल्लेखनीय है कि नाटक अखबार नहीं है। नाटक एक कला है। अखबार एक दिन के बाद दूसरे दिन बासी हो जाता है। इसके विपरीत नाटक, जो मानव की सर्वकालिक और सार्वदेशिक भावनाओं और अनुभूतियों पर आधारित होता है, समय के साथ पुराना नहीं पड़ता। इसीलिए चार सौ वर्ष पुराने शेक्सपियर के नाटक 'हैमलेट' तथा सौ साल पुराने इब्सन के नाटक 'डॉल्स

हाउस' से उतना ही आनन्द आज के दर्शक लेते हैं, जितना तत्कालीन दर्शक लेते होंगे। थियेटर के लिए हिन्दीभाषी समाज की व्यापक स्वीकृति प्राप्त करने के लिए शौकिया रंगमंच के कर्णधारों को अपनी सोच का दायरा बढ़ाना होगा।

'साँझ-सबेरा' नाटक में शाश्वत और तात्कालिक मूल्यों के द्वन्द्व के साथ पीढ़ियों का संघर्ष भी रूपायित है। ये द्वन्द्व हर युग में, हर काल में और हर पीढ़ी में सतत चलता रहता है। इस कारण मैं समझता हूँ कि यह नाटक कभी पुराना नहीं होगा, और सदा प्रासंगिक रहेगा।

जून 2013 **दया प्रकाश सिन्हा**

पात्र-परिचय

1.	**शीतला प्रसाद**	-	मध्य वर्गीय गृहपति/50 वर्ष
2.	**निखिल**	-	शीतला प्रसाद का पुत्र/आधुनिक/25 वर्ष
3.	**मुरारी बाबू**	-	शीतला प्रसाद के मित्र/ 50-55 वर्ष
4.	**मौलाना**	-	शीतला प्रसाद के मित्र/50-55 वर्ष
5.	**धनीराम**	-	शीतला प्रसाद के मित्र/50-55 वर्ष
6.	**मुकुल**	-	निखिल का मित्र/ 25 वर्ष
7.	**पंडित जी**	-	शीतला प्रसाद के मित्र/40 वर्ष
8.	**कप्तान**	-	शीतला प्रसाद के मित्र/50 वर्ष
9.	**मुनीम जी**	-	किसी सेठ के मुनीम
10.	**घसीटे लाल**	-	मुनीम जी का सहायक
11.	**माँ**	-	शीतला प्रसाद की पत्नी/50 वर्ष
12.	**शोभना**	-	शीतला प्रसाद की पुत्री/ 20-21 वर्ष
13.	**सीमा**	-	शोभना की सहेली
14.	**परमा चाची**	-	माँ की पड़ोसिन/40-45 वर्ष
15.	**नीली**	-	सीमा की सहेली
16.	**भाभी**	-	शोभना तथा परिवार की मित्र
17.	**माया**	-	सीमा की सहेली
18.	**अजनबी**	-	गौण पात्र/किसी भी आयु का
19.	**अंधे बाबा**	-	पड़ोसी/आयु 60 वर्ष

प्रथम प्रस्तुति

यह नाटक सर्व प्रथम डेलीगेसी कल्चरल एक्टिविटी, इलाहाबाद यूनिवर्सिटी द्वारा जनवरी 1958 में यूनिवर्सिटी ड्रेमेटिक एसोसिएशन, इलाहाबाद में और उसके पश्चात मई 1959 में संगीत नाटक अकादमी नयी दिल्ली द्वारा आयोजित प्रथम अखिल भारतीय नाट्य समारोह में अकादमी के निमंत्रण पर 'आइफ़ेक्स', नयी दिल्ली में अभिनीत हुआ, जिसमें निम्नलिखित कलाकारों ने भाग लिया–

निखिल	:	दया प्रकाश सिन्हा
सीमा	:	यूना पीटर्स
शीतला प्रसाद	:	बालकृष्ण मालवीय
शोभना	:	कुसुम कुलश्रेष्ठ/हीरा चड्ढा
माँ	:	रुक्मणी सेठ
मुन्ना	:	राकेश वर्मा
धनीराम	:	बिमल बिहारी/रमाशंकर
मौलाना	:	सरन बली
कप्तान	:	प्रकाश श्रीवास्तव
मुरारी	:	विनय कृष्ण मानवीय/आर.एस. भटनागर
अन्धे बाबा	:	धीरेन्द्र जौहरी
पण्डित जी	:	देवेन्द्र गुप्ता/जयरोपन
परमा	:	शशि श्रीवास्तव
भाभी	:	हीरा चड्ढा/सरोज
नीली	:	सुधा भटनागर/कमलेश मनूचा
माया	:	मधु शिशु/कुसुम
मुकुल	:	शिवेन्द्र/सुधीर
मुनीम	:	एस. एम. फ़ैक़
घसीटे लाल	:	विजय श्रीवास्तव
अजनवी	:	रमेशचन्द्र सिंह/रघुनाथसिंह

निर्देशन : रमाशंकर तिवारी

प्रथम अंक

स्थान : बाबू शीतला प्रसाद के मध्यवर्गीय मकान की बैठक।
समय : दिन का प्रथम पहर
काल : आधुनिक

मंच सज्जा : **एक साधारण चौकोर कमरा, जिसकी पीछे और बायें ओर की दीवार में दरवाजे है। बाई ओर का द्वार घर के दूसरे कमरों में खुलता है। पीछे का द्वार घर से बाहर जाने का है। दाई ओर की दीवार में एक खिड़की है, उससे यदि कोई बाहर देखे तो बाहर सड़क दिखाई देगी। दरवाजों और खिड़कियों पर सादे परदे पड़े हैं। दहिनी ओर की खिड़की के पास पेंटिंग स्टेंड रखा है, और उसके पास ही स्टूल पर कलर-बाक्स तथा कांच के ग्लास में ब्रश रखे हैं। पीछे की दीवार के द्वार को लेकर कमरा यदि आधे में विभक्त किया जाये, तो दाई ओर खिड़की और पेंटिग स्टैण्ड वाले हिस्से में वर्तमान प्रयोगवादी, प्रतीकवादी, पिकासो की शैली के कई चित्र टंगे हैं, किन्तु कमरे के बायें भाग में विवेकानन्द और स्वामी रामतीर्थ आदि के चित्र हैं। कमरे के बीच तीन टुकड़ों का एक सस्ता, तथा उपयोग से पुराना सोफा पड़ा है। बाई दीवार के निकट एक तख्त है। बीच में एक गोल मेज है।**

पर्दा खुलने पर निखिल पेंटिंग बनाता हुआ दीखता है, तथा भीतर से तीन चार कंठों में प्रार्थना की आवाज सुनाई पड़ती है–

सर्वं शान्तिः शतिरेव शान्तिः

सामा शान्तिः रेधि
ओम् शान्तिः शान्तिः
(निखिल अपनी पेंटिंग की फिनिश कर रहा है और कहता जाता है–'ओम शान्तिः शान्तिः')
(सीमा बाहर से प्रवेश करती है।)

सीमा : आज तो एक दम साधू हो गये निखिल दा, ओं शान्ति ओं शान्ति! क्या बात है?

निखिल : कुछ नहीं, अभी अभी बाबू जी ने प्रार्थना समाप्त की है न, तो वही दोहरा रहा था।

सीमा : तुम प्रार्थना में नहीं जाते?

निखिल : माँ, शोभना, मुन्ना और बाबूजी काफ़ी हैं, मैं क्या करूँगा जाकर?

सीमा : तुम क्यों नहीं जाते?

निखिल : इसलिए कि रोज़ सुबह ओं शान्ति रटने से...शान्ति नहीं मिलती।

सीमा : तो कैसे मिलती है?

निखिल : कैसे भी मिलती हो, मगर इस तरह रटने से तो नहीं मिलती है। प्रभु विश्व का कल्याण हो, सभी कर्तव्य परायण हों, सबको सद्‌बुद्धि मिले, ओंम शान्ति, उंह... भूखे पेट, नंगे बदन शान्ति...

सीमा : तो क्या जिनके पेट भरे हैं, जो दिन रात रुपये पैसे में लोटते हैं, उनकी आत्मा को शान्ति मिलती है?

निखिल : तुम बहस बहुत अच्छी करती हो, मगर मैं इस समय जवाब देने के मूड में नहीं हूँ।

सीमा : मैं बहस नहीं करती, मैं सिर्फ़ पूछ रही हूँ।

निखिल : शान्ति! शान्ति क्या है, पहले जवाब दो।

सीमा : **(चुप रहती है)**

निखिल : बाबूजी कहेंगे, शान्ति का अर्थ आत्मा की शान्ति। आत्मा क्या है? किसने देखी है? न मैंने और न तुमने, फिर आत्मा की शान्ति क्या है? मन को समझाने के लिए शब्दों का जाल।

सीमा : यदि इन शब्दों के जाल से जीवन सुखी हो जाय तो बुरा क्या है?

निखिल : तो हम अफ़ीम खाकर पिनक में पड़े रहें। धोखा देने के लिए शब्दों का जाल ही क्यों, अफ़ीम का नशा क्या बुरा है? दोनों एक ही चीज़ें हैं।

सीमा : मैं तुमसे बहस में तो जीत नहीं सकती, लेकिन इतना ज़रूर कहूँगी कि बाबू जी और माँ को सुखी करने के लिए अगर तुम सुबह प्रार्थना में बैठ जाओ तो कोई हर्ज़ नहीं होगा।

निखिल : मैं अपने को धोखा नहीं दे सकता, चाहे वह किसी को सुखी करने के लिए हो।

सीमा : तुम सिनिक हो।

निखिल : थैंक्यू वैरी मच, लेकिन एक बात कहूँगा...

(बाबूजी का भीतर से प्रवेश)

बाबूजी : ओह हो, सीमा बेटी है, कितनी देर हुई तुमको आये?

सीमा : अभी आयी हूँ, आप प्रार्थना कर रहे थे, इसलिए निखिल दा से बातें करने लग गयी।

बाबूजी : तेरे डैडी तो अच्छे हैं न।

सीमा : हाँ।

बाबूजी : देख उनसे कह देना कि शोभना के ब्याह में उन्हें छुट्टी नहीं मिलेगी, सारे काम उन्हीं को करने पड़ेंगे।

सीमा : **(मुस्कराकर)** जी हाँ, कह दूँगी।

बाबूजी : अच्छा तो मैं इस समय चलूँगा। ज़रा बाज़ार से कुछ सामान वग़ैरा लाना है, कल सुबह नौ बजे शोभना का तिलक जायेगा। आज शाम को औरतों का गाना बजाना है। तू ज़रा देख, जल्दी आ जाना इन्तजाम करने।

सीमा : जी अच्छा बाबूजी। **(बाबूजी का बाहर प्रस्थान)**

(शोभना का भीतर से प्रवेश)

शोभना : अरी ओ सीमा, सीमा...

सीमा : **(दौड़कर बांहों में भरती है)** शोभना रानी, क्या हाल चाल हैं? बधाई।

शोभना : दुत पगली...

मुन्ना : **(भीतर से)** निखिल दा, निखिल दा यहाँ आइये...एक दम...जल्दी निखिल दा...

निखिल : आये भाई, क्या बात है? **(निखिल भीतर जाता है)**

सीमा : कल तेरा तिलक जा रहा है? ब्याह पन्द्रह दिन बाद?

शोभना : जाओ, मैं तुमसे नहीं बोलती।

सीमा : अरी लड़की, इतना नहीं शर्माते। ज़रा शीशा तो देख, ऐसा लगता है जैसे तेरे गालों पर किसी ने सिन्दूर मल दिया हो।

शोभना : सीमा, तुम बड़ी ख़राब हो।

सीमा : तू तो बड़ी अच्छी है। अच्छा एक बात बतायेगी?

शोभना : पूछ।

सीमा : नहीं पहले वादा करो कि बताओगी।

शोभना : हाँ, कह तो दिया, पूछ बता दूँगी।

सीमा : देख, फिर इनकार न करना।

शोभना : ओफ़ बाबा, अगर कह तो क़सम खा लूँ, लिख कर दे दूँ, तू मेरी बात का विश्वास नहीं करती।

सीमा : नहीं, विवास है। अच्छा बता तो सही, तूने अपने उनको देखा है कि नहीं...

शोभना : धत्! जा मैं तुझसे नहीं बोलती।

सीमा : नहीं, तुमको बताना ही पड़ेगा, तूने कसम खाई है।

शोभना : हटो भी, मैं तुमसे नहीं बोलती **(उठकर भागती है। सीमा भी उसके पीछे-पीछे भागती है, दोनों कमरे में कुर्सियों के चारों तरफ चक्कर लगाती हैं और अन्त में सीमा शोभना को पकड़ लेती है।)**

सीमा : बोलो न, बात का जवाब दो।

(शोभना हँसती है)

सीमा : ही ही ही क्या होता है? पहले बात का जवाब दो।

शोभना : ही ही ही।

सीमा : देखो तुमने क़सम खाई है, अब तो तुम्हें जवाब देना ही पड़ेगा।

शोभना : **(सिर उठाकर)** हाँ **(फिर सीमा के कंधे में मुँह छिपा लेती है।)**

सीमा : तो यह बात है शोभना, अब यह बताओ, कब देखा?

शोभना : मैं नहीं बताती।

सीमा : नहीं नहीं, बताओ न।

शोभना : तुम सबसे कह दोगी।

सीमा : सच्ची, किसी से भी नहीं कहूँगी।

शोभना : किसी से भी नहीं?

सीमा : किसी से भी नहीं, तू जिसकी कह उसकी क़सम खा लूँ।

शोभना : एक बार उन दिनों तू अपने नाना के यहाँ गयी थी। तब वह आये थे...

सीमा : पर्दे के पीछे से? तो आज चोरी पकड़ी गयी है!

शोभना : देखो, किसी से न कहना...

सीमा : **(उठकर भागते हुए)** मैं कह दूँगी...

शोभना : **(पीछा करते हुए)** सीमा, देख, देख सीमा, तूने क़सम खाई है।

(सीमा उठकर भागती है तथा अन्त में शोभना उसे पकड़ लेती है।)

शोभना : देख, तूने क़सम खाई है, किसी से न कहना...

सीमा : **(हँसते हुए)** मैं कह दूँगी...

शोभना : अरे तो कह देना, मैं क्या डरती हूँ? मैं तेरी बात भी कह दूँगी।

सीमा : मेरी क्या बात है?

शोभना : अरे, तू समझती है कि मैं तेरे मन की बात नहीं जानती? अरे मैं सब जानती हूँ...

सीमा : हाँ, हाँ, बड़ी आई जानने वाली।

शोभना : अगर मैं चाहूँ तो सिफ़ारिश कर सकती हूँ तेरी, बहुत कुछ मेरे ही हाथ में रहेगा...हाँ मेरी चापलूसी करने में तेरी भलाई है।

सीमा : तेरी चापलूसी करे मेरी जूती।

शोभना : अच्छा, तो यह बात है, मैं कह दूँगी...

सीमा : मैं भी कह दूँगी...**(चिढ़ाते हुए)** माँ जी, शोभना ने पर्दे के पीछे से...

शोभना : हाँ, हाँ पर्दे के पीछे से, बड़ी आई कहने वाली।

सीमा : तो तुम ऐसी बात क्यों करती हो...?

(दोनों एक साथ बोलती हैं। कड़बड़ के अलावा कुछ समझ में नहीं आता, तभी मुन्ने को पीठ पर लादे निखिल का प्रवेश। निखिल आकर दोनों पर पंखा हिलाने लगता है। मुन्ना भी निखिल की नकल करता है।)

सीमा : यह क्या है, निखिल दा...

निखिल : कुछ नहीं, तुम लोग बातें करो।

शोभना : हटो भी दादा, हर समय बनाते रहते हो...

निखिल : दो लड़कियाँ तो एक साथ चुपचाप बैठ ही नहीं सकती, जब भी मिलीं तो बड़-बड़, बड़-बड़! अरे तुम्हारे हाथों में पुलोवर नहीं है? नहीं तो हाथों से बुनती जायेंगी और कैंची सी जबान, से, कड़बड़ कड़बड़।

सीमा : ऊँह, जैसे लड़के तो बड़े चुपचाप बैठे रहते हैं, बेचारे बोलना जानते ही नहीं...

निखिल : तुम लोगों ने दुनिया की सबसे बड़ी गप्प सुनी है?

शोभना : कैसी गप्प...?

निखिल : दुनिया की सबसे बड़ी गप्प। अच्छा सुनो, एक बार गप्प कम्पटीशन हुआ। उसमें दुनिया भर के गप्पी आये, उन्होंने तरह तरह की गप्पें सुनाईं, किन्तु जिस गप्प पर इनाम मिला, वह जानती हो कौन-सी गप्प थी।

सीमा : कौन-सी गप्प थी?

निखिल : दुनिया की सबसे बड़ी गप्प यह थी, एक कमरे में दो औरतें बैठी थीं और दोनों चुप थीं।

शोभना : हाँ, हाँ, आदमियों ही ने यह गप्प बनाई होगी, चलो सीमा अन्दर चलें...

(शोभना और सीमा अन्दर जाती हैं, जाते जाते सीमा एक बार निखिल को देखती है।)

निखिल : तो मुन्ने उस्ताद।

मुन्ना : हाँ शगिर्द।

निखिल : अब हम पेंटिंग बनायेंगे, बस थोड़ी सी फिनशिंग बाक़ी रह गयी है, तुम जाओगे?...

मुन्ना : हम नहीं जाएंगे शागिर्द, बैठा रहेगा, सिर्फ़ देखेगा...बोलेगा नहीं...

निखिल : ठीक है।

(निखिल पेंटिंग करता है तथा मुन्ना कुछ देर चुप रहकर पक्का गाना गाने लगता है।)

निखिल : अरे बस उस्ताद, बस, बन्द करो, नहीं तो सारे धोबी अपना गधा, ढूँढते यहीं आ जायेंगे।

मुन्ना : यह पक्का गाना है।

निखिल : अच्छा साहब, यह पक्का गाना है। अरे आप गवैये कब से हो गये?

मुन्ना : रेडियो पर अक्सर ऐसे गाने मैं ही तो गाता हूँ। कहिए तो फिर गायें?

निखिल : गाइये जनाब।

(मुन्ना फिर गवैये की तरह शास्त्रीयगान की नकल करता है।)

माँ : **(भीतर से)** अरे बन्द करो यह शोर, हर वक्त शोर। इस मुन्ने के गले में तो जैसे बांस पड़ा है। **(प्रवेश)** अये मुन्ने के बच्चे, ज़रा शोर कम कर। **(प्रस्थान बाईं ओर)**

निखिल : क्या हुआ उस्ताद? माँ ने मना कर दिया? कोई बात नहीं, अब तुम पक्का नहीं कोई कच्चा ही गाना सुनाओ...

मुन्ना : सुनाएं निखिल दा, एक अंग्रेजी गाना है। बड़ा अच्छा है...

निखिल : सुनाओ भाई।

मुन्ना : Rock RockRock, Rock Everybody
Roll Roll Roll, Roll Everybody

धनीराम : **(बाहर से प्रवेश करके)** राम राम, यह क्या शोर कर रहे हो?

(मुन्ना सहम के चुप हो जाता है निखिल मुन्ने को अपने पास बुला के खड़ा कर लेता है।)

निखिल : धनीराम चाचा, यह रौक-एन-रोल है। वर्तमान सभ्यता की तेज़ी का प्रतीक, उसकी ही देन।

धनीराम : राम राम, तौर तरीके के गाने वाले सब खतम हो गये, अब यह बचा है, शोर शराबे का गाना! गाना नहीं, हुड़दंग लीला है, हुड़दंग लीला।

निखिल : कुछ भी हो, लड़के अगर हुड़दंग लीला भी करें तो क्या बुराई, इससे उनका स्वास्थ्य अच्छा रहता है। फिर शोर मचाते लड़के मुझे तो बहुत अच्छे लगते हैं।

धनीराम : बड़े अच्छे लगते हैं। इसी शोर शाराबे का नतीजा है कि आजकल सब लड़के बदतमीज और नालायक़ निकल गये हैं।

निखिल : आपका कहना ग़लत है कि आज कल लड़के ख़ास तौर से ख़राब हैं।

धनीराम : कैसे नहीं ख़राब हैं?

निखिल : आज कल के लड़के उतने ही ख़राब हैं, जितने कि ख़राब लड़के हमेशा से होते आए हैं। जितने आप लोग अपने बचपन में थे।

धनीराम : शाबाश साहबज़ादे। अपनों से बड़ों को भी मत छोड़ना। आजकल के लड़के कितने तमीजदार हैं, इसका सबूत तो तुमने खुद दे दिया।

निखिल : मैं तो केवल सच बोल रहा था।

धनीराम : आजकल के लड़कों की बदतमीज़ी का सबूत चाहते हो? यह देखो अख़बार, लड़कों ने सेठ रघुबीर प्रसाद का सनीमा जला दिया। हम लोग कभी अपने लड़कपन में सनीमा जलाने नहीं गये। शरीफ़ लड़कों की तरह स्कूल जाते थे, किसी दूसरी चीज़ से मतलब नहीं...

निखिल : तब आप लोग गुलाम मुल्क में रहते थे।

धनीराम : तुम लोग तो आज़ाद मुल्क में रहते हो। इसीलिए सनीमा जलाओ। यही है आज़ादी...?

निखिल : यह तो मैंने नहीं कहा कि आज़ादी का मतलब सिनेमा जलाना है। मैं तो स्वयं इसे बुरा समझता हूँ।

धनीराम : तब आप कहना क्या चाहते हैं?

निखिल : मैं तो केवल यह कह रहा हूँ कि आप लोगों के बचपन के समय देश गुलाम था, तब आप लोगों में तथा देश

में जागृति नहीं थी, विदेशी हम पर राज्य करते थे। स्कूलों में पढ़ना तथा पढ़ाई ख़तम करके फ़ौरन नौकरी करना या दुकान पर बैठ जाना, बस यही था, और आजकल...

धनीराम : **(काटकर)** आजकल सिनेमा जलाना।

निखिल : मेरी बात सुनिये। आज देश आज़ाद है, विदेशी हम पर शासन नहीं करते, आज हरेक अपनी शक्ति के प्रति जागरूक है। सब अपनी शक्ति के सदुपयोग के साधन चाहते हैं। इसमें यदि उठती हुई उमर के कुछ नवयुवक उपयुक्त साधनों के अभाव में सिनेमा जला दें तो उनका क्या दोष है? दोष है उस समाज का जिसमें वह रहते हैं, दोष हैं आपका...

धनीराम : मेरा?

निखिल : जी आपका।

धनीराम : लेक्चर तो बड़ा अच्छा देते हो, ज़रा यह तो बताओ कि मेरा क्या दोष है?

निखिल : आप जो अपने बच्चों को हमेशा दबा-छुपा के रखते हैं, यह उसी का नतीजा है। ज़ोर से क्यों बोल रहे हो, घर में शोर न करो। स्कूल में मास्टर साहब कहते हैं कि ज़ोर से न बोलो, शोर मत करो। सब जगह, जहाँ देखो चुप रहो, शान्त रहो। अब बताइये इस घुटन का क्या होगा? यह घुटन, जब मौक़ा लगेगा, तो फूटकर बाहर आ जायेगी और सिनेमा जला देगी।

धनीराम : बड़े अच्छे विचार हैं। तर्क से ग़लत काम को भी ठीक बताना चाहते हो।

(मुरारीलाल, कप्तान तथा मौलाना का बाहर से प्रवेश)

धनीराम : आओ मौलाना, बैठो मुरारी भाई, कप्तान तुम भी बैठ जाओ...

मौलाना : मियां शतरंज कहाँ है?

(निखिल उठाकर शतरंज देता है। मौलाना और कप्तान तख़्त पर बैठकर शतरंज खेलना शुरू करते हैं।)

मुरारी : बाबूजी कहाँ हैं?

निखिल : वह कहीं गये हैं, आते ही होंगे। आप लोग तब तक रमी खेलिए। **(ताश देता है।)**

धनीराम : बाबू शीतला प्रसाद नहीं, मगर उनके लायक सपूत निखिल तो हैं। कह रहे थे कि लड़कों ने सिनेमा जलाकर बड़ा अच्छा किया।

निखिल : **(तनिक रोश से)** मैंने तो यह नहीं कहा...

धनीराम : **(व्यंग्य से)** तो जो कहा, वह खुद ही बता दो।

निखिल : मैंने तो सिर्फ़ यह कहा था कि चूंकि लड़कों की शक्ति का उपयोग अच्छे साधनों में नहीं होता, तो वह उसका दुरुपयोग करेंगे ही। इसकी ज़िम्मेदारी है समाज की, उनके माँ बाप की, जो उन्हें साधन नहीं दे पाते।

मौलाना : **(शतरंज से सिर उठाकर)** हाँ, हाँ, बेटे तो बाप के सवाये होते हैं। वह तो अपने बाप को बुरा कहते ही हैं, हम भी अपने बाप के लिए यही कहते थे। याद आया, अर्ज़ है—हम चचा के चचा हुआ चाहते थे। भतीजे हमारे चचा बन गये।।

निखिल : मैं बिना बात कुछ नहीं कह रहा हूँ। मेरे तर्क के पीछे सत्य है।

मुरारी : पता नहीं, तुम उपयुक्त साधन किसे कहते हो? आज कल के लड़के तो माँ बाप का कहना शुरू से ही नहीं मानते। बाप कहेगा कि पच्छिम चलो, तो वह पूरब जायेंगे। बाप कहेगा, पूरब, तो वह पश्चिम चलेंगे।

निखिल : यही तो माँ बाप की ग़लती है कि वह बेटे से कहते हैं कि पूरब चलो या...

धनीराम : **(अनादर और व्यंग से)** और सुन लो, अपने बेटे से कुछ न कहो, छुटे सांड़ की तरह छोड़ दो...

निखिल : नहीं, उसे अपनी दिशा स्वयं निर्धारित करने दीजिए। माँ बाप का कर्तव्य केवल इतना है कि वह उसे अपना मार्ग ढूँढ़ने में सहायता करें। ख़लील जिब्रान ने कहा है...कि माँ बाप कमान और प्रत्यंचा बनकर बेटे की प्रगति में सहायक हों, बाधा न बनें।

धनीराम : तो तुम्हारे माँ बाप तुम्हारी प्रगति में बाधा बनते हैं,

आने दो बाबू शीतल प्रसाद को, मैं उनसे कहूँगा।

निखिल : कह दीजिएगा मैं उनसे डरता नहीं हूँ...

धनीराम : सुन लिया न, बाप से डरते नहीं हैं। यही है आजकल की तमीज़। मेरे लड़के मेरी आवाज़ सुनकर काँपते हैं। उनसे ऐसी बातें सुन लूँ, तो मारे हँटरों के खाल उधेड़ दूँ।

निखिल : धनीराम चाचा, तब आप देख लीजिएगा कि आपका लड़का बहुत लोफ़र निकलेगा...

मौलना : **(बीच में)** अजी क़िबला, लोफ़र तो आजकल हर लड़का होता है।

निखिल : बाप बेटे में डर का सम्बन्ध नहीं, मित्र का सम्बन्ध होना चाहिए। आप जानते हैं कि इस डर की प्रतिक्रिया क्या होगी? बड़े होने पर वह आपसे घृणा करेगा।

मुरारी : इस तरह नहीं कहते।

निखिल : मैं सच कहने से कभी नहीं डरता। आप क्यों चाहते हैं कि आपका बेटा आपकी इच्छानुसार चले। आप चाहेंगे कि आपका लड़का आपके जैसे कपड़े पहने, आप जैसी बातें कर आपकी तरह से बोले। अगर आप जिन्दगी में इंजीनियर होना चाहते थे तो आपका लड़का इंजीनियर हो। यदि वह स्वयं डाक्टर होना चाहता है, तो डाक्टर क्यों न हो? उसके स्वयं का व्यक्तित्त्व उदय होने दीजिए।

(मुन्ने चाय और नाश्ता लाता है। धनीराम चाय का प्याला लेकर मुँह घुमा के बैठ जाते हैं)

मौलाना : **(चाय लेकर)** तुम लोग भी क्या बाप बेटों की बातें लेकर बैठ गये। मात दोनों में से कोई खाये, मगर बाप बेटे में हार जीत नहीं होती। अरे सोच लो कप्तान, ज़रा सी चाल चलने के लिए एक घंटे तक सोचते हो **(चिढ़ाते हुए)** कहो तो एक नींद ले लूँ, जब तक तुम सोचो।

कप्तान : **(पाइप चढ़ाते हुए गुस्से से)** शट अप।

मौलाना : मैंने कह दिया...यहाँ फ़ौजी कमाण्ड नहीं चलेगा। मियां

ये लड़ाई का मैदान नहीं है कि उठाई तोप और दाग दी... शटअप। यह शतरंज है, शतरंज, दिमाग़ का खेल।

कप्तान : शटअप।

मौलाना : फिर वही, सुनते हो भाई मुरारीलाल...

मुरारी : **(बग़ैर मौलाना की ओर ध्यान दिये हुए)** लड़कों में अनुशासनहीनता का मुख्य कारण मेरे विचार से धर्म के प्रति अश्रद्धा की भावना है।

निखिल : मुरारी चाचा, ज़्यादा अच्छा होगा अगर आप धर्म को इसमें न घसीटें।

धनीराम : सुन लो मुरारी, ये धर्म के नाम से भी बिचकते हैं, क्यों?

निखिल : इसलिए कि धर्म आदमियों को निकम्मा और आलसी बना देता है। वह उसे स्वयं सोचने और जीवन के प्रति नया दृटिकोण लेने के अयोग्य बना देता है...इसलिए।

मुरारी : कैसी बातें करते हो? धर्म से आदमी का जीवन ख़राबी की ओर न जाकर सत्यम् शिवम् सुन्दरम् की ओर जाता है।

निखिल : नहीं मुरारी चाचा, बिना धर्म के आदमी सत्यम् शिवम् सुन्दरम् की ओर और अधिक आसानी से जा सकता है...क्योंकि उसकी आँखें खुली होती है।

धनीराम : **(चिढ़कर)** और धर्म से आँखें बन्द हो जाती हैं?

निखिल : हाँ, धर्म उसकी आँखों पर वर्षों की पुरानी शिक्षाओं और परम्पराओं की पट्टी बाँध देता हैं यह करो...यह न करो। मिसाल के तौर पर शोभना की शादी को ही लीजिए। मैं नहीं चाहता कि शोभना की शादी दहेज देकर हो। उसे पढ़ा लिखा कर इस योग्य बना दीजिए कि वह स्वयं इस योग्य हो जाये कि अपने पैरों पर खड़ी हो सके। मैंने बाबू जी से कितनी बार कहा मगर उन्होंने मेरी बात पर कोई ध्यान नहीं दिया...

मुरारी : माँ बाप का कर्तव्य होता है कि वह पुत्री का विवाह करें।

निखिल : यह भी धर्म में लिखा है न? हमें क्या करना चाहिए, हम अपनी बुद्धि से नहीं धार्मिक पुस्तकों में खोजते हैं

जिनकी सारी शिक्षाएं आज के बदले जमाने में बेकार हैं।

मुरारी : नहीं निखिल, धार्मिक शिक्षाएँ तो शाश्वत हैं। वह आदमी को आदमी बनाती हैं।

निखिल : यही तो मुसीबत है मुरारी चाचा कि धार्मिक शिक्षाएँ आदमी बनाती हैं। मनुय जीवन का ध्येय क्या है? लोग बड़ी ऊँची ऊँची बातें करेंगे, लेकिन असलियत केवल यह है कि यह जीवन किसी तरह से सुख से बीत जाय। सुख Inhibitions और Taboos में नहीं, सुख स्वतन्त्रता और स्वच्छन्दता में है। आदमी असलियत में जानवर है और उसका जीवन जानवरपन के जितना निकट होगा वह उतना ही सुखी होगा। यह भावनाएँ, सत्य, विश्वास, प्रेम, ईमानदारी और दयानतदारी सब झूठी हैं, जो आदमी के जीवन में दुख घोलती हैं। **(बाबू जी का प्रवेश...बाहर से)** और शाश्वत धार्मिक शिक्षायें? ये आज के जमाने में बहुत पुरानी पड़ गयी हैं, आज की सभ्यता में रफ्तार है...जाज़ और रॉक-एन-रोल है, इनमें सामन्ती लम्बे लम्बे ख़्याल और अलाप रेंकने वाला अन्धा है।

बाबूजी : किस बात पर भाषण दिया जा रहा है?

धनीराम : **(व्यंग्य से)** आपके सुपुत्र कह रहे हैं कि ईमानदारी बेवकूफ़ी है, धर्म पुराना पड़ गया है।

निखिल : नहीं, मैं सिर्फ़ यह कह रहा था कि वर्तमान सभ्यता में धर्म और धर्म की सारी शिक्षाएं 'आउट आफ़ डेट' हो गयी हैं।

बाबूजी : ओह, धर्म की शिक्षाएँ 'आउट आफ़ डेट' हो गयी हैं! धर्म को तुमने क्या समझा है? क्या यह भी फ़ैशन की चीज़ है कि कभी 'अपटूडेट' कभी 'आउट आफ़ डेट'? यह भी पतलून है कि कभी चौड़े पांयचे का और कभी पतली मोहरी का?

निखिल : आज की सभ्यता में हर चीज़ का मूल्य बदल गया है, आज का पैमाना दूसरा है।

बाबूजी : आज की सभ्यता क्या है? जहाँ आदमी का अन्तर नहीं देखा जाता, उसका कैरेक्टर नहीं देखा जाता, उसे तुम सभ्यता कहते हो? आज वह सभ्य है, जिसके पास बहुत सा पैसा हो, तरह तरह के क़ीमती सूट हों। आज के सभ्य पुरुष दर्ज़ी और धोबी द्वारा बनाये जाते हैं।

निखिल : आप इसे कुछ भी कहिये, सच तो यही है।

बाबूजी : यह पैमाना हमारा नहीं, दूसरों का है। हमारे देश में सभ्य वह लोग होते थे, जो जंगलों में नंगे बदन रहते थे। वह ही हमारे यहाँ सबसे अधिक आदर के पात्र समझे जाते थे। आजकल विदेशी माप के अनुसार सबसे अधिक सभ्य वह हैं जो भौतिक उपयोग के अधिक से अधिक साधन जुटा सकें।

निखिल : बाबू जी, आप पुरानी बातों पर क्यों जाते हैं? कल कल था, आज आज है। आप आज से आँखें बन्द नहीं कर सकते। आज जीवन का उद्देय है अपने जीवन को हर तरह से सुखी करना।

बाबूजी : इसका अर्थ होगा, हम सब लोग जानवर बन जायेंगे।

निखिल : यही तो मैं कहता हूँ, हम सब जानवर हैं। दया, ईमानदारी, और धर्म इस संसार की बातें नहीं, केवल धर्म की पुस्तकों की बातें हैं। आदमी ऊँची-ऊँची बातों और मोटी मोटी पोथियों के बावजूद भी जानवर है... स्वार्थी क्रूर जानवर, बड़ी मछली की तरह, जो छोटी मछली को निगल जाती है।

बाबूजी : मगर इससे शरीर चाहे सुखी हो, किन्तु चिरस्थाई आत्मा की शान्ति नहीं मिलती।

निखिल : शरीर ही तो सब कुछ है। डार्विन और फ्रायड ने सिद्ध कर दिया है कि हमारे पूर्वज जानवर थे और हमारी प्रवृत्तियाँ अब भी पाशविक हैं।

बाबूजी : **(उत्तेजना से)** जिनके पूर्वज जानवर होंगे, उनकी प्रवृत्तियाँ भी पाशविक होंगी। हमारी प्रवृत्तियाँ दिव्य हैं, जो हमें धर्म की ओर ले जाती हैं।

निखिल : अब आप साइन्स से मुँह मोड़ रहे हैं। आज मशीनयुग

है, जिसने हमारे जीवन में नया विप्लव खड़ा कर दिया है। इसमें धर्म, जिसे लेनिन ने अफीम कहा है...

बाबूजी : **(तेज़ी से बात काटते हुए)** लेनिन ने धर्म को अफीम कहा है। मैं पूछता हूँ तुम क्या कहते हो? अपने मस्तिष्क से पूछो। और यह मशीन युग, अमरीका जो आज संसार का सबसे अधिक मेकेनाइज़्ड देश है, वहाँ सभ्यता के तनाव और बोझ से पागल हो जाने वाले भी सबसे ज़्यादे हैं।

निखिल : लेकिन...

बाबूजी : **(जोश के साथ)** मशीन आदमी के सुख के लिए है? मगर क्या सुख मिला है आदमी को इन मशीनों से? पहले जहाँ किसान अपने घर से खेत तक जाने में बीस मिनट लेता था, वहीं आज इस मशीन युग में एक मजदूर अपने घर से मिल तक पहुँचने में आधा घण्टा लेता है हालाँकि वह इलेक्ट्रिक ट्रेन में बैठकर जाता है। आज वह अपनी मिल से चालीस मील दूर गन्दी चाल में रहता है। मशीनों ने पुरानी समस्या सुलझायी, किन्तु नयी समस्याएँ साथ ही साथ उत्पन्न भी तो कर दी हैं। अब बताओ, कहाँ है सुख? मशीनों से हमें क्या लाभ हुआ है?

निखिल : यह तो केवल एक पहलू है।

बाबूजी : **(उसी आवेश में)** धर्म की शिक्षायें शाश्वत हैं। तुम नास्तिक हो, मगर ईश्वर के सम्मुख समर्पण करके ही मनुष्य सुखी होता है। हर मनुष्य को कहीं न कहीं समर्पण करना पड़ता है, और वह जिसके आगे समर्पण करता है, उसी में ईश्वर का रूप होता है। मनुष्य विश्वास, प्रेम और श्रद्धा से जीता है।

(अन्धे बाबा का बाहर से प्रवेश)

यह हैं अन्धे बाबा? यह विश्वासों के प्रतीक, जन्म से अन्धे मगर कितना अटूट विश्वास है इनका ईश्वर में। कितना अटूट प्यार है इनके दिल में। इसे तुम्हारी सभ्यता नहीं समझेगी जो धर्म को फ़ैशन समझती है।

(सब ठहाके से हँसते हैं)

धनीराम : बड़ा अच्छा जवाब दिया, आजकल के लड़के तो अपने को अफलातून समझते हैं।

(निखिल का तेज़ी से भीतर प्रस्थान)

बाबूजी : यह बात नहीं है, निखिल बहुत ही बुद्धिमान लड़का है **(अन्धे बाबा से)** आओ अन्धे बाबा, बैठ जाओ। बहुत दिनों बाद आये।

अन्धे बाबा : हाँ बाबू जी, भगवान वहीं बैठे बैठे सब दे देता था, इसीलिए नहीं आया। सुना तुम्हारी बिटिया का तिलक जाने वाला है इसलिए चला आया।

बाबूजी : बड़ा अच्छा किया **(बाहर से पंडित जी का प्रवेश)** अरे आओ पंडित जी आओ। आज तो तुमने बहुत देर कर दी, भोजन तो एकदम ठंडा हो गया होगा।

पंडित : **(सबको नमस्कार करके)** कोई बात नहीं बाबू जी। बाबू अम्बा सहाय के यहाँ सत्यनारायण की कथा थी। वहीं चला गया था...

बाबूजी : **(भीतर के द्वार के पास पुकारते हुए)** मुन्ने...पंडित जी भोजन करने आ रहे हैं। जाइये पंडित जी और देखिए शोभना से कह दीजिएगा कि अन्धे बाबा बाहर बैठे हैं। **(पंडित जी का घर के भीतर प्रस्थान)**

(मुन्ने थाली में खाना लेकर आता है। बाबू जी खाना अन्धे बाबा को कपड़े और कटोरे में देते हैं)

अन्धे बाबा : **(खड़े होकर)** अब हम चलेंगे बाबूजी।

बाबूजी : अच्छी बात है **(अन्धे बाबा को बाहर पहुँचाने जाते हैं)** आओ अंधे बाबा, तुम्हें बाहर तक पहुँचा दूँ।

(मौलाना, जो कोने में बैठे हुए हैं कप्तान के साथ शतरंज खेल रहे थे, अचानक चिल्ला उठते हैं)

मौलाना : यह शतरंज है, कप्तान, शतरंज! हर क़सेबासन, हर ऐरा ग़ैरा नत्थू ख़ैरा नहीं खेल सकता। दिमाग़ी खेल है दिमाग़ी, नहीं तो हर फ़ौजी मूंजी शतरंज का उस्ताद बन जाये।

कप्तान : शटअप।

मौलाना : मियां शह बचो, यह कोई मज़ाक नहीं है। मेरे परदादा शतरंज खेलते-खेलते मर गये। मेरे दादा ने सारी उम्र शतरंज खेली, बाप ने शतरंज में ही ज़िन्दगी गुज़ार दी, तब कहीं जाकर बन्दा इस क़ाबिल हुआ है कि मोहरा पहचान सके और आप हैं कि एक ही पीढ़ी में शतरंज सीख लेंगे।

कप्तान : शटअप।

मौलाना : यह फ़ौजी कमान यहाँ नहीं चलेगा। बगलें न झांको, चाल चलो चाल **(बनाते हुए)** अरे कोई चाल है ही नहीं चलोगे क्या?

कप्तान : **(कुछ देर सोचकर चाल चलता है)** शह बचो...

मौलाना : **(घबराकर)** ऐं ये क्या? तुमने ज़रूर कोई बेईमानी की है।

कप्तान : मात।

मौलाना : **(शंका से)** नहीं, कोई बात ज़रूर है...

कप्तान : बात कुछ नहीं, मात...बस मात,... **(बाज़ी पलटकर उठ खड़ा होता है)**

मौलाना : ये क्या?...बाज़ी पलट दी...तब तुमने ज़रूर बेईमानी की होगी, तभी तो 'बाज़ी पलट दी...मात थी, पूरी मात। देखा न मुरारी बाबू, हार गये नये। टिलीलीली... टिलीलीली...

(कप्तान गुस्से से मौलाना पर मारने को छड़ी उठा लेता है। बाबूजी बाहर से लौटकर आते हैं)

मुरारी : अरे जाने भी दीजिए, अब बाज़ी तो खत्म हो गयी। उसके बाद कैसा जिक्ऱ। अब चुप भी हो जाओ, मौलाना साहब।

मौलाना : आप कहते हैं तो चुप हुआ जाता हूँ, वरना तो देखिये बेईमानी कर ली। नहीं तो पूरी मात थी, सरासर मात, वज़ीर अर्द्धब में था...

बाबूजी : **(काटकर)** अब खत्म भी कीजिए...

धनीराम : **(खड़े होकर)** अब चलेंगे, फिर अगले इतवार को रमी होगी...

(मुरारी, कप्तान तथा मौलाना उठ खड़े होते हैं)

बाबूजी : अरे आप सब लोग एक साथ ही चल देंगे?

मुरारी : हाँ, अब चलेंगे। ...शोभना की शादी भगवान करे, बिना किसी विघनबाधा के हो जाय। बाबू जी, आप हम लोगों को काम बताइयेगा।

बाबूजी : ज़रूर, ज़रूर।

मौलाना : आपने लड़का तो देख लिया है न, कैसा है?

बाबूजी : लड़का अच्छा है।

मौलाना : मेरा मतलब है कि दिमाग़ी है या नहीं...?

बाबूजी : मैं समझा नहीं।

मौलाना : अरे यही कि शतरंज वतरंज खेलना जानता है कि नहीं? **(सब हँसते हैं और बाहर जाते हैं। बाबूजी घर के भीतर जाते हैं)**

(सबके जाने के बाद निखिल पानी का गिलास लेकर आता है। ब्रश पोंछकर रंग घोलता है, तभी सीमा का बाहर से प्रवेश)

सीमा : **(निखिल के निकट जाकर)** चित्र तो बड़ा अच्छा बन रहा है।

निखिल : जी, बहुत शुक्रिया **(फिर पेंटिंग बनाने लगता है)**

सीमा : निखिल दा, **(निखिल कुछ नहीं बोलता तो तनिक झुंझलाहट से)** निखिल दा...

निखिल : कहिए।

सीमा : तुमने कहा था कि तुम्हारा चित्र बनायेंगे।

निखिल : हाँ कहा तो था।

सीमा : तब कब बनाओगे?

निखिल : **(टालते हुए)** कभी भी...

सीमा : देखो अब टालो नहीं...

निखिल : सुनिये साहब, मैं आपको सच ही बता दूँ। मैं आपका चित्र नहीं बनाऊँगा।

सीमा : नहीं बनाओगे, क्यों? पर तुमने तो कहा था...

निखिल : वह तो यों ही कह दिया था, मन बहलाने को।

सीमा : लेकिन क्यों नहीं बनाओगे?

निखिल : इसलिए कि मेरे पास समय नहीं है, कि मैं मुफ़्त में चित्र बनाऊँ **(वह फिर चित्र बनाने लगता है)**

सीमा : **(हिचकते हुए)** तो क़ीमत ले लेना?

निखिल : **(घूमकर)** ओ हो, मैं तो यह भूल ही गया था कि आप बहुत बड़े बाप की इकलौती बेटी हैं। बड़ी क़ीमती साड़ी पहन कर आई हैं। तो कहिये देवी जी, क्या दीजिएगा?

(शोभना का प्रवेश)

शोभना : क्या बात है भईया?

निखिल : यह हैं तुम्हारी सखी सीमा, मुझसे अपने चित्र बनाने का सौदा कर रही हैं। इनको समझा दो कि हर सूरत ऐसी नहीं होती कि चित्र बने।

शोभना : बस बस भईया, तुम चुप भी रहो। सीमा की सूरत तुमसे तो लाख दरजे अच्छी है **(मुँह बना के निखिल को चिढ़ाती है और बांह पकड़कर सीमा को अन्दर ले चलती है।)**

सीमा : अरे शोभना तूने अभी तक कपड़े नहीं बदले? चल, मैं चलती हूँ।

शोभना : हाँ चलो सीमा **(निखिल की ओर देखकर दुबारा मुँह बनाती है।)**

निखिल : चुड़ेल कहीं की, अभी बताता हूँ...

(शोभना और सीमा एक दूसरे का हाथ पकड़े हँसती हुई अन्दर भाग जाती हैं, निखिल फिर पेंटिंग बनाने चलता है, कि तभी बाहर से परमा चाची का प्रवेश)

निखिल : परमा चाची, राम राम...

परमा : राम राम बेटा, तस्वीर बना रहे हो।

निखिल : हाँ चाची, बन जाय तब बहुत है। इस घर में यही रोशनीदार कमरा है। सिर्फ़ एक घंटे का काम बाक़ी रह गया है मगर समय ही नहीं मिल पाता।

(माँ का भीतर से प्रवेश)

परमा : बड़ी अच्छी बन रही है **(माँ से)** राम राम बहन। अरे हाँ बेटा, मैं तो भूली जा रही थी, बाहर तुम्हारे दोस्त खड़े हैं, मुकुल नाम बताया है।

(निखिल बाहर चला आता है। माँ परमा की चादर उतार कर बैठती है)

माँ : परमा बहन, अच्छा हुआ कि तुम आ गयीं। नायन न्योता तो दे आई थी?

परमा : हाँ, न्योता तो दे आई थी। अरे बहन, न भी न्योता आता तब भी परमा चाची अपने आप आ जाती। बेटी के ब्याह के लिए न्योते की ज़रूरत नहीं होती।

माँ : मैं तो घर में अकेली औरत हूँ। पहली शादी पड़ी है, मेरे सर। तुम सबको हाथ बांटना पड़ेगा।

परमा : हाँ, हाँ, हम तो सब काम करने के लिए तैयार हैं, मुझे पराया न समझना। शोभना बिटिया को तो मैंने अपनी ही बिटिया समझा है।

माँ : बेटी तो पराई धरोहर होती है। किसी तरह उसका ब्याह करके उरिन हो जायें।

परमा : भगवान की बड़ी कृपा है कि लड़का मिल गया, वरना तो आज कल बहन लड़कों के मिज़ाज ही नहीं मिलते। बाबू गोकुल दीन की बिटिया लीला पचीस पार कर रही है और अभी तक घर बैठी है।

माँ : शोभना पर तो भगवान की ही कृपा कहो। इनको तो तुम जानती हो, इन्होंने कभी एक पैसा घूस का नहीं लिया, जबकि इनके सब साथियों ने घर भर लिए हैं।

परमा : बाबू जी की ईमानदारी की चर्चा तो दुनिया करती है।

माँ : और इन्होंने कभी एक पैसा भी कभी नहीं जोड़ा। जितना आया सभी खर्च कर दिया। इस हाथ से आया और उस हाथ से उड़ा दिया। पंडित को ही देखो, न जाने कब बचपन में इनके साथ पहले या दूसरे दरजे में पढ़ते थे। बस इसी बात पर घर पर पड़े हैं, और दोनों वक्त खाना खाते हैं।

परमा : तुम्हारे घर का खर्च कौन नहीं जानता, रोज़ एक न एक मेहमान पड़ा रहता है।

माँ : फिर इस घर में मेहमान देवता की तरह पूजा जाता

है। और इनका दिल ऐसा है, कि दुनिया भर के लिए थैली खुली रहती है।

परमा : बहुतों की दुआयें तुम्हारे साथ हैं। बेईमानी के पैसे से कभी कोई फला नहीं। राम भरोसे बाबू को ही देखो, इतना धन है कि फटा पड़ता है। तीन तीन कोठियाँ हैं, मगर कोई भोगने वाला नहीं है। निर्बन्स हैं, सन्तान के मुँह के लिए तरसते हैं।

निखिल : **(बाहर से प्रवेश करके)** परमा चाची, हम ऐसे लोगों के नाम जानते हैं जो ख़ूब घूस लेते हैं और ख़ूब बेटे पोतों से फल फूल रहे हैं। अब बताओ चाची वह अच्छे हैं कि नहीं!

माँ : अच्छा अच्छा भीतर जा।

(निखिल का भीतर प्रस्थान)

माँ : बहन हम लोग सदा ही भगवान के आसरे रहे हैं। नहीं तो आज कल लड़कियों की शादी करना कितना मुश्किल है।

परमा : सुनती हो, बाबू तोता राम की लड़की की शादी जहाँ तय हो रही थी, वहाँ से लड़के के बाप ने लिखकर पूछा, लड़की की माँ की क्या उम्र है।

माँ : अजीब आदमी थे, उन्हें लड़की की माँ की उम्र से क्या मतलब।

परमा : यही बात थी। इसी बात पर बाबू तोताराम ने बिगड़कर जवाब दिया कि शादी लड़की की होनी है, लड़की की माँ की नहीं। और जो दूसरा सवाल उन्होंने पूछा था कि आपका निवास स्थान कहाँ है और आगे कहाँ वास करेंगे, उस पर उन्होंने लिखा इस समय हमारा निवास कानपुर में है और आगे स्वर्गवास करेंगे।

माँ : ऐ, बड़ा कड़ा जवाब दिया, फिर क्या हुआ?

परमा : होता क्या, सम्बन्ध नहीं हुआ। अच्छा जवाब दिया, जैसा सवाल था वैसा ही जवाब।

सीमा : **(भीतर से प्रवेश कर)** माता जी ढोलक कहाँ रखी है, देख तो लूँ बजाकर, ठीक ठाक है या नहीं।

माँ : हाँ बेटी, तूने ठीक याद दिलाई। वह जो पूजा की कोठरी है न, उसके बगल वाले कमरे में खूँटी पर टंगी है। **(सीमा का प्रस्थान)**

परमा : बड़ी अच्छी लड़की है, तुम्हारे घर बहुत आती है।

माँ : शोभना की सखी है, मुझे माता जी कहती है और घर भर से खूब हिल मिल गयी है। पड़ोस में रहती है।

परमा : लड़की बड़ी अच्छी है, इसे देखकर मन हल्का हो जाता है।

माँ : अच्छा बहन, थोड़ी देर बैठो, अभी औरतें आती होंगी। गाने का न्योता तो पूरे मोहल्ले में भिजवा दिया है। मैं चल के घर के कुछ काम धाम करूँ।

परमा : मैं बैठने नहीं, काम करने आई हूँ। चलो मुझे भी काम बता दो।

बाबूजी : **(बाहर से प्रवेश करके)** हाँ-हाँ शोभना की माँ, परमा बहन को काम बता दो।

माँ : इस समय तो तरकारी कटवानी है। **(हँसकर)** चलो बहन अन्दर, वहीं महाराजिन काट रही होंगी, मैं भी आती हूँ। **(परमा का भीतर प्रस्थान)**

बाबूजी : शोभना की माँ, सब भगवान ही करता है, आदमी तो कारन है।

माँ : ये सब तो ठीक है मगर इतना रुपया कहाँ से आयेगा! नकदी की तो कोई गिनती ही नहीं, कपड़ा और रीत व्यवहार ऊपर से। नाई परजा सभी को करना पड़ेगा, नहीं तो बिरादरी में मुँह दिखाने लायक नहीं रहेंगे।

बाबूजी : अरे सब हो जायेगा शोभना की माँ, तुम बस देखती रहो। करने वाला तो भगवान है, सब चुटकी बजाते हो जायेगा। जिसने जनम दिया वही सब कुछ कर देता है।

माँ : भगवान करे शोभना सारी जिन्दगी भरी पूरी रहे।

बाबूजी : आदमी तो बेकार रोता कलपता है, सोचता है सारा काम उसने किया है। शोभना की माँ, वह भूल जाता है कि करने वाला कोई और है, जो हर समय उसे देखा करता है।

माँ : अरे देखो, धूप कितनी उतर आई, शाम होने को आई।

बाबूजी : हाँ औरतें आती होंगी। निखिल के इस पेंटिंग के सामान को भीतर रखके यहाँ दरी वग़ैरा कुछ बिछवा दो।

माँ : अभी यही करती हूँ, **(पुकारकर)** मुन्ने।

मुन्ने : **(भीतर से)** आया माँ।

माँ : **(पेंटिंग का सामान एक तरफ रखते हुए)** निखिल दिन रात पेंटिंग बनाया करता है, लेकिन उसे मिलता कुछ भी नहीं, उलटे कागज और रंगों में ही तमाम रुपया फुंक जाता है।

बाबूजी : लड़की के ब्याह के बाद निखिल के बारे में भी सोचूंगा। बी.ए. करके पढ़ाई छोड़ दी, आगे पढ़ा ही नहीं।

माँ : उसे तो धुन सवार है, कलाकार बनने की।

बाबूजी : इन्टरमीडिएट उसने साइन्स से पास किया था, मैं कितना चाहता रहा, मैंने कितना कहा कि मेडिकल कालेज में चले जाओ...मगर वह नहीं गया।

माँ : अरे अच्छा ही हुआ कि वह डाक्टर नहीं बना। नहीं तो न जाने कितनों की जान ले लेता, अपनी लापरवाही से। **(निखिल का भीतर से प्रवेश, बाबू जी उसे देख लेते हैं। माँ की पीठ उस ओर है इसलिए वह निखिल को देख नहीं पातीं।)**

बाबूजी : नहीं, यह बात नहीं है, निखिल लापरवाह नहीं है। तुम तो बेकार ही कह रही हो। वह तो बहुत ही अच्छा लड़का है।

माँ : ठीक ही तो कह रही हूँ, लापरवाही तो इतनी है कि उसे अपने तन बदन का होश नहीं रहता, खाना पीना तक भूल जाता है।

बाबूजी : नहीं, नहीं शोभना की माँ, ऐसे नहीं कहते। **(धीरे से)** वह देखो निखिल भी यहीं है।

(माँ घूमकर निखिल को देखती है। निखिल व्यंग्य से हँसता है। बाबूजी भी खोखली हँसी से झेंप मिटाते हैं)

निखिल : ये सामान मैं लिए जा रहा हूँ। **(निखिल सामान उठाकर चलता है। उसी समय अन्दर से मुन्ने के साथ सीमा आती है।)**

सीमा : लाओ निखिल दा, ये मुझे दे दो। **(करीब उसके हाथ से छीनकर सामान भीतर ले जाती है। निखिल भी बचा हुआ सामान लेकर भीतर आता है।)**

माँ : मुन्ने, बक्स के ऊपर चादर पड़ी है, उठा तो लाओ।
(मुन्ने का प्रस्थान)

बाबू : निखिल के सामने ऐसी बातें न किया करो, वह बड़ा हो गया है, उसे बुरा लगता है।

माँ : मैंने उसे देखा तो था नहीं, बात में बात आई इसलिए कह दिया। **(मुन्ने का चादर लेकर प्रवेश। पीछे पीछे सीमा भी आती है)**

बाबू : तुम लोग चादर वग़ैरह बिछवाओ। मैं थोड़ी देर में आता हूँ।

माँ : देखो जी, बाज़ार से कुछ मिठाई तो ले आओ। औरतें गाने आ रही हैं। कुछ मिठाई तो बांटनी ही होगी।

बाबूजी : अच्छा लेते आयेंगे।
(बाबूजी का प्रस्थान)
(माँ, मुन्ने और सीमा तीनों मिलकर कमरे का सामान हटाती हैं और चादर बिछाती हैं, फिर माँ और मुन्ने घर के भीतर चले जाते हैं। अकेली सीमा पैरों से चादर की सिकुड़न मिटाती है। तभी बाहर से नीली, माया और भाभी का प्रवेश)

नीली : सीमा रानी, तुम तो यहाँ पहले से ही हो।

सीमा : आओ नीली...माया तू भी है...ओ हो, आज तो भाभी भी हैं। तुम हीं लोगों का इन्तजार कब से हो रहा है। अरे भाभी, आज तुम्हारा मुँह कैसे खुला है, घूंघट कहाँ गया?

नीली : कौन भाभी के वो यहाँ पर हैं, जो शर्माये बेचारी!

भाभी : हटो भी बीबी।

माया : सीमा के तो मन ही मन लड्डू फूट रहे होंगे। बिचारी सोच रही होगी कि अब जल्दी ही उसका नम्बर आने वाला है।

भाभी : आप भी तो यही सोच रही होंगी माया जी।

माया : मैं ये सब नहीं सोचती।

भाभी : क्यों नहीं? सभी लड़कियाँ सोचती हैं।

सीमा : भाभी, तुम भी इसी तरह मन ही मन लड्डू फोड़ती होगी।

भाभी : मेरी क्या?

सीमा : नहीं बताओ न भाभी। तुम भी इसी तरह सपने देखती थीं?

भाभी : हूँ...क्यों नहीं?

नीली : **(खुश होकर)** हाँ भाभी...आज खुली हो तुम।

सीमा : अच्छा भाभी, अगर यह बात है तब तुम अपनी विदा में क्यों रो रही थीं...?

नीली : अरे यह सब तो एकटिंग थी। आँखों पर कपड़ा रखा और हूँ हूँ करके रो दिये। सबने कहा बिचारी बिटिया बहुत रोयी।

माया : और आँसू बहाने हुए तो आँचल में प्याज लगाकर आँखों पर रगड़ दिया...

भाभी : घबराती क्यों हो। जब तुम लोगों की विदा होगी तब पता लगेगा, माँ बाप के छोड़ने का दुख कम नहीं होता।

परमा : **(ढोलक लेकर भीतर से प्रवेश)** आजकल के नये फैशन की लड़कियाँ दिखाने को भी नहीं रोती। उन्हें तो जल्दी रहती है कि ससुराल पहुँचें।

नीली : **(मुँह बनाकर)** हूँ हूँ।

(परमा चाची का भीतर से प्रवेश)

परमा : राम खिलावन की बिटिया मुन्नी की विदा का हाल तुम्हें नहीं मालूम? मुन्नी की विदा के समय उसकी अम्मा मुन्नी के गले से लिपटकर रोने लगी, मगर मुन्नी के आँखों में एक बूँद भी आँसू नहीं आया...यह देखकर उसकी अम्मा धीरे से बोलीं, रोओ मुन्नी, रोओ मुन्नी।

माया : मुन्नी इस पर भी नहीं रोयी?

परमा : न, वह अपने बाप से सब बरातियों के आगे बोली... 'बाबू अम्मा मुझे रोने को कहती हैं; हम कैसे रोयें, जब रुलाई नहीं आती?' और सबके सामने मुस्काती बैग

हिलाती अपने घर वाले के बगल में मोटर पर जाकर बैठ गयी।

सीमा : **(बनके)** एकदम कलजुगी लड़कियाँ हैं ये परमा चाची।

परमा : तू तो जैसे सतजुगी है। शैतान कहीं की **(सब हँसते हैं)**

माँ : **(प्रवेश करके)** अरे तुम लोग बातें ही करती रहोगी या गाना वाना भी गाओगी...।

नीली : गाना कौन गायेगा?

माया : शोभना कहाँ है...?

परमा : हय! क्या उससे गवाओगी...?

नीली : हाँ, हर्ज क्या है?

सीमा : वह गाना तो क्या गायेगी...हाँ मैं उसे पकड़े लाती हूँ।

(सब मिलके गाती हैं)

मेरी बन्नो को नजर लगा गयी, लुगाईयाँ टोले मुहल्ले वाली

शीश बन्नो के झूमर सोहे, लड़ियों में नजर लगा गयी लुगाईयाँ टोले मुहल्ले वाली।

आँख बन्नो के काजर सोहे,

चितवन मैं नजर लगा गयी, लुगाईयाँ टोले मुहल्ले वालीं।

मुख बन्नो के बीड़ा सोहे,

लाली मैं नजर लगा गयी, लुगाईयाँ, टोले मुहल्ले वाली।

पैर बन्नो के पायल सोहे,

बिछुए में नजर लगा गयी, लुगाईयाँ, टोले मुहल्ले वाली।

मेरी बन्नो को नजर लगा गयी, लुगाईयाँ टोले मुहल्ले वालीं।

(सीमा शोभना को पकड़कर लाती है किन्तु वह छुड़ाकर भाग जाती है। कुछ देर बाद भीतर से निकलकर निखिल बाहर जाता है। तभी बाबूजी मिठाई लेकर आते हैं। वह इशारे से माँ को बुलाते हैं। माँ मिठाई लेकर अन्दर जाती है, गीत चलता रहता है। तभी माँ अन्दर से घबड़ाई हुई लौटती है)

माँ : सुनते हो...गजब हो गया? मकान के पीछे का दरवाजा किसी ने खुला छोड़ दिया है।

(गीत बन्द हो जाता है)

बाबूजी : तो क्या हुआ...?

माँ : बक्स का ताला टूटा है, उसमें रखे पाँच हजार रुपये गायब हैं।

बाबूजी : हे भगवान।

(सब स्तंभित से खड़े रह जाते हैं।)

द्वितीय अंक

समय : **दिन का प्रथम पहर**

स्थान : **वही कमरा (प्रथम अंक वाला)**

पर्दा खुलने पर नेपथ्य में जाती बरात के बैंड सुनाई पड़ते हैं। शोभना की उँगली पकड़े मुन्ना घसीटता हुआ बांये द्वार से दाई खिड़की पर जा रहा है और कहता जा रहा है–'जीजी बारात'।

मुन्ना : **(खिड़की के बाहर दिखाते हुए)** वह बारात जा रही है वह देखो बाज़े वाले हैं, कितने सारे लोग हैं, वह देखो ...वह देखो अनार छूटा...और वह लड़के फुलझड़ी जला रहे हैं...देखा न जीजी...और यह हैं दूल्हा, देखा तुमने मोटर में बैठा है अकड़ा हुआ। जीजी उसका मुँह फूलों से क्यों ढका है?

शोभना : वह फूलों का सिरमौर पहने हैं, उसी से उसका मुँह ढक गया है।

मुन्ना : जीजी मैं अपनी बारात में मोटर पर नहीं, ठाठ से घोड़े पर बैठूँगा।

शोभना : **(दुलार से)** हाँ हाँ तुम घोड़े पर बैठना।

मुन्ना : जीजी तुम्हारी बारात इससे भी अच्छी होगी। खूब बड़ी... उसमें बहुत सारे बाजे वाले होंगे...है ना जीजी। **(रुककर)** तुम जवाब क्यों नहीं देती...।

(भीतर से माँ का प्रवेश)

मुन्ना : तुम्हें क्या हुआ जीजी?...तुम रो क्यों रही हो जीजी?

शोभना : कुछ नहीं मुन्ना...कुछ नहीं **(आँसू पोंछने की कोशिश करती हुई वह खिड़की से हटती है, तो माँ पकड़ लेती है)**

माँ : अये पगली, देख मुझे तेरे यह लच्छन अच्छे नहीं लगते। जब देखो तब आँसू। अरे बावरी, यह आँसू बहुत क़ीमती हैं, इन्हें इस तरह न बहा, चुप हो जा, चुप हो जा। अरे तू क्यों चिन्ता करती है। हम लोग क्या मर गये हैं? तेरे लिए तो चाँद सा सुन्दर दूल्हा लायेंगे। **(शोभना अपने को छुड़ाकर अन्दर भागती है)** सुन तो सही, कहाँ चली...

(माँ शोभना के पीछे-पीछे अन्दर जाने का प्रयत्न करती हैं, तभी बाहर से परमा चाची आती हैं)

परमा : शोभना की अम्मा, राम राम।

माँ : **(घूमकर)** कौन परमा बहन, राम राम। आओ बहन।

(शोभना की माँ परमा की चादर लेकर बैठाती है।)

परमा : मन्दिर जा रही थी, सोचा हाल चाल ले लूँ।

माँ : बड़ा अच्छा किया बहिन, वरना आजकल तो सब इस घर का रास्ता ही भूल गये हैं...और यह शोभना है कि रो रो के प्रान दिये दे रही है।

परमा : क्या अभी तक पाँच हजार का इन्तजाम नहीं हुआ?

माँ : कहाँ बहन, उसी का तो रोना है। हमारा भाग्य ही टेढ़ा है, तो कोई क्या करे? सब कुछ ठीक था। तिलक उसी रात जाने वाला था कि तभी न जाने क्या हुआ कि सारा रुपया चोरी हो गया। कुछ नहीं है बहन, सब हमारे पिछले जन्म के करम हैं, वही फल दे रहे हैं।

परमा : चोर का कुछ भी पता न लगा?

माँ : नहीं बहन कुछ भी नहीं। रपट लिखाई मगर कुछ भी नहीं हुआ। भगवान समझेगा मुए उस चोर को।

परमा : तो कहीं किसी और से रुपया उधार माँग लिया होता!

माँ : उधार! कैसी बातें करती हो, परमा बहन! कौन उधार देगा आजकल? फिर वह भी थोड़ा न बहुत, पाँच हजार रुपया! किसका दिल है आजकल इतना बड़ा, जो दूसरे के दरद में दुखी हो।

(परमा प्रश्नसूचक निगाहों से चुपचाप देखती बैठी रहती है)

माँ : सब भाग्य का खेल है—'राजा नल पर बिपत पड़ी, भूंजी मछली जल में गिरी।'
(आँसू पोंछती है)

परमा : अरे यह सब मौलाना, कप्तान, मुरारी बाबू, धनीराम आखिर यह किस दिन के लिए हैं?

माँ : जब मुसीबत आती है, तो परमा बहन, साया भी साथ छोड़ देता है, फिर यह लोग तो सिर्फ़ दोस्त थे। अब तो कोई इधर झाँकता भी नहीं।

परमा : पहले तो हर इतवार को सुबह से शाम तक यहीं पड़े रहते थे। शतरंज, चौपड़, चाय, नाश्ता।

माँ : आज भी तो इतवार है, कोई आया है अभी तक? ये तो एक दम भोले बाबा हैं, इन्हें दुनिया में बुराई नजर आती ही नहीं। भगवान ने आँखें दी हैं तो सफेद स्याह दोनों देखो। मगर इन्हें तो सब देवता ही दीखते हैं।

परमा : दुनिया को अपने जैसा समझते हैं।

माँ : इतनी ठोकरों पर भी इनकी आँखें नहीं खुलतीं। सब इनकी सूरत से भागते हैं। कन्नी काटते हैं, डरते हैं कि कहीं रुपये न माँग बैठें। फिर भी यह कुछ समझते ही नहीं। ऊँह **(व्यंग्य से)** सबको अपने जैसा समझते हैं। **(रुंधे गले से)** मेरी तो कुछ समझ में नहीं आता कि क्या होगा?

परमा : भगवान चाहेगा अच्छा ही होगा।

माँ : भगवान चाहेगा? अरे भगवान चाहे तब न, लेकिन हमें तो उल्टा ही दीखता है। अगर यह चाहें तो आज पाँच हजार क्या पाँच लाख ले लें, **(अनादर से)** मगर इन्होंने तो सच्चाई और ईमानदारी का बाना पहिन लिया है। लड़के वाले बड़े रूखे हैं बहन।

परमा : अरे उन्होंने जहाँ तुम्हें दो महीने की मोहलत दी है...वहाँ वह क्या एक डेढ़ महीने की मोहलत और न दे देंगे।

माँ : कितनी मुश्किल में उन्होंने यह दो महीने की मोहलत दी है। शोभना के बाबू, जो किसी के आगे मत्था नहीं झुकाते, उन्होंने टोपी उतारकर लड़के वालों के कदमों में

रख दी। तब कहीं जाकर उन्होंने दो महीने की मोहलत दी थी।

परमा : बड़े ख़राब आदमी मालूम होते हैं।

माँ : अरे लड़के वाले सभी ख़राब होते हैं। सच तो यह है परमा बहन, गरज ख़राब होती है। **(आँसू पोंछते हुए)** मुझसे तो शोभना का दुख नहीं देखा जाता।

(मुन्ने का प्रवेश)

मुन्ना : माँ, मैं गुब्बारा लूँगा।

माँ : अच्छा बेटा, **(आँचल से पैसा खोलकर मुन्ने को देती है मुन्ना पैसा लेकर बाहर चला जाता है)** भगवान चाहे मुझे उठा ले मगर इन बच्चों को ठीक ठाक रखे। किसी तरह से यह सब सुखी रहें, और इनको सुखी देखकर मैं आँखें बन्द कर लूँ।

परमा : तुम्हारे मायके वाले?

माँ : मायके वालों के अपने बेटे बेटियाँ हैं। इस सबको देखकर कभी-कभी तो सर इतना फटने लगता है जैसे दिमाग़ ख़राब हो जायेगा। मगर इनको कोई चिन्ता नहीं है। जब कुछ कहो तो आँखें बन्द करके राम राम करने लग जायेंगे। अरे राम तो पैसे दे नहीं जायेगा।

परमा : बाबू जी बेचारे भी क्या करें। उनके बराबर भलामानस कोई है मुहल्ले में? मुहल्ले वालों की हर मुसीबत में सबसे आगे रहते हैं। वह किसी को भूखा और तकलीफ़ में नहीं देख सकते। कोई भिखारी खाली हाथ नहीं जाता तुम्हारे द्वार से।

माँ : सदाव्रत कहो सदाव्रत, हमारे घर से सदाव्रत बंटा करता है। दुनिया भर के मुर्दे नानामऊ का घाट! जिस किसी को किसी भी चीज़ की ज़रूरत हुई तो चलो बाबू जी के घर। उसका नतीजा यह होता है कि घर वाले भूखे रहते हैं। न ठीक से खा सको न पहिन सको। जो कुछ है लुटा दो...गरीबों पर, मुसीबतजदों पर, मुहल्ले वालों पर, पड़ोसियों पर, अब कोई है पूछने वाला? मर रहे हो या जी रहे हो?

परमा : बाबू जी तो इतने सज्जन हैं कि क्या करें।

माँ : लड़की का गला घोंटकर मार डालें और क्या करें? पहिले जब मैं कहती थी कि इस तरह से रुपया न फेंको तो नाराज हो जाते थे। कहने लगते थे, तू कंजूस है, छोटे दिल की है, जिसने इतना दिया है वह और देगा। मनुष्य देह इसलिए है, कि परोपकार करो। **(व्यंग्य से)** करो परोपकार। अब कोई दो मीठी बात करने वाला भी नहीं है।

परमा : जगत की यही रीत है बहन, सब ऐसे ही स्वार्थी और लालची होते हैं। भले और ईमानदार आदमी के लिए यहाँ जगह ही नहीं।

माँ : निखिल से कुछ उम्मीद थी कि बड़ा होकर वह माँ बाप की मदद करेगा, मगर उसे तो अपनी पेंटिंग से ही फुरसत नहीं मिलती।

परमा : सुना उसकी तस्वीरों की नुमाइश हो रही थी?

माँ : **(अरुचि से)** हाँ, सुना तो मैंने भी था।

परमा : उसकी तो अखबार में फोटो छपी थी। सुना तारीफ भी बहुत निकली।

माँ : **(व्यंग्य से)** फोटो और तारीफ से तो पेट नहीं भर जायेगा।

परमा : उसकी तस्वीरें तो नुमाइश में बिकी होंगी?

माँ : **(हताशा से)** क्या बिकी हैं! क्या-क्या उम्मीदें निखिल से थीं कि बड़ा होकर बड़ा आदमी बनेगा, खूब रुपये कमायेगा, मगर फिर वही भाग्य का रोना, वह नालायक़ निकल गया। **(तभी निखिल का प्रवेश)** अरे तुम आ गये? **(निखिल कोई उत्तर नहीं देता। उसके हाथ में पेंटिंग का एक डिब्बा है, तथा दो एक पेंटिंग हाथ में हैं, पीछे-पीछे मुकुल भी पेंटिंग लिए आता है।)**

परमा : निखिल बेटा, बड़ों को राम राम कर लेते हैं।

निखिल : **(केवल व्यवहार के लिए)** राम राम चाची।

परमा : जीते रहो बेटा। यह क्या है डिब्बे में? शोभना के लिए साड़ियाँ लाये हो?

निखिल : नहीं चाची, मैं इतना अच्छा भाई नहीं हूँ जो बहिन के लिए साड़ियां लाये। इसमें पेंटिंग हैं।

माँ : **(परमा को समझाते हुए)** तस्वीरें, नुमाइश खत्म हो गयी, तो वही वापिस लौटकर आई हैं।

मुकुल : अब मैं चलूँगा, शाम को आऊँगा।

(निखिल और मुकुल बाहर जाते हैं, निखिल बाहर से दरवाजे पर जाके पुकारते हुए कहता है)

निखिल : **(पुकारते हुए)** और देखो मुकुल, शंकर जी से कह देना कि बची हुई पेंटिंग कल भेज दें, और देखो तुम शाम को आना न भूलना।

परमा : अच्छा बहन अब मैं चलूँगी, फिर कभी आऊँगी।

माँ : हाँ जाओ...तुम क्यों बेकार समय बरबाद करो। हमारे ऊपर जो पड़ा है उसे हम झेलेंगे ही। **(तभी बड़े जोरों से किसी चलते-फिरते फिल्मी गाने की आवाज सुनाई पड़ती है।)**

माँ : **(ऊपर देखते हुए)** यह ऊपर वाले तो रेडियो इतनी जोर से बजाते हैं कि कान फट जायें। **(बाहर निकलकर)** अरे सुनते हो मोहन...मोहन...मोहन। रेडियो ज़रा धीरे बजाओ। **(रेडियो की आवाज कम हो जाती है कि सुनाई नहीं पड़ती।)**

परमा : अब चलते हैं। राम राग बहन।

माँ : राम राम...**(बाहर पहुँचाने जाती है। इसी बीच में निखिल ने आकर पेंटिंग स्टेण्ड रखा।)**

माँ : **(बाहर से लौटकर)** चलो खाना खा लो। **(निखिल उत्तर नहीं देता।)**

माँ : **(झुंझलाहट से)** जवाब क्यों नहीं देते। खाना खाने चलो।

निखिल : **(उद्दंडता से)** मुझे नहीं खाना है, तुम जाओ खा लो।

माँ : **(एकदम नाराज होकर, तेज़ स्वर में)** हाँ, हाँ मैं तो ठूंस लूँगी। एक मेरा ही खाना सबसे भारी है, लेकिन इस समय मैं तुमसे कह रही हूँ।

निखिल : **(बिगड़कर)** मैंने कह दिया, मैं नहीं खाऊँगा।

माँ : नहीं खाओगे तो ना खाओ, लेकिन इस तरह चिल्लाते

क्यों हो। मैं बहरी नहीं हूँ। बड़े तमीजदार हो। माँ से ऐसे बातें करते हो।

निखिल : कैसे बातें कर रहा हूँ, ठीक से तो बातें कर रहा हूँ, मगर मेरा दिमाग़ ख़राब न करो।

माँ : हाँ, मैं तुम्हारा दिमाग़ ख़राब कर रही हूँ, और तुम तो जैसे मेरे दिमाग़ पर मरहम लगा रहे हो। ज़रा बात करने का तरीका तो देखो। माँ पर आँखें निकालते हो।

निखिल : **(उबलते हुए क्रोध से)** मैं कहता हूँ।...कहता हूँ माँ चली जाओ...नहीं तो...नहीं तो।

माँ : नहीं तो माँ को मार डालोगे। लो मारो। बस इसी की कसर रह गयी थी। **(आँखों में आँसू भर आते हैं)** इसी दिन के लिए पाल के बड़ा किया था। इसी दिन के लिए तुम्हारी बीमारी में रात-रात भर जागी थी।

निखिल : बड़ा एहसान किया था।

माँ : एहसान तुम पर नहीं, अपने ऊपर किया था। 'पाल पाल, तुझे हो होंगे काल'! बड़े लायक बेटे हो।

निखिल : **(चीखते हुए)** मैंने कब कहा था कि मैं लायक हूँ। मैं नालायक़ हूँ। नालायक़ जो एक पैसा नहीं कमाता, नालायक़ जो माँ बाप के सिर पर भार है, नालायक़ जो। **(बैचेन सा सिर पकड़कर बैठ जाता है। पार्श्व में झुंझलाता चीखता गीत गूँजता है, तभी सीमा बाहर से घर में आती है।)**

सीमा : **(निखिल के निकट जाकर, सहानुभूति से आर्द्र स्वर में)** क्या है निखिल दा। इस तरह से क्यों बैठे हो। **(निखिल उत्तर नहीं देता)**

सीमा : निखिल दा...निखिल दा।

निखिल : **(बेरुखी से)** क्या बात है सीमा?

सीमा : यही तो मैं तुमसे पूछ रही हूँ कि बात क्या है? इस तरह से उदास क्यों हो?

निखिल : कुछ नहीं सीमा...

सीमा : नहीं कोई बात ज़रूर है...मुझसे बताओ...बताओ न।

निखिल : **(रुखाई से)** तुमसे क्यों बताऊँ?

सीमा : **(वह ऐसे उत्तर के लिए तत्पर नहीं थी। किन्तु संभल के बोली)** इसलिए कि...इसलिए कि दुख बांटने से बंट जाता है...कह देने से कम हो जाता है। हर आदमी को सहानुभूति की ज़रूरत होती है। वह सहारा चाहता है।

निखिल : मुझे इसमें से कुछ भी नहीं चाहिए। बहुत बहुत शुक्रिया।

सीमा : **(पीड़ा से)** तुम ऐसे क्यों निखिलदा?

निखिल : मुझे किसी की भी सहानुभूति नहीं चाहिए। तुम जाओ सीमा, मुझे परेशान न करो। मैं सबसे नफ़रत करता हूँ। सबसे...बाबूजी, माँ, शोभना, मुन्ना...सबसे, तुमसे और सारी दुनिया से...मैं सबसे नफ़रत करता हूँ।

सीमा : यह नफ़रत तुम्हें कहीं नहीं ले जायेगी...सुखी होने के लिए जीवन में विश्वास और प्रेम चाहिए।

निखिल : **(उत्तेजित होकर)** विश्वास और प्रेम। कहाँ है जीवन में विश्वास और प्रेम? हमारे क्रूरता और स्वार्थ से भरे पाशविक जीवन में विश्वास और प्रेम? ऊँह। यह जो दया और माया कभी कभी हमारे व्यवहार में दिखाई दे जाती है वह भी स्वार्थवश ही होती है। जो बेटा ख़ूब रुपया पैसा कमाता है, वह लायक कहलाता और जो बेटा न कमाये उसे माँ बाप भी नालायक़ कहकर दुतकार देंगे। कहाँ गया माँ बाप का प्यार? वह भी बिकने लगा है पैसे पर। माँ बाप का प्यार तो बिज़नेस इनवैस्टमेन्ट होता है...बेटे को पाल पोस के पढ़ा लिखा के इसलिए बड़ा करो कि बुढ़ापे में सहायता करे। माँ अपने बेटे को दूध भी केवल इसलिए पिलाती है कि अगर न पिलाये तो उसे तकलीफ़ हो। अब बताओ... कहाँ है विश्वास और प्रेम?

सीमा : **(व्यंग्य जिसमें करुणा अधिक और व्यंग्य कम)** बड़े अच्छे विचार हैं तुम्हारे, निखिलदा...मगर मैं सच कहती हूँ...आत्मा की शान्ति...

निखिल : मत लो आत्मा की शान्ति का नाम।

सीमा : इस तरह तुम कभी सुखी नहीं होंगे। सुखी होने के लिए चाहिए जीवन में सहानुभूति और समर्पण...

निखिल : जीवन में समर्पण केवल कायर करते हैं। जिस दिन मुझे समर्पण करना पड़ेगा वह दिन मेरे जीवन का अन्तिम दिन होगा।

सीमा : ऐसी अशुभ बातें मुँह से नहीं निकालते। समर्पण तो जीवन में हर मनुष्य को करना पड़ता है। कोई ईश्वर के आगे समर्पण करता है, कोई अपने काम में, कोई किसी अन्य के सम्मुख। समर्पण से ही जीवन में श्रद्धा और आस्था उदय होती है। अविश्वास और घृणा में जीवन ज़हर बन जाता है। जीवन में सबसे बड़ी चीज़ है जीवन से प्यार करना। इसके लिए किसी न किसी सहारे की आवश्यकता होती है।

निखिल : बन्द करो अपना लेक्चर, मुझे किसी सहारे की आवश्यकता नहीं।

सीमा : **(भरे गले से)** निखिलदा...**(किन्तु अचानक कैसे गला रुंध के घुट गया।)**

निखिल : ...यह क्या? न रो सीमा। मैं तुम्हें तकलीफ़ नहीं पहुँचाना चाहता, मेरे पास बहुत कांटे हैं। मेरे निकट न आओ। मैं भावुकता से नफ़रत करता हूँ, लेकिन उससे मुझे डर लगता है। आँसू पोंछ लो।

सीमा : निखिलदा... **(सिसकियाँ लेती है)**

निखिल : **(विवश उत्तेजना से)** चली जाओ...चली जाओ...मगर आँसू न बहाओ। मैं तुम्हारे हाथ जोड़ता हूँ...जिस किसी दिन मैं अनुभव करूँगा कि मैं थक गया हूँ, मैं हार गया हूँ, उस दिन मैं तुम्हारा सहारा मागूंगा, तुम्हारी छाया में विश्राम करूँगा, लेकिन...इस समय तुम जाओ। जाओ सीमा।

सीमा : **(सीमा अपने हृदय में उठने वाले तूफान और सिसकियों के ज्वार को गले में समेटे घर के बाहर भाग जाती है। निखिल कुछ देर चुपचाप खड़ा रहता है...फिर घर के भीतर चला जाता है।)**

(बाहर द्वार पर दस्तक)

बाहर से : ...बाबू शोभना प्रसाद हैं?...बाबू शोभना प्रसाद हैं?

(बाबू जी भीतर से निकलकर...बाहर के द्वार से दो आदमियों को बुलाकर लौटते हैं। उनमें से एक दुबले पतले मुनीम जी हैं...और दूसरे मोटे ताजे नायब)

मुनीम : हम सेठ दमड़ीचन्द धोकाचन्द के मुनीम हैं और यह रहे हमारे...असिस्टेंट...घसीटेलाल...(**घसीटेलाल से**) है ना?

घसीटे : जी हाँ।

बाबूजी : खड़े क्यों हैं, बैठ जाइए।

मुनीम : अवश्य, अवश्य...सीता राम...बात यह है कि हमारे सेठ साहब के यहाँ कथा भई। है न।

घसीटे : जी...हाँ...जी हाँ।

मुनीम : बात यह है कि सेठ जी तो धर्मात्मा आदमी हैं...जैसे कि आप। न पान खायें। न बीड़ी सिगरेट पियें, न बोतल का शौक, न और कोई आदत, बिल्कुल आप जैसे हैं, है न।

घसीटे : जी हाँ।

मुनीम : सो जब कथा भई तो उन्होंने...(**बात बदलते हुए**) बिल्कुल आप जैसे हैं...सुबह दो घण्टे भगवान की पूजा करते हैं...है न।

घसीटे : जी हाँ।

बाबूजी : यह तो बड़ी अच्छी बात है। आखिरकार यह सब उसी की दया का प्रसाद है।

मुनीम : यही। यही, हमारे सेठ जी भी यही कहते हैं। अब आप देखिये न उन्होंने कथा कहलाई किसलिए? (**बात पलटते हुए**) फिर देखिए यह कोई नयी चीज़ नहीं है, वह तो ऐसे धर्म के सैकड़ों काम किया करते हैं। तीज त्यौहार पर गंगा जी जाते हैं, है न।

घसीटे : जी हाँ, जी हाँ।

मुनीम : सुबह चीटियों के बिल पर आटा और शक्कर गिरवाते हैं। और हर मंगल को और शनिवार को हनुमान जी...यानी बन्दरों को चने खिलवाते हैं।

बाबूजी : यह तो अच्छा है। मगर आजकल जब आदमी भूखों मर रहे हैं, चनों की बन्दरों से ज़्यादा आदमियों को आवयकता है।

मुनीम : **(काटते हुए)** क्यों नहीं। तो हमारे सेठ ने कथा करवाई **(बात काटते हुए)** और गरीबों का वह बेहद ख्याल रखते हैं। हर पूरनमासी को उनके यहाँ सदाव्रत बंटता है, जहाँ से कोई भी भर पेट खा सकता है। फिर वह हर जाड़ों में कम्बल बाँटते हैं। अनाथालयों को रुपया देते हैं। विधवाओं पर तो उनकी विशेष दृष्टि रहती है...है न।

घसीटे : जी हाँ... जी हाँ।

मुनीम : मेरा तो ख्याल है कि सेठ जैसा इस संसार में मिलना मुश्किल है...उन्होंने कथा कहलाई...हाँ तो मैं कह रहा था कि उन्होंने कथा कहलाई (फिर बात बदलते हुए) वह तो देवता हैं...देवता आपसे तो मिल चुके हैं।

बाबूजी : हाँ! एकबार उनसे मिलने का अवसर मुझे मिला था। सज्जन पुरुष हैं। वह हमारी मिल को रुई बेचना चाहते थे। मगर चूंकि वह घटिया किस्म की थी इसलिए मैंने इनकार कर दिया।

मुनीम : बात यह है...है न।

घसीटे : जी हाँ...जी हाँ।

मुनीम : बाबू जी, वह तो आपका बहुत आदर करते हैं, कहते थे कि संसार में यदि कोई मनुय है तो केवल आप। ईमानदार, धार्मिक, सज्जन, मिलनसार और सदा दूसरों की सहायता करने वाला। सिरफ़ आप!

बाबूजी : **(गद्‌गद्‌ होकर हाथ जोड़ते हुए)** हें, हें धन्यवाद।

मुनीम : कल बाबूजी, ऐसे ही एक साहब से बातचीत चल गयी। वह बोले आजकल असली साधू मिलते ही नहीं, सब ऐसे ही ढोंगी रगे स्यार दिखाई देते हैं। मैंने कहा नहीं मिलते होंगे? मगर एक को मैं जानता हूँ जो वाकई असली साधू हैं। साधू क्या, साधू से भी दो चार हाथ बढ़ा चढ़ा। न वह रंगे कपड़े पहनता है, न अपने को साधू कहता है, मगर उसके आगे बड़े बड़े रंगे, मिट्टी हैं, मिट्टी! है न।

घसीटे : जी हाँ...जी हाँ।

मुनीम : तो वह बोला! ऐसा वह कौन सा आदमी है, मैं उसके दर्शन कर लूँ, पैर पकड़ लूँ, तो बाबूजी मैंने उसे आपका नाम बता दिया।

बाबूजी : **(एकदम पिघल कर)** सब आपकी कृपा है। हें हें मैं तो बहुत साधारण आदमी हूँ।

मुनीम : हाँ तो, बाबूजी मैं कह रहा था कि हमारे सेठ जी के यहाँ कथा भई। उन्होंने कहा कि आपके यहाँ यह प्रसाद दे आओ। मैंने कहा, सेठ साहब आप खुद ही जाइये। मैं तो मूरख हूँ। बेवकूफ हूँ, गधा हूँ। है न।

घसीटे : जी हाँ...जी हाँ।

मुनीम : **(क्रोध से)** ऐं मैं मूरख हूँ? बेवकूफ हूँ, गधा हूँ?

घसीटे : **(घबराकर)** जी नहीं, जी नहीं।

मुनीम : **(प्रसन्न होकर दुबारा परीक्षा करते हुए)** तो मैंने कहा! कि मैं मूरख हूँ, बेवकूफ हूँ।

घसीटे : जी नहीं, जी नहीं।

मुनीम : **(सन्तुष्टि से)** इस पर सेठ बोले! नहीं मुनीम जी, आप बड़े चतुर हैं। आप परसाद ले जायें। सो मैं कह रहा था कि भगवान का परसाद है **(टटोलते हुए)** आपको लेने में कुछ उजर तो नहीं होगा?

बाबूजी : अजी, कैसी बातें करते हैं, भगवान के प्रसाद से, किसे इन्कार होगा।

मुनीम : है न, मैंने तो पहले ही सेठ जी से कहा था! अजी इन्कार किसे होगा। जैसे धार्मिक आप वैसे धार्मिक बाबूजी, काया राखो धर्म, है न? यह संसार सुखी होगा तो वह संसार भी सुखी होगा। **(भेद से)** फिर आप तो स्वयं ज्ञानी हैं।

बाबूजी : कहाँ है प्रसाद?

मुनीम : बाहर ही बरामदे में रख आया था। सेठ जी ने डरा दिया था। अभी लाया। अबे चल लाला घसीटे लाल। **(दोनों बाहर जाकर कुछ ही क्षणों में एक बड़ा सा फलों का झावा लेकर लौटते हैं)**

बाबूजी : इतना बहुत सा, यह क्या है?

घसीटे : फल हैं।

मुनीम : **(डाँटते हुए)** घसीटेलाल! **(फिर एकदम दीन होकर)** परसाद है जी, परसाद। थोड़ा सा ही तो है। हमारे सेठ जी और किस क़ाबिल हैं, इसे तो सुदामा के दो मुट्ठी चावल समझो और कृष्ण बनके खालो।

बाबूजी : मगर इतना सारा प्रसाद।

मुनीम : क्या है, कुछ भी तो नहीं। असली काश्मीरी सेब, नागपुरी नारंगी, बंबइया केले, अफगानी अंगूर, अलमोड़े के आढ़ू, खुबानी **(एकदम जैसे याद आया)** और चिट्ठी सेठ साहब ने दी है। यह सब क्या है कुछ भी नहीं। रूखा सूखा है, शबरी के बेर हैं, राम बनकर इन्हें स्वीकार करो।

बाबूजी : **(हिचकते हुए)** लेकिन यह तो बहुत सारा है। **(लिफाफा उलट पलटकर देखते हैं, फिर फाड़ते हैं)**

मुनीम : अजी क्या हैं? आप ज्ञानी हैं, आपको क्या समझायें। काम ऐसा हो जिसमें दोनों का फायदा हो, न किसी को गिला न किसी को शिकवा।

बाबूजी : **(लिफाफा फाड़कर आचर्य से)** यह रुपये इतने सारे।

मुनीम : हीं, हीं, हीं! यह सब क्या? कुछ नहीं। यह डाली तो भगवान का प्रसाद है और यह रुपये दस हजार हैं! कुछ नहीं सिर्फ़ दस हजार रुपये। हमारी हैसियत ही क्या है? हाँ आप मिल की रुई का ठेका हमारे सेठ साहब को दें। अजी देखते क्या हैं? रख लीजिए। सुना है आपके यहाँ भगवान की मूर्ति है, जाड़े आने वाले हैं, भगवान पर असली रेशमी लिहाफ हमारे सेठ जी और चढ़ा देंगे...बात यह है कि वह बड़े धार्मिक हैं।

बाबूजी : **(कठोर स्वर में)** मुनीम जी यह घूस है।

मुनीम : अजी खाक डालिये घूस के नाम पर। घूस लेना और देना पाप है। भला हमारे सेठ साहब यह पाप कर सकते हैं? वह तो बड़े धार्मिक हैं। हैं न।

घसीटे : जी हाँ...जी हाँ।

बाबूजी : **(क्रुद्ध होकर)** बन्द करो यह बकवास। तुम्हारी हिम्मत किस तरह पड़ी। निकल जाओ। सेठजी धार्मिक व्यक्ति हैं! दस हजार रुपये लेकर आये हो। निकल जाओ।

मुनीम : दस हजार रुपये! समझा! मैंने तो सेठ जी से पहिले ही कहा था। आप बड़े ज्ञानी हैं...अच्छा...अच्छा पाँच हजार और हैं न। पन्द्रह हजार??

बाबूजी : **(एकदम क्रुद्ध होकर)** निकल जाओ, ज्ञानी के बच्चे। रुपये से किसी का ईमान ख़रीदना चाहते हो? जाओ।

मुनीम : **(डरी समर्पणपूर्ण आवाज में)** तो क्या सचमुच जायें?

बाबूजी : नहीं तो क्या मैं मज़ाक कर रहा हूँ। निकलो! निकलो नहीं तो पुलिस को बुलाता हूँ।

मुनीम : **(घबराकर)** नहीं नही बाबा, पुलिस का नाम न लो। वहीं खड़े रहो, हम जाते हैं। चल भाग लाला घसीटेलाल। **(दोनों रुपये का लिफाफा और फलों का झावा उठाते गिरते पड़ते भागते हैं।)**

बाबूजी : **(हँसते हुए)** भाग गये। अरे शोभना की माँ! शोभना की माँ!

माँ : **(प्रवेश करके)** क्या आवाज़ लगा रहे हो? यह डांट के किसे भगा दिया।

बाबूजी : हर चीज़ बिकती है यहाँ, पर ईमान नहीं, क़ीमत लाख हो या करोड़...चाहे लाख हो या करोड़...

माँ : **(उपेक्षा से)** मुए यह लाख या करोड़! अभी तक एक छदाम भी तो जमा नहीं कर सके हो! फिर यह क्या लाख और करोड़ आसामान से टपकेगा। ऊँह, लाख और करोड़।

बाबूजी : ओह तुम तो बिल्कुल समझती ही नहीं।

माँ : क्या समझूं? तुम समझाओ तो समझूं। तुम तो पहेलियाँ बुझाते हो।

बाबूजी : वह सेठ दमड़ीमल धोकाचन्द्र हैं न, हैं न, वह रुई के व्यापारी, वह हमारी मिल को रुई बेचना चाहते थे। एकदम ख़राब रुई। बताओ मैं कैसे उसे ले लेता।

माँ : अरे ले लेते तो कौन सी घटौती हो जाती?

बाबूजी : घटौती तो हो ही जाती। मिल को नुकसान होता।

माँ : कौन मिल तुम्हारी है जो उसके नफे नुकसान में तुम दुबले हुए जा रहे हो।

बाबूजी : कैसे नहीं है? आख़िर मैं उसका नौकर हूँ। मुझे इसी बात की तनख़्वाह मिलती है कि मैं देख भाल के अच्छी रुई खरीदूँ।

माँ : हाँ, हाँ बड़े ईमानदार और वफ़ादार नौकर हो तुम। यह तो बताओ कि क्या हुआ?

बाबूजी : अपने मुनीम जी के हाथों पन्द्रह हज़ार रुपये भिजवाये थे उसने।

माँ : पन्द्रह हज़ार रुपये।

बाबूजी : हाँ पन्द्रह हज़ार रुपये।

माँ : तो तुमने क्या किया?

बाबूजी : ऊँह करता क्या, निकाल दिया। ऐसी डांट लगाई कि भागते ही बना। किसी तरह गिरता पड़ता भाग ही गया।

माँ : भगा क्यों दिया? रुपये ले लेते।

बाबूजी : **(आश्चर्य से जैसे आकाश से गिर पड़ा हो)** शोभना की माँ, यह तुम कह रही हो? और भी कोई नहीं, तुम?

माँ : हाँ, हाँ ग़लत क्या कह रही हूँ?

बाबूजी : **(दुख से)** तुम मेरी पत्नी हो। तुम भी मुझे कुछ नहीं समझतीं। मैं पूछता हूँ कि तुम्हारे मन में ऐसी बात कैसे आई **(क्रोध से)** बोलो, जवाब दो, चुप क्यों हो?

माँ : अच्छा बाबा, ग़लती हो गयी, अब नहीं कहूँगी।

बाबूजी : नहीं, टालो नहीं। मेरी बात का जवाब दो। तुम्हारे मन में यह विचार आया ही क्यों?

माँ : ओफ़, तुम तो जबान पकड़ते हो। दिल में आया इसलिए कह दिया।

बाबूजी : यही तो मैं जानना चाहता हूँ। मेरी पत्नी होकर तुम्हारे दिल में ऐसा विचार क्यों उठा? तुम्हारी नियत अभी ठीक नहीं है। तुम्हारा हृदय अभी अशुद्ध है। तुम जाओ सात बार गायत्री मन्त्र पढ़ो। तुमसे बात नहीं करूँगा।

माँ : अरे अब गुस्सा खतम करो **(रुआँसी होकर)** बिना बात तिल का ताड़ बना रहे हो। मैंने कौन-सी कुभासा बोल दी। बस जब देखो तब बिगड़ने लगते हैं।

बाबूजी : तुमने सोचा होगा, पन्द्रह हज़ार रुपये मिल जायेंगे तो

अच्छा है। औरतों को तो रुपया चाहिए। धर्म और ईमान तो वह कुछ समझती ही नहीं। गहने बनवाने का शौक़ होगा। नयी साड़ी ख़रीदने की हवस होगी।

माँ : हाय, अब देने लगे मुझे ताने (रोकर) कौन-से मैंने गहने बनवा लिए हैं? कौन-सी साड़ियाँ खरीद के ढेर लगा दिये हैं तुमने। क़सम है भगवान की, एक छल्ला भी तुमने उँगली में डाला हो। और इस पर तुम इतने ताने देते हो। इन्हीं मोटी मोटी धोतियों में मैंने सारी उमर काट दी...साड़ी तो दूर की बात है, कभी इकलाई तक तो देखी नहीं।

बाबूजी : **(रोने से घबराकर)** अरे चुप रहो...चुप...रहो...इतना शोर क्यों करती हो। हाँ, मैं कुछ नहीं कर सका हूँ. मैंने तुम्हें भूखा रखा है, कभी कपड़े नहीं बनवा सका। कभी तुम्हें जेवर नहीं दे सका।

माँ : और ही कौन सा सुख देखा है मैंने? सारी ज़िन्दगी रोते कलपते बीत गयी, मगर मज़ाल है मुँह पर उफ़ भी आई हो; कभी तुमसे कुछ कहा है। जितना ही चुप रही, सब कुछ सहती रही, उतना ही तुम मुझे ताने देते हो।

बाबूजी : **(पीड़ा से)** शोभना की माँ, तुम बिलकुल ठीक कह रही हो। मैं न तो तुम्हें ठीक से खिला सका, न पहिना सका। कौन-सा सुख मैंने तुम्हें दिया है। तुमको सदा मेरे साथ दुख ही उठाना पड़ा है। मैं बहुत अभागा हूँ। शोभना की माँ, किसी को सुखी नहीं कर सका।

माँ : अरे में अपने लिए थोड़े ही कह रही हूँ। मुझे तो शोभना के ब्याह की पड़ी है। न जाने कहाँ से जुटा करके पाँच हजार रुपया जमा किया था। वह चोरी चला गया। कितनी मुश्किल से लड़की का तिलक दो महीने के लिए टला है। अब दो महीने भी बीत गये...मगर कुछ इन्तजाम नहीं हो सका।

बाबूजी : कुछ नहीं शोभना की माँ, मैं बहुत अभागा हूँ। **(कहते हुए खिड़की के पास जाते हैं वहाँ से उनको मौलाना और कप्तान दिखाई पड़ते हैं)**

बाबूजी : **(पुकाराते हुए)** मौलाना...ओ मौलाना...कप्तान सुनो तो। सुनो तो...

बाबूजी : **(पुकारते हुए)** मुन्ने

मुन्ने : **(भीतर से निकलकर)** ...जी बाबू जी।

बाबूजी : देख मुन्ने, बाहर कप्तान चाचा, और मौलवी चाचा जा रहे हैं, उन्हें बुला लाओ।

(मुन्ने का प्रस्थान...बाहर)

माँ : दिखाई तो पड़े। ये मुए तो ऐसे गायब हुए जैसे गधे के सिर से सींग। इसी मौलाना पर तुम्हारा हजार रुपया उधार है, मगर देने का नाम ही नहीं।

बाबूजी : दे देंगे...दे देंगे।

माँ : दे दें तो जानें। अरे मुसीबत में सहायता तो दूर की रही, उलटे जो पैसा लिया है, वह भी नहीं देते।

(मुन्ने का बाहर से प्रवेश)

मुन्ने : वह आ रहे हैं बाबूजी। **(माँ का घर के भीतर प्रस्थान)**

(कप्तान और मौलाना का प्रवेश)

मौलाना : भई, माफ करना, आ नहीं सके। बात यह है कि कुछ आ ही नहीं सके। कुछ ऐसा काम पड़ गया कि...वैसे आजकल मैं कहीं भी आता जाता नहीं हूँ।

(कप्तान चुपचाप सिगार पीता रहता है)

बाबूजी : कोई बात नहीं, कोई बात नहीं। बैठ जाओ।

मौलाना : यह बात है कि...

बाबूजी : **(बात काटते हुए)** अरे बैठ जाओ **(मौलाना अनिच्छापूर्वक बैठ जाते हैं)** मुन्ने चाय ले आओ।

मौलाना : अरे नहीं, चाय नहीं। बात यह है कि मुझे जल्दी जाना है। घर पर उनकी तबियत नासाज़ है।

बाबूजी : अगर तुम चाय न पीना चाहो न पियो, मगर कप्तान को तो पीने दो।

मौलाना : लाहौलविला कूवत, मैं कप्तान को क्यों रोकने लगा? वह ज़रूर पीयें, वह बिचारे बहुत ग़मग़ीन हैं। बाज़ी में पैदली मात खाई है।

कप्तान : शट अप।

मौलाना : फिर वही, लगे फ़ौजी तोप दागने शट अप। हाँ, यहाँ यह सब नहीं चलेगा। म्यां, शतरंज दिमाग़ी खेल है। वज़ीर अर्धब में फंसा था, घोड़े की उड़ती शह अलेहदा पड़ती। बादशाह के लिए घर बचे थे? जुंबिश नहीं कर सकता था वह। एक और दो, बस पैदली मात। **(खुशी से चीखकर)** मात।

कप्तान : शटअप।

मौलाना : वाह वाह, तुमने कह दिया और मैं चुप हो गया। मैं तुम्हारा जैसे ताबेदार हूँ? तुम्हारा गुलाम हूँ? अब रोते हो, बाज़ी पलट दी लेके...नहीं तो वज़ीर अर्धब में था। घोड़े की दुरंगी उलटी चाल...बादशाह जुंबिश...

बाबूजी : **(काटते हुए)** बड़ा बुरा किया कप्तान साहब आपने। आपको बाज़ी तो नहीं पलटनी चाहिए थे...**(मौलाना से)** यह कब की बात है?

मौलाना : **(शिकायत के स्वर में)** अभी की जनाब, बिलकुल अभी की। धनीराम के यहाँ शतरंज खेल रहे थे हम लोग।

बाबूजी : ओह, तो आजकल धनीराम के यहाँ बैठक जमती है।

मौलाना : **(एकदम घबराकर)** नहीं नहीं, बात यह है कि मैं तो आजकल कहीं आता जाता ही नहीं हूँ। मैं तो हमेशा तुम्हारे यहाँ ही आता हूँ। आज इत्तफ़ाक़ से धनीराम के यहाँ चला गया...क्यों है न कप्तान। मैं नहीं...मैं नहीं...लेकिन और सब लोग धनीराम के यहाँ जाते हैं।

बाबूजी : **(पीड़ा से)** तुम लोग मुझसे पीछा छुड़ाना चाहते हो। सूरत से भागते हो कि कहीं रुपयों के बारे में पूछताछ शुरू न कर दूँ। मगर मैं क्या करूँ...मुझे तो पूछना ही पड़ेगा...बोलो रुपयों का इन्तजाम हुआ?

मौलाना : बात यह है कि असल में वह ऐसा हुआ...

बाबूजी : तुमने तो पन्द्रह दिन की मोहलत माँगी थी?

मौलाना : तो पन्द्रह दिन की मोहलत और दे दो।

बाबूजी : लेकिन आज आख़िरी दिन है। लड़के वाले नहीं मानेंगे। बड़ी मुश्किल से उन्होंने तिलक दो महीने के लिए टाला था। तिलक हर सूरत में कल सुबह चला जाना चाहिए।

मुझे तो सिर्फ़ तुम्हीं लोगों का सहारा है। तुमने तो वादा किया था कि आज तक इन्तज़ाम कर लोगे।

मौलाना : भई असल बात यह है कि आजकल सभी के यहाँ कुड़का चलता है। वादा ज़रूर किया था...मगर भाई, हमारी हैसियत ही कहाँ है। भाई यह सब तो मुलम्मा है...मुलम्मा...

बाबूजी : हाँ, मुलम्मा तो सभी जगह है, वादों में भी।

मौलाना : जी, क्या फ़रमाया आपने?

बाबूजी : कुछ नहीं?

मौलाना : और देखिए न, मेरी भी कितनी मुसीबतें हैं। बेगम दो महीने से बीमार हैं। सारा वक़्त उनकी तीमारदारी में सर्फ़ हो जाता है। शतरंज वग़ैरह तो ख़ाली वक़्त की चीज़ें हैं। मैं तो कहीं आ जा भी नहीं पाता हूँ।

बाबूजी : **(व्यंग्य से)** सिर्फ़ धनीराम के यहाँ चला जाता हूँ।

मौलाना : वह तो...वह तो...**(एकदम खड़े होकर)** मैंने कहा बाबू भाई शीतलाप्रसाद अब इजाज़त दो।

बाबूजी : चाय तो आ जाने दो।

मौलना : नहीं नहीं, चाय फिर कभी पी लेंगे। न जाने बेगम की तबियत कैसी हो। **(रुककर)** पन्द्रह दिन और दे दो, इस बीच में रुपये का इन्तज़ाम कर दूँगा। तुम्हारी बेटी तो मेरी बेटी है।

बाबूजी : **(वितृष्णा से)** क्यों नहीं?

मौलाना : अच्छा तो अब चलता हूँ। चलिये कप्तान साहब, तशरीफ़ ले चलिए, अब मात पर ज़्यादा आँसू न गिराइये।

कप्तान : शटअप।

मौलाना : शटअप क्या? मात तो सवा सोलह आना थी, तभी तो बाज़ी मिला दी, वज़ीर अर्धब में था...

(दोनों का प्रस्थान)

(मुन्ने भी हाथ में गेंद उछालता भीतर से निकलकर बाहर चला जाता है।)

माँ : **(भीतर से प्रवेश)** देख लिया न। यही हैं तुम्हारे दोस्त! बड़ा गुमान था तुम्हें इनके ऊपर। अरे दोस्त वह है

जो मुसीबत में साथ दें। बेईमान कहीं के। तुम्हारी बेटी मेरी बेटी है। ऊँह। सब ज़रूरत पर किनारा कर गये। पहले तुम्हारे यही धनीराम, मौलाना, कप्तान और मुरारी बाबू वग़ैरह घर पर दिन भर पड़े रहते थे। चाय पीते थे, पान चबाते थे, सिगरेट से मुँह जलाकर तुम्हें बेवकूफ़ बनाते थे। तुम इतने भोले बाबा हो कि कुछ समझते ही नहीं। सारा रुपया इस मेहमानदारी में फूंक दिया...मगर किस काम?

बाबूजी : शोभना की माँ, तुम मुझे अब और परेशान न करो। मैं बेवकूफ़ हूँ, सब मुझे बुद्धू बनाते हैं। कहो मैं क्या करूँ, मैने सारा रुपया फूंक दिया। **(भीतर घर में प्रस्थान)**

(माँ झुंझलाती हुई कमरे की चीज़ें तरतीब से करती है, तभी शोभना का कमरे में प्रवेश। माँ को देखकर उल्टे पैरों लौट जाना चाहती है। किन्तु माँ के पुकारने से रुक जाती है।)

माँ : शोभना **(शोभना रुक जाती है)** तेरी यह क्या हालत है। हर समय कमरे में अकेले रहना पसन्द करती है। देख सबसे बातें कर। हँस बोल। जब देखो तब रोया करती है। आ यहाँ आके बैठ।

(शोभना कुर्सी पर बैठ जाती है, माँ किताब लाकर दे देती है।)

माँ : ले इसे पढ़, मन लगेगा। यह रोना धोना मुझे पसन्द नहीं है।

(माँ का भीतर प्रस्थान। शोभना कुछ देर तक किताब पढ़ती है, फिर अचानक फूट कर रो पड़ती है। निखिल का भीतर से प्रवेश)

निखिल : तू रो रही है?

शोभना : **(आँसू पोंछते हुए)** मैं कहाँ रो रही हूँ। देखो मेरी आँखें।

निखिल : **(हँसकर)** पागल, तू समझती है, मैं तेरे बहलाने से मान जाऊँगा।

शोभना : **(मुँह फेर कर आँसू पोंछना चाहती है)**

निखिल : देख शोभना, मेरी समझ में नहीं आता कि इसमें रोने

की क्या बात है...अच्छा ही हुआ कि रुपये चोरी चले गये। मैं नहीं चाहता था कि मेरी बहिन की शादी दहेज़ देकर उन सौदागरों के साथ हो जाये...आज नहीं लेकिन एक दिन...एक दिन सचमुच बाज़े बजेंगे। उस दिन किसी का सौदा नहीं होगा। उस दिन रुपये के लिए नहीं...तेरे लिए कोई बारात लायेगा।

शोभना : भइय्या...(**रो पड़ती है**)

निखिल : यह क्या? आँसू पोंछो (**आज्ञा के स्वर में**) देख मैं आँसू नहीं देखना चाहता। आँसू पोंछो। (**शोभना आँसू पोंछती है।**) शाबाश, हाँ इस तरह अब कभी मत रोना...इस समय मैं चलूँगा। (**चलते चलते**) अब मत रोना। (**प्रस्थान बाहर**)

शोभना : (**निखिल के जाते ही फूट पड़ती है फिर आँसू पोंछ कर।**) मैं अब कभी नहीं रोऊँगी। कभी नहीं...न कभी रोऊँगी और न हसूंगी, (**ब्लाउज में से एक पुड़िया निकालते हुए**) न कभी रोऊँगी, न कभी हँसूंगी।

(**शोभना सुराही में से पानी गिलास में लेती है उसमें पुड़िया गिराकर खाली करती है।**)

शोभना : (**गिलास हाथ में लेकर**) भइय्या न मैं रोऊँगी, न हसूंगी। न रहेगा बांस न बजेगी बांसुरी।

(**गिलास पीना चाहती है तभी माँ का प्रवेश**)

माँ : (**चीखकर**) शीतला।

(**शोभना घबरा जाती है गिलास हाथ से छूट जाता है।**)

माँ : अरे सुनते हो, हाय दौड़ो...बचाओ।

बाबूजी : (**प्रवेश करते हैं**) क्या हुआ?

माँ : (**रोती हुई**) हाय, हाय, अरे सुनते हो जी। तुम्हारी बेटी ने अभी ज़हर खा लिया होता। हाय देखा तुमने। अरे यह तो भाग्य था कि मैंने देख लिया वरना तो बेटी हाथ से गयी थी। हाय मेरी बेटी, हाय मेरी बेटी। तुझे मेरी उमर लगे, हाय मैं मर जाऊँ। यह दिन तो नहीं देखना पड़े...हाय राम मैं क्या करूँ?

बाबूजी : बेटी! बेटी! तू यह क्या कर रही थी?

माँ : अब रहने दो यह दिखावा। हाय, हाय मेरी बेटी, मैं तेरे लिए क्या करूँ? **(रोकर)** तुम्हीं लोगों से मेरी जिन्दगी है। भगवान तुम बच्चों को अच्छा रखें। हाँ, हाँ, मैंने बहुत दुनिया देख ली, बहुत दिन जी ली...अब नहीं जीना चाहती।

बाबूजी : **(पीड़ा से)** नहीं बेटी, तू यह क्या कर रही थी? पगली माँ बाप पर भरोसा नहीं है, तू सुखी होगी तो हमें भी सुख होगा। पागल कहीं की। यक़ीन रख बेटी, यक़ीन रख। तेरे सुख के लिए जो कुछ होगा वह मैं सब करूँगा। सब करूँगा। अच्छा अब चुप हो जा बेटी...आँसू पोंछ ले।

माँ : चल बेटी अन्दर, हाय मैं क्या करूँ। चल बेटी, अन्दर चल। हाय भगवान ने बड़ा बचाया। **(शोभना और माँ का प्रस्थान)**

(बाबूजी अकेले खड़े रह जाते हैं, तभी मुरारी बाबू का प्रवेश)

बाबूजी : मुरारी बाबू, भई तुम बड़े अच्छे वक़्त पर आये। बहुत ही अच्छे वक़्त पर आये। इस समय...इस समय मैं बहुत ही मुसीबत में हूँ। बताओ तुम्हारे चार हजार रुपये मिल गये... **(मुरारी बाबू चुप रहते हैं)**

बाबूजी : मैंने हमेशा कहा है कि उसके राज्य में देर है अंधेर नहीं। तुम भी मेरी तरह हमेशा ईमानदार रहे हो। कभी एक पैसा भी घूस का नहीं लिया। यह तुम्हारी गाढ़ी कमाई का पैसा है, तुम्हारी मेहनत का पैसा है...आख़िर घोष साहब को देना ही पड़ा। **(आँखों में आँसू आ जाते हैं)** मैं तुम्हारे एहसान को कभी नहीं भूलूँगा।

मुरारी : बाबू जी...

बाबूजी : **(बिना कुछ सुने भर्राये गले से)** मैं तुम्हारे इस अहसान को कभी नही भूलूँगा। सुना तुमने, शोभना ज़हर खाने जा रही थी।

मुरारी : ज़हर खाने?

बाबूजी : हाँ ज़हर खाने, यह तो कहो कि उसकी माँ ने देख

लिया। नहीं तो आज ग़ज़ब हो जाता। मैं तो शादी तोड़ दूँ, मगर बदनामी के ख़्याल से और इस डर से कि शोभना के दिल पर क्या बीतेगी, कुछ नहीं करता लेकिन ...लेकिन आज ग़ज़ब हो जाता।

(मुरारी बाबू सिर झुका लेते हैं)

बाबूजी : मगर तुम इतने उदास क्यों हो?

मुरारी : कुछ भी नहीं।

बाबूजी : **(व्यग्रता से)** क्या हुआ...क्या हुआ तुम्हारे मुक़दमे का?

मुरारी : कुछ भी नहीं हुआ...

बाबूजी : **(शान्त स्वर में)** क्या मतलब?

मुरारी : मतलब यह कि मैं मुक़दमे में हार गया।

बाबूजी : हार गये, अब क्या होगा? सब लोग साथ छोड़ गये। इस मुसीबत में एक तुम्हारा ही सहारा था। अब क्या होगा? कैसे हार गये...कैसे हार गये?

मुरारी : घोष साहब को मुझे मेरे हक के चार हज़ार रुपया देना गंवारा नहीं था लेकिन उन्होंने इन्सपेक्टर को दस हज़ार रुपये घूस के दिये और उसने ग़लत रिपोर्ट भिजवा दी। मैं मुक़दमा हार गया।

बाबूजी : **(आश्चर्य से)** उन्होंने दस हज़ार रुपये घूस में इसलिए दिये कि चार हज़ार रुपये तुम्हें न देने पड़ें...? क्यों?

मुरारी : शायद इसलिए कि फ़र्म के दूसरे कर्मचारी भी अपनी माँग न करना शुरू कर दें, अपने हक़ के लिए लड़ना न शुरू कर दें।

बाबूजी : उफ़ कितनी बेईमानी है! कितना धोखा, छल और फ़रेब! निखिल ठीक कहता था। दया और ईमानदारी इस संसार की बातें नहीं हैं, केवल धर्म की पुस्तकों की बातें हैं। आदमी इन ऊची-ऊँची बातों और मोटी-मोटी पोथियों के बावजूद भी जानवर है...स्वार्थी...क्रूर और जानवर। बड़ी मछली की तरह जो छोटी मछली को निगल जाती है।

मुरारी : मेरा विश्वास उठता जा रहा है सबसे। इस दुनिया में जीने के लिए दुनियावी बनना पड़ता है। पास में पैसा

हो तो सब अपने हैं। आपको शरीफ़, धार्मिक और सच्चरित्र कहेंगे, नहीं तो कोई टके सेर भी नहीं पूछेगा। रिश्तेदार भी आपको अपना रिश्तेदार बताने में हिचकेंगे।

बाबूजी : तुम ठीक कह रहे हो मुरारी।

मुरारी : बाबूजी, आपने जिन्दगी भर ईमानदारी बर्ती है, एक पैसा भी हराम का आपने पाप समझा है...इसके अलावा सब के दुख दर्द में सबके आगे रहे, मगर किस फ़ायदे से? क्या मिला है आपको?...आत्मा की शान्ति...भूखे पेट पर आत्मा की शान्ति नहीं सूझती है। आज मेरी समझ में आ रहा है कि कितनी खोखली है, ये सत्य, ईमान की बातें! कितनी तथ्यहीन!

बाबूजी : **(चौंककर)** ऐसा न कहो मुरारी।

मुरारी : क्यों न कहूँ, कौन सुखी रहा है ईमानदार बनके। न आत्मा की शान्ति, न शरीर का सुख। यह ईमानदारी का चक्कर न होता तो कम से कम सुखी तो होता।

बाबूजी : ऐसी बातें करके मुरारी, अपनी इतने दिनों की तपस्या पर धूल न डालो।

मुरारी : मैं किसी चीज़ से केवल इसलिए हटने से नहीं डरता क्योंकि उसमें बहुत दिनों से करता आ रहा हूँ...मैं संसार की हर वस्तु दिमाग़ के तराजू पर तौलता हूँ। और जब उसे व्यर्थ समझता हूँ तो उसे फेंक देता हूँ। आत्मा की शान्ति! ऊँह, भरे पेट और चर्बीदार चेहरे वालों को आत्मा की अशान्ति कभी नहीं सताती।

बाबूजी : मुरारी, मुरारी, समझदारी की बातें करो। किसी चीज़ का निर्णय इतनी जल्दी करना ठीक नहीं है, तुम मेरे विश्वासों को ठेस न लगाओ।

मुरारी : घोष बाबू इसलिए मुझसे नाराज़ हैं क्योंकि मैं उनकी फ़र्म की ब्लैक मारकेटी में शामिल नहीं होता। मेरे साथी इसलिए असन्तुष्ट हैं क्योंकि मैं उनका जैसा नहीं हूँ, वह मेरी ईमानदारी को शंकित निगाहों से देखते हैं। मेरी शिकायतें करते हैं। मैं अब तक लड़ता रहा हूँ, लेकिन अब जाऊँगा।

बाबूजी : कहाँ?

मुरारी : घोष बाबू के पास। उनसे सुलह करने, अपने साथियों से समझौता करके उनका साझीदार बनने।

बाबूजी : नहीं मुरारी, सोचो ज़रा...नहीं नहीं मुरारी, ऐसा न करना...ऐसा न करना...

मुरारी : **(मुरारी उठा करके खड़ा होता है)** अच्छा नमस्कार। **(उठकर तेज़ी से चला जाता है)**

बाबूजी : **(द्वार तक जाकर पुकारते हुए)** सुनो मुरारी...सुनो मुरारी सुनो... **(बैठकर)**। मुरारी...ये तुम क्या कर रहे हो?

मुन्ना : **(बाहर से प्रवेश करके)** बाबू जी अंधे बाबा मर गये।

बाबूजी : **(चौंककर)** क्या कहा? अंधे बाबा मर गये।

मुन्ना : हाँ बाबूजी, अंधे बाबा मर गये।

बाबूजी : कैसे?

मुन्ना : पता नहीं, लोग कह रहे थे, कि रात को वह देर तक गाते रहे। सुबह जब लोग उन्हें जगाने गये तो पता लगा कि वह मर गये।

बाबूजी : **(खड़े होकर)** अंधे बाबा मर गये।

मुन्ना : उनका एकतारा भी टूट गया बाबू जी।

बाबूजी : **(रुंधे गले से)** अंधे बाबा मर गये। अंधे बाबा मर गये... **(प्रस्थान बाहर को)**

(मुन्ना अकेला खड़ा रह जाता है तभी माँ का भीतर से प्रवेश)

माँ : क्यों मुन्ना, तुम्हारे बाबूजी कहाँ गये?

मुन्ना : इधर को अम्मा। हमने कहा, अंधे बाबा मर गये...

माँ : क्या? अंधे बाबा मर गये।

मुन्ना : हाँ माँ, हमने कहा तो बस, वह अंधे बाबा मर गये, अंधे बाबा मर गये कहते हुए इधर को चले गये **(बाहर के द्वार को दिखाता है)**

माँ : तू तो मौहल्ले का सरपंच बना हुआ है। कहाँ क्या हो रहा है, इस सब की पूरी खबर तुमसे ले लो! क्या ज़रूरत थी तुझे कहने की, उनसे? वह चल दिये होंगे उसकी क्रिया करम को। उन्हें तो घर की कोई चिन्ता

है ही नहीं...अच्छा तू तो अन्दर चल। दिन रात घर घर झांकता फिरता है। चल अन्दर।

(मुन्ने का भीतर प्रस्थान तभी दरवाजे पर खटखटाहट होती है।)

माँ : **(पुकारकर)** कौन है?

बाहर से : मैं...मैं हूँ...माँ जी...पंडित ।

माँ : पंडित जी अन्दर आ जाइये **(पंडित का प्रवेश)** क्या बात है पंडित जी।

पंडित जी : बाबूजी कहाँ हैं?

माँ : वह तो कहीं गये हैं। क्या बात है?

पंडित : कुछ नहीं, ऐसे ही माँ जी, दर्शन करने चले आये।

माँ : भोजन तो आपने आज दोपहर को प्राप्त कर लिया था न?

पंडित : हाँ जी, भोजन तो हो गया।

माँ : तो क्या बात है? अगर कोई खास बात न हो तो मुझे ही बता दीजिए।

पंडित : बाबूजी होते तो अच्छा रहता।

माँ : अच्छी बात है, वही आ जायें तो उनसे कह दीजिएगा, मगर उनका कुछ ठीक नहीं, कब तक आयें। आखिर मैं भी तो जानूँ क्या बात है? क्या कोई खास बात है?

पंडित : नहीं! नहीं ऐसी कोई खास बात नहीं है...बात असल यह है कि.... **(बहुत ही हिचकते हुए)** मैं बहुत ही गरीब आदमी हूँ...

माँ : मगर पंडित जी, हमारी हालत भी आपसे छिपी नहीं है। कहने को यह मिल में अच्छी नौकरी पर हैं। पाँच सौ रुपये पाते हैं, मगर पाँच सौ रुपए क्या होते हैं। लड़की की शादी का हाल तो आप जानते ही हैं, इस समय हम आपकी कुछ सहायता नहीं कर सकते।

पंडित : **(हिचकते हुए)** मेरा मतलब था थोड़ी सी सहायता...

माँ : **(तेज़ी से बात काटते हुए)** पंडित जी, हम वाकई में मजबूर हैं।

पंडित : नहीं, नहीं, मेरा मतलब यह है कि मेरे पास यह सिर्फ़

1245 रुपये हैं, मेरी जीवन भर की कमाई, शोभना बेटी के बियाह में अगर मैं कुछ कर सकूं...

माँ : **(आश्चर्य से)** पंडित जी आप हमारी सहायता कर रहे हैं?

पंडित : उतना मेरा भाग्य कहाँ किन्तु जो कुछ थोड़ा बहुत बन पड़ रहा है, वह करने का प्रयत्न कर रहा हूँ। आप बुरा न मानियेगा।

माँ : लेकिन पंडित जी...ये कैसे हो सकता है कि हम आपकी जीवन भर की कमाई ले लें।

पंडित : ऐसा न कहो बहूजी...ऐसा न कहो। बड़े डरते डरते लाया हूँ...मैं बहुत गरीब हूँ...सुदामा के चावल इसे समझो।

माँ : पंडित जी, आपने तो बड़ी मुश्किल में डाल दिया। पंडित जी...आपकी बहुत मेहरबानी। लेकिन इसे आप ले जाइए।

पंडित : नहीं बहू जी, शोभना हमारे लिए बेटी के बराबर है। मैं उसे देने का संकल्प कर चुका हूँ। अब यह धन बेटी का हो गया है। नहीं, नहीं अब इसे वापिस लेकर मैं पाप का भागी नहीं बनूंगा **(चलता है)**।

माँ : सुनिए तो पंडित जी, कहाँ चले! सुनिए तो सही...

पंडित : नहीं नहीं, मैं पापा का भागी नहीं बन सकता, नहीं माँजी नहीं...**(प्रस्थान)**

माँ : अजीब बात है?

(परमा चाची का बाहर से प्रवेश)

परमा : क्या सोच रही हो बहन?

माँ : कुछ नहीं बहन। आओ कैसे इधर घूम पड़ीं?

परमा : ऐसे ही, मंदिर जा रही थी सोचा तुम्हारा भी हाल चाल ले लूँ। कहो कुछ इन्तजाम हुआ?

माँ : अभी तक तो कहीं से इन्तजाम नहीं हुआ। सब राम आसरे है।

परमा : बाबू जी कहाँ गये?

माँ : पता नहीं कहाँ चले गये? जहाँ मुँह उठा वहीं चले गये होंगे। भगवान जाने क्या होगा?

परमा : एक बात कहूँ, बहन।

माँ : कहो, परमा बहन।

परमा : मुहल्ला भर मुझे मनहूस कहता है। पैदा होते ही माँ को खा लिया, और कुछ दिनों बाद बाप को भी मार डाला, मामा ने पाला लेकिन वह भी ज़्यादा साथ नहीं दे सके...बुआ ने ब्याह किया किन्तु जन्म की अभागी, अभागी ही रही। मेरे खोटे करम के साये में वह भी समा गये। एक बेटा हुआ। वह भी मरा हुआ फिर सब मनहूस क्यों न कहें...मैं वाकई बड़ी मनहूस हूँ।

माँ : नहीं परमा बहन, यह सब तो यों ही कहते हैं। वह तुम्हें पहिचान नहीं पाते?

परमा : **(पीड़ा से)** बहन, किसी ने मेरे मन को नहीं जाना, कोई मेरे मन का दरद नहीं समझता।

माँ : क्या कहती हो बहन? हम लोग तो हैं।

परमा : तुम्हारे घर से बड़ा अपनापा पाया है मैंने बहन। ये कुछ जेवर हैं, दो हजार के होंगे, इन्हें तुम ले लो...शोभना के ब्याह के लिए। देखो तुम्हें मेरी क़सम, इन्कार न करना, वरना मुझ अभागी के करम में एक रोना और जुड़ जावेगा।

माँ : **(आश्चर्य से)** तुम जेवर दे रही हो! हे भगवान, तेरी दुनिया अजीब है। जिनके पास पैसा है उनके पास दिल नहीं, और जिनके पास दिल है उनके पास पैसा नहीं। परमा बहन, तुम्हारा बहुत बहुत धन्यवाद। इस समय यह जेवर रखो, ज़रूरत होगी तो माँग लूँगी।

परमा : जनम की अभागी को एक ही तो मौका आया है अपने दिल की निकालने का, तुम उसे भी छीने ले रही हो **(आँसू पोंछकर)** शोभना की अम्मा, मान जाओ मेरी, शोभना हमारी भी बिटिया है।

माँ : नहीं, नहीं परमा बहन, मुझे ग़लत न समझो, मैं मना नहीं कर रही हूँ। **(भर्राये गले से)** शोभना तो तुम्हारी बिटिया है ही, उसे जो चाहो वह दो। हम लोग माँ बाप होकर कुछ नहीं कर पा रहे हैं। असली माँ तो तुम हो, जब ज़रूरत होगी रुपये ले लूँगी।

परमा : तुम मेरी चिन्ता न करो। मेरे जीने भर को तो मकान का किराया मिल जाता है, लेकिन मुझे मना न करो। मैं यह जेवर शोभना बेटी को पहिना के ही जाऊँगी। **(मकान के बाहर मोटर रुकने की आवाज)**

माँ : यह मोटर से कौन आया? मुन्ने...मुन्ने... **(मुन्ने का भीतर से प्रवेश)** देख तो बाहर कौन आया।

परमा : **(खिड़की से देखकर)** बाबू जी आये हैं। **(पीछे बाबूजी का भी प्रवेश)**

माँ : अरे, तुम मोटर में आये हो, मैं समझी कोई और आया है।

बाबूजी : परमा बहन, राम राम, कहो कैसी हो? तुम तो ईद का चांद हो गयी हो, किन बादलों में छिपी रहती हो।

परमा : अरे भइया, तुम्हीं नहीं दिखाई पड़ते, मैं तो सुबह भी आई थी, और इस समय आ के जाने वाली थी। यह तो कहो कि तुम आ गये।

बाबूजी : मैं तो काम काज में ही लगा रहता हूँ। आज इतवार की छुट्टी थी, तो शोभना की शादी के सिलसिले में अधर उधर आ जा रहा हूँ।

माँ : परमा बहन, शोभना के तिलक के लिए अपना जेवर लाई हैं।

बाबूजी : **(आश्चर्य से)** जेवर।

माँ : और पंडित जी अपने जीवन भर की कमाई 1245, रुपया 7 आना छोड़ गये हैं।

बाबूजी : **(आश्चर्य से विमूढ़)** कितने ताज्जुब की बात है? दुनिया में अब भी कुछ अच्छे लोग हैं।

परमा : हाँ, जब तक अच्छों के सरताज तुम हो, दुनिया से अच्छाई कहाँ जा सकती है?

बाबूजी : **(कुछ देर से खाली सी निगाह से देखकर)** परमा बहन बहुत शुक्रिया...

परमा : **(काटकर)** नहीं भईया, शोभना मेरी भी बेटी है। तुम कौन हो मना करने वाले, हाँ मैं नहीं मानूंगी, बड़े आये मना करने वाले।

बाबूजी : सुनो तो...परमा बहन। रुपयों का इन्तजाम हो गया है।

परमा : देखो अब तुम बहाना करने लगे।

बाबूजी : नहीं बहन, बहाना नहीं सचमुच रुपयों का इन्तजाम हो गया है। यह देखो...**(जेब से रुपये निकालकर)** उधार लाया हूँ। चुकता कर दूँगा। अब सुनो मेरी अच्छी बहन, यह जेवर तुम ले जाओ, ले जाओ न। शोभना तो तुम्हारी ही बेटी है। ज़रूरत पड़ेगी तो माँग लूँगा।

(जेवर की गठरी परमा के हाथ में पकड़ा देता है)

परमा : **(अन्चिछा से)** जैसी तुम्हारी मरजी, मगर देखो भइया जैसा भी कुछ हो तुरन्त मझसे कहना, मुझे कभी पराया नहीं समझना।

माँ : अपनों को भी पराया समझने लगेंगे, तो अपना कौन होगा?

परमा : अच्छा तो चलूँगी। शोभना बेटी सुहागिन हो, और उसका सुहाग अटल हो...राम राम बहन। राम राम भइया **(परमा का बाहर प्रस्थान)**

माँ : **(पुकारकर)** कल सुबह नौ बजे तिलक जायेगा, तुम आठ बजे तक आ जाना।

बाबूजी : यह लो रुपया। पाँच हजार है। इनको सम्हाल करके रख देना। कहीं पिछली बार की तरह न रखना। और पंडित जी के रुपये भी ठीक से रख दो, इन्हें वापिस कर देंगे।

(माँ रुपये लेकर भीतर को चलती है)

बाबूजी : सुनती हो, ज़रा मैं चलूँगा।

माँ : **(रुककर)** अब कहाँ चले?

बाबूजी : **(स्नेह से)** देखो, शोभना की माँ, जाते हुए आदमी को टोकना नहीं चाहिए।

माँ : **(हँसकर)** अच्छा, अच्छा...मगर चाय तो पीलो, शाम होने आ रही है। **(प्रस्थान घर के भीतर)**

(मुन्ने का भीतर से प्रवेश)

मुन्ना : बाबूजी, बाबूजी आप मोटर में बैठकर आये थे?

बाबूजी : **(दुलार से मुन्ने को अपने निकट खींचते हुए)** हाँ बेटा।

मुन्ना : बाबूजी, जब मैं बड़ा हो जाऊँगा तो मैं भी ऐसी ही मोटर पर चढूँगा।

बाबूजी : हाँ, हाँ बेटा ज़रूर।

मुन्ना : बाबूजी, मैं मोटर खरीद लूँगा, और आपको भी बैठाऊँगा।

बाबूजी : **(रहस्यमयी हँसी से)** बेटा तू बहुत बड़ा आदमी बनेगा। तेरे पास एक नहीं, बहुत सी मोटरें होंगी। सब तेरी बड़ी इज्ज़त करेंगे। तेरा दुनिया में बहुत नाम होगा। **(लाड़ से)** मेरा राजा बेटा बहुत बड़ा आदमी होगा।

(शोभना चाय लेकर आती है)

बाबूजी : ला बेटी, तेरे हाथ की भी चाय पी लूँ। बैठ जा बेटी। मैं चाय पी के बता सकता हूँ कि यह किसके हाथ की बनी है। तुम्हारे हाथ की, या तुम्हारी माँ के हाथ की। **(पीता हूँ)** ओफ़्फ़ो यह तो बड़ी मीठी है। यह तो मेरी बेटी के हाथ की बनाई हुई लगती है?

(शोभना शरमाकर स्वीकार में मुस्कुराती है।)

माँ : **(प्रवेश करके बिस्किट की तश्तरी सामने मेज पर रखती है।)**

बाबूजी : और बेटी, तेरी माँ के हाथ की चाय जानती है, कैसी होती है? कड़वी एकदम कड़वी।

माँ : बेटी के हाथ की मीठी चाय जन्म भर तो पीने को मिलेगी नहीं। बेटी तो पराई होती है। पीनी तो तुम्हें मेरे हाथ की ही कड़वी चाय पड़ेगी।

(बाबूजी हँसते हैं)

बाबूजी : **(शोभना से)** तू बेकार ही चिन्ता में दिमाग़ ख़राब किये डाल रही थी। यह तो ज़िम्मेदारी हमारी है न, चिन्ता तो हमें करनी चाहिए। तुझे तो हँसना चाहिए। तू ख़ूब हँसाकर। इससे तन्दुरुस्ती अच्छी रहती है। रुपयों का इन्तजाम हो गया है...और कल सुबह नौ बजे तिलक चला जायेगा।

(शोभना शर्मा के अन्दर भाग जाती है)

मुन्ना : बाबूजी, जीजी शर्मा के भाग गयी। पकड़ लाऊँ?

बाबूजी : हाँ हाँ...पकड़ लाओ...

(मुन्ना शोभना को पकड़ के लाता है और ख़ूब गुदगुदाता है। सब हँसते हैं। तभी निखिल का बाहर से प्रवेश)

बाबूजी : यह लो, निखिल भी आ गया। आओ। इधर आके बैठो मेरे पास **(निखिल बैठ जाता है)** शोभना की माँ हम लोग कितने सुखी हैं। हमारे दो राजा बेटे हैं और एक रानी बेटी। सच मानो शोभना की माँ, ऐसे अच्छे...बच्चे दुनिया में चिराग़ लेकर ढूँढने जाओ तो भी नहीं मिल सकते।

माँ : हाँ, यह तो है ही।

बाबूजी : हमारे दफ़्तर के बहुत से साथियों में बातचीत हो रही थी...कोई कह रहा था कि अब तक की नौकरी में एक लाख कमाया, कोई कहता था दो लाख रुपया कमाया और कोई सवा दो लाख। मुझसे जब पूछा तो जानती हो मैंने क्या कहा?

माँ : क्या कहा?

बाबूजी : मैंने कहा...तीन लाख रुपये। उनकी आँखें फट गयीं। बोले आप तो बड़े ईमानदार कहलाते हैं, फिर इतना कहाँ से आया? मैंने कहा...मेरे तीन बच्चे हैं...दो लड़के और एक लड़की, वही हैं सब कुछ मेरे लिए। उन्हें चाहे लाख कहो, चाहे करोड़।

माँ : आज आपके बड़े बेटे ने खाना नहीं खाया है। मुझसे नाराज है।

बाबूजी : नहीं खाया होगा, अक्सर क्रोध में ऐसा होता है। अपने ही को देखो जब नाराज़ होती हो तो ज़मीन सर पर उठा लेती हो...निखिल मेरे हाथ से खायेगा। लो खाओ। **(निखिल को बिस्किट खिलाता है)** मुन्ने अब तुम दादा को खिलाओ। **(मुन्ना जबरदस्ती खिलाता है)**...

बाबूजी : शोभना की माँ, निखिल बहुत ही योग्य लड़का है। इतनी कम उमर में यह तो इतना सब कुछ जानता है...जिसका हम लोग इस उमर में सपना भी नहीं देख सकते...देख लेना एक दिन यह संसार में नाम कमायेगा।

माँ : भगवान करे वह दिन जल्दी आये।

बाबूजी : इसकी तुमने अख़बार में फोटो देखी। जानती हो इसकी पेंटिंग की बड़ी तारीफ़ निकली है। कुछ ही दिनों में उसकी पेंटिंग नेशनल गैलरी में टंगेगी। जिसके शोभना जैसी अच्छी लड़की हो...और मुन्ने व निखिल जैसे होनहार और योग्य बेटे हो, वह तो सुखी होगा ही।

माँ : **(चुप रहती है)**

बाबूजी : **(निखिल से)** ...देखो बेटा, कल सबुह नौ बजे शोभना का तिलक लेकर तुम्हें जाना पड़ेगा **(निखिल आश्चर्य से पिता की ओर देखता है बाबूजी हकलाकर कहते हैं)** रुपए उधार मिल गये। मैं तो नहीं जा सकूंगा, दफ़्तर से छुट्‌टी नहीं मिलेगी, इसलिए तुम्हीं चले जाना। साथ में पंडित और नाई भी जायेंगे...अच्छा इस समय मैं ज़रा काम से जा रहा हूँ...भगवान करे तुम सब खूब सुखी रहो। बहुत बड़े आदमी बनो...**(चलता है किन्तु दरवाजे तक जाकर लौट आता है)** शोभना की माँ, तुम किसी बात की अब चिन्ता न करना। तुम्हारे बच्चे बहुत ही अच्छे हैं। निखिल तो बहुत ही योग्य है। वह सब कुछ सम्हाल सकता है। उसे ज़िम्मेदारी दो तो वह ज़िम्मेदार बनेगा...बहुत ही अच्छा...अरे हाँ **(प्यार से)** मुन्ना तो और भी अच्छा है और शोभना, शोभना तो सबसे अच्छी है। सब अच्छे हैं...बड़े अच्छे। **(प्रस्थान बाहर)**

(माँ शोभना मुन्ने और निखिल भीतर जाते हैं, स्टेज कुछ क्षणों के लिए खाली रहता है, सन्ध्या होने लगती है। मंच पर अंधेरा होने लगता है और खिड़की के बाहर शाम की लाली बिखर जाती है, जिसकी छायायें मंच को भी लाल कर देती है। तभी बाहर नेपथ्य में जोर से मोटर रुकने की आवाज और एक साथ बहुत से कंठों का कोलाहल)

(माँ, निखिल, शोभना का प्रवेश)

निखिल : **(खिड़की से बाहर देखकर, आश्चर्य से) बाबूजी का मोटर से एक्सीडेंट हो गया है।**

माँ : हे भगवान, यह क्या हुआ! **(तेज़ी से बाहर की तरफ भागती है। निखिल भी जाता है। शोभना और मुन्ने भी बाहर जाते हैं। थोड़ी देर में सब बाबूजी के बेहोश खून से लथपथ** शरीर **को लेकर लौटते हैं। और तख्त पर लेटाते हैं। साथ में पंडित जी और एक अजनबी है)**

माँ : हाय भगवान! ये क्या हो गया!

पंडित : सर से खून बह रहा है। जल्दी से पट्टी लाकर बाँध दो। **(शोभना अन्दर दौड़कर जाती है।)**

बाबूजी : **(होश में आकर)** शोभना कहाँ है? शोभना कहाँ है पाँच हज़ार...पाँच हज़ार फेंक दो उसे, फेंक दो...नहीं तो हाथ जल जायेगा...दमड़ीचन्द धोकाचन्द...पाँच हज़ार... दमड़ीचन्द धोकाचन्द...पाँच हज़ार, फेंक दो उसे, नहीं तो हाथ जल जायेगा...हाथ जल जायेगा...**(फिर बेहोश हो जाता है)**

(शोभना धोती लेकर आती है, माँ उसे फाड़कर पट्टी बनाती है।)

अनजबी : लाओ मैं बाँधू **(पट्टी बाँधता है)**

पंडित : मैं तो यहीं बाबूजी के पास आ रहा था, तभी देखा कि बाबूजी घर से निकले, तो मोटर के आगे इत्तिफाक से आ गये।

अजनबी : इत्तिफाक, ऊँह तुम इत्तिफाक कहते हो। इन्हें हमने इतना बचाने की कोशिश की, इस पर भी यह मोटर के सामने कूद ही पड़े सड़क पर। ऐसे चले जा रहे थे जैसे सपना देख रहे हों।

माँ : हाय, यह बेहोश हैं, अब क्या होगा? डाक्टर को बुलाओ।

अनजबी : यहाँ डाक्टर के आने में देरी होगी। हमें इन्हें मोटर से अस्पताल लिए चलते हैं।

पंडित : हाँ, हाँ यही ठीक होगा।

माँ : जैसी तुम्हारी मर्जी, चलो।

(सब बाबू जी को उठाके ले चलते हैं। निखिल बैठ जाता है, नेपथ्य में पागल कर देने वाला उलझा हुआ संगीत।)

(सीमा का बाहर से प्रवेश)

सीमा : सुना, बाबूजी का मोटर से एक्सीडेन्ट हो गया। तुम क्यों नहीं गये? तुम जवाब क्यों नहीं देते...इस तरह क्यों बैठे हो।

(निखिल पागलों की तरह लाल रंग घोलता है और केनवस पर लगाता है)

सीमा : **(व्यग्र सी)** यह क्या है? यह क्या कर रहे हो?

निखिल : **(विक्षिप्त सा)** सीमा, मैंने अपने बाबू जी का खून कर दिया। वह देखो लाल खून, यह देखो, खून से मेरी उगलियां लाल हैं। **(फूटकर)** सीमा मैंने अपने बाबू जी का खून कर दिया।

सीमा : यह क्या कह रहे हो निखिल, चुप हो जाओ। चुप हो जाओ।

निखिल : जानती हो सीमा, वह रुपये चोरी नहीं हुए थे। उन्हें मैंने छिपा दिया था। मैं नहीं चाहता था कि शोभना की शादी दहेज़ देकर हो। उसे पढ़ा लिखाकर इस योग्य बना दें कि वह स्वयं पैरों पर खड़ी हो सके...सीमा, बाबूजी ने घूस ली, सेठ दमड़ीचन्द से पाँच हज़ार रुपया घूस के लिए...।

सीमा : घूस!

निखिल : हाँ सीमा, लेकिन वह उसे सहन न कर सके। मोटर के आगे गिरकर उन्होंने अपने को मार डाला **(फूटकर)** सीमा बाबूजी को मोटर के आगे मैंने ढकेल दिया! हाँ, मैंने उनको मार डाला।

सीमा : निखिल चुप हो जाओ।

निखिल : मुझे नहीं मालूम था कि बाबूजी के विश्वास इतने गहरे हैं, कि वह उनके लिए अपनी जान भी दे सकते हैं। मैं चाहता था कि वह बेईमानी करें। मैं उन पर हँसता था मगर उनके विश्वासों ने मुझे हिला दिया। मुझे न छुओ सीमा, मुझे अपने आप से नफ़रत हो गयी है।

सीमा : घबराओ नहीं।

निखिल : बाबूजी हार के जीत गये, और मैं जीत के हार गया, सीमा मैं हार गया, मुझे सहारा दो।

सीमा : **(रो पड़ती है)** निखिल मेरे निखिल **(सिसकियों से भरे गले से)** बाबूजी बच जायेंगे। घबराओ नहीं, बाबूजी बच जायेंगे, बाबूजी बच जायेंगे।

(दोनों रोते हैं, दोनों के आँसुओं की गंगा जमुना संगम बनाती हैं, प्रार्व में करुण संगीत है, दूर कहीं कोई ऊँचे स्वर में पढ़ रहा होता है :

सर्वधर्मान्यपरित्यज्य मामेकं शरणं ब्रज।
अहँ त्वां सर्वपापेभ्यो मोक्षायियामि मा शुचः॥

इति

मन के भँवर
(1958)

विरासत में, जिनकी सहज अभिनय
क्षमता मुझे नाट्याभिरुचि
के रूप में प्राप्त हुई,
उन माँ की
स्मृति को।

प्रथम संस्करण की भूमिका

सहधर्मियों से

मेरा प्रथम प्रेम रंगमंच है, नाटक लेखन द्वितीय। इसलिए मैं पहले इस नाटक के भावी निर्देशकों से एक सहधर्मी निर्देशक के स्तर पर बात करना चाहूँगा, नाट्य समीक्षकों से बाद में।

इस नाटक के दृश्यबंध और मंच-सज्जा के विषय में मेरा कोई पूर्वाग्रह नहीं है। निर्देशक अपनी सुविधा और साधन की परिधि में नाटक की आत्मा को जीवित करने के लिए, जैसी उपयुक्त समझें, वैसी मंचसज्जा और दृश्यबंध प्रयोग कर सकते हैं, नाटक में उल्लिखित मंच सज्जा निर्देश केवल संकेत मात्र हैं।

मेरे विचार में छाया और देवेन्द्र के चरित्र ऐसे हैं, जिनके निरूपण (इन्टरप्रटेशन) में विशेष सतर्कता की आवश्यकता है। वैसे तो हर निर्देशक अपने विशिष्ट दृष्टिकोण से नाटक के चरित्रों का चित्रण करने के लिए स्वतंत्र है, और एक चरित्र के विभिन्न निर्देशकों द्वारा किये गये विविध चित्रण से नाटक की संभावनाओं का अन्वेषण और विकास ही होता है, जो अन्ततः लाभदायक है, फिर भी मैंने इन चरित्रों के मंच-निरूपण में जो अनुभव प्राप्त किये हैं, वह इस आशा से दे रहा हूँ, कि वे किसी सीमा तक इस नाटक के भावी निर्देशकों के लिए सहायक सिद्ध होंगे।

कोई भी अभिनेत्री, सहज ही, प्रथम अंक के छाया के संवादों से छाया के चरित्र को खलनायिका (वैम्प) के रूप में चित्रित करेगी। किन्तु ऐसा चित्रण दोषपूर्ण होगा। ऐसा चित्रण छाया के तृतीय अंक के संवादों से असंगतिमय होगा। यदि प्रथम अंक में छाया के चरित्र को खलनायिका के रूप में प्रतिष्ठित किया जाता है, तो तृतीय अंक में उसके द्वारा कहे जाने वाले पश्चात्ताप के शब्द, संवेदना और करुणा के स्थान पर, दर्शकों की हँसी और उपहास ही उभारेंगे। अतएव आवश्यक है कि प्रथम अंक में छाया के चित्रण पर विशेष ध्यान दिया जाये। छाया मूलतः खलनायिका नहीं है। वह एक अत्यन्त भावुक, महत्त्वाकांक्षी और संवेदनशील स्त्री है, किन्तु उसमें परिस्थितियों को पहचान कर उनसे समझौता

करने तथा उनके अनुसार अपने को बदलने की क्षमता नहीं है। उसकी यही एक कमी उसके पतन का कारण बनती है। वह देवेन्द्र के साथ इसलिए भाग जाती है, क्योंकि वह उसके उन कमजोर क्षणों में आता है, जब जीवन की बदली हुई परिस्थितियों में उसकी ऊब सबसे गहरी है। यद्यपि वह अपनी सास और पति से प्रथम अंक में कठोर बातें कहती है, तब भी वह रूढ़िगत अर्थ में खलनायिका नहीं है। वह परिस्थितियों से मजबूर ऐसी विवश औरत है, जो कुछ काल के लिए विपथगा हो जाती है। छाया का प्रथम अंक में सहानुभूतिपूर्ण चित्रण ही तृतीय अंक में उसके चरित्र की निरन्तरता अविच्छिन्न रखेगा तथा दर्शकों की सहानुभूति और करुणा प्राप्त कर सकेगा।

देवेन्द्र ऐसा चरित्र है, जो कपड़े करीने से पहनता है, शक्ल-सूरत का अच्छा है, और स्वास्थ्य का भी ख़ासा है। कुल मिलाकर वह देखने में बहुत ही 'स्मार्ट' है। वह अपनी स्पष्टवादिता, बेफ़िक्री और पर्सनालिटी (केवल बाह्य) से दूसरों को अपनी ओर आकर्षित करता है, किन्तु अन्ततः गहराई के अभाव में किसी को ज़्यादा देर अपने से बाँध नहीं सकता है। ऊपरी तड़क-भड़क के बावजूद वह खोखला है। वह फ़िल्मी नायकों से प्रभावित है, इसलिए उसके हावभाव और मुद्राओं में फ़िल्मी छाप है, जो किसी हद तक उसके व्यक्तित्व के स्तर को कम करता है। फिर भी वह महत्त्वाकांक्षी है। दुनिया को जीतने के सपने देखता है, किन्तु साथ ही असफल है। वह बावजूद कोशिश के फिल्मों में केवल 'एक्सट्रा' बन पाया है, इसलिए कुछ 'फ्रस्ट्रेटैड' भी है, जिसे वह अपने 'कॉमिक-युक्त' व्यवहार से छिपाता है। इस प्रकार देवेन्द्र मोहक व्यक्तित्व के बावजूद एक बहुत 'बेचारा' चरित्र है। वह विशुद्ध खलनायक के गुणों से संपन्न नहीं, यद्यपि कथानक में उसका स्थान खलनायक का ही है।

मेरे निकट नाटक का उद्देश्य उस चरमबिन्दु की प्राप्ति है जिस पर अभिनेता और दर्शक रचनात्मक प्रक्रिया में बराबर की साझेदारी अनुभव करते हैं। जिस नाटक में यह बिन्दु प्राप्त हो जाये, वह चाहे सुरचित नाटक हो, अथवा अनाटक, या किसी अन्य 'लेबिल' का नाटक, वह नाटक सफल होगा। यह नाटक का अंतिम मापदंड है। कोई भी 'लेबिल' अपने आप में नाटक को सफल नहीं बना सकता। प्रस्तुत नाटक इस कसौटी पर खरा उतरेगा या नहीं, यह तो तभी बताया जा सकेगा, जब यह नाटक अभिनीत किया जायेगा। वैसे अब तक, प्रकाशन के पूर्व, यह नाटक विभिन्न नाट्य-मंडलियों द्वारा अभिनीत किया जा चुका है, तथा आकाशवाणी इलाहाबाद और दिल्ली केन्द्रों से भी कई बार प्रसारित हो चुका है, जो इसकी अभिनेयता और लोकप्रियता के प्रमाण हैं।

यहाँ पर मैं इलाहाबाद आर्टिस्ट एसोसिएशन के अध्यक्ष श्री यू.एस. कोचक के प्रति अपनी कृतज्ञता प्रकट करना चाहूँगा, जो मेरे शुभचिन्तक और मार्गदर्शक हैं, और जिनके प्रोत्साहन का ही फल है—यह नाटक। कृतज्ञता प्रकाशक अधूरा ही रहेगा, यदि मैं अपने मित्रगण तथा सहधर्मी रंगकर्मियों डॉ. बालकृष्ण मालवीय, श्री सरन बली, डॉ. सुधीर चन्द्र तथा डॉ. प्रभात मंडल का उल्लेख न करूँ।

दया प्रकाश सिन्हा

इलाहाबाद
दिसम्बर, 1967

यह नाटक सर्वप्रथम 'भँवर' नाम से प्रोफेसर यू.एस. कोचक की अध्यक्षता में, इलाहाबाद आर्टिस्ट्स एसोसिएशन द्वारा ऑफिसर्स ट्रेनिंग स्कूल, हॉल, इलाहाबाद में जनवरी 2, 1961 को निम्नांकित रंगकर्मियों द्वारा मंचित किया गया था—

पूनम	:	यूना पीटर्स
छाया	:	पुष्पा निगम
माँ	:	देशी सेठ
अबला सोंधी	:	सुनीति ओबेराय
डॉ. वशिष्ठ	:	डॉ. बालकृष्ण मालवीय
आदित्य	:	डॉ. सुधीर चन्द्र
देवेन्द्र	:	राजा जुत्शी
डॉ. रवीश	:	जगदीश श्रीवास्तव
मनोहर	:	शिव मंगल
पागल	:	विनय मालवीय
प्रधान	:	प्रकाश श्रीवास्तव
पांडे	:	आर.वी. पंडित
राहगीर	:	विमल बिहारी .
		रघुनाथ सिंह
संगीत	:	एस.आर. भट्टाचार्य
कला	:	जगदीश श्रीवास्तव
प्रकाश	:	अशोक शर्मा

निर्देशन : दया प्रकाश सिन्हा

पात्र-परिचय

डॉ. वशिष्ठ	:	मनोचिकित्सक
छाया	:	डॉ. वशिष्ठ की पत्नी
माँ	:	डॉ. वशिष्ठ की माँ
डॉ. रवीश	:	डॉ. वशिष्ठ का सहायक
आदित्य	:	डॉ. वशिष्ठ का मित्र
मनोहर	:	डॉ. वशिष्ठ का नौकर
पूनम	:	मनोरोगी
पागल	:	मनोरोगी
अबला सोंधी	:	पत्रकार
प्रधान	:	पत्रकार
वर्मा	:	पत्रकार
पांडे	:	पत्रकार
देवेन्द्र	:	फिल्म एक्टर **(छाया का मित्र)**
आदमी	:	राहगीर

प्रथम अंक

(एक साधारण चौकोर कमरा जिसमें दो दरवाजे, बाईं ओर का दरवाजा मकान के बाहर खुलता है और दाँई ओर का दरवाजा घर के अन्य कमरों में। यह कमरा ड्राइंग, स्टडी और क्लिनिक, तीनों ही काम आता है। पीछे की दीवार के सहारे अलमारियाँ खड़ी हैं जिनमें मोटी-मोटी किताबें रखी हैं। बीच कमरे में एक मेज़ रखी है और उसके पास ही एक ऑफिस-कुर्सी पड़ी है। कमरे में एक-दो कुर्सियाँ इधर-उधर और पड़ी हैं।

पर्दा खुलने पर डॉक्टर बाहर के दरवाजे की ओर पीठ किये मेज़ पर टिका बैठा किताब पढ़ता दिखाई देता है। तभी बाहर के दरवाजे में पूनम का तेजी से प्रवेश। पूनम सत्तरह-अठारह साल की लड़की है–दुबली और गोरी। चाल में ढीठ बचपन-सा। इस समय वह गुस्से में है, और नाराज़ बच्चों की तरह पैर धरती पर पटकती है।)

पूनम : **(उलाहने से)** डॉक्टर!

डॉक्टर : **(पूनम की ओर घूमकर आश्चर्य से)** पूनम, **(फिर आत्मीयता से)** आओ, आओ!

पूनम : **(द्वार से ही, गर्दन को झटका देते हुए)** नहीं।

डॉक्टर : क्या बात है? बड़ी नाराज़ दिख रही हो **(पूनम चुप रहती है)** बताओ न, क्या बात है?

पूनम : हम नहीं बताते।

डॉक्टर : **(हँसकर)** क्यों, क्या हमसे नाराज़ हो?

पूनम : नहीं।

डॉक्टर : तब हमसे क्यों नहीं बताती? हमसे बताओ। क्या हुआ?

पूनम : हम नहीं बताते।

डॉक्टर : **(हँसकर)** अच्छा न बताओ, तुम्हारी इच्छा। मगर बैठ तो आओ! **(कुर्सी उसकी ओर बढ़ाता है)**

पूनम : हम नहीं बैठते।

डॉक्टर : क्यों, क्या खड़ी ही रहोगी? नहीं, तुमको बैठना पड़ेगा, चलो-चलो बैठो। **(बाँह पकड़कर कुर्सी पर बैठा देता है।)**

पूनम : **(कुर्सी पर बैठकर)** हम नहीं बैठते। **(इस पर डॉक्टर मुस्कराता है।)**

डॉक्टर : हाँ...अब बताओ कि क्या बात है?

पूनम : हम नहीं बताते।

डॉक्टरी : तुम क्या नहीं बतातीं?

पूनम : कुछ नहीं।

डॉक्टर : नहीं, कुछ तो है जो तुम नहीं बताना चाहतीं। अच्छा बताओ तो सही, तुम क्या नहीं बताओगी?

पूनम : यही कि सब हमारे दुश्मन हैं।

डॉक्टर : सब तुम्हारे दुश्मन हैं?

पूनम : हाँ, सब...सब...सब, इसीलिए कल रात भर सोई नहीं।

डॉक्टर : रात भर सोई नहीं! **(मुस्करा कर)** क्या करती रहीं?

पूनम : मरने की तरकीबें सोचती रही।

डॉक्टर : मरने की तरकीबें?

पूनम : हाँ, आत्महत्या करने की सोचती रही। यह देखो...मैंने अपने हाथ की नस काटनी चाही थी...। **(कलाई दिखाती है।)**

डॉक्टर : **(हाथ पकड़कर)** मैंने तुमसे आत्महत्या करने के बारे में सोचने को भी मना किया था। मना किया था न? **(पूनम बच्चों की तरह सिर हिलाकर स्वीकार करती है।)**

: फिर क्यों सोचती रहीं? **(पूनम उत्तर नहीं देती)** बताओ क्यों सोचती रहीं?

पूनम : मैं क्या करती, दिमाग़ में जो आया उसके लिए मैं क्या करूँ।

डॉक्टर : दिमाग़ में यह आया ही क्यों?

पूनम : क्योंकि सब हमारे दुश्मन हैं। सब चाहते हैं कि मैं मर जाऊँ।

डॉक्टर : कौन चाहता है कि तुम मर जाओ? कोई नहीं चाहता।

पूनम : सब चाहते हैं। सब, सब...हाँ, सब।

डॉक्टर : नहीं, **(सोचकर)** अच्छा बताओ पूनम, मैं चाहता हूँ कि तुम मर जाओ।

(पूनम उत्तर नहीं देती, सिर झुकाये बैठी रहती है।)

: बोलो, क्या मैं चाहता हूँ कि तुम मर जाओ?

पूनम : **(गर्दन उठाकर डॉक्टर को देखती है, फिर सिर झुकाकर)** नहीं, लेकिन और सब चाहते हैं।

डॉक्टर : **(अपनी सफलता पर मुस्कराकर)** मैं नहीं, और सब। **(एक क्षण सोचकर अलमारी से बड़ा-सा गुड्डा निकालकर)** अच्छा बताओ पूनम, क्या यह गुड्डा चाहता है कि तुम मर जाओ?

पूनम : **(एक दम हाथ बढ़ाकर गुड्डे को ले लेती है, और उसे बच्चे की तरह सीने से लगाकर)** नहीं।

डॉक्टर : **(विजय की मुस्कान से)** मैं नहीं चाहता, यह गुड्डा नहीं चाहता, फिर तुम क्यों कहती हो...सब।

(पूनम उत्तर नहीं देती, वह गुड्डे में व्यस्त है।)

: देखो, यह बात तो ग़लत है न कि सब लोग चाहते हैं। मैं नहीं चाहता, यह गुड्डा नहीं चाहता, तब सबकी बात तो ग़लत हुई। बोलो ग़लत हुई न?

(पूनम उत्तर नहीं देती, लाड़ से गुड्डे को बांहों पर हिलाती है।)

: सब लोग नहीं, कुछ लोग तुम कह सकती हो।

पूनम : कुछ ही लोग सही।

डॉक्टर : हाँ, यह बात ठीक है। सब नहीं कुछ लोग, लेकिन यह तो सोचो कि कुछ लोगों के कहने पर तुम मर क्यों जाना चाहती हो?

पूनम : वे चाहते हैं...

डॉक्टर : **(बात काटते हुए)** और कुछ लोग नहीं भी तो चाहते? देखो यों समझो, कुछ लोग चाहते हैं कि तुम मर जाओ और कुछ लोग नहीं चाहते कि तुम मरो। तुमने सिर्फ़

एक की ही बात क्यों मानी, दूसरे की बात क्यों नहीं मानी? **(पूनम अनुत्तर बैठी रहती है)** तुम्हें दोनों की बात माननी चाहिए। हम लोग नहीं चाहते, इसलिए तुम्हें इस तरह अपनी नस नहीं काटनी चाहिए।

पूनम : इसीलिए तो नहीं काटी।

डॉक्टर : क्या?

पूनम : डॉक्टर, जब में नस काटने लगी तब तुम्हारा ध्यान आ गया, और तभी मैं रुक गयी, फिर बड़े ज़ोर का दर्द होने लगा।

डॉक्टर : **(मुस्कराकर)** अच्छा, यह तो बताओ, क्या बात थी?

पूनम : कल माँ नाराज़ होकर कह रही थीं कि मर भी तो नहीं जाती यह।

डॉक्टर : कहने दो उसे, किसी के कहने से कोई नहीं मर जाता, कोई लाख चाहा करे, बहादुर लोग हमेशा जीते रहते हैं अच्छा हटाओ इसे। **(पूनम का ध्यान बँटाने के लिए)** यह गुड्डा कैसा है? अच्छा है? **(पूनम स्वीकारात्मक सिर हिलाती है) (पुनम से गुड्डा लेकर)** देखो तो पूनम, यह गुड्डा कैसा गोल-मटोल पहलवान-सा है। **(गुड्डे से)** कहिए पहलवान साहब, आइए कुश्ती लड़ियेगा? नहीं यह सिपाही बनेगा...लैफ़्टराइट, लैफ़्टराइट, लैफ़्टराइट...

पूनम : हमारे पास भी ऐसा ही गुड्डा था।

डॉक्टर : ऐसा ही गुड्डा था, कब?

पूनम : जब हम छोटे थे!

डॉक्टर : कितनी छोटी?

पूनम : पांच-छह साल की।

डॉक्टर : **(हँसाने की कोशिश में)** तब तो तुम ज़रा-सी रही होगी, छोटी-सी फ्रॉक पहनती होगी...लाल, लाल, फूलों वाली, छोटी-सी, छोटे छोटे-हाथ-पैर रहे होंगे तुम्हारे...और खुटुर-खुटुर चलती होगी...

(पूनम कुछ नहीं बोलती, वह हँसती भी नहीं। डॉक्टर अपनी असफलता देखकर कुछ क्षण सोचता है, तभी अचानक उसे डोर याद आती है।)

: पूनम, जब तुम छोटी रही होगी, बोलो डोर कूदती थीं...? **(पूनम उत्तर नहीं देती)** भाई मैं तो डोर कूद नहीं सकता, लेकिन देखा तो जाये। **(पूनम निर्विकार-सी डॉक्टर की ओर देखती है। डॉक्टर अलमारी से डोर निकालकर कूदने का प्रयत्न करता है। दो-चार बार प्रयत्न से कूद भी लेता है, किन्तु अन्त में फँसकर गिरता है।)** अरे बाप रे बाप...

पूनम : **(खिलखिला कर हँस पड़ती है)** नहीं कूद पाये!

डॉक्टर : तुम कूद सकती हो?

पूनम : हाँ।

डॉक्टर : अच्छा कूदो। **(पूनम डोर कूदती है।)**

डॉक्टर : शाबाश! तुम तो एकदम एक्सपर्ट हो! **(पूनम प्रसन्नता से खिल उठती हैं उसकी उदासी एकदम विलीन हो जाती है। वह डोर एक ओर फेंककर मेज़ पर बैठ जाती है।)**

पूनम : जब मैं छोटी थी, तब और अच्छी तरह कूद लेती थी। अब तो आदत छूट गयी।

डॉक्टर : तुम 'डान्स' क्यों नहीं सीखतीं?

पूनम : पहले सीखने जाती थी।

डॉक्टर : अब फिर सीखो। तुम्हारी उँगलियाँ एकदम मुड़ जाती हैं। **(पूनम उँगलियाँ मोड़कर नृत्य की मुद्राएं बनाती है)**

डॉक्टर : **(उसके हाथ को अपने हाथ में लेकर)** तुम 'डान्स' ज़रूर सीखो, सच तुम्हारी उँगलियाँ बहुत अच्छी हैं, पतली और लम्बी। एकदम 'लेडीज़ फ़िंगर'। 'लेडीज़ फ़िंगर' माने जानती हो क्या होता है? भिंडी, **(हँसकर)** भिंडी। **(तभी डाक्टर की पत्नी छाया का बाहर से प्रवेश। वह बाज़ार से सामान ख़रीद कर लौट रही है। उसके सामान में साड़ी का एक बड़ा-सा डिब्बा भी है।)**

छाया : मेरे साइकोलोजिस्ट महाशय, मुझे भिंडी की तरकारी बहुत पसन्द है। **(घर के अन्दर चली जाती है।)**

पूनम : वह क्या कह रहीं थीं?

डॉक्टर : **(चौंककर पूनम की ओर देखता है)** एँ? **(फिर सम्हालकर अपने चेहरे पर मुस्कुराहट लाकर)** कुछ नहीं पूनम... कुछ नहीं।

पूनम : **(उत्साह से)** एक बार की बात सुनो डॉक्टर, जब मैं छोटी थी, कोई चार-पाँच साल की रही हूँगी, तब मेरा बड़ा भाई दीपक पढ़ता था। वह बस मुझसे दो-तीन साल बड़ा था। मैं उससे बिलकुल नहीं डरती थी...हाँ बिल्कुल नहीं। तो वह जहाँ पढ़ रहा था, वहीं मैं एक दिन घूँघर बजाकर नाचने लगी। उसने मना किया कि वह पढ़ रहा है, लेकिन मैं नहीं मानी। इस पर वह ख़ूब बिगड़ा, गुस्से में मुझ पर चिल्लाने लगा, तभी उसके गाल पर एक कीड़ा बैठ गया। गुस्से में तो वह था ही, सो उसे कीड़े पर भी गुस्सा आया। उसने कीड़े पर थप्पड़ मारा। कीड़ा तो उड़ गया और थप्पड़ जनाब के गाल पर पड़ा। **(बच्चे की तरह खिलखिलाकर हँसती है। डॉक्टर भी हँसी में योग देता है।)**

डॉक्टर : चलो पूनम, तुम्हें बाहर स्कूटर दिलवा दूँ, तुम घर जाओ। **(डॉक्टर पूनम को लेकर बाहर जाता है। भीतर से छाया प्रवेश करती है। उसके पास साड़ी का डिब्बा है। डिब्बे से साड़ी निकाल कर देखती है। तभी माँ की भीतर से आवाज-बहू ज़रा यहाँ तो आना।**

डॉक्टर : आई, **(अपने आप से)** उँह, यह बुढ़िया तो जब देखो तब बहू-बहू लगाये रहती है। **(साड़ी को मेज़ पर छोड़कर भीतर चली जाती है)**

(डॉक्टर कुछ क्षण बाद बाहर से आता है, वह मेज़ पर पड़ी साड़ी को उठाकर देखता है, फिर साड़ी की ओर पीठ करके किताब लेकर पढ़ने बैठ जाता है, थोड़ी देर बाद छाया भीतर से निकलकर आती है। वह एक क्षण डॉक्टर और साड़ी को देखती खड़ी रहती है।)

छाया : तुमने मेरी साड़ी देखी?

डॉक्टर : **(मुस्कराकर)** हूँ।

छाया : कैसी लगी?

डॉक्टर : अच्छी है, काफ़ी मँहगी है।

छाया : पूरे पाँच हज़ार की है। तुम्हें मँहगे-सस्ते से क्या मतलब। यह रुपये हमें पापा ने दिये थे।

डॉक्टर : ओह!

छाया : हमारे पापा ने कहा, लो बेटा, मिठाई खाना और पाँच हज़ार रुपये दे दिये...और तुम मेरे लिए एक साड़ी भी नहीं ख़रीद सके।

डॉक्टर : **(खिसियाते हुए)** तुम्हारे पापा बड़े आदमी हैं, रुपये वाले। मैं तो भाई ग़रीब आदमी हूँ। **(विरक्ति से किताब उठाकर, पीठ मोड़कर बैठ जाता है)**

छाया : तुम्हारी वह चली गयी?

डॉक्टर : कौन!

छाया : **(उपहास में)** अरे तुम्हारी वही, तुम्हारी हिरोइन...मिस पूनम।

(डॉक्टर उत्तर नहीं देता, उसी तरह बैठा रहता है।)

छाया : **(व्यंग्य से)** मैंने कहा दर्द उधर भी है या सिर्फ इधर ही इधर?

डॉक्टर : छाया समझदारी की बातें करो!

छाया : अरे, साइकोलोजिस्ट होकर तुम इतना भी नहीं जानते कि दिल के मामलों में समझदारी कहाँ।

डॉक्टर : छाया तुम्हें ऐसी बातें नहीं करनी चाहिए। पूनम मेरी 'पेशेन्ट' हैं।

छाया : हाँ, हाँ मैं भी तो यही कह रही हूँ कि पूनम मरीज़ है और तुम डॉक्टर हो। तुम पूनम के मर्ज़ के डॉक्टर और पूनम तुम्हारी मरीज़। मरीज़ और डॉक्टर! भगवान जोड़ी को सुखी रखे, जैसे तुम्हारे दिन बहुरे, वैसे सबके दिन बहुरें।

डॉक्टर : मैं तुमसे बात नहीं करूँगा।

छाया : हाँ, तुम तो यह चाहते ही हो कि कोई बहाना मिले और तुम बात न करो। अरे, न करो, कोई तुम्हारे पैर तो पड़ता नहीं, यह धोंस क्यों देते हो!

डॉक्टर : **(समझाने की कोशिश करते हुए)** छाया देखो, तुम मेरी

पत्नी हो, तुम्हें मुझे समझना चाहिए। झूठा आरोप लगाना तुम्हें शोभा नहीं देता।

छाया : झूठा आरोप! **(हँसती है)**

डॉक्टर : **(हँसी से चिढ़कर)** हाँ, झूठा आरोप, किसी बिचारी को बदनाम करके...

छाया : बिचारी....-च-च-च...बिचारी... बड़ा ग़म है बिचारी के लिए! इसी ग़म में शायद दुबले हुए जा रहे हो।

डॉक्टर : छाया, मैं नहीं जानता था कि तुम इतनी शक्की हो, नहीं तो...

छाया : **(बात काटते हुए)** नहीं तो मुझसे शादी ही न करते **(बैठते हुए)** अच्छा, अब पता लग गया है कि मैं शक्की हूँ, कर दो 'डाइवोर्स' मुझे!

डॉक्टर : यह तो मैंने नहीं कहा, मैं तो सिर्फ़ इतना कह रहा था...

छाया : मैं जानती हूँ, तुम क्या कहना चाहते हो। मैं सब समझती हूँ, सच तो यह है कि मैं तुम्हारे योग्य नहीं हूँ।

डॉक्टर : कैसी बातें कर रही हो? तुम मेरे योग्य नहीं हो? **(चापलूसी के स्वर में)** पागल कहीं की, तुम जैसी स्त्री पाकर कौन अपने भाग्य को नहीं सराहेगा।

छाया : नहीं, मैं ठीक कह रही हूँ, मैं तुम्हारे योग्य नहीं हूँ।

डॉक्टर : यह बात तो नहीं, हाँ ऐसा हो सकता है कि मैं तुम्हारे योग्य न होऊँ।

(छाया उत्तर नहीं देती)

डॉक्टर : तुम्हें मेरे पास बहुत तकलीफ़ है, तुम्हें अपने पापा का वह आलीशान बंगला याद आता होगा। पापा की कार याद आती होगी...तुम सोचती होगी कि न जाने किस सायत में मेरी मुलाक़ात अमरीका में तुम्हारे पापा से हो गयी, तुम्हारे पापा मुझ पर रीझ गये और उन्होंने मेरी ग़रीबी के बावजूद भी तुम्हारी शादी मुझसे कर दी।

(छाया चुप बैठी रहती है। उसके मुख पर अवहेलना के भाव हैं)

: **(सोचते हुए मुस्करा कर)** तुम्हारे पापा का विचार था कि

मैं जीवन में बहुत सफल होऊँगा...ख़ैर हटाओ, **(छाया से)** मगर सोचो छाया, कार और बंगले के बिना भी तो हम लोग सुखी रह सकते हैं। याद है तुम्हें शादी के शुरू के दिन, जब हमें चिन्ता-फ़िक्र, रोना-धोना छू तक नहीं गया था। हम लोग अपने में इस तरह से खोये थे...

छाया : **(निर्ममता से)** सब दिन हमेशा एक से नहीं रहते।

डॉक्टर : हाँ, एक से दिन हमेशा नहीं रहते। आज तुम्हारे चेहरे पर शिकायत है और उसका कारण मैं जानता हूँ।

छाया : क्या जानते हो?

डॉक्टर : यही कि तुम्हें शान-शौक़त चाहिए, पैसा चाहिए, मोटर-बंगला चाहिए, नौकर चाहिए...

(छाया चुप रहती है।)

: बोलो ठीक कह रहा हूँ मैं?

छाया : क्या ग़लत है इसमें? कौन शान-शौक़त नहीं चाहता? कौन रुपया-पैसा, मोटर-बंगला, नौकर-चाकर नहीं चाहता?

डॉक्टर : ठीक कहती हो, सब चाहते हैं, मगर क्या यही सब कुछ है? क्या इसके आलवा ज़िन्दगी नहीं है? आज हिन्दुस्तान में कितने आदमी हैं जिनके पास मोटर है, कितने आदमी हैं जिनके पास बंगले हैं, सच तो यह है कि आज आधे से ज़्यादा हिन्दुस्तान भूखा सोता है, आधा पेट खाता है, 'अंडर नरिश्ड' है।

छाया : इसके माने यह नहीं कि अगर सारा हिन्दुस्तान भूखा है तो हम भी भूखे रहकर संतोष करें। पेट भरने का प्रयत्न छोड़ दें। अमेरिका में हर तीसरे आदमी के पास कार है, क्यों न हम अमेरिका से आगे बढ़ने का प्रयत्न करें?

डॉक्टर : ज़रूर, हम आगे बढ़ने का प्रयत्न अवश्य करें, किन्तु इसका अर्थ यह नहीं कि हम अपना रहा-सहा जीवन भी रो-रोकर काट दें...देखो छाया, सुख और दुख तो केवल मन की स्थितियाँ हैं, तुम चाहो तो बड़ी-से-बड़ी

मुसीबत में भी सुखी रह सकती हो और बड़े-से-बड़े सुख में दुखी। **(डॉक्टर चिन्तामग्न कमरे में टहलता है, फिर अचानक रुककर छाया के निकट जाते हुए)**

: इसका कारण यह है कि तुमने कभी मेरे काम में रुचि नहीं ली। छाया, अगर तुम भी मनोविज्ञान पढ़ो और मेरे मरीज़ों में दिलचस्पी लो तो तुम्हें कभी मुझसे कोई शिकायत नहीं होगी। हम दोनों मिलकर एक ही उद्देश्य की साधना करेंगे, तब हम दोनों सुखी होंगे।

छाया : क्या यह ज़रूरी है कि जिसमें तुम्हारी रुचि हो उसमें मैं भी रुचि लूँ।

डॉक्टर : यही तो सफल वैवाहिक जीवन का रहस्य है। तब तुम्हें अपने पापा की मोटर और बंगला कुछ भी याद नहीं आयेगा। **(रुककर समझाते हुए)** छाया, दो तरह के आदमी होते हैं। कुछ आदमी केवल जीने के लिए जीते हैं, वह अपने सुख-साधनों के लिए अधिक से अधिक साधन जुटाते हैं और कुछ अपने आदर्शों के लिए जीते हैं। उनके लिए सारा जीवन एक साधना होती है। उनके लिए ये साधारण सुख, ये विलास सामग्रियाँ...बंगला... मोटर...कुछ भी अर्थ नहीं रखते। उनमें एक आग, एक आकांक्षा एक लगन होती है...और कुछ नहीं...

छाया : ऐसे आदमी को विवाह नहीं करना चाहिए।

डॉक्टर : **(आहत-सा)** छाया!

छाया : हाँ, ऐसे आदमी को विवाह नहीं करना चाहिए, उनका विवाह अपने आदर्शों से हो जाता है।

डॉक्टर : हाँ, तुम ठीक कहती हो, उन्हें विवाह नहीं करना चाहिए। **(रुककर)** मुझे विवाह नहीं करना चाहिए था। वाक़ई, मुझे विवाह का कोई अधिकार नहीं था। **(भीतर चला जाता है)**

(छाया कमरे में अकेली रह जाती है। वह साड़ी तह करके डिब्बे में रखती रहती है, तभी माँ का प्रवेश।)

माँ : बहू देखो आज सत्तमी है, इसलिए मुझे आग के पास नहीं जाना चाहिए, खाना तुम बना लेना...हाँ, मेरी बच्ची।

छाया : **(उठते हुए)** अम्मा जी, साफ़ सुन लो, तुम्हारी कभी सत्तमी है, कभी नौमी, मुझे जैसा खाना बनाना आता है वैसा ही बनाऊँगी। अगर तरकारी में नमक ज़्यादा हो जाये, दाल कच्ची रह जाये, और चावल जल जायें, तो कुछ न कहना!

माँ : तुम्हें कहूँगी भी कैसे, आज-कल की लड़की हो न, खाना बनाने में अपनी हेठी समझती हो।

छाया : आज-कल की बात नहीं है अम्मा जी, आज-कल की बहुत-सी लड़कियाँ खाना बनाने और चौका-बरतन करने वाली भी मिल जायेंगी। यह तो अपने-अपने घर की बात होती है। शादी के पहले तो मुझे यह भी नहीं मालूम था कि खाना कहाँ बनता है। घर में दस-दस नौकर थे, क्या करते हम लोग यह सब जानकर।

माँ : मगर बेटी, लड़की का ब्याह जिस घर में हो उसके हिसाब से काम करना पड़ता है।

छाया : करती नहीं हूँ क्या? करती ही हूँ, हमारे यहाँ पाँच अख़बार पढ़े जाते थे, आपके यहाँ सिर्फ़ एक अख़बार आता है, कभी मैंने कुछ कहा है?

माँ : **(व्यंग्य से)** यह तुम्हारी लायकी है।

छाया : पापा के साथ मैं हर सैटरडे शॉपिंग करने जाती थी, तो कम-से-कम एक साड़ी हर हफ़्ते ज़रूर ख़रीदती। मेरा लांड्री का बिल ही पाँच सौ रुपये का हो जाता था। बताओ मैं कुछ शिकायत करती हूँ?

माँ : **(व्यंग्य से)** अरे तुम तो बहुत अच्छी लड़की हो।

छाया : पहले मैं रोज़ शाम को सिनेमा देखने जाती थी, अब तो महीनों बिना देखे बीत जाते हैं। मैं मन मारकर चुप रह जाती हूँ। पहले पानी भी अपने हाथ से उठाकर नहीं पीती थी अब खाना बनाती हूँ, क्योंकि तुमको पूजा-पाठ करना होता है।

माँ : **(तनिक अंसतोष से)** अरे माँ-बाप की सेवा करना तो बेटे-बहू का कर्तव्य होता है। अगर तुम कुछ करती हो, तो इसमें कहना क्या?

छाया : यह लो, मेरा कहना भी तुमको बुरा लग गया, अम्मा जी।

माँ : सरवन कुमार अपने माँ-बाप को कंधे पर उठाए-उठाये तीरथ यात्रा करा लाये थे...

छाया : घबराती क्यों हो अम्मा जी, तुम्हारे लिए भी हम कंधों का इन्तज़ाम कर देंगे। एक नहीं चार-चार कंधों का... **(डॉक्टर का भीतर से प्रवेश)**

डॉक्टर : **(क्रोध से)** छाया यह बदतमीज़ी है?

छाया : **(भयभीत किन्तु फिर भी अवज्ञा के स्वर में)** क्या?

डॉक्टर : मुझे यह सब पसन्द नहीं है, समझीं। **(आगे बढ़ने का उपक्रम करते हुए)** माँ से ऐसे बातें करनी चाहिए?

माँ : अरे जाने दो बेटा, उसे कुछ न कहो।

डॉक्टर : नहीं तुम अन्दर जाओ, कुछ न कहने से इसका सिर चढ़ता जा रहा है।

माँ : नहीं बेटा, कहने से कोई फ़ायदा नहीं।

डॉक्टर : तुम जाओ यहाँ से माँ, इस समय...जाओ...मैं कहता हूँ...जाओ। (माँ का हाथ पकड़कर भीतर दरवाजे में पहुँचा कर डॉक्टर लौटता है।)

डॉक्टर : सुनो छाया, साफ़-साफ़ सुन लो, अगर आइन्दा मैंने तुम्हारे मुँह से बदतमीज़ी की बात सुनी तो अच्छा नहीं होगा।

छाया : **(रुँआसी-सी)** बदतमीज़ी क्या है, इसमें?

डॉक्टर : इसे तुम बदतमीज़ी नहीं समझती? तुम्हारे पापा ने यही सिखाया था तुम्हें, जिन पर तुम्हें इतना नाज़ है। अगर फिर ऐसी बातें सुनीं तो...**(चलता है)**

छाया : तो...

डॉक्टर : तो तुम्हें अपने पापा के यहाँ जाना होगा...जहाँ यह तमीज़ समझी जाती है। **(घर के बाहर तेजी से प्रस्थान)**

छाया : **(आहत अभिमान से)** तो कौन तुम्हारे घर में रहना ही चाहता है। **(किन्तु अब तक डॉक्टर जा चुका है। वह सुबककर रो उठती है और मेज़ पर सिर रखकर बैठ जाती है। थोड़ी देर बाद बाहर के द्वार पर दस्तक सुनाई पड़ती है। छाया चौंककर उठ बैठती है और आँसू पोंछती**

है, तभी दरवाजे से देवेन्द्र झाँकता है, चोर-सा, फिर हट जाता है, दरवाजा फिर खटखटाता है।)

छाया : **(चौंककर)** कौन है? **(जल्दी से आँख पोंछती उठ खड़ी होती है।)**

देवेन्द्र : **(प्रवेश करके)** हलो...।

छाया : **(बिना पहचाने)** आप, कौन?

देवेन्द्र : हलो छाया, मैं हूँ।

(छाया प्रश्न चिन्ह-सी उसकी ओर देखती है)

देवेन्द्र : मैं हूँ, देवेन्द्र!

छाया : ओह, देवेन्द्र तुम, हलो...तुम कैसे?

देवेन्द्र : मैं कैसे? मैं बस ऐसे ही।

छाया : **(बैठने के लिए इशारा करते हुए)** यह तो ठीक है, मगर आज अचानक किधर से आ गये, इतने दिनों बाद।

देवेन्द्र : **(बैठते हुए)** इतने दिनों बाद! अगर मैं पहले भी आता तो क्या फ़ायदा था; आप तो पहचानती नहीं।

छाया : वाह, पहचानती क्यों नहीं?

देवेन्द्र : कहाँ, आज ही आपने कहाँ पहचाना?

छाया : वह तो बात यह हुई कि...मैंने तुम्हें देखा भी तो कितने साल बाद। तीन और दो पाँच-पाँच साल हो गये मुझे यूनिवर्सिटी छोड़े। बस, तब के बाद आज मिल रही हूँ तुमसे। इसीलिए पहचान नहीं सकी एकदम।

देवेन्द्र : मगर मुझे देखिए, मैं तो तुरन्त पहचान गया। मैं तो आपको इन पाँच सालों में भी नहीं भूला।

छाया : **(मुस्कराकर)** मगर तुम कहाँ हो? क्या कर रहे हो इन दिनों? तुम्हारा तो कुछ पता ही न चला।

देवेन्द्र : पता कैसे चलता, आप पता लगाने की कोशिश करतीं तो ज़रूर पता चलता। मुझी को देखिए न, कहाँ इलाहाबाद, कहाँ दिल्ली, पता लगाता-लगाता आ ही गया यहाँ तक। जब दिल को दिल से राह होती है...

छाया : **(बात काटते हुए)** तुमने बताया नहीं, क्या कर रहे हो?

देवेन्द्र : क्या कर रहा हूँ? इस समय आपसे बातें कर रहा हूँ।

छाया : **(थोड़ा हँसकर)** यह नहीं, क्या काम करते हो?

देवेन्द्र : आप से बातें करना भी तो एक काम है। आपकी निगाहों में इसका कोई मूल्य नहीं, किन्तु मेरे लिए बहुत कुछ है।

छाया : **(मुस्कराकर)** तुम्हारी पुरानी आदत अभी तक नहीं गयी, 'एक्टिंग', हर समय एक्टिंग। अरे बाबा यह स्टेज नहीं है।

देवेन्द्र : **(खड़े होकर)** शेक्सपियर ने कहा है कि दुनिया एक बहुत बड़ा स्टेज है और हम सब अभिनेता हैं।

छाया : शेक्सपियर का नाम तो तुम न लो देवेन्द्र! शेक्सपियर को तुमसे ज़्यादा मैंने पढ़ा है। क्लास में तो तुम बहुत कम आते थे और मुझे याद है तुम परीक्षा में नक़ल किया करते थे।

देवेन्द्र : तुम्हें बहुत याद है। तुम्हें सब याद है। क्या तुम कुछ नहीं भूलीं?

छाया : **(उत्तर टालते हुए)** पता नहीं...

देवेन्द्र : 'कनिंग गर्ल' बातें बनाना भी तुम्हें याद है।

छाया : तो तुमने बताया नहीं कि तुम क्या करते हो?

देवेन्द्र : 'एक्टिंग'

छाया : वह तो तुम हमेशा करते हो, मगर कोई नया काम?

देवेन्द्र : **(रोमानी अन्दाज में)** नहीं, मैं अब भी वही पुराना काम करता हूँ। मुझे हर पुरानी चीज़ से प्यार है **(एक क्षण की खामोशी के बाद)** मैं फ़िल्मों में काम करता हूँ।

छाया : ओह, तो तुम फ़िल्म में हो!

देवेन्द्र : जी, फ़िल्म नहीं, फ़िलम। हम बम्बई वाला फ़िल्म को फ़िलम बोलता है।

छाया : अच्छा फ़िलम ही सही, मगर किसी में तुमको देखा नहीं अब तक?

देवेन्द्र : ताज्जुब है! अरे मदाम, अब तक मैं बीसों फ़िल्मों में काम कर चुका हूँ। किसी में साधू, किसी में डाकू, किसी में चोर तो किसी में पुलिस दरोगा, कभी सेठ और कभी मुनीम, कहीं ज़मींदार तो कहीं कारिन्दा। कभी चार सेकेण्ड का रोल, तो कभी चार मिनट का।

छाया : ओह, "एक्स्ट्रा" हो, अभी तक।

देवेन्द्र : जी हाँ मेम साहब, एक्स्ट्रा! पेट भर जाता है, और चाहिए ही क्या मुझे। ज़िन्दगी हँसते-खेलते गुज़र जाये, यही बहुत है...लेकिन इधर तो कुछ बड़े रोल भी मिले हैं। मेरा ख़्याल था कि मेरा चौखटा हीरो बनने लायक़ है लेकिन बुरा हो उस कम्बख़्त डाइरेक्टर के बच्चे का, मुझसे बोला-तुम एकदम विलेन हो।

छाया : **(एकदम खिलखिला कर)** विलेन?

देवेन्द्र : हाँ विलेन! छाया, क्या मैं चेहरे से विलेन लगता हूँ?

छाया : पता नहीं।

देवेन्द्र : अब मैं तीन फ़िलमों में विलेन के बड़े-बड़े रोल कर रहा हूँ।

छाया : **(दिलचस्पी से)** कैसे लगोगे तुम विलेन के रोल में?

देवेन्द्र : लगूंगा कैसा, जैसा हूँ, वैसा लगूंगा। ज़रा गरदन तिरछी की, होंठ टेढ़े किये और एक आँख दबाकर हिरोइन के पास जाकर कहा-मेरे दिलोजान की मलका, मैं तुमसे मोहब्बत करता हूँ!

(पुराने पारसी थियेटर के अभिनय के अन्दाज में छाया के पास जाता है, तभी बाहर से डॉक्टर का प्रवेश। वह छाया और देवेन्द्र को गम्भीरता और वितृष्णा की दृष्टि से देखता हुआ अन्दर चला जाता है।)

देवेन्द्र : **(चौंककर)** अरे बाप रे बाप, यह कौन था?

छाया : यह मेरे पति थे।

देवेन्द्र : **(भयभीत स्वर में)** पति! हे भगवान, अपने भक्त की रक्षा कर।

छाया : **(एकदम हँसकर)** क्या हुआ!

देवेन्द्र : अरे, अभी तो असली नाटक हुआ जाता। मैं तो सचमुच ही विलेन बन गया। वह लाठी लेकर आयेगा और कहेगा, ऐ नाकाम, बदअंजाम, बदलगाम! अभी करता हूँ, तेरा काम तमाम। बोल, तू मेरी बीवी से क्या कह रहा था...

(भयभीत स्वर में) हे भगवान, अपने भक्त की रक्षा कर।

छाया : घबराओ नहीं, वह ऐसे नहीं हैं जो लाठी लेकर आएं। वह बेचारे बहुत सीधे हैं।

देवेन्द्र : सीधे, अरे यह सीधे लोग बहुत ख़तरनाक होते हैं। बबूल का काँटा भी बहुत सीधा होता है, मगर जब चुभता है तो, ओ माई लार्ड!

छाया : नहीं-नहीं, वह वाक़ई बिलकुल सीधे हैं।

देवेन्द्र : **(चैन की सांस लेते हुए)** ओह, वाक़ई बिलकुल सीधे, यानी तुम्हारा मतलब है, गाय की तरह सीधे? **(बैठते हुए)** तब ठीक है; मैं तो एकदम घबरा गया था। दिल में घुड़दौड़ शुरू हो गयी थी जो अभी तक नहीं रुकी।

छाया : लगता है, तुम्हारा दिल कमज़ोर है।

देवेन्द्र : यही, बिल्कुल यही। अगर दिल कमज़ोर न होता तो इधर-उधर के मरज़ों का शिकार इतनी आसानी से नहीं बन जाता।

छाया : तुम्हारे दिल के पुराने मर्ज़ का क्या हुआ?

देवेन्द्र : कौन-सा पुराना मर्ज़?

छाया : अरे वही पुराना मर्ज़

देवेन्द्र : मैं समझा नहीं।

छाया : सुमित्रा...।

देवेन्द्र : सुमित्रा? हाँ, हाँ, सुमित्रा। बात तो असली यह है कि जब तुमने लिफ़्ट नहीं दी तो मुझे सुमित्रा से ही "लिफ़्ट" लेनी पड़ी।

छाया : सुना था, तुम लोगों का रोमाँस बड़े जोरों पर था। तुम लोग शादी करने वाले थे।

देवेन्द्र : **(लापरवाही से)** हाँ, शादी तो ज़रूर करने वाले थे, लेकिन फिर की नहीं।

छाया : क्यों?

देवेन्द्र : अब तुम्हीं बताओ छाया, कैसे शादी हो सकती थी। सुमित्रा चाहती थी कि उसका पति आई.ए.एस. या पी. सी.एस. हो। सरकारी अफ़सर हो, और मैं ठहरा एक्टर आदमी। मैंने कहा, टा-टा...बाई-बाई। तुम्हें कलेक्टर

मुबारक, डिप्टी कलेक्टर मुबारक, अफ़सर मुबारक, हम तो चले अपनी राह।

छाया : फिर सुमित्रा को [illegible] कोई आई.ए.एस. या पी.सी.एस.। शादी हो गयी [illegible] सरकारी अफ़सर से!

देवेन्द्र : आई.ए.एस. या पी.सी.एस. तो नहीं, हाँ एक सरकारी अफ़सर से उसकी शादी ज़रूर हो गयी।

छाया : किस सरकारी अफ़सर से?

देवेन्द्र : **(मूछें ऐंठने का अभिनय करते हुए)** एक दारोग़ा से।

(छाया जोर से हँसती है)

देवेन्द्र : सुना है, थानेदारिनी साहिबा बहुत मज़े में हैं। दो बच्चे हैं। बहुत मोटी भी हो गयी हैं।

(देवेन्द्र कमरे में घूमकर अलमारी की किताबें देखने लगता है।)

देवेन्द्र : बड़ी मोटी-मोटी किताबें हैं। इन्हें देखकर मैं सुमित्रा के मुटापे की कल्पना करने लगा हूँ।

छाया : तुम्हें दुख नहीं होता?

देवेन्द्र : दुख! अरे वाह, दुख काहे का होगा? चलो अच्छा ही हुआ। जिसे मुझसे सहानुभूति नहीं थी, जिसके मन में मेरी रुचि के लिए आदर नहीं था, उससे छूट जाने पर मुझे, सच पूछो छाया, तो सुख ही हुआ।

(छाया उत्तर नहीं देती)

देवेन्द्र : ये किताबें...क्या इन्हें तुम पढ़ती हो?

छाया : नहीं, यह उनकी हैं।

देवेन्द्र : उनकी, यानी गऊ पति की? काफ़ी विद्वान् मालूम पड़ते हैं।

छाया : बस, दिन-रात पढ़ा ही तो करते हैं। साइको-थिरैपी में अमेरिका से डॉक्टर हैं।

देवेन्द्र : अजी, अपन तो ज़्यादा पढ़ने-लिखने में यक़ीन नहीं करते। ज़्यादा पढ़ने से आदमी अपनी ज़िन्दगी उलझा लेता है। यह ज़िन्दगी तो जीने के लिए है, हँसते, खेलते, जीने के लिए।

छाया : कहाँ है ज़िन्दगी में, हँसी-खेल?

देवेन्द्र : जीने वालों के लिए ज़िन्दगी हँसी-खेल ही है। मुझी को देखो, सुमित्रा नहीं है, तो न सही। मुझे कोई मलाल नहीं। किसी तरह यों ही मस्ती में उमर कट जाये, तो और चाहिए ही क्या?

छाया : काश, सब लोग तुम्हारी तरह हो सकते!

देवेन्द्र : छाया, ज़िन्दगी तो एक नदी है नदी। कुछ उसकी झूमती हुई लहरों के साथ तैरते-इठलाते आगे बढ़ जाते हैं और कुछ उसकी गहराईयों का पता लगाने के चक्कर में उसी में डूब जाते हैं। अपने तो भाई लहरों के साथ तैरना पसन्द करते हैं, और तुम्हारे पति शायद डूबना?

छाया : तुम्हारी यह बेफ़िक्री देखकर जलन होती है! काश मैं भी ऐसी ही होती। निर्द्वन्द, निर्बन्ध। लेकिन मेरे पैरों में तो बेड़ी पड़ गयी है। समाज की मोटी बेड़ी।

देवेन्द्र : कमज़ोरों के पैर ही गिरफ़्तार हो सकते हैं। दुनियाँ की कोई भी ऐसी बेड़ी नहीं जो मुझे बाँध सके, जो मेरे पैर की ठोकर से टूट नहीं जाए।

छाया : तुम हमेशा ही से ऐसे हो। उन दिनों भी तुम ऐसे ही बातें किया करते थे।

देवेन्द्र : तब तो तुम मुझे बेवकूफ़ समझती होगी?

छाया : बेवकूफ़ तो नहीं, लेकिन सनकी ज़रूर समझती थी। बातें भी तो तुम बड़ी बहकी-बहकी आसमान को छूने वाली किया करते थे। मैं यह बनूंगा, मैं वह करूँगा।

देवेन्द्र : तुम मुझे कुछ भी समझती रही हो, लेकिन जब नाटक में तुम मेरी पत्नी बनीं, तो उन दिनों गर्व से मेरे क़दम सातवें आसमान पर पड़ते थे। दोस्तों में मेरा बेहद रौब था। आधी युनिवर्सिटी तो जलकर ख़ाक हो गयी थी! जलती क्यों न? आख़िर को तो तुम मिस युनिवर्सिटी थीं। **(घड़ी देखकर)** अब चलूँ, छाया!

छाया : अच्छा जाओ, लेकिन जब तक दिल्ली में हो, कभी-कभी चले आना। यहाँ कोई दोस्त ही नहीं है। अकेले मेरा मन ऊबता है।

देवेन्द्र : **(चलते समय, मुँह में सिगार लगाकर, लाइटर जलाते**

हुए) याद है तुम्हें, उस नाटक में हमारा-तुम्हारा झगड़ा हो गया था और जब मैंने बाद में मुँह में सिगार लगाया, तो तुमने समझौता करने के लिए...

छाया : मैंने तुम्हारा सिगार जलाया था।

(छाया देवेन्द्र का लाइटर लेकर उसकी सिगार जलाती है, तभी भीतर से डॉक्टर का प्रवेश। देवेन्द्र जल्दी से, मुँह में जलता सिगार निकालकर मेज़ के किनारे रख देता है, तथा डॉक्टर की ओर तपाक से हाथ बढ़ाता है।)

देवेन्द्र : बड़ी खुशी हुई आप से मिलकर साहब **(हाथ मिलाकर)** आपकी तारीफ़ छाया से सुन चुका हूँ। बड़े क़ाबिल आदमी हैं आप। मुझे जी, ख़ाकसार को देवेन्द्र कहते हैं। मैं बम्बई में फ़िलम में काम करता हूँ। हम बम्बई वाले फ़िल्म को फ़िलम बोलता है, ही-ही...जी, फ़िलम बोलता है...मैं छाया को युनिवर्सिटी से जानता हूँ। हम लोगों ने एक ड्रामे में भाग लिया था...बड़ी खुशी हुई आप से मिलकर... इस समय इजाज़त दीजिये, जल्दी है फिर कभी हाज़िर हूँगा। **(छाया से)** गुडलक, टा टा!

(देवेन्द्र बाहर जाता है, लेकिन डॉक्टर कुछ देर विस्मित-सा खड़ा रहता है। फिर उसकी निगाह मेज़ पर रखे सिगार पर पड़ती है।)

डॉक्टर : **(सिगार को बाहर फेंकते हुए)** मुझे सिगार से नफ़रत है...

छाया : और मुझे दक़ियानूस, ईर्ष्यालु पतियों से।

(भीतर काँच के बर्तन के गिरने और फूट जाने की झनझनाहट)

डॉक्टर : **(तनिक ऊँची आवाज में)** माँ, क्या हुआ!

(माँ भीतर के द्वार पर प्रकट होती है। हाथ में टूटे फूलदान के टुकड़े हैं।)

माँ : स्टूल से पैर लड़ गया। फूलदान गिर के टूट गया। फूल बिखर गये।

(यवनिका)

द्वितीय अंक

(दस वर्ष बाद लखनऊ में डॉक्टर वशिष्ठ की क्लीनिक। क्लिनिक को देखते ही स्पष्ट हो जाता है कि दस वर्ष पहले के संघर्षरत डॉ. वशिष्ठ के स्थान पर, अब वह मान्यताप्राप्त, प्रतिष्ठित और सफल मनोचिकित्सक हैं। क्लिनिक का बाँया द्वार बाहर को खुलता है, तथा दायाँ द्वार उस इमारत के भीतरी कमरों में, जिनमें डॉ. वशिष्ठ रहते हैं। पीछे की दीवार पर एक बड़ी खिड़की है।

मंच पर पीछे, बाई ओर एक ऑफिस टेबिल और कुर्सी है। टेबिल के पास दो कुर्सियाँ और रखी हैं। मंच के दाहिनी तरफ कुछ पीछे को एक ''साइकेट्रिस्ट कोच'' पड़ी है। कोच और दाई दीवार के बीच में डॉक्टर के बैठने की कुर्सी पड़ी है। कोच और ऑफिस टेबिल के बीच में सोफ़ा सेट के तीन टुकड़े, एक गोल मेज़, कुछ पत्रिकाएँ आदि हैं।

ऑफ़िस टेबिल पर टेलीफ़ोन, एक टेबिल लैम्प, पैन-स्टैण्ड, कुछ फाइलें इत्यादि रखी हैं। दाहिनी दीवार पर आगे की तरफ़ डॉक्टर वशिष्ठ की माँ की तस्वीर टँगी है। दरवाजों पर पर्दे हैं।

(मनोहर बाहर से आदित्य को लेकर आता है।)

मनोहर : **(प्रवेश करके)** अन्दर आ जाइये साहब! **(आदित्य का प्रवेश)** बइठ जाइये, डॉक्टर साहब मरीज़न को देखे गइन हैं-अइत होंगे। आप बइठें।

(मनोहर बाहर चला जाता है।)

(आदित्य थोड़ी देर अकेला बैठा रहता है, तभी टेलीफ़ोन की घंटी बजती है। आदित्य कुछ देर प्रतीक्षा करता है कि कोई आकर टेलीफ़ोन उठा ले, किन्तु जब कोई नहीं आता तो असमंजस में स्वयं ही उठा लेता है।)

आदित्य : यह मेन्टल क्लिनिक है। **(चौककर)** जी, क्या कह रहे हैं आप। प्रलय हो गयी, नहीं साहब...! जी... जी..., सूरज के तवे पर आप रोटी सेंक रहे हैं और आपके गले में एटमबम की माला पड़ी है... हे भगवान, तभी धरती फट गयी और नंगी लाशों का जुलूस! जी? **(घबराकर)** उनके धड़ों पर सिर नहीं है। उनके गले से ख़ून का फौव्वारा, लाल-लाल, गरम ख़ून का फौव्वारा ...क्या कह रहे हैं आप? **(घबराकर टेलीफ़ोन रख देता है और कुर्सी तक जाकर जैसे ही बैठना चाहता है कि तभी फिर घंटी बज उठती है। अनिश्चित-सा वह फिर टेलीफ़ोन उठा लेता है)** जी...जी...**(भयभीत स्वर में)** ख़ून के फौव्वारों के छींटे आप पर पड़ रहे हैं...आपने उसमें अपनी डबल रोटी भिगो ली, फिर आप खा गये! ...आप आदमी हैं?...जी...**(सकपकाहट में)** कटी टाँगों का जुलूस...**(टेलीफ़ोन रखकर, भयाक्रान्त काँपते स्वर में)** हे भगवान! **(टेलीफ़ोन रख देता है और टेलीफ़ोन से कुछ और दूर की कुर्सी पर आ बैठता है।)**

(डॉ. रवीश का प्रवेश। वह आश्चर्य से आदित्य की ओर देखता है। तभी टेलीफ़ोन की घंटी बजती है। उसे सुनते ही रवीश इशारे से डॉ. रवीश का ध्यान टेलीफ़ोन की ओर आकर्षित करता है।)

रवीश : **(टेलीफ़ोन पर सुन कर)** जी? अच्छा, अच्छा! **(मुस्कुरा कर)** मैंने सब नोट कर लिया है। मैं डॉक्टर वशिष्ठ को दिखा दूँगा। और कुछ नहीं? अच्छा नमस्कार! **(टेलीफ़ोन रखकर आदित्य से)** आप डॉक्टर वशिष्ठ के दोस्त हैं! दिल्ली से आये हैं! मनोहर कह रहा था।

आदित्य : जी हाँ! **(वह अब भी घबराया-सा है)**

रवीश : आप तो लगता है एकदम डर गये हैं। इतमिनान

से बैठिये! **(हँसकर)** यह एक मिस्टर केदारनाथ उर्फ जिज्ञासु जी का टेलीफ़ोन था। रईस हैं, शहर में बीसियों कोठियाँ बंगले हैं इनके! काम-धाम कुछ है नहीं, बस उसी की कमाई खाते हैं। बचपन में चन्द्रकान्ता सन्तति पढ़कर इनके मस्तिष्क का विकास हुआ और बड़े होकर फ़िलासफ़ी का शौक़ हो गया। शक्की तो जनम के हैं और ज़रा-सी बात को लेकर उस पर घंटों माथा पच्ची करना इनकी हमेशा की आदत है। शादी की नहीं है, और कोई काम-धाम भी नहीं है इसलिए बेकारी में दिमाग़ अपने आप कुलांचे खायेगा ही। अब तो दिमाग़ काफ़ी पटरी से उतर गया है।

आदित्य : मगर वह यह सब क्या कह रहे थे?

रवीश : जिज्ञासु जी अक्सर बड़े अजीबो-ग़रीब सपने देखते हैं और जब वे किसी को सुनाना चाहते हैं तो कोई सुनने को तैयार नहीं होता। इससे उनकी तबियत और घबराती है। डॉक्टर वशिष्ठ ने उनसे कह दिया है कि जब कभी वह ऐसा खतरनाक सपना देखें तो उनको टेलीफ़ोन पर बता दें। इस प्रकार उनका तनाव कम हो जाता है।

आदित्य : मगर यह तो वशिष्ठ ने अजीब मुसीबत मोल ले ली है।

रवीश : **(हँसकर)** मुसीबत! आदित्य साहब, यही तो डॉक्टर साहब के जीवन का व्रत है।

आदित्य : जीवन का व्रत? वाह, यह भी ख़ूब है। मान लीजिये, आपके जिज्ञासु जी की आँख रात के दो बजे ही खुल गयी और वह दो बजे ही सपना बताने लगे, तो वशिष्ठ की तो नींद ही गयी।

रवीश : डॉक्टर वशिष्ठ तो सोते ही दो बजे हैं और फिर अगर बाद को भी जगना पड़ जाये, तो हमेशा तैयार रहते हैं।

आदित्य : क्या करते रहते हैं दो बजे तक?

रवीश : प्रयोग और अध्ययन। उनके अनुसंधानों की भारत-वर्ष से अधिक विदेशों में चर्चा है। उनके लेख फ्रेन्च

और जर्मन पत्रिकाओं में बराबर छपते रहते हैं। उनका जीवन बड़ा कर्मठ है। रात में दो बजे तक जगने पर भी वह सुबह छह बजे से काम में जुट जाते हैं।

आदित्य : तो आख़िर वह आराम कब करते हैं?

रवीश : आराम? जो दुनिया में कुछ करना चाहते हैं उन्हें आराम कहाँ! डॉ. वशिष्ठ भी उसी श्रेणी के महान व्यक्तियों में से हैं।

आदित्य : ओह!

रवीश : यह क्लिनिक ही उनका घर है और ये मरीज़ ही उनके घर वाले। दिन-रात बस उन्हीं की सेवा में रत रहते हैं। जब से उनकी पत्नी की मृत्यु हुई...

आदित्य : **(बात काटते हुए)** उनकी पत्नी की मृत्यु हो गयी?

रवीश : हाँ, आज से लगभग दस वर्ष पूर्व।

आदित्य : दस वर्ष पूर्व। आपको कैसे मालूम?

रवीश : एक बार डाक्टर साहब ही कह रहे थे।

आदित्य : क्या डॉक्टर वशिष्ठ अपनी पत्नी के बारे में प्रायः बातें करते हैं?

रवीश : नहीं, वह अपनी पत्नी के बारे में कभी भी बात नहीं करते।

आदित्य : अच्छा।

रवीश : ऐसा लगता है वह अपनी पत्नी को बेहद प्यार करते थे, और उनकी मृत्यु से उन्हें बेहद सदमा पहुँचा। इसीलिए शायद वह अपनी पत्नी के बारे में बात भी नहीं करते। वह उन्हें भुला रखना चाहते हैं।

आदित्य : ओह!

रवीश : और शायद उनका अपनी पत्नी के लिए प्यार, अब रोगियों की सेवा में परिवर्तित हो गया है।

आदित्य : **(टटोलते हुए)** प्यार या नफ़रत?

रवीश : **(आश्चर्य से आदित्य को घूरते हुए)** जी, क्या कहा आपने? नफ़रत?

रवीश : **(माफी माँगता-सा)** नहीं नहीं, मेरा कोई मतलब नहीं है, इससे। मैंने यों ही कहा। प्यार और नफ़रत में ज़्यादा

अन्तर नहीं है, इसलिए यों ही मुँह से निकल गया।

रवीश : **(दृढ़ स्वर में)** मैंने कहा आदित्य साहब, डॉ. वशिष्ठ अब प्यार और नफ़रत से कहीं ऊपर हैं। वह मामूली आदमी की तरह इन बातों से नहीं बने हैं। वह ''साइकेट्रिस्ट'' हैं। वह इन मानसिक भावनाओं से अलिप्त रहकर ही मानसिक रोगियों का इलाज कर पाते हैं।

आदित्य : हाँ, यह तो है ही। **(बात बदलते हुए)** अच्छा डॉक्टर रवीश, आपके यहाँ मरीज़ों के रहने का भी स्थान है।

रवीश : जी हाँ, हम अपने यहाँ मरीज़ों को रखते हैं। यहाँ आते समय लॉन के उस ओर जो आपने पीली इमारत देखी होगी, वहीं हम लोग अपने मरीज़ रखते हैं।

आदित्य : उन्हें तो आप जंज़ीरों से बाँध कर रखते होंगे?

रवीश : जी नहीं। हमारे यहाँ जंज़ीर में बाँधकर कोई नहीं रखा जाता। 'वाइलैन्ट पेशेन्ट्स' अपने यहाँ नहीं रखते। उन्हें आगरा या राँची के पागलख़ाने भेजने की सलाह देते हैं।

आदित्य : तो वे खुले घूमते हैं?

रवीश : हाँ, हम उन्हें साधारण आदमियों की ही तरह रखते हैं। हमारी कोशिश यह रहती है कि उनकी अधिक से अधिक आत्माभिव्यक्ति हो, इसलिए हम उन्हें खुला ही रखते हैं और उचित साधनों को प्रदान करने का प्रयत्न करते हैं।

आदित्य : बड़े मज़ेदार होते होंगे, यह पागल भी?

रवीश : हाँ, लेकिन कभी उनकी आँखों में ग़ौर से नहीं देखना चाहिए। इससे उन्हें अनुभव होता है कि कोई उनकी ओर विशेष ध्यान दे रहा है, और वे विचलित हो जाते हैं।

(मनोहर का बाहर से प्रवेश)

मनोहर : छोटे डॉक्टर, बड़े डॉक्टर तुम्हें मरीज़ नम्बर सात के कमरे में बुलावत हैं।

रवीश : **(आदित्य से)** माफ़ कीजिएगा। **(बाहर प्रस्थान)**।

मनोहर : **(आदित्य से)** आप बइठें, बड़े डॉक्टर बस थोड़ी देर में आते हैं।

आदित्य : अच्छा!

(मनोहर का बाहर प्रस्थान)

(आदित्य कुछ देर अकेला बैठा रहता है, तभी एक आदमी (पागल) हाथ में फावड़ा लिए कमरे में आकर एक ओर ज़मीन पर बैठ जाता है। आदित्य उसकी ओर देखता है। आँख मिलते ही वह मुस्कुरा पड़ता है, आदित्य तुरन्त मुँह फेर लेता है, किन्तु थोड़ी देर बाद आदित्य फिर उस आदमी को देखता है। आँखें मिलते ही वह फिर मुस्कुराता है और आदित्य जल्दी से मुँह फेर लेता है। यह क्रम दो-तीन बार चलता है। अन्त में पागल उठ खड़ा होता है और उसे खड़ा होते देखकर आदित्य भी घबरा कर कुर्सी से उठ खड़ा होता है। पागल आदित्य की ओर बढ़ता है, आदित्य धीरे-धीरे पीछे हटता हटता एकदम भागने लगता है; पागल भी आदित्य के पीछे भागता है; दोनों दो-तीन चक्कर मेज़ के चारों ओर कमरे में लगाते हैं; उसी समय मनोहर कमरे में प्रवेश करता है और आदित्य भागकर कमरे के बाहर निकल जाता है। फिर भी हाथ में फावड़ा लिए पागल उसका पीछा करता बाहर जाता है।)

मनोहर : **(उसके पीछे जाते हुए)** अरे नम्बर दस को पकड़ो, पकड़ो!

(नेपथ्य में कई कंठों से स्वर उठता है, 'पकड़ो ...पकड़ो'। मंच पर कोई नहीं है, तभी आगे-आगे आदित्य और पीछे-पीछे भागते पागल का प्रवेश, वे एक-दो चक्कर कुर्सियों का लगाते हैं और अन्त में आदित्य कुर्सी से टकरा कर गिर पड़ता है। आदित्य का मुँह डर से पीला पड़ जाता है। ऐसा लगता है कि पागल अब आदित्य पर फावड़े से प्रहार करने ही जा रहा है किन्तु अचानक वह हाथ बढ़ाके आदित्य को छूकर खुशी से चिल्लाता है।)

पागल : छू लिया, छू लिया...

(आदित्य की साँस वापिस लौटती है, तभी डॉ. वशिष्ठ का प्रवेश। वह पागल के पास जाकर उसकी पीठ थपथपाते हैं।)

डॉक्टर : शाबाश तुमने छू लिया, अच्छा, अब जाओ।

(पागल प्रसन्नता और गर्व से भरा बाहर प्रस्थान करता है।)

डॉक्टर : **(आदित्य से)** अरे, तुम तो एकदम डर गये।

आदित्य : **(अपने को सम्भाल कर)** मैंने तो समझा था, कम्बख़्त ने जान ही ले ली।

डॉक्टर : **(हँसकर)** और कहो आदित्य, आज दिल्ली से कैसे भूल पड़े?

आदित्य : यों ही, एक लेखकों का सम्मेलन यहाँ हो रहा है, उसी में प्रतिनिधि होकर आया हूँ।

डॉक्टर : हाँ, हाँ लेखक सम्मेलन, अख़बार में देखा था मैंने। तुम कहाँ हो? वहीं दिल्ली यूनीवर्सिटी में?

आदित्य : हाँ।

डॉक्टर : आज नौ साल बाद मिला हूँ, तुमसे।

आदित्य : हाँ, दिल्ली को छोड़कर जब से तुमने लखनऊ में प्रैक्टिस शुरू की है तब से क्या कभी दिल्ली नहीं गये?

डॉक्टर : गया था, लेकिन बस दो-एक दिन के लिए, कॉन्फ़्रेंस इत्यादि में, लेकिन व्यस्तता ऐसी थी कि किसी से भी मिल नहीं सका।

आदित्य : यहाँ लखनऊ में तो तुम्हारी प्रैक्टिस ख़ूब जम गयी है।

डॉक्टर : हाँ, यह बात भी है; और यहाँ क्लिनिक में मरीज़ जो हैं, उनकी ज़िम्मेदारी भी तो मुझी पर है। इसलिए मैं ज़्यादा दिन बाहर रह नहीं सकता।

आदित्य : तुम बहुत बड़ा काम कर रहे हो, तुम्हारी चारों ओर ख़ूब कीर्ति फैल रही है।

डॉक्टर : मेरी कीर्ति नहीं, मेरे उद्देश्य की कीर्ति कहो।

आदित्य : नौ-दस साल पहले कोई तुम्हारी इस सफलता की कल्पना भी नहीं कर सकता था।

डॉक्टर : भविष्य में क्या है उसे कोई पहले से नहीं कह सकता।

आदित्य : तुम बहुत काम करते हो। तुम्हें कुछ अपना भी ख़्याल रखना चाहिए।

(डॉक्टर मुस्कुराता है)

आदित्य : इसमें हँसने की क्या बात है? तुम्हें अपनी तन्दुरुस्ती का पूरा ख़्याल रखना चाहिए।

डॉक्टर : मेरा जीवन उस उद्देश्य से बड़ा नहीं जिसके लिए मैं काम कर रहा हूँ।

आदित्य : क्या है तुम्हारा उद्देश्य?

डॉक्टर : मानसिक रोगियों की सेवा करके उनके जीवन में सन्तुलन, शान्ति और प्रेम स्थापित करना। इस औद्योगिक युग में प्रतिस्पर्धा इतनी तीव्र है कि अधिकांश लोगों का जीवन विषमता और दुख का शिकार हो जाता है।

आदित्य : हाँ, यह बात तो ठीक है।

डॉक्टर : लोगों में इतने "कॉम्पलेक्सेज़" होते हैं कि वे बिना बात अपनी ज़िन्दगी दूभर कर लेते हैं। इसलिए मनुष्य को चाहिए कि वह अपना मानसिक ढाँचा सन्तुलित रखे। न किसी से बेहद प्यार करे और न नफ़रत। दूसरों के दोषों और कमियों को देखने से तो जीवन और भी दुखमय हो जायेगा। इसलिए स्वयं अपनी शान्ति और मानसिक सन्तुलन के लिए मनुष्य को क्षमाशील होना चाहिए। यह जीवन बिना उदारता और महानता के नहीं जिया जा सकता।

आदित्य : क्या तुम इन सिद्धान्तों का पालन स्वयं भी करते हो?

डॉक्टर : अगर मैं इनका पालन न करता होता, तो मानसिक रोगियों का उपचार कैसे कर सकता।

आदित्य : अच्छा।

डॉक्टर : हाँ, मेरी व्यक्तिगत आकांक्षाएं समाप्त हो गयी हैं, क्योंकि मैं अपने उद्देश्य के प्रति पूर्ण रूप से समर्पित हूँ। मेरा अस्तित्व, कार्य और उद्देश्य अब एक ही हैं। **(कहता हुआ वह दीवार पर लगी अपनी माँ की तस्वीर के सामने जा खड़ा होता है। कुछ क्षण सन्नाटा रहता है।)**

आदित्य : **(टटोलते हुए)** वशिष्ठ, क्या तुम्हें कभी छाया की याद नहीं आती?

डॉक्टर : **(अचानक क्रोध से फूट पड़ता है।)** छाया मर चुकी है,

आदित्य! मैं उसका नाम भी नहीं सुनना चाहता।

आदित्य : अरे, तो इसमें नाराज़ होने की क्या बात है? मैंने तो यों ही पूछा।

(डॉक्टर स्वयं अपने चिल्ला पड़ने पर आश्चर्य चकित है। वह किंकर्तव्यविमूढ़-सा अपनी कुर्सी पर बैठ जाता है, तभी डॉक्टर रवीश का बाहर से प्रवेश।)

रवीश : **(आदित्य से)** माफ़ कीजियेगा, बस एक मिनट। **(डॉक्टर से)** अभयमल के केस के बारे में आपसे कुछ ज़रूरी बातें करनी थी। उसके घर वाले बड़ी देर से बैठे हैं।

डॉक्टर : **(अपने को सम्भाल कर)** क्या है?

रवीश : अभयमल की उम्र 45 साल की होगी। वह अपनी स्त्री से बेहद प्यार करता था किन्तु वह किसी दूसरे के साथ भाग गयी। अभयमल का ख़्याल है कि वह बहुत नेक और अच्छी है और उससे बेहद प्यार करती है। इसलिए वह उसे भूल नहीं पाता। और इसी कारण उसका दिमाग़ ख़राब हो गया है।

डॉक्टर : कैसी है वह औरत?

रवीश : उसके घरवालों से पता लगा कि वह बहुत मामूली क़िस्म की औरत है।

डॉक्टर : वह भरती करना चाहते हैं?

रवीश : हाँ।

डॉक्टर : उसे भरती कर लो और उसे बताओ कि उसकी पत्नी वैसी नहीं है जैसी वह समझता है। वह भाग गयी है, उसे छोड़कर। उसके दिमाग़ में उस औरत के लिए नफ़रत भरो!

रवीश : **(आश्चर्य से)** नफ़रत!

डॉक्टर : हाँ नफ़रत! जब वह अपनी पत्नी से नफ़रत करेगा तो उसके मोह से विमुख हो जायेगा। तब उसे उसके भागने का दुख नहीं रहेगा। उसके दिमाग़ का बोझ कम हो जायेगा और वह साधारण जीवन व्यतीत कर सकेगा।

डॉक्टर : खड़े-खड़े क्या देख रहे हो, जाओ!

(रवीश का बाहर प्रस्थान)

आदित्य : अभी तो तुम मुझे प्रेम का पाठ पढ़ा रहे थे, अभी ही नफ़रत करने की सीख देने लगे।

डॉक्टर : आदित्य, मैं जानता हूँ कि मुझे अपने ''पेशेन्ट्स'' के साथ क्या करना चाहिए। मेरी रिसर्च एक नयी दिशा में मुझे ले जा रही है। नेचुरल 'इमोशन्स', जैसे प्यार, नफ़रत, क्रोध हिंसा, वितृष्णा का भी आदमी की ज़िन्दगी में बहुत महत्वपूर्ण स्थान है। ये कुदरत के दिये 'सेफ़्टी वाल्व' हैं, जिनके सहारे मनुष्य अपने को संतुलित करता है। तुम इसे समझ नहीं पाओगे।

आदित्य : तुम्हारा व्यक्तिगत जीवन भी तो कुछ ऐसा ही है, क्या तुम भी...

डॉक्टर : **(कटु दृढ़ता से)** मैं साधारण पेशेन्ट नहीं, मैं डॉक्टर हूँ। मैं मानसिक ग्रन्थियों और प्रक्रियाओं से परिचित हूँ...इसलिए मैं क्षमा कर सकता हूँ, किन्तु साधारण व्यक्ति नहीं।

आदित्य : क्या डॉक्टर साधारण मनुष्यों की तरह मानसिक ग्रन्थियों और आवेगों का शिकार नहीं हो सकता?

डॉक्टर : नहीं। मैं छाया को अपनी माँ की बीमारी में दवायें देने के लिए दे गया था, उसने माँ को वह दवायें नहीं दीं, माँ मर गयी। मैंने छाया से कुछ नहीं कहा। मैं छाया को अपनी माँ की मृत्यु का कारण ठहरा सकता था, किन्तु मैंने उससे कुछ भी नहीं कहा।

आदित्य : किन्तु मन में तो वही दोषी थी।

डॉक्टर : मैंने उसे क्षमा कर दिया। वह देवेन्द्र के साथ बम्बई भाग गयी। मैंने इस पर भी क्षमा कर दिया। आदमी ऐसे आघात से या तो केवल नफ़रत करके अपनापा समाप्त कर सकता है या केवल क्षमा कर सकता है। मैंने उसे क्षमा न कर दिया होता तो मेरी भी वही हालत होती जो अभयमल की है। मैं आज पागल होता।

आदित्य : हूँ!

डॉक्टर : और अब तो उसकी मृत्यु हुए भी दस साल हो गये।

आदित्य : क्या इसीलिए तुमने उसे क्षमा कर दिया, क्योंकि वह मर गयी।

डॉक्टर : यदि वह जीवित भी होती तब भी मैं क्षमा कर देता।

आदित्य : मान लो यदि वह जीवित हो?

डॉक्टर : क्या?

आदित्य : यदि वह जीवित तुम्हारे सामने आ जाए?

डॉक्टर : आदित्य, अभी साइंस ने इतनी प्रगति नहीं की कि वह मृत्यु के दस वर्ष बाद किसी को जीवित कर दे।

आदित्य : मान लो।

डॉक्टर : **(अवहेलना से)** मुझे और भी काम करने हैं आदित्य...! **(किताब खोलता है)**

आदित्य : **(उठकर)** अच्छा, मैं चलूँ।

डॉक्टर : अरे, थोड़ी देर बैठो!

आदित्य : नहीं मैं चलूँगा। शाम को आऊँगा।

डॉक्टर : हाँ, शाम को ठीक रहेगा। तब मुझे काम कम रहता है। रात को खाना मेरे साथ ही खाना!

आदित्य : अच्छी बात है। **(बाहर प्रस्थान)**

(आदित्य को पहुँचाकर डॉक्टर आरामकुर्सी पर लेट जाता है तभी मनोहर का प्रवेश)

मनोहर : छोटे डॉक्टर साहब कहिन हैं कि आपका मरीज़ देखे जाना है। ड्राइवर से मोटर लाने को कह दें?

डॉक्टर : **(घड़ी देखकर)** बीस मिनट बाद मोटर ले आना। ड्राइवर से कह दो। **(मनोहर जाता है। डॉक्टर जम्हाई लेता है और फिर सो जाता है और सपना* देखता है।)**

(एक टेढ़ा घुमावदार पेड़ का तना जिसमें सिगार उगे हैं। उसी से टिकी खड़ी है छाया।)

डॉक्टर : छाया तुम तो मर गयी थीं?

छाया : हाँ, लेकिन अब ज़िन्दा हो गयी।

डॉक्टर : क्यों?

छाया : तुमसे मिलने।

डॉक्टर : क्यों?

छाया : **(हँसती है)** क्योंकि तुम मुझसे प्रेम करते हो।

डॉक्टर : नहीं, अब मैं किसी से न प्रेम करता हूँ, और न घृणा।

छाया : तुम मुझसे प्रेम करते हो। **(हँसती है)**

डॉक्टर : नहीं...मैं तुमसे प्रेम नहीं करता। **(छाया हँसती है)** नहीं, मैं तुमसे प्रेम नहीं करता।

छाया : तो घृणा करते हो। एक ही बात है। **(हँसती है)**

डॉक्टर : नहीं...नहीं...नहीं...

(छाया के स्थान पर पूनम प्रकट होती है)

डॉक्टर : **(आश्चर्य से)** पूनम तुम!

पूनम : डॉक्टर मैं तुमसे प्रेम करती हूँ।

डॉक्टर : पूनम! **(पूनम विलीन हो जाती है, वहाँ छाया का चित्र आ जाता है)**

छाया : मैं छाया हूँ, पूनम नहीं—

(हँसती है। हँसी में रोने की आवाज भर छाया पूनम में परिवर्तित हो जाती है।)

पूनम : **(रोते हुए)** डॉक्टर मेरे हाथ में भिन्डी निकल आई। **(एक कैंची भिन्डी काटती है, पूनम चीखती है, पूनम के स्थान पर हँसती हुई छाया सिगार पीती है।)**

पूनम सिगार पी रही है।

छाया सिगार पी रही है।

दर्जनों लड़कियां सिगार पीती हैं। **(हँसी)**

डॉक्टर : **(चीखकर)** मुझे सिगार से नफ़रत है। मुझे सिगार से नफ़रत है। **(उठ बैठता है। सपना समाप्त हो जाता है।)**

रवीश : **(प्रवेश करके)** डॉक्टर साहब, डॉक्टर साहब।

डॉक्टर : **(जग कर)** ओह, शायद मैं सपना देख रहा था। सपना देख रहा था। नोट करो रवीश...धुँधला प्रकाश, एक घुमावदार टेढ़ा पेड़ का तना...सिगार...सिगार...और वह भी तो थी...वह भी थी...उसे मैंने देखा...कहती थी मैं ज़िन्दा हूँ।

रवीश : कौन? कौन ज़िन्दा है?

डॉक्टर : **(रवीश की ओर गौर से देखता है।)** कोई नहीं...कोई नहीं।

(मनोहर का बाहर से प्रवेश)

मनोहर : साहब मोटर आ गयी।

(डॉक्टर रवीश के हाथ से वह काग़ज़ लेकर फाड़ देता है, जिस पर वह उसका सपना नोट कर रहा था और चलने के लिए तैयार होता है।)

डॉक्टर : रवीश, मैं माल एवेन्यू पेशेन्ट देखने जा रहा हूँ...मनोहर मेरा बैग कार में रख दो!

(बैग लिए मनोहर और उसके पीछे डॉक्टर बाहर जाते हैं। रवीश अकेला रह जाता है। थोड़ी देर बाद मनोहर दो तार लेकर बाहर से प्रवेश करता है।)

मनोहर : डाकिया ई दो तार दय गया है।

(रवीश मनोहर के हाथ से तार लेकर, रसीद पर दस्तख़त करता है। मनोहर रसीद लेकर डाकिया को देने बाहर जाता है। रवीश एक लिफ़ाफ़ा फाड़कर तार पढ़ता है।)

रवीश : **(खुशी से पुकार कर)** मनोहर, अरे सुना तुमने, भारत सरकार ने डॉ. वशिष्ठ को पद्मश्री की उपाधि दी है।

(फिर दूसरा तार खोलकर पढ़ता है, उसे पढ़कर वह सिर पर हाथ रखकर बैठ जाता है)

बाप रे बाप, भगवान जब देता है तो छप्पर फाड़ कर देता है। यूनेस्को का साइकेट्री में सबसे बड़ा इनाम-एक लाख डालर...दोहरी उपाधि, दोहरा सम्मान।

(यवनिका)

तृतीय अंक

(डॉ. वशिष्ठ की वही क्लिनिक जो द्वितीय अंक में है। द्वितीय और तृतीय अंक में लगभग एक घंटे का अन्तराल है।

पर्दा खुलने पर डॉ. रवीश सोफ़े पर बैठा किताब पढ़ता दिखाई देता है। पास ही ज़मीन पर मनोहर विचारमग्न सा बैठा है।)

मनोहर : हम समुझिन नहीं छोटे डॉक्टर, बड़े डॉक्टर साहब बिआह करिहें?

रवीश : ब्याह! कैसी बातें करते हो!

मनोहर : बियाह नहीं, तौन आउर का? इस पद्मिनी से काव मतलब? ...मुला यहि उमर में, **(स्वयं ही)** उँह, कवन उनकी उमर जादा है, जादा से जादा अड़तीस-उन्तालिस साल, मरद तो साठा पे भी पाठा।

रवीश : अरे पद्मिनी नहीं, पद्मश्री।

मनोहर : पदमसिरी, ई कउन है? संखिनी, डंकिनी, हस्तिनी, और पदमिनी सुना रहे,...ई कौनो पदमिनी की बहिन है, पदमसिरी, जाके साथ-साथ पचास लाख रुपया दहेज भी मिलिहें।

रवीश : **(हँसकर)** अरे पद्मश्री औरत नहीं है।

मनोहर : औरत नहीं हय, तब डॉक्टर साहब को कौन-सी चीज आज मिल गयी है जा के लिए इत्ता हो-हल्ला है।

रवीश : क्या औरत के मिलने पर ही हो-हल्ला होता है। पद्मश्री औरत नहीं है, यह "टाइटिल" है।

मनोहर : देखो छोटे डॉक्टर, ई अरबी-फारसी छोड़ि के सूधी भाषा माय बतायओ!

रवीश : अब सीधी भाषा में क्या बताऊँ। यो समझो, हमारे डॉक्टर साहब बहुत काबिल हैं...

मनोहर : **(बात काटते हुए)** का बात हय! साच्छात अस्वन कुमार हय। बड़े-बड़े पागलन को अस ठीक करते हैं कि काव बतायें।

रवीश : और उनका नाम भी मशहूर है?

मनोहर : सो तो हई। चारों दिशाओं में बस उनका नाम बाजत है। कौनो से पूछ लेहौ बड़े-बड़े लाट कमंडल का अस्पताल की डयोढ़ी पर जुहार करते हैं।

रवीश : तो बस इसी बात पर सरकार ने उनकी इज्जत करने के लिए उन्हें यह उपाधि यानी इज्जत वाला नाम दिया है।

मनोहर : **(एक दम खुश होकर)** हम समुझ गये, ई पदमिनी-पदमसिरी काव हय? आप साफ़ काहे नाहीं कहिते कि सरकार डॉक्टर साहब कव खानबहादुर बनाये दिहिन हय।

रवीश : खान बहादुर?

मनोहर : हम सब समुझते हनं। हम खान बहादुर हिमाकत अली के पूरे दस साल चपरसी रहे।

रवीश : हाँ, हाँ, कुछ ऐसा ही, लेकिन खानबहादुर नहीं, पद्मश्री। पहले अंगरेज सरकार थी तो खानबहादुर और रायबहादुर की उपाधि दी जाती थी। अब देश आजाद है तो पद्मश्री की उपाधि दी जाती है।

(टेलीफ़ोन की घंटी बजती है)

रवीश : **(टेलीफ़ोन पर)** दिस इज़ 3551। जी! डॉक्टर साहब किसी पेशेन्ट को देखने गये हैं। (टेलीफ़ोन रखकर मनोहर से) गवर्नर का फ़ोन था, शायद वह डॉक्टर साहब को बधाई देना चाहते होंगे।

(टेलीफ़ोन की घंटी)

रवीश : **(टेलीफ़ोन पर)** हलो जी? डॉक्टर वशिष्ठ ''विजिट'' पर गये हैं। आते ही होंगे। क्या मैं आपका शुभ नाम जान सकता हूँ...शर्मा जी...मेयर...ज़रूर...ज़रूर। मैं आपकी

ओर से अवश्य बधाई दे दूँगा, जी अच्छा। रेडियो में ख़बर आ गयी? **(गदगद स्वर में)** जी...जी...जी...अच्छा, नमस्कार। **(टेलीफ़ोन रखकर मनोहर से)** यह मेयर का टेलीफ़ोन था। कह रहे थे कि डॉक्टर साहब की वजह से सारे नगर का सम्मान हुआ है। वह हमारे नगर के ही नहीं, वरन् पूरे देश की महान सम्पदा हैं।

(टेलीफ़ोन की घंटी)

रवीश : जी हाँ साहब, जी हाँ, ख़बर एकदम सच है **(नाराज़ होकर)** बार-बार क्या पूछ रहे हैं, एक बार कह तो दिया कि ख़बर सच है। **(टेलीफ़ोन झटके से रखकर)** ये अख़बार वाले तो दिमाग़ चाटने लगते हैं।

(डॉक्टर का बाहर से प्रवेश)

रवीश : ओह, डॉक्टर साहब! **(तपाक से आगे बढ़कर हाथ मिलाते हुए)** कांग्रेचुलेशन्स! आई एम फ़र्स्ट टू कोंग्रेचुलेट यू।

डॉक्टर : क्यों क्या हुआ?

मनोहर : **(बीच ही में)** चिट्ठी आई है...तुम्हें पदामिनी मिल गयी है।

डॉक्टर : पदमिनी।

रवीश : पद्मश्री। भारत सरकार ने आपको पद्मश्री की उपाधि दी है। लेकिन यह तो कुछ नहीं, यूनेस्को से मनोचिकित्सा में मौलिक अन्वेषण और प्रयोग के लिए आपको एक लाख डालर का सिग़मंड फ़्रायड पुरस्कार प्राप्त हुआ है। यह देखिये तार! **(तार देता है)**

डॉक्टर : **(तार पढ़ता है और एक प्रसन्नता की लहर उसके मुख पर दौड़ जाती है)** थैंक्यू रवीश। यस, यू आर फ़र्स्ट टू कॉग्रेचुलेट मी।

रवीश : अभी गर्वनर के यहाँ से टेलीफ़ोन आया था। कॉरपोरेशन के मेयर शर्मा जी ने भी आपको बधाई देने के लिए टेलीफ़ोन किया था। अख़बार वाले भी आपको पूछ रहे थे। शर्मा जी कह रहे थे कि आप पर सारे नगर को नाज़ है। आप केवल अपने नगर की ही नहीं, अपितु सारे देश की...**(अचानक वह डॉक्टर को देखकर चुप**

हो जाता है। डॉ. उसकी कोई बात नहीं सुन रहा था, अपितु धीरे-धीरे अपनी माँ की फोटो की ओर बढ़ रहा है। डॉक्टर माँ की फोटो के आगे सिर झुकाकर घुटनों के बल बैठ जाता है। कुछ क्षणों का मौन। रवीश और मनोहर भी उस क्षण की पवित्र पावन करूणा से अभिभूत हो जाते हैं। कुछ क्षण पश्चात जब डॉक्टर उठता है, तब उसकी आँखें आँसुओं से भरी हैं। वह जेब से रूमाल निकालता है।)

डॉक्टर : **(आँसू पोंछकर)** अगर आज माँ जीवित होती तो कितनी प्रसन्न होती। **(वह तार रवीश को देकर अन्दर चला जाता है। टेलीफ़ोन की घंटी बजती है।)**

रवीश : **(टेलीफ़ोन पर)** हलो, मैं असिस्टेन्ट डॉक्टर रवीश बोल रहा हूँ...आपने? ओह, आप हैं शर्मा जी, जी हाँ, डॉक्टर साहब आ गये, मैं बुलाये देता हूँ। **(मनोहर से)** देखो, मनोहर, डॉक्टर साहब से कह दो कि शर्मा जी...मेयर साहब का टेलीफ़ोन है। वह आपसे बातें करना चाहते हैं। **(मनोहर डॉक्टर वशिष्ठ को बुलाने अन्दर जाता है।)**

रवीश : **(टेलीफ़ोन पर)** जी शर्मा जी, मैंने डॉक्टर साहब को बुलवाया है। वह बस अभी आते हैं, एक मिनट में...यह लीजिए आ गये। **(डॉक्टर को टेलीफ़ोन देता है।)**

डॉक्टर : नमस्कार शर्मा जी, बहुत-बहुत धन्यवाद। यह सब आप ही लोगों की शुभेच्छाओं का फल है। **(विनम्रता से)** मैं क्या कहूँ...मैं तो केवल कर्तव्य करना जानता हूँ...जी...जी...अरे नहीं साहब, इसकी क्या ज़रूरत है, अरे नहीं-नहीं जी...सिटी काउंसिल ने तय किया है कि पुलिस बैंड के साथ...अरे नहीं शर्मा जी, मुझे बड़ा अजीब लगेगा, ठहरिये ज़रा... **(रवीश से)** शर्मा जी कह रहे हैं कि कॉरपोरेशन ने मेरा स्वागत करने का निश्चय किया है।

रवीश : यह तो कॉरपोरेशन को करना ही चाहिए। यह कोई मामूली बात नहीं है!

डॉक्टर : **(घबराया-सा)** अरे यही नहीं, कारपोरेशन के सब सदस्य,

विभिन्न सांस्कृतिक संस्थाओं, चिकित्सालयों के प्रतिनिधि तथा शहर भर के डॉक्टर इत्यादि जुलूस बनाकर यहाँ आयेंगे...

रवीश : यह तो बहुत अच्छा है।

डॉक्टर : **(बेहद घबराहट के साथ)** पुलिस का बैंड होगा। मेरे गले में माला डालेंगे...कहते हैं घन्टे-दो घन्टे में घर तक पहुँच जायेंगे...

रवीश : लाइये मुझे दीजिए। **(डॉक्टर टेलीफ़ोन रवीश को दे देता है)** हलो, मैं असिस्टेन्ट डॉक्टर रवीश बोला रहा हूँ। देखिए शर्मा जी, डॉक्टर साहब बेचारे तो आपकी बात सुनकर एकदम घबरा गये। वे बेचारे तो बहुत ही सीधे-सादे हैं। शोर-शराबे से दूर भागने वाले। उन्हें तो मान-सम्मान की कोई चिन्ता नहीं। वह तो साधु हैं, साधु। दिन-रात किसी महान तपस्वी की भांति अपनी साधना में रत रहते हैं, जैसे यह तपस्या ही उनका जीवन हो। वह तो दधीचि के समान हैं, जो कि दूसरे के हित के लिए अपना शरीर, अपने प्राण तक त्याग सकते हैं। फिर उनके लिए यह बैन्ड बाजे क्या? फिर भी हमारा कुछ कर्तव्य तो है ही ऐसी महान आत्मा के लिए। यह आपने बहुत अच्छा किया। भारत सरकार ने तो उन्हें केवल पद्‌श्री दी। महान पुरुषों का मूल्य उनके निकट के लोग नहीं जानते। वास्तविक सम्मान तो उनका यूनेस्को ने किया है। अब वह सम्पूर्ण विश्व में प्रसिद्ध हैं। यह हमारे नगर का बहुत बड़ा सम्मान है। आप अवश्य जुलूस लाएं। हम सब मिलकर इस महान विभूति के चरणों में अपनी भक्ति की अंजलि चढ़ाएंगे। अच्छा, अच्छा नमस्कार!

डॉक्टर : **(कुछ अनिश्चित-सा, चौंधियाया-सा)** तो वे लोग आ रहे हैं?

रवीश : हाँ, हम लोगों के पास बिलकुल समय नहीं है। **(मनोहर से)** देखो, डॉक्टर साहब के सम्मान के लिए बड़े-बड़े लोग जुलूस लेकर आ रहे हैं।

मनोहर : हाय, सच! हम जानित रहें, डॉक्टर साहब दुनिया भर में मसहूर हैं।

रवीश : देखो, जल्दी से कमरे को सजा दो। किताबें और चीज़ें तरतीब से रख दो। फूलदान के फूल बदल दो। कमरे के परदे बदल दो। और देखो कुर्सियों और सोफ़े पर नये कवर लगा दो।

मनोहर : बस अबे होय जात है।

(मनोहर अन्दर जाता है; रवीश कुछ व्यस्त-सा घूमता है।)

डॉक्टर : यह सब तो ठीक है लेकिन...मुझे क्या करना पड़ेगा?

रवीश : आपको कुछ नहीं करना पड़ेगा। पुलिस के बैन्ड के पीछे कारों का एक जुलूस होगा, जो शहर की ख़ास-ख़ास सड़कों से होता हुआ यहाँ पहुँचेगा। उसमें नगर के समस्त प्रमुख व्यक्ति सम्मिलित होंगे।

डॉक्टर : फिर?

रवीश : वे सब यहाँ कमरे में आयेंगे।

डॉक्टर : मैं क्या करूँगा?

रवीश : आप यहाँ बैठे होंगे। वे आपको माला पहनायेंगे। मानपत्र भेंट करेंगे। फिर विभिन्न संस्थाओं के प्रतिनिधि आपको अपनी श्रद्धांजलि चढ़ायेंगे।

डॉक्टर : उसके बाद मुझे उन्हें धन्यवाद देना होगा?

रवीश : बेशक।

डॉक्टर : मैं क्या कहूँगा?

रवीश : आप जो उचित समझें..., न हो तो आप अपना 'स्टेटमेंट' अभी ही मुझे डिक्टेट कर दें। मैं उसकी टाइप्ड कापियाँ पहले से ही निकलवा दूँगा। नागरिक सम्मान के पश्चात् उसको अख़बारों में भिजवा दूँगा।

डॉक्टर : **(सोचकर)** हाँ, यही ठीक रहेगा। अच्छा मैं बोलता हूँ, तुम लिख लो। **(रवीश काग़ज़ पैन्सिल लेकर बैठ जाता है, डॉक्टर कमरे में घूमते हुए बोलता है।)** आप लोगों ने मुझे जो सम्मान दिया है मैं उसके सर्वथा अयोग्य हूँ। यह आपकी ही महानता है...

(टेलीफ़ोन की घन्टी)

रवीश : **(टेलीफ़ोन पर)** यस दिस इज मेंटल क्लिनिक। जी...जी ...हाँ हैं। जी अच्छा, मैं पूछकर बताता हूँ। **(डॉक्टर से)** रोटरी क्लब के प्रेसीडेन्ट मिस्टर बैनर्जी का टेलीफ़ोन है। कह रहे हैं कि रोटरी क्लब आपकी विलक्षण सेवाओं और सम्मान के लिए आपको फ़ैलीसिटेट करना चाहता है।

डॉक्टर : भाई, यह सब तो झंझट है।

रवीश : वाह, इसमें झंझट की क्या बात है? वह पूछ रहे हैं कि कल शाम पाँच बजे आपको "सूट" करेगा?

डॉक्टर : जो जवाब चाहो, दे दो! मेरा तो कल कोई "इंगेजमेंट" नहीं है।

रवीश : ठीक है। **(टेलीफ़ोन पर)** डॉक्टर साहब आपको बहुत-बहुत धन्यवाद देते हैं। लेकिन बात यह है मि. बनर्जी, डॉक्टर साहब इन सभाओं और जुलूसों से बेहद घबराते हैं। इट इज बट नेचुरल। इंटेलेक्चुअल हैं, साइन्टिस्ट हैं, उन्हें इन सबके लिए फ़ुर्सत ही कहाँ। जी? जी? **(हँसकर)** अच्छा, अच्छा साहब, घबराइए नहीं। मैं आपकी ख़ातिर उन्हें पहले ही मनवा चुका हूँ। बड़ी मुश्किल से राज़ी हुए हैं। कल पाँच बजे वह जा सकेंगे। जी, जी हाँ, आप मोटर भेज दीजिएगा। **(टेलीफ़ोन रखकर, डॉक्टर से)** अभी तो देखिए सर, कितने लोग आते हैं और कितनी तरह के लोग आते हैं।

डॉक्टर : हाँ, तो लिखो, मैंने क्या बोला था?

रवीश : **(पढ़ते हुए)** आप लोगों ने मुझे जो सम्मान दिया है, मैं उसके सर्वथा अयोग्य हूँ। यह आपकी महानता है कि... **(बाहर के बाग से तोड़े फूलों के साथ मनोहर तीन तार ले कर आता है।)**

मनोहर : ई तार आवा है।

डॉक्टर : **(परिहास और आश्चर्य से)** तार?

रवीश : **(दस्तख़त करते हुए)** यह तो कुछ भी नहीं है। **(तार**

खोलकर) यह तार, डाइरेक्टर इंडियन मेडिकल हेल्थ का है। दिल्ली से आया है, यह मंत्री साइंटिफिक रिसर्च एण्ड कल्चरल अफ़ेयर्स का है। यह बिना नाम का कौन हो सकता है?

डॉक्टर : पता नहीं, कभी बिना नाम का यह व्यक्ति ग्रीटिंग कार्ड भेजता है, तो कभी नये वर्ष पर कार्ड और आज यह बधाई का तार।

रवीश : कोई आपका "पेशेन्ट" रहा होगा, अब आपके उपकारों का बदला देना चाहता है। कितनों को जीवन दिया है आपने।

डॉक्टर : **(कुछ देर सोचता है, फिर अपने विचारों को झटककर जैसे उठ खड़ा होता है।)** इन्हें बाद में देखना। आगे लिखो, आप लोगों ने मुझे जो सम्मान दिया है, उसके मैं सर्वथा अयोग्य हूँ। इस संसार में बहुत दुख हैं। मशीन युग की गति और तीव्रता में मानव-मूल्य विघटित होते जा रहे हैं, इसमें मनुष्य अपनी स्थिति पहचान नहीं पा रहा है। सैंकड़ों इस अन्धी दौड़ में अपना मानसिक संतुलन खो बैठते हैं। विश्वव्यापी घृणा और प्रतिद्वन्दिता उनके जीवन को विकृत कर रही है, किन्तु जीवन घृणा और प्रतिद्वन्तिा से नहीं, केवल प्रेम से जिया जा सकता है। यदि मेरे तुच्छ प्रयत्न, इन असन्तुलित मानवों के जीवन में स्थिरता, आशा और शान्ति ला सकें, यदि घृणा प्रेम में परिवर्तित हो सके तो मैं समझूँगा कि मेरा जीवन सफल हो गया। यह सम्मान और अगाध स्नेह मेरे लिए नहीं अपितु उन आदर्शों के लिए है जो संसार में प्रेम और क्षमा के आलोक से हताश, विकृत और असन्तुलित व्यक्तियों के अंधकारमय जीवन को प्रकाशित करना चाहते हैं, तथा जिनके लिए मैंने अपना जीवन होम कर दिया है। ऐसा समझकर मैं ये सम्मान अति कृतज्ञतापूर्वक स्वीकार करता हूँ तथा आपको धन्यवाद देता हूँ।

(डॉक्टर तार उठाकर पढ़ता हुआ अन्दर की ओर चलता है)

डॉक्टर : इन तारों का जवाब देना है, रवीश याद रखना!

रवीश : जी हाँ।

(डॉक्टर का भीतर प्रस्थान)

रवीश : **(मनोहर से)** कुर्सियों के कवर मत बदलना, नहीं तो लगेगा कि ख़ास तौर से हम लोगों ने तैयारी की है। इसे ऐसा रहने दो कि देखने में नेचुरल भी लगे और ख़ूबसूरत भी...

(कैमरा लिए एक पत्रकार मि. प्रधान का बाहर से प्रवेश)

प्रधान : **(रवीश का हाथ अचानक पकड़कर हिलाते हुए)** बधाई, बधाई!

रवीश : **(भौचक्का-सा)** जी!

प्रधान : **(कैमरा तानकर)** बस एक मिनट, मुस्कुराइए, मुस्कुराइए डॉक्टर वशिष्ठ स्माइल!

रवीश : मैं डॉक्टर वशिष्ठ नहीं हूँ।

प्रधान : **(नाराज़गी से कैमरा समेटते हुए)** तो आप कौन हैं?

रवीश : मैं उनका असिस्टेन्ट डॉक्टर हूँ। लोग मुझे रवीश कहते हैं।

प्रधान : **(उत्साह से रवीश का हाथ झकझोरकर)** बड़ी ख़ुशी हुई आप से मिलकर, डॉक्टर रवीश।

रवीश : **(अपना हाथ समेटते हुए)** मुझे भी, मुझे भी मिस्टर...? मिस्टर...?

प्रधान : मिस्टर प्रधान, चीफ करस्पॉन्डेंट आफ़ न्यूडील। **(दरबारी ढंग से सिर झुकाता है।)**

रवीश : ओह, यस, मिस्टर प्रधान, कहिए मैं आपकी क्या सेवा कर सकता हूँ।

प्रधान : आप ही तो मेरी सहायता कर सकते हैं। देखिए, अभी तक तो कोई करस्पॉन्डेन्ट यहाँ नहीं आया?

रवीश : जी नहीं।

प्रधान : तो सुनिए, अभी और लोग आएँगे ही, लेकिन आप मुझे डाक्टर साहब के बारे में कुछ ऐसी बातें बताएं कि मेरा 'राइटअप' सबसे अलग हो। **(सिगरेट का डिब्बा बढ़ाते हुए)** लेकिन वादा करें कि आप किसी दूसरे करस्पॉन्डेन्ट को नहीं बतायेंगे।

(अबला सोंधी का बाहर से प्रवेश)

अबला : वाह मिस्टर प्रधान। सिगरेट की रिश्वत देकर आप एक्सक्लूसिव स्टोरी के चक्कर में हैं। मगर जनाब हम तो आ ही गये।

प्रधान : **(नारजगी से)** आप आ ही गयीं तो धन्यवाद आपके, करम फूटे हमारे।

अबला : **(रवीश से)** मुझे अबला सोंधी कहते हैं। मैं नेशन की प्रतिनिधि हूँ।

प्रधान : इन्हें कहते हैं न्यूज़ डॉग, न्यूज़ डॉग नहीं न्यूज़ **(कहते कहते रुककर)** जाने दीजिये, सूँघती सूँघती आ पहुँची।

अबला : **(रवीश से)** आपका परिचय?

रवीश : मैं डॉक्टर वशिष्ठ का असिस्टेन्ट डॉक्टर, रवीश।

अबला : आप डॉक्टर साहब के साथ कब से हैं?

(वर्मा और पान्डे नामक पत्र-प्रतिनिधियों का बाहर से प्रवेश)

रवीश : पिछले पाँच साल से।

(सब नोट करते हैं)

अबला : आपकी उनके बारे में क्या राय है?

रवीश : राय? बहुत अच्छी राय है।

अबला : उनका आपके प्रति व्यवहार कैसा है?

रवीश : डॉक्टर वशिष्ठ मनुष्य नहीं देवता हैं। वे मेरे गुरु हैं, किन्तु उनके व्यवहार में मुझे सब कुछ मिल जाता है, पिता का प्यार, भाई का विश्वास, और मित्र का सुख।

पांडे : डॉक्टर साहब को यह कब पता लगा कि उन्हें पद्‌मश्री, तथा यूनेस्को का एक लाख डालर का पुरस्कार प्राप्त हुआ है।

रवीश : आज, कुछ देर पहले, तार आया था। डॉक्टर वशिष्ठ बाहर गये हुए थे, इसलिए तार मुझे मिला। जब वह लौटकर आये तो मैंने उन्हें बताया।

वर्मा : यह सुनकर डॉक्टर साहब की क्या प्रतिक्रिया हुई? उन्होंने क्या कहा?

रवीश : उन्होंने तार पढ़कर मेरी बधाई के उत्तर में धन्यवाद देते हुए कहा-यस यू आर फ़र्स्ट टु कांग्रेचुलेट मी।

प्रधान : **(लिखते हुए)** हूँ...और फिर?

रवीश : फिर वह गंभीर हो गये। अपनी माँ की तस्वीर के आगे माथा झुकाकर घुटनों के बल बैठ गये। कुछ देर बाद जब वह उठे तो उनकी आँखों में आँसू थे और वह...

प्रधान : आँसू थे...?

वर्मा : हाँ, आँसू थे...

रवीश : वह बोले-अगर आज माँ जीवित होती तो कितनी प्रसन्न होती। **(रुककर)** ऊपर से वैज्ञानिक कितना भी रूखा क्यों न हो, किन्तु उसके अन्दर सदैव मानव जीवित रहता है।

अबला : डॉक्टर साहब के कितने बच्चे हैं?

रवीश : एक भी नहीं, उनकी पत्नी का देहाँत तो दस वर्ष पूर्व ही हो गया। अब उनके जीवन में तो बस यह अस्पताल है और मानसिक रोगी। रोगियों की सेवा में उन्होंने अपना जीवन अर्पित कर दिया है।

अबला : डॉक्टर साहब को खाने में सबसे ज़्यादा क्या पसंद है?

प्रधान : क्या वह कसरत के भी शौक़ीन हैं?

वर्मा : वह जानवर भी पालते हैं-कुत्ता, बिल्ली या तोता?

(डॉक्टर का भीतर से प्रवेश)

रवीश : यह लीजिए, डॉक्टर वशिष्ठ आ गये।

(सब बधाई देते हुए डॉक्टर को घेर लेते हैं)

प्रधान : आई एम प्रधान आफ 'न्यू डील'।

वर्मा : आई एम वर्मा आव 'टार्च बियरर'।

पांडे : आई एम पांडे आव 'युग की आवाज'।

अबला : अबला सोंधी, 'नेशन'। नमस्ते।

(डॉक्टर सबसे हाथ मिलाता है, अबला सोंधी से नमस्ते करता है। प्रधान फ़ोटो खींचता है।)

वर्मा : आपकी ''एजूकेशन'' कहाँ हुई?

डॉक्टर : मैंने बी.एच.यू. से साइकोलोजी में एम.ए. किया।

ऑक्सफोर्ड से डी.फ़िल.। हारवर्ड में मनोचिकित्सा या साकोथिरेपी में विशेष ट्रेनिंग ली। मैं रूस और पूर्वी जर्मनी भी अपने अध्ययन के सिलसिले में, न्यू टेकनीक्स तथा प्रगति देखने गया था।

पांडे : आपके पिता क्या करते थे? क्या वह बहुत बड़े आदमी थे?

डॉक्टर : मेरे पिता बहुत ही साधारण कोटि के आदमी थे। जिस साल मैंने बी.ए. किया था उनका देहान्त हो गया था।

वर्मा : तब आपने पढ़ाई कैसे जारी रखी?

डॉक्टर : मेरी माँ ने अपने सारे ज़ेवर और मकान बेचकर मुझे इस योग्य बनाया कि मैं आज का दिन देख सका। मैं उससे कभी उऋण नहीं हो सकता।

अबला : डॉक्टर वशिष्ठ, अगर आज आपकी पत्नी जीवित होतीं तो वह क्या कहतीं?

(डॉक्टर चुप रहता है)

अबला : आपने बताया नहीं डॉक्टर वशिष्ठ, अगर आज आपकी पत्नी जीवित होतीं, तो क्या कहतीं?

वर्मा : जी हाँ, वह क्या कहतीं?

(छाया का बाहर से प्रवेश। वह देखने में बीमार लगती है। उसकी आँखों के नीचे गहरी काली छाया है। वह साधारण कपड़े पहने है।)

छाया : अगर आज डॉक्टर साहब की पत्नी जीवित होतीं तो वह खुशी से पागल हो जातीं।

अबला : **(आश्चर्य से)** आप कौन हैं?

छाया : मैं डॉक्टर साहब की पत्नी की सहेली हूँ। डॉक्टर साहब को बधाई देने आई हूँ। अगर आज डॉक्टर साहब की पत्नी जीवित होतीं तो वह इतना सुख सह न पातीं। कौन-सी ऐसी पत्नी होगी जो पति के सम्मान में अपना सम्मान समझकर उससे भी अधिक सुखी न हो।

डॉक्टर : लेकिन दस वर्ष पहले उसकी मृत्यु हो गयी।

छाया : हाँ, वह मर गयी। वह इतनी अभागी थी कि इस सुख

की साझीदार नहीं बन सकी...हाँ, वह बहुत अभागी थी। **(रो पड़ती है)** वह बहुत अभागी थी।

(सब लोग आश्चर्य से उसकी ओर देखते हैं)

अबला : आप रो क्यों रही हैं? यह तो ख़ुशी का मौक़ा है।

छाया : **(अपने को सम्भालकर)** माफ़ कीजिएगा, आप लोग। इस ख़ुशी के मौक़े पर मुझे डॉक्टर साहब की पत्नी की याद आ गयी।

(आंचल से आँखें ढँक लेती है)

पांडे : तब तो आप डॉक्टर साहब की पत्नी के बारे अवश्य बता सकेंगी?

वर्मा : डॉक्टर साहब की पत्नी का क्या नाम था? बताइये न, क्या नाम था?

छाया : **(सधे शब्दों में)** छाया।

वर्मा : **(नोट करते हुए)** छाया। डॉक्टर साहब क्या आपके पास कोई उनका फ़ोटो है? **(डॉक्टर जब कोई उत्तर नहीं देता तो वह छाया से पूछता है।)** उनका रंग-रूप क्या था?

प्रधान : हाँ, वह देखने में कैसी थीं?

(छाया उत्तर नहीं देती, इसलिए कुछ क्षण का सन्नाटा)

अबला : वह गोरी थीं या साँवली, लम्बी या नाटी, मोटी या पतली?

छाया : वह बिल्कुल मेरे जैसी थीं।

डॉक्टर : मैं नहीं चाहता कि मेरी मृतक पत्नी का ज़िक्र हो। **(वह पत्रकारों से दूर जाकर, कोने में खड़ा हो जाता है। सब पत्रकार आश्चर्य से निगाहों में प्रश्न भरकर उसकी ओर देखते हैं।)**

रवीश : **(स्थिति की गम्भीरता और कौतूहल दूर करने के लिए, पत्रकारों से धीमे स्वर में)** बात यह है कि डॉक्टर साहब अपनी पत्नी से बेहद प्यार करते थे और अब जब कभी भी उनका ज़िक्र आता है, तो वह अपने को सम्भाल नहीं पाते।

छाया : **(जैसे स्वप्न में अपने आप ही)** हाँ, वह अपनी पत्नी को बेहद प्यार करते थे...बेहद प्यार करते थे।

(डॉक्टर असंतुलित अशान्त-सा भीतर चला जाता है। रवीश किंकर्तव्य विमूढ़ सा जाते डॉक्टर वशिष्ठ को देखता है, फिर पत्रकारों की ओर देखता है और अन्त में डॉक्टर के पीछे वह भी घर के भीतर चला जाता है।)

पांडे : यह तो बताइए कि डॉक्टर साहब की पत्नी की मृत्यु किस रोग से हुई?

छाया : उसे तैरने का बहुत शौक़ था, वह ज़िन्दगी को एक नदी समझती थी लेकिन वह बहुत नासमझ थी। उसे नहीं मालूम था कि नदी में भँवर भी होती है। वह एक बार एक ऐसी ही भँवर में फँस गयी, फिर ऐसी डूबी कि उसका पता ही नहीं लगा। **(सिसकियों में)** सच, वह बहुत अभागी थी।

(सब पत्रकार छाया की ओर देखते हैं। उनकी समझ में नहीं आता कि वह क्या करें। तभी भीतर से रवीश का प्रवेश)

रवीश : डॉक्टर साहब आप लोगों से निवेदन कर रहे हैं कि इस समय आप लोग जाने का कष्ट करें। वह आपसे कल मिल सकेंगे, लेकिन इस समय आप लोग जाएँ। उनकी तबियत ठीक नहीं है।

वर्मा : **(अनिच्छा और आश्चर्य से कंधा सिकोड़कर)** बहुत अच्छा।

प्रधान : गुड बाई डॉ. रवीश!

रवीश : गुड बाई।

(पत्रकारों का बाहर प्रस्थान)

रवीश : **(छाया से)** आप ठीक से बैठ जाइए। आप डॉक्टर साहब की पत्नी की सखी हैं...आप काफ़ी पीजिएगा या चाय।

(छाया उत्तर नहीं देती, वह जड़ बनी रहती है। तभी डॉक्टर का भीतर से प्रवेश)

डॉक्टर : रवीश, तुम जाकर पेशन्ट नं. सेवन को ऑब्ज़र्व करो, मैं ज़रा इनसे बातें करूँगा।

रवीश : जी अच्छा। **(बाहर प्रस्थान)**

डॉक्टर : **(छाया से)** तो तुम जीवित हो?

छाया : तुम स्वयं ही देख रहे हो।

डॉक्टर : देवेन्द्र कहाँ है?

छाया : मुझे नहीं मालूम।

डॉक्टर : तुम उससे आख़िरी बार कब मिली थीं?

छाया : क़रीब नौ साल पहले, जब मैं बम्बई से बंगलौर चली गयी थी।

डॉक्टर : तुम उससे अलग क्यों हो गयीं?

छाया : झगड़ा हो गया था।

डॉक्टर : ओह! **(कुछ देर चुपचाप कमरे में टहलता है)** मगर यह कैसे मशहूर हो गया कि तुम मर गयीं?

छाया : मैंने स्वयं मशहूर करवा दिया था।

डॉक्टर : क्यों?

छाया : शर्म छिपाने के लिए।

(डॉक्टर सिगरेट निकालकर पीता है और कमरे में इधर से उधर घूमता है।)

डॉक्टर : यहाँ क्यों आयी हो?

छाया : **(पीड़ा से)** तुमसे मिलने, तुम्हारे पास।

डॉक्टर : **(क्रोध से)** हूँ। **(सिगरेट के कश जोर से खींचता है)**

छाया : तुम सिगरेट पहले तो नहीं पीते थे?

(डॉक्टर उत्तर नहीं देता)

छाया : मैं तुम्हें बधाई देना चाहती हूँ। तुम आज सफल हो। चारों ओर तुम्हारा नाम है...मैं इस कीर्ति में तुम्हारी साझीदार तो नहीं बन सकी किन्तु फिर भी देखने चली आई। **(रुँधे गले से)** दूर से ही, पराई बनकर ही सही।

(डॉक्टर कुछ जवाब नहीं देता। सिगरेट फेंक दूसरी मुँह से लगा लेता है।)

छाया : क्या मेरा अचानक जीवित हो जाना तुम्हें अच्छा नहीं लगा! चुप क्यों हो?

डॉक्टर : छाया, तुम सचमुच मर गयी थीं या तुमने झूठ ही मशहूर करवा दिया था और आज अचानक जीवित हो गयी हो, इस सबसे मुझे कोई मतलब नहीं है।

छाया : क्या तुम मुझसे बेहद नफ़रत करते हो?

डॉक्टर : मैं प्यार और नफ़रत से ऊपर हूँ। तुम जो थीं, वह मेरे लिए उसी दिन मर गयीं जिस दिन तुम देवेन्द्र के साथ घर से भागी थीं। वह तुम अब कभी भी जीवित नहीं हो सकतीं...वह तुम जो इस समय हो उससे मेरा कोई सम्बन्ध नहीं।

छाया : यह सच है कि जो मैं थी वह अब नहीं हूँ। लेकिन जो मैं थी उसी का सहारा लेकर मैं आज तुम्हारे पास आयी हूँ।

डॉक्टर : जो था और जो अब है, उसमें कोई सम्बन्ध नहीं। दोनों बिलकुल दूसरी और जुदा चीज़ें हैं...मुझी को लो, जो मैं पहले था अब नहीं हूँ। पहले मैं सिगरेट नहीं पीता था, अब सिगरेट पीता हूँ।

छाया : सिगरेट पीने और न पीने से तो आदमी बदलता नहीं। तुम वही हो और **(याचना के स्वर में)** मैं तुम्हारे पास आयी हूँ।

डॉक्टर : मैं नहीं समझता कि मुझसे तुम्हें कुछ काम हो सकता है?

छाया : **(उठकर)** है काम, तुम्हीं से काम है मुझे। **(भावुकता से)** तुमसे दूर रहकर मैंने तुम्हारे प्यार को पहचाना। कितना कष्ट उठाया है मैंने! तुम्हारी यादों में मैं कितना रोई हूँ। तुमसे मिलने को मैं कितनी बेचैन थी तुम क्या जानो!

डॉक्टर : **(ठंडे संतुलन से)** तुम तो बहुत अच्छी एक्टिंग कर लेती हो। देवेन्द्र से कहतीं तो वह तुम्हें फ़िल्मों में काम दिलवा देता।

(छाया के चेहरे पर एक क्षण को अभिमान जाग उठता है, किन्तु शीघ्र ही उसकी आँखों में याचना भर जाती है)

छाया : इतने क्रूर न बनो! मैं तुम्हारे हाथ जोड़ती हूँ। मैं बहुत दुखी हूँ।

डॉक्टर : तो मैं क्या करूँ?

छाया : मैं बिल्कुल अकेली हूँ। पापा की ''डैथ'' हो गयी। सौतेला भाई मेरी सूरत से भी चिढ़ेगा। तुम्हारे अलावा

अब दुनिया में मेरा कोई नहीं है। मैं बीमार हूँ। बंगलौर में मैंने नौकरी कर ली थी, बीमारी में वह भी छूट गयी। अब मैं ज़्यादा दिन नहीं चलूँगी। मैं ज़िन्दगी के आख़िरी दिन तुम्हारे चरणों में काटना चाहती हूँ।

डॉक्टर : तुम्हारी नौकरी छूट गयी?

छाया : हाँ।

डॉक्टर : तभी तुम मेरे पास आना चाहती हो?

छाया : **(आग्रह से)** नहीं, यह बात नहीं है। मैं हमेशा तुम्हारे पास आना चाहती थी, मगर मेरी हिम्मत नहीं पड़ी।

डॉक्टर : क्यों?

छाया : मैं डरती थी कि तुम मुझसे नफ़रत करते होगे, मेरी सूरत भी देखना नहीं चाहोगे। इसलिए दूर से ही अब तक श्रद्धा की अँजलियाँ तुम्हें चढ़ाया करती थी।

डॉक्टर : वह बिना नाम के होली, दीवाली और नये साल पर ग्रीटिंग कार्ड तुम्हीं भेजती थीं?

छाया : हाँ, वह मौन पुजारिन मैं ही हूँ।

डॉक्टर : तुम्हीं ने पुलोवर इत्यादि भेजे थे?

छाया : हाँ, वह अभागिन मैं ही हूँ। मैं तुम्हारे पैर पकड़कर रोना चाहती थी। मैं तुमसे माफ़ी माँगना चाहती थी, लेकिन मैं साहस नहीं कर सकी...अब मैं बीमार हूँ। मेरी नौकरी छूट गयी है। मैं अकेली हूँ, बिल्कुल अकेली। मेरी हालत देखकर शायद तुम्हें तरस आ जाए, इसलिए इतना साहस बटोर कर तुम्हारे पास चली आयी।

छाया : तुम चुप क्यों हो? मैं तुम्हारी दया की भीख माँगती हूँ। तुम दुनिया भर को जीवन देते हो, आशा देते हो, मुझे निराश न करो। पराया समझकर ही रहम खाओ। तुम्हारी पत्नी छाया तो मर गयी मुझे दासी समझकर ही घर के एक कोने में पड़ी रहने दो। मैं प्रायश्चित करना चाहती हूँ...मैं मरते समय तुम्हें देखना चाहती हूँ।

(डॉक्टर चुप रहता है, विचार मग्न, जड़-सा)

छाया : तुम कुछ कहते क्यों नहीं? कुछ बोलो। मैं कहती हूँ कुछ बोलो, मुझे बुरा-भला कहो...दोष दो...मैं अपराधी

हूँ...बुरी हूँ...(**आवेश बाँध तोड़कर हिचकियों की बाढ़ ला देता है**) मैं बहुत अभागी हूँ...मैं बहुत अभागी हूँ।
(डॉक्टर ड्रार खोलकर चेकबुक निकालता है। चेक लिखकर पकड़ाता है)

डॉक्टर : आँसू पोंछो, यह चेक लो और मेरी निगाहों से दूर चली जाओ। छाया मर गयी और वह किसी भी हालत में जीवित नहीं हो सकती।
(छाया चेक उठाकर एक क्षण डॉक्टर और चेक को देखती है, फिर चेक डॉक्टर के सामने फाड़कर फेंक देती है।)

छाया : थैंक यू, डॉक्टर! (**आहत किन्तु गर्व से बाहर जाती है। डॉक्टर अकेला रह जाता है। वह परेशान है। सिगरेट फेंककर, पैरों से कुचलकर कमरे में घूमता है। तभी बाहर से एक आदमी का प्रवेश**)

आदमी : डॉक्टर साहब, जो औरत अभी यहाँ से निकल कर बाहर गयी है वह कुछ बीमार लगती है। उसे शायद चक्कर आते हैं। क्लीनिक से बाहर आते ही वह गिर पड़ी। सड़क पर पड़ा पत्थर उसके सिर में लग गया। उसके सर से बेहद ख़ून बह रहा है।

डॉक्टर : (**निर्ममता से**) तो मैं क्या करूँ? यहाँ चोट का इलाज नहीं होता। यह "मेंटल क्लिनिक" है; बलरामपुर हॉस्पिटल ले जाइए उसे। (**वह आदमी बाहर चला जाता है**)
(डॉक्टर थका-सा कुर्सी पर बैठ जाता है। एक बोझिल ख़ामोशी। तभी वह आदमी फिर बाहर से प्रवेश करता है।)

आदमी : वह तो मर गयी। हम लोगों ने देखा तो उसकी जान निकल चुकी थी। वह मर गयी।
(डॉक्टर स्तब्ध बैठा सुनता रहता है तभी आदित्य का प्रवेश)

आदित्य : (**कमरे में आकर खड़े-खड़े**) अगर वह मर गयी तो डॉक्टर साहब से क्या कहते हो? मर गयी तो मर जाने दो। वह डॉक्टर साहब की कौन लगती थी कि डॉक्टर

साहब उसके लिए चिन्ता करें। ऐसी मौतें तो रोज़ ही होती रहती हैं। **(डॉक्टर खामोश रहता है)** अरे आप मेरा मुँह क्या देख रहे हैं, म्युनिसपेल्टी को टेलीफ़ोन कीजिए, लावरिस लाश है। डोम आकर उठा ले जाएंगे। मगर डॉक्टर साहब के पोर्टिको से तो हटा ही दी जाये। डॉक्टर साहब के यहाँ बड़े लोग आने वाले हैं। जश्न है, उत्सव है। द्वार सज रहा है। न हो तो उसे सड़क पर डाल दीजिए। चील-कौवे खा जाएंगे। लावारिस लाश का क्रिया-कर्म तो होता नहीं। मगर जल्दी कीजिए जाइए,...जाइए न।

(वह आदमी चला जाता है डॉक्टर जड़ बैठा रहता है।)

आदित्य : डॉक्टर तुम दुनिया भर के लोगों का मानसिक विश्लेषण करते हो और उसमें तुम्हारी योग्यता को मान्यता यूनेस्को और भारत सरकार दोनों ने दी है। किन्तु क्या कभी तुमने स्वयं अपने आपको जानने की कोशिश की है! क्या कभी स्वयं अपना भी मानसिक विश्लेषण किया है? **(डॉक्टर उत्तर नहीं देता)** तुम्हारा दुहरा व्यक्तित्व है। तुम कहते कुछ हो, किन्तु अपने अचेतन में विश्वास कुछ और करते हो! तुम कहते हो कि जीवन बिना उदारता के नहीं जिया जा सकता। मनुष्य को सदैव दूसरों को क्षमा करना चाहिए, उसको जीवन में संतुलित दृष्टिकोण रखना चाहिए। उसे न किसी से ज़्यादा प्रेम करना चाहिए और न ज़्यादा घृणा। किन्तु स्वयम् तुम्हारा जीवन इसके ठीक विपरीत है। तुम छाया से अति प्यार करते थे। लेकिन जब वह देवेन्द्र के साथ भाग गयी, तो अत्यधिक घृणा करने लगे और अब उसे किसी भी हालत में क्षमा करने को तैयार नहीं हो...अब बताओ, कहाँ है तुम्हारे जीवन में उदारता! क्या यह केवल सैद्धान्ति बकवास है, रोगियों को बहलाने के लिए, जिस पर स्वयं तुम विश्वास नहीं करते? **(रुककर)** और फिर तुम्हारा दावा कि तुमने अपना सारा जीवन मानसिक रोगियों की सेवा के लिए समर्पित कर दिया है, यह

भी झूठा है। आज सुबह तुम उस आदमी को अपनी पत्नी से घृणा करने का पाठ इसलिए दे रहे थे क्योंकि तुम स्वयं पत्नी से घृणा करते हो। तुम अपनी पत्नी से इतनी नफ़रत करने लगे कि उससे भागने के लिए तुम अपने आपको रोगियों और काम में खपाने लगे। यह उद्देश्य के लिए समर्पण नहीं, पलायन है, पलायन। तुम्हारी सारी ऊँची-ऊँची आदर्श की बातें झूठ और आडंबर हैं, तुम्हारा सारा जीवन, तुम्हारे सारे कार्य, सारी सफलताएं, यह युनेस्को और भारत सरकार का सम्मान, सब नफ़रत और घृणा पर आधारित है। इन सब की नींव में नफ़रत और घृणा है। नफ़रत और घृणा! और कुछ नहीं!

(आदित्य का तेजी से बाहर प्रस्थान। डॉक्टर कमरे में वैसा ही विचारमगन जड़-सा अचल बैठा रहता है। कमरे में अंधेरा होने लगता है। तभी मनोहर का कमरे में बाहर से प्रवेश। वह बत्ती जलाता है।)

मनोहर : डॉक्टर साहब!

डॉक्टर : **(चौंककर)** आ...हाँ।

मनोहर : अँधियारे में क्यों बैठे हैं?

डॉक्टर : कुछ नहीं, मेरे सिर में दर्द हो रहा है।

मनोहर : बाम मल देई।

डॉक्टर : नहीं मामूली दर्द है, आराम से ठीक हो जायेगा।

मनोहर : वह जौन औरत बाहर मरी पड़ी रही, कौनो लावारिस है, उसे म्युनिस्पैल्टी वाले उठा ले गये।

डॉक्टर : कमरे की बत्ती बुझा दो। मैं थोड़ी देर आराम करना चाहता हूँ।

मनोहर : आप अन्दर चल कर आराम करें। जूलूस वाले अइहें तब हम बताय देब।

डॉक्टर : नहीं, यहीं ठीक है, तुम जाओ, किसी को आने मत देना। बत्ती बुझा दो। मैं थोड़ी देर आराम करना चाहता हूँ।

मनोहर : **(सहानुभूति से)** अच्छी बात आय। छोटे डॉक्टर टाइप कर रहे हैं। जब तक जुलूस वाले न आंय तू आराम

करो! आराम करो! तब तक हम कौनन के आवन न देबै।

(मनोहर बिजली बुझाकर बाहर चला जाता है, मंच पर एकदम अंधेरा रहता है। थोड़ी देर बाद पूनम की आवाज सुनाई पड़ती है।)

पूनम : **(नेपथ्य में)** नहीं, नहीं, मुझको जाने दो!

मनोहर : **(नेपथ्य में)** डॉक्टर बाबू के मूड़े में दरद हय। जब तक जलूस नहीं आवत, वह किसी से नाहीं मिलिहैं।

पूनम : नहीं मैं जाऊँगी।

मनोहर : **(नेपथ्य में)** वह काहू से नाहीं मिलिहें...थोड़ी देर बाद आना।

पूनम : **(नेपथ्य में)** मैं नहीं रुक सकती, मुझे जाना है इसलिए अभी ही मिलूँगी।

मनोहर : नहीं बीबी जी।

पूनम : नहीं..., **(पूनम का कमरे में प्रवेश। उसके पीछे मनोहर का प्रवेश। मनोहर दरवाज़े के पास के स्विच से कमरे की बत्ती जलाता है। इससे प्रकाश कमरे में फैल जाता है, और डॉक्टर आफ़िस टेबिल के एक तरफ़ पड़ी कुर्सी पर बैठा दिखाई देता है। उसका मुँह दर्शकों की तरफ़ है, और दायाँ हाथ ऑफिस टेबिल पर रखा है। चूंकि बिजली का ट्र्यूब डॉक्टर के पीछे की तरफ है, इसलिए उसकी आकृति पर अंधकार है।)**

मनोहर : **(क्रोध से किन्तु फुसफुसाहट के स्वर में पूनम से)** इतना कहा, मगर नहीं मानीं। डॉक्टर साहब बिगड़िहै तो तुही जान्यो। हमतो जाइत है। **(चलते-चलते)** कभै कभै तो आराम करतै हैं डॉक्टर साहब, उसमें भी चैन नहीं लैने देयतीं यह लोग। **(बड़बड़ाते हुए बाहर प्रस्थान)**।

पूनम : **(धीरे से)** डॉक्टर देखो न! यह तुम्हारा नौकर मुझे आने ही नहीं दे रहा था। मुझे आज रात की ही गाड़ी से लौट जाना है, क्योंकि कल इनको दफ़्तर 'अटेंड' करना है। **(रुककर)** मेरी शादी हो गयी, डॉक्टर। एक बेबी भी है। वे दोनों तुमको धन्यवाद देना चाहते हैं। तुमने

मुझको जीवनदान दिया। मैं आत्महत्या करना चाहती थी, तुमने बताया कि यह ज़िन्दगी लड़कर जीने के लिए है। हम सब कितने कृतज्ञ हैं तुम्हारे। तुमने बताया कि आत्महत्या करना पाप है। आत्महत्या कायर करते हैं। **(कंधा पकड़कर)** डॉक्टर।

(कंधा छुए जाते ही डॉक्टर गिर पड़ता है। पूनम चौककर पीछे हटती है। उसका हाथ मेज़ पर रखे टेबिल लेम्प के स्विच पर पड़ जाता है, और वह जल जाता है। उसके प्रकाश के फोकस में डॉक्टर का मुँह दिखाई पड़ता है। उसकी आँखें फटी है। मुँह खुला है। हाथ फैले हैं। पूनम चीखती है।)

पूनम : डॉक्टर!

(दूर पर बैंड के बजने की आवाज। रवीश तथा मनोहर का शीघ्रता से प्रवेश।)

रवीश : जुलूस आ गया डॉक्टर! **(डॉक्टर को देखकर तथा मेज़ पर रखी दवा की शीशी का नाम पढ़कर)** डॉक्टर ने आत्महत्या कर ली!!

(रवीश डॉक्टर की आँख बन्द करता है। मनोहर हक्का-बक्का खड़ा देखता रहता है। पूनम कोने में मुँह पर हाथ रखे सिसकियाँ लेती है। नेपथ्य में जुलूस के बैंड की आवाज तेज होती है।)

(इति)

परिशिष्ट

स्वप्न-दृश्य के सम्बन्ध में तकनीकी संकेत

(1) द्वितीय अंक के दृश्यबंध में पीछे की दीवार गोल छेद की मच्छरदानी के कपड़े से बनाई जाये। दीवार की एकरसता भंग करने के लिए उस पर खिड़की, खुली या बन्द, अथवा किताबों की अलमारी चित्रित की जा सकती है। इस दीवार में, उस सोफ़ा के निकट, जिस पर डॉक्टर सोता है, स्वप्न-दृश्य उपस्थित करना होगा। जाली की दीवार के पीछे, एक फुट की दूरी पर लगभग तीन फुट ऊँची एक काले कपड़े की पट्टी, दीवार की तरह लगाई जाए।

(2) काली पट्टी की पीछे, स्वप्न दृश्य के स्थल के निकट एक व्यक्ति काले कपड़े में छिपा बैठा हो, जिसके हाथों और चेहरे पर कंकाल की हड्डियाँ सफ़ेद रंग में चित्रित हों। उसके हाथों में माली की बड़ी कैंची हो।

(3) स्वप्न स्थल से कुछ दूर, एक दो फ़ीट ऊँचा तख्त रखा हो, जिस पर सिगार-उगे वृक्ष का कट-आउट रख हो।

(4) जाली की दीवार के पीछे, उसके निकट ही, एक 'बीम लाइट' टंगी हो, जिससे नीचे घटित होता हुआ स्वप्न-दृश्य आलोकित हो सके।

(5) स्वप्न-दृश्य प्रारम्भ होते ही, एक साथ मंच को आलोकित करने वाली सब बत्तियाँ बुझ जायें, किन्तु साथ ही, ऊपर से पड़ने वाली तीक्ष्ण प्रकाश की पतली रेखा डॉक्टर के मुख को आलोकित कर दे। उसके साथ ही स्वप्न-दृश्य को आलोकित करने वाली बत्ती भी जल जाये।

(6) उसके कुछ क्षण बाद ही, तख्त को, जिस पर पेड़ का तना रखा है, पीछे से धीरे-धीरे ढकेलते हुए, जाली को दीवार तथा काली पट्टी की दीवार के पीछे तख्त पर आलोकित स्वप्न स्थल पर पहुँचा दिया जाए। पेड़ के तने के पीछे छाया और पूनम छिपी हों।

(7) स्वप्न दृश्य में छाया और पुनम पेड़ के पीछे से बारी बारी सामने आकर प्रकट हो सकती हैं, और पुनः पीछे जाकर अदृश्य हो सकती है।

(8) तख्त और दीवार के बीच में छिपा बैठा व्यक्ति हाथ ऊपर करके, कैंची से छाया और पूनम के हाथ में उगी भिडियाँ इस तरह से काटे कि दर्शकों को प्रतीत हो कि अदृय से निकले दो हाथों की हड्डियाँ उँगली काट रही हैं।

(9) स्वप्न-दृश्य समाप्त होते ही, एक साथ दीवार के पीछे का तथा डॉक्टर की आकृति पर पड़ने वाले प्रकाश समाप्त हो जायें, तथा मंच पहले के समान पुनः आलोकित हो जाये।

पंचतंत्र (बाल-नाटक)

(1960)

सब बच्चों को
रीना, बेबी, पराग, रजत, अनुराग,
भीम, प्रतीची, वासवी, वाग्वी,
सौम्या, शुभांगी, शारंग, यशार्थ,
ध्रुव और मानसी को जो अब
बड़े हो गये हैं

भूमिका

'पंचतंत्र' की जगत्-प्रसिद्ध कथाओं का हिन्दी में यह अभिनेय नाट्य-रूपान्तर सर्वप्रथम हुआ है। हिन्दी में अभिनेय नाटकों का प्रायः अभाव है, किन्तु मंच के लिए हिन्दी अभिनेय नाटक तो सर्वथा अलभ्य हैं। यह नाटक बालकों की आवश्यकता की पूर्ति करेंगे और साथ ही नवसाक्षरों और प्रौढ़ों के लिए भी, जिनके अविकसित मस्तिष्क की मानसिक आयु लगभग बालकों के ही स्तर की होती है—उपयोगी सिद्ध होंगे, ऐसा मेरा विश्वास है।

यह नाटक अभिनीत किये जाने के लिए लिखे गये हैं। पिछले कई वर्षों से मैं रंगमंच से सम्बद्ध हूँ। नाटक के अभिनय, निर्देशन, निर्माण और लेखन का मुझे सौभाग्य से पर्याप्त अवसर प्राप्त हुआ है। अपने उसी अनुभव को 'पंचतंत्र' की शिक्षात्मक कहानियों को अभिनयात्मक नाटकों के रूप में प्रस्तुत कर रहा हूँ।

इन नाटकों के पात्र प्रतीकात्मक हैं, अतः जो निर्देशक इन्हें मंचित करें, पात्रों की रूप-सज्जा, वेश-सज्जा तथा प्रस्तुतीकरण में प्रतीक शैली का ही उपयोग करें। प्रतीक-नाटकों में रस-सृजन और उनकी सफलता बहुत अंशों में दर्शकों की कल्पना और रसानुभूति-शक्ति पर निर्भर होती है; अतः इनकी सफलता अवश्यम्भावी है।

—दया प्रकाश सिन्हा

अनुक्रम

कौआ और काला साँप

नाटक के पात्र

नगाड़ेवला
कौआ
कव्वी
गीदड़
आदमी

(पर्दा खुलने पर, मंच पर एक कोने में, दर्शकों के निकट नगाड़ेवाला, नगाड़ा बजाता दिखाई देता है।)

नगाड़ेवाला : सुनो-सुनो बच्चों, भाइयों और दोस्तों...
सुनो, क्या कहता है नगाड़ेवाला।
(नगाड़ा बजाता है)
कहता है नगाड़ेवाला एक कहानी-
जिसे सुनाती है तुम्हारी नानी;
जो न इसे सुने उसकी सास कानी।
(नगाड़ा बजाता है)
बहुत दिन हुए
एक बरगद के ऊपर—
रहता था एक कव्वा, उसकी स्त्री और बच्च्वे।
और एक साँप भी रहता वहीं उसी पेड़ के नीचे।
वह साँप बड़ा ज़हरीला था,
बड़ा दुष्ट था,
खा जाता था उन कव्वों के—
नन्हे-नन्हे बच्चे।

(नगाड़ा बजाता है)

वह देखो आता है साँप यहीं पर–

(साँप का प्रवेश)

जिसके काले-काले डरावने फन से आती है फुंकार;
खाकर आया है इस समय वह कव्वे के बच्चों को,
इसीलिए तो मगन-मगन वह लेता है कैसी डकार।

(साँप डकार लेता है)

साँप : मैं हूँ साँप
देखो मुझको।
मैं काला, चमकीला,
मेरा फन, मेरी लपलपाती जीभ
देखो इनको।
मैं रहता हूँ बरगद के पेड़ के नीचे,
खा जाता हूँ मैं कव्वे के सब बच्चे।
ह ह ह ह

(साँप हंसता हुआ मंच पर पीछे एक कोने में चला जाता है।)

नगाड़ेवाला : **(नगाड़ा बजाकर)**
और आती है कव्वी वह देखो।
खा लिया इस दुष्ट साँप ने उसके बच्चों को।
रो रही है वह–
बिलख-बिलख कर,
फूट-फूट कर।

कव्वी : **(प्रवेश करके)** हाय, यह साँप मेरे सब बच्चे खा लेता है। हाय! (रोती है)।

नगाड़ेवाला : और वह देखो, कव्वी का पति, कौआ भी आता है–इधर ही।

कौआ : क्यों रो रही हो, कव्वी! क्या बात है जो इस तरह से तुम रो रही हो?

कव्वी : हे कव्वे, यह साँप बड़ा दुष्ट है। जब हम लोग भोजन की तलाश में गये थे, तब इसने हमारे सब बच्चों को खा लिया।

कौआ : **(दुखी होकर)** क्या? उसने हमारे बच्चों को खा लिया? हे भगवान, अब हम लोग क्या करें।

कव्वी : हमारे बच्चों की रक्षा का कोई उपाय नहीं। यह साँप हमेशा ही हमारे बच्चों को डकार कर चैन की नींद सोता है।

कौआ : वह हमसे बहुत शक्तिशाली है। हम उससे कभी पीछा नहीं छुड़ा सकते।

(गीदड़ का प्रवेश)

गीदड़ : अरे कव्वे भाई, तुम ऐसे दुखी क्यों हो? कव्वी भाभी, तुम इतनी उदास क्यों होती हो?

कव्वी : गीदड़ भाई, तुम्हें क्या बताऊँ, हम लोग बड़े कष्ट में हैं।

गीदड़ : मुझसे कहो, मैं तुम्हारा मित्र हूँ; कष्ट में मित्र ही मित्र के काम आता है।

कव्वी : हाँ, मित्र की पहचान कष्ट में ही होती है। जो मित्र कष्ट में, बुरे दिनों में काम आये, वही सच्चा मित्र है।

गीदड़ : इसीलिए तो कव्वे भाई, मैं तुमसे कहता हूँ, मुझसे कहो। मैं तुम्हारी, जितनी हो सकती है, सहायता करूँगा। मैं तुम्हारा मित्र हूँ।

कौआ : तो सुनो मित्र, जिस बरगद के पेड़ पर हमारा घोंसला है, वहीं पर उसी पेड़ की खोखल में साँप रहता है; वह बड़ा दुष्ट है, क्योंकि जो दूसरों को कष्ट पहुँचाये वह दुष्ट ही कहलायेगा। सारा संसार उसकी बुराई करेगा।

कव्वी : जब हम लोग भोजन की खोज में जाते हैं, तो वह हमारे बच्चों को खा जाता है।

कौआ : वह हमसे अधिक शक्तिशाली है। हम उससे किसी तरह छुटकारा नहीं पा सकते।

गीदड़ : हिम्मत न हारो। बुद्धिमान पुरुष कभी भी, चाहे कितना ही कष्ट क्यों न पड़े हिम्मत नहीं हारते। वह सदैव प्रयत्न करते रहते हैं।

कव्वी : तब बताओ, हम लोग क्या कर सकते हैं?

गीदड़ : तुम लोग दुखी न हो। वह साँप बड़ा लोभी है, वह अवश्य मारा जायेगा। लालची आदमी का अन्त बुरा होता है।

कौआ : उस साँप का अन्त कैसे हो सकता है?

गीदड़ : इस साँप से युद्ध करने में हम लोगों की पराजय होगी। इसलिए इसे उपाय से परास्त करना होगा। सुनो...तुम किसी राजा के नगर में जाओ और वहाँ से राजा के किसी

सावधान आदमी की सोने की जंज़ीर लेकर, उस साँप की खोखल में डाल दो। और जब उसका मालिक जंज़ीर ढूँढता हुआ वहाँ आयेगा तो खोखल में साँप को देखकर मार डालेगा।

कव्वी : यह तरकीब तो बड़ी अच्छी है।

कौआ : मैं अभी राजा के नगर में जाकर किसी आदमी की सोने की जंज़ीर लेकर आता हूँ।

कव्वी : राजा के नगर नहीं, नदी के किनारे जाओ। वहाँ लोग सोने की जंज़ीर उतार कर, किनारे रख के, नदी में नहा रहे होंगे। तुम उनकी जंज़ीर आसानी से उठा सकते हो।

कौआ : हाँ, यह बिल्कुल ठीक है। देखो मैं जाता हूँ और नदी में नहाने वाले किसी आदमी की जंज़ीर किनारे से उठाकर उस साँप के बिल में डाल देता हूँ। **(कव्वे का प्रस्थान)**

(नगाड़े की ध्वनि)

नगाड़ेवाला : यह कहकर उड़ गया कौआ, आसमान में,
और घूमता-घूमता पहुँचा नदी के तीर—
जहाँ नहा रहा था एक आदमी नदी में,
और वहीं किनारे पड़ी थी, चमकती सोने की जंज़ीर।
कव्वे ने एक झपट्टा मारा,
पलक झांपते,
देखते ही देखते,
ले उड़ा कौआ सोने की जंज़ीर।

(नगाड़े की ध्वनि)

'भागो, पकड़ो, दौड़ो—'
आगे आगे कौआ
और पीछे-पीछे आदमी,
वह लिए हाथ में लाठी,
आता चिल्लाता।

(कव्वे के मुँह में जंजीर लिए मंच पर प्रवेश। वह आगे-आगे भागता है और पीछे-पीछे नंगे बदन हाथ में लाठी लिए वह आदमी भागता है। वे दो एक बार मंच पर चक्कर लगाते हैं और अन्त में कौआ जंजीर को साँप के पास फेंक कर भाग जाता है। वह आदमी साँप के पास से जंजीर उठाना चाहता है, तो साँप एकदम उठ खड़ा होता है।)

साँप : फूँ फूँ फूँ फूँ

मैं काला साँप हूँ...हूँ।
खबरदार, दूर हटो,
मैं डस सकता हूँ तुमको;
देखो मुझको,
मैं काला, चमकीला
मेरा फन, मेरी लपलपाती जीभ,
देखो इनको।
फूँ फूँ फूँ फूँ।

आदमी : ओह, यह बड़ा भयानक साँप है। शत्रु और रोग को कभी छोटा नहीं समझना चाहिए। मैं इसे तुरन्त मारे डालता हूँ। **(फिर लाठी के प्रहार से साँप को मारता है। साँप पहले फुंफकारता है और बाद में मर कर गिर जाता है। आदमी सोने की जंजीर लेकर चला जाता है।)**

कौआ : (उल्लास से) काला साँप मर गया।

कव्वी : **(उल्लास से)** काला साँप मर गया।

कौआ : हमारे दुख के दिन गये।

कव्वी : अब हमारे बच्चे साँप के भय से सुरक्षित रहेंगे।

कौआ : धन्यवाद भाई गीदड़, तुम्हारी तरकीब से हम लोग अब सुख से रहेंगे।

गीदड़ : मुझे धन्यवाद न दो भाई कौए। तुम तो मेरे मित्र हो। मित्र की सहायता करना मित्र का कर्तव्य है। इसमें धन्यवाद देने की क्या जरूरत है।

(नगाड़े की ध्वनि)

नगाड़ेवाला : इस तरह मर गया काला साँप
और छँट गये काले बादल दुख के
कौआ-कव्वी के जीवन के।
सब कुछ हो सकता है उपाय से—
बुद्धिमानों के लिए नहीं कुछ असाध्य।
है जिस पर बुद्धि, उसी पर बल,
है नहीं बड़ा बुद्धि से बल।

(नगाड़ा बजता है।)

यवनिका

सिंह और खरगोश

नाटक के पात्र

नगाड़ेवला
भासुरक सिंह
बन्दर
खरगोश

(पर्दा खुलने पर, दर्शकों के निकट, मंच पर एक कोने में, नगाड़ेवाला, नगाड़ा बजाता दिखाई देता है।)

नगाड़ेवाला : सुनो-सुनो बच्चो, भाइयो और दोस्तो...
सुनो, क्या कहता है नगाड़ेवाला।
(नगाड़ा बजाता है)
कहता है नगाड़ेवाला एक कहानी—
जिसे सुनाती है तुम्हारी नानी;
जो न इसे सुने, उसकी सास कानी!
(नगाड़ा बजाता है)

नगाड़ेवाला : बहुत दिन हुए
रहता था जंगल में
एक सिंह;
नाम था भासुरक उसका,
था वह जंगल का राजा।
देखो वह खुद ही इधर आता।
(नगाड़े की ध्वनि के बीच सिंह का प्रवेश)

सिंह : मेरा नाम भासुरक सिंह है। मैं इस जंगल का राजा हूँ। मैं सबसे अधिक शक्तिशाली हूँ। कोई मेरा सामना नहीं कर

सकता। सारा जंगल मेरे नाम से काँपता है। मेरी जब जितनी इच्छा होती है, उतने जानवरों को मैं मार डालता हूँ।

(बन्दर का [illegible])

बन्दर : जंगल के राजा, भासुरसिंह को प्रणाम।

सिंह : रे बन्दर, तेरी इतनी हिम्मत किस तरह हुई कि मेरे पास इस तरह चला आया? क्या तुझे डर नहीं लगता? मैं चाहूँ तो एक पल में तुझे चकनाचूर कर दूँ।

बन्दर : महाराज, मैं दूत बनकर सन्देशा लेकर आपके पास आया हूँ। आप दूत को नहीं मारेंगे, मुझे विश्वास है।

सिंह : तुम दूत हो?

बन्दर : जी महाराज।

सिंह : किसके?

बन्दर : जंगल के सब जानवरों के। मैं उनकी प्रार्थना लेकर आपके पास आया हूँ।

सिंह : कहो, क्या बात है?

बन्दर : हे स्वामी, हर रोज बहुत से जानवरों को मारने से क्या लाभ है तुम्हारा? तुम्हारा पेट तो एक ही जानवर से भर सकता है। हमसे जानवरों के न मारने की प्रतिज्ञा करो, तो एक जानवर रोज हम तुम्हें खुद ही पहुँचा दिया करेंगे। ऐसा करने से तुम्हें तकलीफ भी न होगी और हम सब भी बिना बात नहीं मारे जायेंगे?

सिंह : हूँ, तुम ठीक कहते हो। परन्तु किसी दिन घर बैठे ही मेरे पास जानवर नहीं आया तो मैं तुम सबको खा जाऊँगा!

बन्दर : हाँ स्वामी, ऐसा ही होगा।

(नगाड़े की ध्वनि बज उठती है सिंह और बन्दर विपरीत दिशाओं में मंच के बाहर चले जाते हैं।)

नगाड़ेवाला : और इस तरह
घर बैठे ही बैठे,
पहुँच जाता था सिंह के पास
एक जानवर।
किन्तु एक दिन
जब बारी आई एक खरगोश की,

रोने लगा वह फफक-फफक कर,
बहने लगे आँख से उसके आँसू।
किन्तु रोने से कब कटी मुसीबत,
हँसा सके कब किसे किसी के आँसू!
और आँसू पोंछ—
लिया हिम्मत का सहारा।
सोचा उसने—
रोने से क्या लाभ?
चाहे कुछ भी हो,
लूँगा हिम्मत से काम;
नहीं वह हिम्मत हारा।

(नगाड़े की ध्वनि और सिंह का प्रवेश)

नगाड़ेवाला : इधर क्रोध से,
घूम रहा था व्याकुल क्रोधित सिंह।
फड़कते थे नथुने उसके,
आँखें लाल थीं उसकी,
जैसे हों अंगारे।
इतनी देर हुई,
नहीं आया कोई जानवर,
अब तक।
कैसे भूख मिटाऊँ!

(ख़रगोश का प्रवेश)

खरगोश : स्वामी, मैं आपके भोजन के लिए आया हूँ।

सिंह : अरे, मच्छर से पतले खरगोश! तू अब आया है! बोल, अब तक कहाँ था? इतनी देर कहाँ हो गयी? मैं भूख से छटपटा रहा हूँ। कल सुबह मैं जंगल के सब जानवरों को मार डालूँगा!

खरगोश : महाराज, न इसमें मेरा दोष है और न जंगल के अन्य जानवरों का।

सिंह : जन्दी बताओ, क्या कारण है तुम्हारे इतनी देर से आने का? और फिर तुम इतने पतले हो कि मेरा पेट कैसे भरेगा?

खरगोश : सब जानवरों ने मुझको छोटा जानवर समझकर, पांच खरगोशों के साथ आपके पास भेजा था।

सिंह : बाकी चार खरगोश कहाँ हैं?

खरगोश : महाराज, हम सब आपके पास आ रहे थे...लेकिन...लेकिन...

सिंह : लेकिन?

खरगोश : रास्ते में एक दूसरे सिंह ने हमारा रास्ता रोककर पूछा—तुम कहाँ जाते हो?

सिंह : तो?

खरगोश : तो महाराज, हमने कहा कि हम अपने जंगल के राजा भासुरक के पास भोजन के लिए जाते हैं।

सिंह : इस पर उसने क्या कहा?

खरगोश : महाराज, वह बिगड़कर गरजने लगा। बोला—इस जंगल का राजा मैं हूँ।

सिंह : **(क्रोध से)** उसकी यह हिम्मत!

खरगोश : हाँ महाराज, वह तो यह कहने लगा कि भासुरक चोर है, कायर है!

सिंह : उसने मुझे चोर कहा? कायर कहा?

खरगोश : जी महाराज! और फिर उसने चार खरगोशों को पकड़कर खा लिया। मैं किसी तरह जान बचाकर आपकी सेवा में उपस्थित हुआ हूँ।

सिंह : बता तो मुझे, वह बदमाश शेर कहाँ है? मैं अभी उसका घमंड चूर करता हूँ! उसकी यह हिम्मत कि मेरे राज्य में मुझी को गाली, और अपने आपको राजा बताये!

खरगोश : महाराज, यह ठीक है कि अपने अधिकार के लिए वीर लड़ते हैं, किन्तु वह किले में रहता है।

सिंह : ज्यादा बात मत करा। जल्दी से मुझे किले में रहने वाले उस बदमाश शेर को दिखा; जिससे मैं उसे मार डालूँ।

खरगोश : वह बहुत बलवान है। बिना उसकी ताकत जाने आपका वहाँ जाना ठीक नहीं, क्योंकि जो अपनी और दूसरे की शक्ति देखे बिना जोश में सामने जाता है, वह आग में पतंगे की तरह जलकर नष्ट हो जाता है।

सिंह : तुझे इन बातों से क्या मतलब? तू मुझे दिखा भर दे; किले में रहने पर भी वह मुझसे नहीं बच सकता!

खरगोश : यदि ऐसा है, तो चलिये।

(दोनों घूमते हुए मंच के एक दो चक्कर लगा कर, मंच में पीछे की ओर बने हुए कुएँ के पास जाते हैं।)

नगाड़ेवाला : **(नगाड़ा बजाने के बाद)**

इस तरह सिंह को फुसला कर खरगोश,
ले चला कुएँ के पास।

खरगोश : स्वामी, तुम्हारे प्रताप को कौन देख सका है! वह आपको आते हुए देखकर किले में घुस गया।

सिंह : कहाँ है वह किला?

खरगोश : **(कुएँ की ओर इशारा कर)** वह किला है, लेकिन मैं नहीं जाऊँगा उधर। मुझे उस शेर से बड़ा डर लगता है। आप ही जाइये।

सिंह : घबरा मत! मैं अभी उस शेर के बच्चे का काम तमाम करता हूँ। **(शेर कुएँ के ऊपर चढ़कर झाँकता है)** वह रहा बदमाश शेर! तेरी इतनी हिम्मत कि मेरे राज में आकर मेरा मुकाबला करे। मैं अभी तुझे मारे डालता हूँ। ले अपनी करतूत का मजा चख।

(शेर कुएँ में कूद पड़ता है)

नगाड़ेवाला : देख अपनी ही छाया
कुएँ के पानी में,
घमंड से चूर मूर्ख अभिमानी
कूद पड़ा भासुरक कुएँ में,
और खो बैठा हाथ—
स्वयं अपने जीवन से।

खरगोश : गाँव के जानवरों सुनो। बन्दर भाई, बिल्ली मौसी, गीदड़ मामा, लोमड़ी बुआ, हाथी ताऊ, भालू चाचा, सुनो...सब लोग सुनो। भासुरक सिंह इस कुएँ में कूद कर मर गया। अब सब आनन्द मनाओ, नाचो, गाओ, सुख से रहो। भासुरक मर गया! मर गया!!

(नगाड़े की ध्वनि)

नगाड़ेवाला : देखा तुमने!

सब कुछ हो सकता है, अगर हो उपाय
बुद्धिमानों के लिए नहीं कुछ असाध्य!
है जिस पर बुद्धि उसी पर बल–
है नहीं बड़ा बुद्धि से बल।

(नगाड़े की ध्वनि)

यवनिका

चंडरव गीदड़

नाटक के पात्र

नगाड़ेवला
कुत्ता 1
कुत्ता 2
कुत्ता 3
चंडरव गीदड़
बन्दर
गेंडा
शेर
गीदड़ 1
गीदड़ 2

(पर्दा खुलने पर एक गीदड़ जिसका नाम चंडरव है, मंच पर प्रवेश करता है। वह डरा हुआ है। उसके पीछे भोंकते हुए बहुत कुत्ते भी प्रवेश करते हैं।)

कुत्ता 1 : भों, भों,... यह गीदड़ है!

कुत्ता 2 : भों, भों, यह यहाँ क्यों आया है?

कुत्ता 3 : भों, भों, इसे निकाल दो।

कुत्ता 1 : यह भूखा लगता है, तभी तो जंगल से नगर में आया है।

कुत्ता 3 : अगर यह भूखा है तो हमारे खाने में हिस्सा लगायेगा।

कुत्ता 2 : इसे तुरन्त निकालो।

कुत्ता 1 : इसे भगाओ यहाँ से।

(सब गीदड़ की ओर दौड़ते हैं।)

कुत्ता 1 : भों, भों, भागो यहाँ से।

कुत्ता 2 : भों, भों, निकालो यहाँ से।

कुत्ता 3 : भों, भों, भाग, निकलो।

(गीदड़ डर से चिल्लाता मंच से भाग जाता है। कुत्ते भी भों, भों करते उसका पीछा करते नेपथ्य में भाग जाते हैं।)

नगाड़ेवाला : **(नगाड़ा बजाकर)**

देखा तुमने,
कैसे मार भगाया गीदड़ को कुत्तों ने,
जो घुस आया है जंगल छोड़ नगर में।
गीदड़ था बहुत भूखा,
जंगल में मिलता था न उसे भोजन,
क्योंकि वह कायर था।
इसीलिए तलाश में भोजन की,
वह आ पहुँचा, घूमता-फिरता
नगर में।
नाम था उसका चंडरव।
और जब कुत्तों ने उसको मार भगाया,
तो डर से व्याकुल,
काँपता भय से,
जा छिपा वह—
एक धोबी के घर में।
वहाँ था बड़ा अँधेरा
और घबराहट से था वह पूरा,
जा गिरा वह नील की नाँद में,
हो गया वह ऊपर से नीचे तक नीला।
पक्का था वह रंग—
नहीं छुटाये से छूटा।
चंडरव ने लाख कोशिश की,
सब प्रयत्न करके वह हारा!
अब वह नीला था,
ऊपर से नीचे तक।
नीली थी उसकी दुम
नीले थे उसके कान, नाक,

नीले थे उसके पैर,
और नीले ही थे उसके हाथ!
देखो इधर ही आता है वह...
(नगाड़े की ध्वनि में नीले चंडरव का प्रवेश)

चंडरव : भोजन की तलाश में
जंगल छोड़ नगर को गया था मैं।
भोजन न मिला,
रहा मैं भूखा का भूखा,
किन्तु रंग गया मेरा बदन।
अब कैसे पहचानेंगे मुझको
मेरे भाई और बहन!

बन्दर : **(प्रवेश करके)** अरे, यह अजीब जानवर कौन है! यह नीले रंग का जानवर कौन है! **(निकट जाकर फिर डर से भागते हुए)** बचाओ, बचाओ। यह तो स्वर्ग का दूत है। **(मंच के बाहर भाग जाता है।)**

गेंडा : **(प्रवेश करके)** यह नीले रंग का जानवर! इसे मैं जीवन में पहली बार देख रहा हूँ। देखूँ तो यह कौन है! **(चंडरव के निकट जाकर फिर डर से भागते हुए)** जंगल के राजा सिंह, बचाओ। यह कोई देवता है। जंगल के राजा शेर बचाओ।

(नेपथ्य में भाग जाता है)

भेड़िया : **(प्रवेश करके)** अरे भगवान, यह मैं क्या देख रहा हूँ? यह नीला-नीला जानवर कहाँ से आ गया! किस जंगल से आ गया। यह तो कोई बड़ा जादूगर लगता है। **(निकट जाकर, फिर भागते हुए)** शेर बचाओ। तुम्हारे जंगल में कोई जादूगर आ गया है! जादूगर! बचाओ!! **(भागता है।)**
(थोड़ी देर बाद आगे-आगे शेर पीछे-पीछे गेंडा, बन्दर और भोड़िये का प्रवेश)

सिंह : कहाँ है वह बेईमान, जो मेरे राज्य में बिना मेरी आज्ञा के आ घुसा है। उसकी यह मजाल, मैं अभी उसको नानी याद दिलाता हूँ। कहाँ है। बदमाश। दिखाओ मुझे, कहाँ है वह?

बन्दर : **(भय से काँप कर)** वह है। **(चण्डरव गीदड़ को दिखाता है।)**

सिंह : **(चण्डरव गीदड़ को देखकर)** वह। **(भय से)** वह जो ऊपर से

नीचे तक नीला है। हे भगवान, रक्षा कर उससे! वह जरूर या तो देवता है, या जादूगर। उससे लड़ने की हिम्मत नहीं है मेरी। मैं तो भागा भइया! **(शेर भागता है और पीछे-पीछे बंदर, गेंडा और भेड़िया भी भागते हैं।)**

चंडरव : सुनो सुनो शेर! भागो मत। बन्दर, गेंडे और भेड़िये, तुम भी यहाँ आओ। डरो मत। मैं तुम्हें मारूँगा नहीं। यहाँ आओ मेरी बात सुनो। मेरी बात सुनो। मैं ईश्वर का संदेश तुम्हारे लिए लाया हूँ। उसे सुनो। डरो मत। मैं तुम्हें नहीं मारूँगा।
(शेर, बन्दर, भेड़िया और गेंडा डरते-डरते उसके पास आते हैं।)

शेर : हे महाराज, तुम कौन हो? कहाँ से आये हो? हम पर दया करो।

बन्दर : स्वामी, मैं बहुत कमजोर जानवर हूँ। **(डर से घिघियाता है।)**

गेंडा : हे मालिक, मैं देखने में बड़ा मोटा लगता हूँ, मगर मैं तुम्हारा नौकर हूँ।...हम तुम्हारे पैर पड़ते हैं।

चन्डरव : सुनो, तुम्हारे जंगल की दशा बड़ी खराब है इसीलिए ब्रह्मा ने अपने हाथ से मुझे बनाकर कहा है—'जाओ, जंगल का राज करो!'

बन्दर : तो महाराज, आप जंगल पर राज करेंगे।

चन्डरव : हाँ, क्या किसी की हिम्मत है जो मेरा विरोध करे!

शेर : नहीं, भला कोई क्या खाकर आपका सामना करेगा? आप जंगल का राज-पाट ले लीजिए, मैं आपका चौकीदार बनकर आपकी सेवा करूँगा।

चन्डरव : नहीं, चौकीदार का काम गेंडा करेगा।

गेंडा : आपकी आज्ञा सिर आँखों पर।

चन्डरव : शेर तुम मेरे रसोइये का काम करोगे। रोज नये-नये जानवर मार कर तुम मेरे खाने के लिए लाओगे।

शेर : **(हाथ जोड़कर)** जैसी आज्ञा!

चन्डरव : और बन्दर तुम मेरे लिए पान लगाओगे, खरगोश मेरे लिए हुक्का भरकर लायेगा, और लोमड़ी मेरा बिस्तर बिछायेगी।

बन्दर : आपकी आज्ञा का सब पालन करेंगे।

चन्ढरव : बन्दर, तुम दौड़ सब जंगल के जानवरों से कह दो कि अब जंगल में नीले राजा का राज्य है।

बन्दर : **(उछलता-कूदता सारे मंच का चक्कर लगा कर)** हे जंगल के जानवरों, छिपकली, चिमगादड़, बिल्ली, चूहे! सारस, हाथी, घोड़े, ऊँट, उल्लू...!! सब लोग कान खोलकर सुना लो—अब जंगल में नीले राजा का राज्य है...है...है...।

शेर : नीले राजा की—

गेंडा : जय!

बन्दर : जय!

(शेर, गेंडा का बन्दर चंडरव के आगे लोटकर प्रणाम करते हैं। तब ही दो गीदड़ों का मंच पर प्रवेश।)

चंडरव : यह कौन हैं?

गीदड़ 1 : महाराज हम लोग गीदड़ हैं।

चंडरव : खामोश बदतमीज! हम तुमसे नहीं, अपने चौकीदार से पूछते हैं। चौकीदार!

गेंडा : **(घबराकर)** जी नीले राजा, आज्ञा!

चंडरव : यह बदतमीज जानवर कौन हैं, जो यह नहीं जानते कि दुनियाँ भर मे नीले राजा से कैसे बात करें!

गेंडा : महाराज, यह जानवर गीदड़ हैं।

चंडरव : ऐं, गीदड़? ये तो जानवरों में सबसे छोटे जानवर होते हैं चौकीदार, इनसे कह दो कि यह कभी मेरे पास न आयें। मैं पूरी दुनियाँ का राजा नीलराज हूँ। खबरदार, अगर आज से मैंने तुम लोगों की सूरत भी देखी, तो अपने रसोइये शेर से कहकर तुम्हारी तरकारी बनवा दूँगा...समझे!

गीदड़ 2 : महाराज...क्षमा...क्षमा! अब हम कभी भी आपके सामने नहीं आयेंगे।

चंडरव : जाओ, भागो यहाँ से!

(दोनों गीदड़ दंडवत करते, डर से कांपते भाग जाते हैं।)

चंडरव : अब तुम सब लोग जैसा मैंने कहा है वैसे अपना-अपना काम करो।

सब : जैसी आज्ञा नीलराज!

(दंडवत करके मंच के बाहर चले जाते हैं और चंडरव मंच पर इधर से उधर प्रसन्नता से घूमता है।)

नगाड़ेवाला : इस तरह हो गया—

चंडरव जंगल का राजा।
नित नये-नये पकवान खाकर
होने लगा वह मोटा।
किन्तु एक दिन,
खुल गयी सब पोल,
और फूटा भाँडा उसका।

(नेपथ्य में सियारों के हुआ' 'हुआ' की आवाज। चंडरव यह आवाज सुनकर चौंका और 'हुआ' करके चिल्ला उठा; किन्तु फ़ौरन ही मुँह पर हाथ रखकर उसने अपने को चुप किया। किन्तु उसकी आवाज सुनकर गेंडा प्रवेश करता है।)

चंडरव : चौकीदार, यह किन की आवाज?

गेंडा : राजा नीलराज, यह गीदड़ चिल्ला रहे हैं।

चंडरव : अच्छा, जाओ!

(गेंडे का प्रस्थान)

(चंडरव थोड़ी देर चुपचाप इधर-उधर घूमता रहा, किन्तु दूर से आ रही गीदड़ों की आवाज़ सुनकर फिर चिल्ला उठा।)

चंडरव : 'हुआ' 'हुआ' 'हुआ'।

गेंडा : **(प्रवेश करके)** महाराज नीलराज?

(चंडरव गेंडे को देखकर, अपने हाथों से मुँह बन्द करने की कोशिश करता है, किन्तु चुप नहीं हो पाता।)

चंडरव : 'हुआ' 'हुआ' 'हुआ'।

(इतने में शेर, बन्दर, भेड़िये इत्यादि आ जाते हैं।)

शेर : यह तो गीदड़ों की तरह चिल्ला रहा है।

गेंडा : मुझे तो लगता है कि यह राजा-वाजा कुछ नही है; यों ही झूठ-मूठ बना है।

बन्दर : अरे ये रंगा-सियार है; अपने को राजा कहने लगा।

गेंडा : तब तो यह बदमाश है।

शेर : इसने मुझे धोका देकर, मेरे राज पर कब्जा जमा लिया।

बन्दर : और आपको रसोइया बना लिया!

शेर : मैं अभी इसे ठीक करता हूँ। **(चंडरव की ओर झपटता है।)** ठहर बदमाश!

गेंडा : भागने न पाये!

बन्दर : रंगा-सियार!

(तीनों चंडरव की ओर झपटते हैं।)

चंडरव : **(डर से व्याकुल)** बचाओ! बचाओ!! माफ करो शेर राजा!!!

(कहता हुआ बाहर भाग जाता है और सब जानवर भी उसका पीछा करते, उसके पीछे भगाते हैं।)

नगाड़ेवाला : **(नगाड़ा बजा कर)** और सुनो आगे तुम बच्चों,
मार डाला शेर ने–
चंडरव को।
मर गया चंडरव,
क्योंकि वह झूठा था
जो करते हैं ढोंग
और करता हैं अपनों को छोड़–
दूसरों का साथ,
होता है उनका वह हाल
जैसा तुमने अभी देखा–
चंडरव का।

(नगाड़े की ध्वनि)

यवनिका

बया और बन्दर

नाटक के पात्र

नगाड़ेवला
चटका बया
चटक (चटका बया का पति)
बन्दर

नगाड़ेवाला : सुनो-सुनो बच्चों... सुनो एक कहानी
जिसे सुनाती है तुम्हें, तुम्हारी नानी,
जो न इसे सुने उसकी सास कानी।
(नगाड़ा बजाता है)
इस नगर में बड़े जोर का—
बरसा पानी।
आसमान पर बादल छाये,
बिजली चमकी—
फिर झम-झम-झम
भीग गया यह बन्दर,
छप, छप, छप।
बन्दर आता है देखो यहाँ
इसी ओर को।
(बन्दर का प्रवेश)
भीग जाने से देखो
कैसी सर्दी लगती है इसको
और कैसे कांप रहा है यह बन्दर।

बन्दर : **(काँपकर)** अरे! बड़ी सर्दी लग रही है। मैं पानी में बहुत भीग गया।

(चटका बया का प्रवेश)

नगाड़ेवाला : इतने में ही आ पहुँची वहाँ,
चटका नाम वाली यह बया।
है कैसी खुश यह,
नाच रही है देखो—
कैसी यह फर-फर।
पंख नहीं भीगे इसके,
और न भीगी है उसकी चोंच।

चटका : नाम है मेरा चटका
हूँ मैं एक बया।
पानी बरसा पानी बरसा
झम झम झम!
बनाती हूँ घोंसला अपने हाथों,
जिसमें रहती हूँ मैं;
इसीलिए तो भीगी नहीं;
बच गयी मैं—
नाचूँ मैं
छम छम छम!
(पंखों को फड़फड़ाती मंच पर बन्दर के चारों ओर चक्कर लगाती है। फिर रुककर)

चटका : अरे बन्दर भाई, तुम भीग कैसे गये?

बन्दर : पानी बरसा था उसी से भीग गया।

चटका : तुम काँप क्यों रहे हो?

बन्दर : **(क्रोध से)** भीग गया, इसीलिए जाड़े से काँप रहा हूँ।

चटका : तुम्हारे पास घर नहीं है?

बन्दर : **(क्रोध से)** नहीं।

चटका : बड़े ताज्जुब की बात है। मेरे पास तो घर है। जब पानी बरसा तो मैं उसमें चली गयी, इसीलिए भीगी नहीं।

बन्दर : तो मैं क्या करूँ?

चटका : तुम भी अपना घर बनाओ। तुम्हारे तो आदमी जैसा बदन है, आदमी जैसे हाथ-पैर हैं, तुम क्यों नहीं मकान बनाते?

बन्दर : दुष्ट बया, तू चुप क्यों नहीं रहती? तू मेरी हँसी करती है?

चटका : बन्दर भाई, मैं तुम्हारी हँसी नहीं करती। मैं तो तुम्हें ठीक काम की सलाह दे रही हूँ। **(नेपथ्य की ओर देखकर)** वह देखो मेरा घोंसला; मेरी तरह तुम भी मकान बना सकते हो। अगर तुमने मकान बनाया होता तो, तुम पानी में भीग कर इस तरह न काँपते।

बन्दर : मैं कहता हूँ, तू चुप नहीं रहेगी? तुझे अपने घोंसले का बड़ा घमंड है! मैं अभी तोड़े डालता हूँ तेरे घोसले को!!

चटका : नहीं, नहीं मेरा घर न तोड़ना।

(बन्दर झपटता हुआ नेपथ्य में भागता है और बया उसके पीछे भागती है।)

नगाड़ेवाला : **(नगाड़ा बजाकर)** किन्तु बन्दर ने तोड़ डाला—
बया का घोंसला।
देखो वह आती है चटका।
रोती, अपने भाग्य पर पछताती।
बन्दर ने तोड़ डाला उसका घोंसला!

(चटका का प्रवेश)

चटका : बन्दर ने मेरा घोंसला तोड़ डाला। मैं तो उसके भले के लिए सलाह दे रही थी, लेकिन उसने मेरा घर तोड़ डाला। **(रोती है।)**

नगाड़ेवाला : **(नगाड़ा बजाकर)** और देखो वह इधर ही आता चटक, पति है जो चटका का।

(चटक का प्रवेश)

चटक : चटका रानी, तुम क्यों रो रही हो?

चटका : बन्दर ने मेरा घोंसला तोड़ दिया।

चटक : क्यों?

चटका : वह पानी में भीग जाने से काँप रहा था। मैंने उससे कहा कि आदमी जैसे तुम्हारे हाथ-पाँव हैं, तुम अपना घर क्यों नहीं बनाते? बस, इस पर उसने हमारा घोंसला तोड़ डाला।

चटक : तुमने उससे घर बनाने को क्यों कहा?

चटका : मैं तो उसे अच्छी सलाह दे रही थी; उसी के फायदे के लिए।

चटक : हर एक को सलाह नहीं देनी चाहिए!

चटका : क्यों?

चटक : अच्छे को सलाह देना गुणकारी होता है, और बुरे को सलाह देना नुकसान भी कर सकता है। सलाह सिर्फ उसे देनी चाहिए, जो सलाह माँगे। चलो, हम लोग दूसरा घर बनायेंगे।

चटका : हाँ, हम लोग दूसरा मकान बनायेंगे। **(दोनों का प्रस्थान)**

(नगाड़े की ध्वनि)

नगाड़ेवाला : **(नगाड़ा बजाकर)** सीख बाको दीजिये, जाको सीख सुहाय।
सीख न दीजे बानरा, कि घर बया का जाय।

(नगाड़े की ध्वनि)

यवनिका

दो दोस्त

नाटक के पात्र

कौआ
कबूतर-राजा
कबूतर 1
कबूतर 2
कबूतर 3
चूहा
बहेलिया

(पर्दा खुलने पर मंच पर पीछे की ओर कार्डबोर्ड पर कटा एक प्रतीकात्मक बरगद का पेड़ खड़ा है। तभी एक ओर से कौआ दौड़ता हुआ आता है, और बरगद की ओर इंगित करके कहता है।)

कौआ : बरगद के पेड़ पर रहने वाले पक्षियों, सुनो। मैं अभी भोजन की तलाश में आसमान पर उड़ रहा था तो सामने से मुझे एक बहेलिया इधर आता हुआ दिखाई दिया। वह यमदूत के समान भयानक था। उसके पैर फटे थे और बाल भी बड़े-बड़े थे। **(नेपथ्य की ओर देखकर)** हे भाइयों, वह देखो, वह इधर ही आ रहा है। उसके हाथ में जाल और चावल हैं। वह जाल बिछाकर चावल बिखेरेगा। उन चावलों को तुम जहर समझना। ...**(बहेलिया प्रवेश करता है।)**
यह आ गया बहेलिया। मैं तो भागता हूँ। **(कौआ का नेपथ्य में प्रस्थान।)**

(बहेलिया चावल डालकर, जाल फैलाता है और फिर एक कोने

में छिपकर बैठ जाता है। थोड़ी देर पश्चात वह मंच पर खड़े होकर कहता है।)

बहेलिया : बड़े ताज्जुब की बात है। जाल फैलाये मुझे दो घंटे से अधिक हो गया, लेकिन कोई पक्षी इसके निकट तक भी नहीं आया। इस पेड़ पर इतने सारे पक्षी हैं, लेकिन कोई इधर झाँकता भी नहीं। **(आसमान की ओर देखकर)** वह आसमान में कबूतर आ रहे हैं; मैं दूर झाड़ी में जाकर छिप जाता हूँ। तब शायद कबूतर इस जाल में फँस सकें।

(बहेलिया का भाग कर प्रस्थान।)

(कबूतर-राजा, तीन अन्य कबूतरों के साथ उड़ता-उड़ता वहाँ आता है।)

कबूतर 1 : कबूतर-राजा, वह देखो, जमीन पर चावल बिखरे हैं।

कबूतर 2 : हम लोग बड़े भाग्यवान हैं। घर से निकलते ही भोजन मिल गया।

कबूतर 3 : हाँ, अब हमें दूर नहीं जाना पड़ेगा। आओ कबूतर-राजा।

कबूतर : चलो।

(चारों कबूतर जमीन पर बिखरे दानों को उठाते हैं और बहेलिया जाल उन पर डाल देता है।)

कबूतर 1 : कबूतर-राजा, हम लोग जाल में फँस गये।

कबूतर-राजा : हाँ, यह बिना सोचे-बिचारे काम करने का फल है। जो काम बिना उसके फल का विचार किये हुए किया जाता है, उसका फल सदा बुरा होता है।

कबूतर 2 : कबूतर-राजा, हम लोग अब क्या करें? बहेलिया हम लोगों को मार डालेगा।

कबूतर-राजा : लालच में आकर, हम लोग इन चावलों को खाने टूट पड़े। हर लालची आदमी की यही दुर्गति होती है।

कबूतर 3 : **(रुआंसा-सा)** कबूतर-राजा, हम लोग मर जायेंगे। हमें तो रोना आ रहा है **(रोता है।)**

कबूतर-राजा : रोने से कभी कोई लाभ नहीं होता। सब तरह के दुखों के आ जाने से जो हिम्मत नहीं हार बैठता, वह अवश्य ही सब दुखों के पार हो जाता है।

(कौए का प्रवेश। वह बड़े ध्यान से कबूतरों की बात सुनता है।)

कबूतर 2 : तो अब क्या करोगे?

कबूतर-राजा : मुसीबत का सामना सब लोगों को मिलकर करना चाहिए। एकता में बड़ी शक्ति है। मेरी एक तरकीब है। अगर तुम सब साथ दो तो इस जाल से छुटकारा मिल सकता है।

कबूतर 1 : क्या है?

कबूतर-राजा : हम सब लोग मिलकर अगर एक साथ ताकत लगाकर उड़ें, तो हम लोग जाल को लेकर उड़ जायेंगे। बोलो, तैयार हो?

सब कबूतर : **(एक साथ)** हाँ तैयार हैं।

कबूतर-राजा : तो बस जैसे ही मैं एक...दो...तीन...कहूँ वैसे ही एक साथ जोर लगाकर उड़ निकलना...हाँ...एक...दो...तीन...

(तीन कहते ही सब कबूतर एक साथ जाल लेकर उड़ चल और नेपथ्य में चले गये। तब ही दौड़ते हुए दूसरी दिशा से बहेलिया का मंच पर प्रवेश।)

बहेलिया : अरे, बाप रे बाप! यह कबूतर तो मेरा जाल ही लेकर उड़ गये। **(आसमान की ओर देखकर)** वह आसमान में कितनी दूर पर हैं...वह...वह अब आँखों से बिल्कुल ही ओझल हो गये... आज का दिन बड़ा खराब है। अब खाली हाथ धर जाना पड़ेगा। **(प्रस्थान)**

कौआ : आज तो बड़ी अजीब बात देखी, जो न पहले कभी सुनी थी, न देखी थी। कबूतर जाल ही लेकर आसमान में उड़ गये। सच, एकता में बड़ा बल है। चलूँ, मैं भी चलकर देखूँ, यह कबूतर कहाँ गये। **(प्रस्थान)**

(थोड़ी देर बाद जाल लिए कबूतरों का प्रवेश उनके पीछे-पीछे कौआ भी आता है)

कबूतर-राजा : बस, यहीं पर रुकना है।

कबूतर 1 : यहाँ पर क्यों कबूतर-राजा?

कबूतर-राजा : यहाँ पर मेरा परम-मित्र चूहा रहता है।

कबूतर-राजा : **(पुकारते हुए)** मेरे दोस्त चूहे, जल्दी आओ। मैं बड़ी मुसीबत में फंस गया हूँ।

चूहा : **(नेपथ्य)** भाई, आप कौन हैं? क्यों आये हैं? क्या कारण है? आपके ऊपर क्या मुसीबत है? बताइये।

कबूतर-राजा : हे दोस्त, मैं कबूतर-राजा हूँ। मैं तुम्हारा दोस्त हूँ। शीघ्र आओ।

चूहा : **(प्रवेश करके)** अरे मित्र, यह तुम हो! अरे, यह क्या हुआ?

कबूतर-राजा : चूहे दोस्त, सब कुछ जानकर क्या पूछते हो? यह बन्धन मुझे जीभ के लालच से मिला है। अब तू जल्दी से बन्धन काट दे।

चूहा : लो, अभी मैं तुम्हारे बन्धन काटे देता हूँ।

कबूतर-राजा : नहीं, पहले मेरे साथियों के बन्धन काटो, तब मेरे बन्धन काटो।

चूहा : क्यों?

कबूतर-राजा : सब को यह चाहिए कि पहले वह अपने साथियों का उपकार करे, तब अपना। किसी को स्वार्थी नहीं होना चाहिए!

चूहा : ठीक कहते हो तुम कबूतर-राजा! तुम धन्य हो, जो अपने साथियों का इतना ध्यान रखते हो।

(चूहा सब कबूतरों के चाल काटता है।)

कबूतर-राजा : चूहे दोस्त, बहुत-बहुत धन्यवाद! आज तुम हमारे बहुत काम आये, नहीं तो हम लोग जाल से कभी भी न छूट पाते।

चूहा : दोस्त कबूतर राजा, इसमें धन्यवाद देने की क्या जरूरत। दोस्त ही दोस्त के काम आता है। जो दोस्त-दोस्त की मुसीबत में काम न आये, वह दोस्त नहीं।

कबूतर-राजा : अच्छा दोस्त, अब विदा दो! घर वाले हम लोगों के लिए चिन्तित हो रहे होंगे।

चूहा : जाओ कबूतर-राजा! जब कभी भी हमारी जरूरत हो तो तुरन्त कहना।

कबूतर-राजा : नमस्कार!

चूहा : नमस्कार!

(सब कबूतर और चूहा विपरीत दिाओं में प्रस्थान करते हैं। कौआ मंच पर आगे बढ़ता है।)

कौआ : चूहे ने कबूतरों को जाल से छुटकारा दिला दिया। जिसके मित्र होते हैं, वह मुकिल से मुश्किल काम भी सरल कर लेता है; इसलिए अपने समान मित्र बनाना चाहिए।

(प्रस्थान)

यवनिका

बन्दर और मगर

नाटक के पात्र

नगाड़ेवाला
बन्दर
मगर

नगाड़ेवाला : **(नगाड़ा बजाकर)**
सुनो-सुनो बच्चों; तुम्हें सुनाऊँ–
आज एक नयी कहानी,
जो न इसे सुने,
उसकी सास कानी।
बहुत दिन पहले
एक नदी के किनारे
था एक जामुन का पेड़।
नदी में रहता था एक मगर,
और पेड़ पर एक बन्दर।
दोनों में हो गयी थी दोस्ती–
जिसे समझता था बन्दर बड़ी सच्ची!
वह खिलाता था मगर को जामुन,
पके-पके, मीठे-मीठे।
कभी-कभी वह मगर ले जाता था–
जामुन रसीले, मीठे–
अपनी पत्नी के लिए।
किन्तु एक दिन आया–
उसके मन में कपट,

चला वह बन्दर से मिलने-
उसके देखते ही दौड़ा बन्दर झटपट।

(एक ओर से मगर मंच पर आता है; दूसरी ओर से दौड़ता हुआ बन्दर आता है।)

बन्दर : **(उत्साह से)** दोस्त मगर, मैं तुम्हारा ही इन्तजार कर रहा था। चलो, देखो मैंने तुम्हारे लिए बड़े अच्छे-अच्छे जामुन रखे हैं।

मगर : मैं आज जामुन नहीं खाऊँगा!

बन्दर : क्यों?

मगर : ऐसे ही।

बन्दर : ऐसे ही नहीं; बताओ क्या बात है? तुम उदास क्यों हो? मुझसे कहो। मैं तुम्हारा दोस्त हूँ। सच्चा दोस्त हमेा अपने दोस्त का दुख दूर करने की कोशिश करता है!

मगर : मैं दुखी नहीं हूँ। लेकिन आज तुम्हारी भाभी से मेरा कहा-सुनी हो गयी।

बन्दर : क्यों?

मगर : वह कहने लगी कि अपने दोस्त बन्दर को घर पर ले आओ।

बन्दर : किन्तु मैं तुम्हारे घर कैसे जा सकता हूँ? मैं वनचर हूँ और तुम जलचर!

मगर : यही तो मैंने अपनी पत्नी से कहा। किन्तु वह मेरा कहना मानती हीं नहीं! कहने लगी कि बन्दर भाई तुम्हारे इतने अच्छे दोस्त हैं; वह तुम्हें रोज मीठे-मीठे जामुन खिलाते हैं, इसलिए उनकी दावत करके ही मैं खाऊँगी, नहीं तो मैं भूखी मर जाऊँगी!

बन्दर : लेकिन मैं कैसे तुम्हारे घर जाऊँगा?

मगर : मैं तुम्हें पीठ पर बैठाकर ले जाऊँगा। बन्दर भाई, चले चलो; मैं तुम्हारा बड़ा एहसान मानूँगा, नहीं तो मेरी पत्नी भूखी मर जायेगी!

बन्दर : अगर ऐसी बात है तो जल्दी चलो।

(बन्दर मगर की पीठ पर बैठ जाता है। मगर बन्दर को लेकर पानी में तैरने का उपक्रम करता है।)

मगर : सम्हल कर बैठना। मैं पानी में बढ़ रहा हूँ।

बन्दर : मैं तुम्हें बड़े जोर से पकड़े हूँ!

(मगर तैरने का उपक्रम करता हुआ मंच पर घूमता है।)

बन्दर : **(घबराकर)** धीरे-धीरे मगर भाई मेरा बदन तो पानी की लहरों से ढका जा रहा है।

मगर : अब चारों ओर अथाह जल है। बन्दर अगर मैं डुबकी मार जाऊँ तो?

बन्दर : **(एकदम डर से कांपकर)** न न न मगर भाई, ऐसा न करना। मैं तैरना नहीं जानता, डूब जाऊँगा!

मगर : ह ह ह ह! बन्दर भाई, अब तुम मेरे बिल्कुल काबू में हो। अब मैं तुम्हें असली बात बता दूँ। तुम मुझे जामुन के मीठे फल देते थे, जो कभी-कभी मैं अपनी पत्नी को भी देता था। आज वह कहने लगी कि बन्दर तो दिन-रात इन फलों को खाता है, इसलिए उसका दिल तो बहुत मीठा होगा। वह तुम्हारा दिल खाना चाहती है। इसीलिए मैं तुम्हें लिए जा रहा हूँ।

बन्दर : **(कुछ सोचकर)** तुम्हारी पत्नी मेरा दिल खाना चाहती है?

मगर : हाँ!

बन्दर : वाह मगर भाई, तुम भी खूब हो! तुमने मुझे पहले ही क्यों नहीं बता दिया?

मगर : क्यों?

बन्दर : अरे वाह, मैं अपना दिल तो पेड़ की खोखल में ही छोड़ आया। मगर मुझे पहले मालूम होता तो उसे ले जाकर तुम्हारी स्त्री को भेंट कर देता।

मगर : यह बात है, तो मैं तुम्हें वापिस लिए चलता हूँ। तुम अपना दिल जल्दी से मुझे दे दो, ताकि मैं उसे अपनी पत्नी को भेंट दकर सकूँ।

(मगर विपरीत दिशा में तैरने का उपक्रम करता है।)

मगर : लो बन्दर भाई, आ गये हम लोग किनारे। अब जल्दी से अपना दिल ले आओ।

(बन्दर मगर की पीछे से कूदकर दूर खड़ा हो जाता है।)

बन्दर : हे भगवान। तूने बड़ी रक्षा की। आज मेरा नया जन्म हुआ।

मगर : जल्दी करो बन्दर भाई, तुम्हारी भाभी भूखी बैठी होंगी!

बन्दर : अरे जाओ, मगर मियां! अपने घर का रास्ता देखो। मूर्ख,

विश्वासघाती, क्या किसी के दो दिल होते हैं? जाओ, और अब जामुन के पेड़ की तरफ कभी न आना। **(प्रस्थान)**

(मगर भी धीरे धीरे एक ओर चला जाता है। बन्दर अपनी जगह नाचता है)

नगाड़ेवाला : **(नगाड़ा बजा कर)**

देखो जाता है—
मगर खिसयाया-सा,
मुँह लटकाये रोता-सा।
जो नहीं हारता हिम्मत—
मुसीबत में,
पा जाता है वह छुटकारा
जैसे छुटकारा पाया,
बन्दर ने।

(नगाड़े की ध्वनि)

यवनिका

चार दोस्त

नाटक के पात्र

नगाड़ेवाला
कौआ
चूहा
कछुआ
हिरन
शिकारी

(मंच पर शिकारी का जाल फैला है।)

नगाड़ेवाला : **(नगाड़ा बजाकर)** रहते थे जंगल में चार दोस्त,
हिरन, कछुआ,
चूहा और कौआ।
कट रहे थे उनके दिन
मजे में,
किन्तु तभी
एक दिन, अचानक,
निकला हिरन घूमने, जंगल में।
फैला था वहाँ जाल
शिकारी का।
फँस गया हिरन—
उस जाल में।
(नगाड़ा बजाता है और तब ही हिरन आकर उस जाल में फँस जाता है।)

नगाड़ेवाला : **(नगाड़ा बजाकर)** देर हुई,

बहुत देर हुई,
न लौटा हिरन जब,
तो कछुआ, चूहा और कौआ होने लगे चिन्तित।
निकला कौआ ढूँढ़ने हिरन को,
देखो, वह आता है इधर ही को। **(कव्वे का प्रवेश)**

कौआ : अरे भाई हिरन, यह क्या; तुम तो जाल में फँस गये!

हिरन : हाँ, मेरा दुर्भाग्य है। क्या कहूँ!

कौआ : तुम नहीं आये, तो हम सब तुम्हारे लिए बहुत घबरा रहे थे। भाई चूहे और कछुए ने मुझे तुम्हें तुरन्त ढूँढ़ने के लिए भेजा है।

हिरन : अच्छा हुआ तुम आ गये। यह मेरा अन्तिम समय है। भाई चूहे और कछुए को मेरा आखिरी नमस्ते कहना।

कौआ : यह कैसी बातें करते हो हिरन भाई! हम जैसे दोस्तों के होते हुए तुम्हें डरने की कोई जरूरत नहीं। मैं अभी चूहे भाई को लेकर आता हूँ, वह तुम्हारा जाल काट देंगे।

(कौए का प्रस्थान। और कुछ ही क्षण में चूहे को पीठ पर चढ़ाये हुए कौए का प्रवेश।)

हिरन : कौए भाई बड़ी जल्दी आ गये।

चूहा : हिरन भाई, घबराओ नहीं। बस देखते जाओ, मैं तुम्हें जाल से फौरन छुड़ाये देता हूँ।

(चूहा हिरन का जाल काटता है, तभी धीरे-धीरे अपनी चाल से चले हुए कछुए का प्रवेश)

कौआ : अरे कछुए भाई, तुम क्यों आ गये?

हिरन : कछुए भाई, तुमने क्यों तकलीफ की?

कछुआ : हिरन भाई, तुम्हारे पकड़े जाने का हाल सुनकर मुझे बहुत दुख हुआ; मुझसे नहीं रहा गया, इससे मैं तुरन्त तुम्हें देखने चला आया।

कौआ : मगर तुमने अच्छा नहीं किया। अगर शिकारी आ गया, तो मैं तो आसमान में उड़ जाऊँगा, हिरन भाग जायेगा, और चूहा बिल में घुस जायेगा। तुम धीरे-धीरे चलते हो, शिकारी तुमको पकड़ लेगा!

चूहा : हाँ, कछुए भाई, शिकारी के आने से पहले तुम यहाँ से चले जाओ।

(शिकारी का प्रवेश)

हिरन : **(चौंककर)** आ गया शिकारी! भागो!!

(कौआ, हिरन और चूहा तेजी से नेपथ्य में भाग जाते हैं। कछुआ बिचारा धीरे-धीरे भागता है, इसलिए शिकारी दौड़कर उसे पकड़ लेता है और उसे रस्सी से बाँधकर ले चलता है। उसके जाते ही कौआ, हिरन और चूहा मंच पर आते हैं।)

चूहा : अरे, देखा तुमने, शिकारी हमारे कछुए को लिए जा रहा है!

हिरन : यह सब मेरी ही वजह से हुआ।

कौआ : दुख करने से क्या? जो दुख के समय रोया करता है, उपाय नहीं करता, उसको रोना ही पड़ता है। वह दुख दूर नहीं कर सकता।

चूहा : हाँ, हम लोगों को उपाय करके मित्र को छुड़ाना चाहिए। मित्र के कष्ट को दूर करना हम सबका कर्तव्य है।

कौआ : मैं तुम लोगों को एक तरकीब बताता हूँ। शिकारी के रास्ते पर जाकर यह हिरन, किसी छोटे तालाब के पास पहुँच कर बेहोश बनकर गिर जाये। मैं इसके सिर पर चढ़कर चोंच से धीरे-धीरे कुरेदूँगा। तब वह दुष्ट शिकारी मेरे चोंच के कुरेदने से हिरन को मरा हुआ जानकर, कछुए को जमीन पर रख देगा और हिरन को उठाने दौड़ेगा। उसी समय तुम उसका झोला अपने तेज दाँतों से काट देना चूहे भाई, जिससे कछुआ दोस्त पानी में चले जायें और तब तक हिरन भाई, तुम भी भाग जाना।

हिरन : हाँ, यह तरकीब बहुत अच्छी है।

चूहा : तब देर किस बात की? आओ, हम लोग जल्दी से चलें।

(तीनों चलने का प्रतीक प्रदर्शन करने के लिए मंच के दो-तीन चक्कर लगाते और फिर रुक जाते हैं।)

कौआ : यह रहा तालाब।

हिरन : हाँ, यह ठीक है। यहीं पर हम लोग रुकें। वह दुष्ट शिकारी इधर से ही निकलेगा। कौए भाई, मैं यहाँ बेहोश बनकर गिर पड़ूँगा।

कौआ : मैं देखता हूँ, जैसे ही वह आयेगा मैं तुमको पहले से ही बता दूँगा।

हिरन : हाँ, यह ठीक है चूहे भाई तुम भी तैयार रहना!

चूहा : मैं बिल्कुल तैयार हूँ!

कौआ : शिकारी आ रहा है।

(हिरन बेहोश होकर गिर पड़ता है; कौआ उसके सिर पर चोंच से कुरेदता है। चूहा भी एक कोने में छिपकर खड़ा हो जाता है। तभी शिकारी का प्रवेश।)

शिकारी : **(हिरन को देखकर)** अरे, लगता है, हिरन अपने आप ही मर गया। चलो, अच्छा ही हुआ। मैं अब इसे ले जाकर दोस्तों की दावत करूँगा!

(शिकारी कछुए को छोड़कर, हिरन की ओर बढ़ता है, तभी चूहा कछुए की रस्सी काट देता है, और कछुआ और चूहा निकल भागते हैं। हिरन और कौआ भी भागकर मंच के बाहर चले जाते हैं।)

शिकारी : अरे, वाह! हिरन तो भाग गया! लगता है मरा नहीं था। खैर कछुए का ही कबाब बनाऊँगा आज **(लौटकर देखता है। कछुआ भी गायब)** अरे, कछुआ भी चला गया। **(सिर पर हाथ रखकर वहं बैठ जाता है।)** आज का दिन बड़ा खराब है। अब मैं क्या करूँ! **(उठते हुए)** चलो, चला जाये। आज भूखा ही रहना पड़ेगा। **(प्रस्थान)**

(कौए का प्रवेश। वह जाते हुए शिकारी को नेपथ्य में देखता है।)

कौआ : **(खुशी से पुकारते हुए)** चूहे भाई, कछुए भाई, हिरन भाई आओ; निकल आओ! शिकारी चला गया! शिकारी चला गया!! **(नाचते हुए)** शिकारी चला गया!!!

(चूहा, कछुआ और हिरन भी मंच पर आ जाते हैं; और सब खुशी से कूदते हुए चिल्लाते हैं। 'शिकारी चला गया! शिकारी चला गया!!'' और फिर सब जाते हुए शिकारी की ओर नेपथ्य में इंगित करके चिल्लाते हैं! 'टी ली ली ली! टी ली ली ली!' और फिर सबका नगाड़े की ध्वनि में प्रस्थान।)

नगाड़ेवाला : जिसके हैं सच्चे दोस्त, जो बोलता नहीं उनसे झूठ! करता नहीं उनसे कपट, करता है जो उनकी सहायता! उसे नहीं कभी दुख होता।

(नगाड़े की ध्वनि)

(इति)

अपने-अपने दाँव
(1963)

सहारा

लालच से रिश्तों में पड़ती दरारों की झलक दिखी 'अपने-अपने दांव' में

'अपने अपने दांव खूब चले'

दरकते रिश्तों की कथा है 'अपने अपने दांव'

राजधानी

दौलत की हवस में अंधा न होने का पैगाम दिया 'अपने-अपने दांव' ने

आज खून के रिश्ते भुला पैसे के लिए लगते हैं 'अपने-अपने दांव'।

THE TIMES OF INDIA

Co-ordination hallmark of Apne Apne Daav

By SHITAL MUKERJI
LUCKNOW, September 30

राजधानी

दौलत की हवस में अंधा न होने का पैगाम दिया 'अपने-अपने दांव' ने

रिश्तों की खोखली बुनियाद को उजागर किया

अमर उजाला

सपना हुआ धराशायी जब सूटकेश से निकला जूता

खूब हंसाया 'अपने-अपने दांव' ने

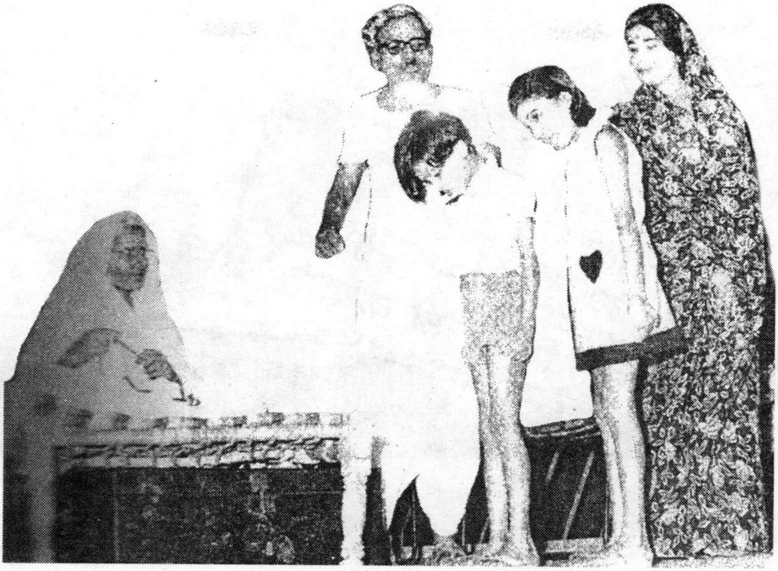

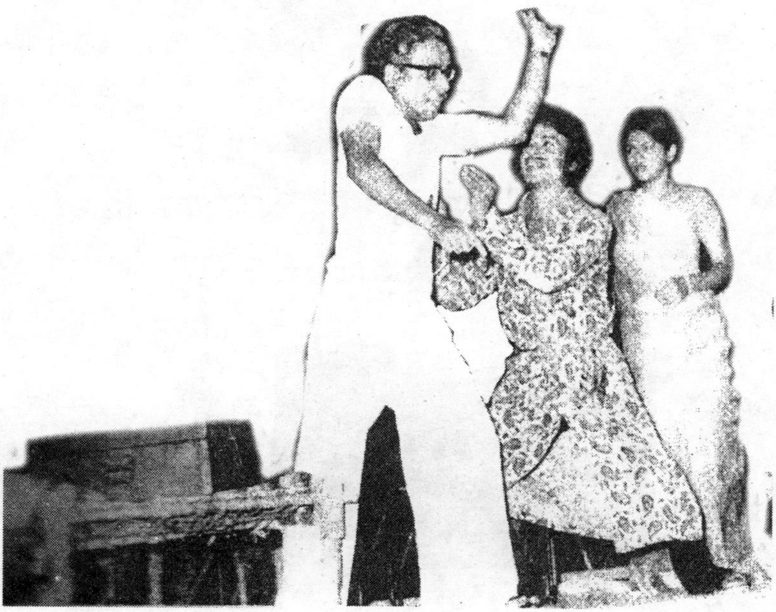

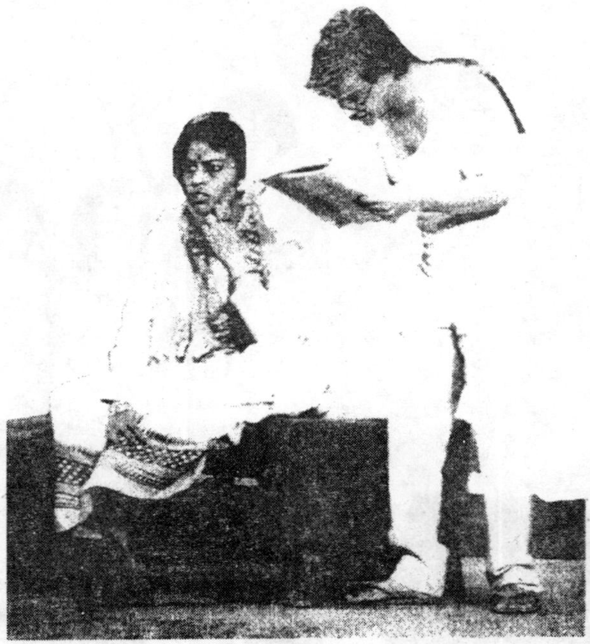

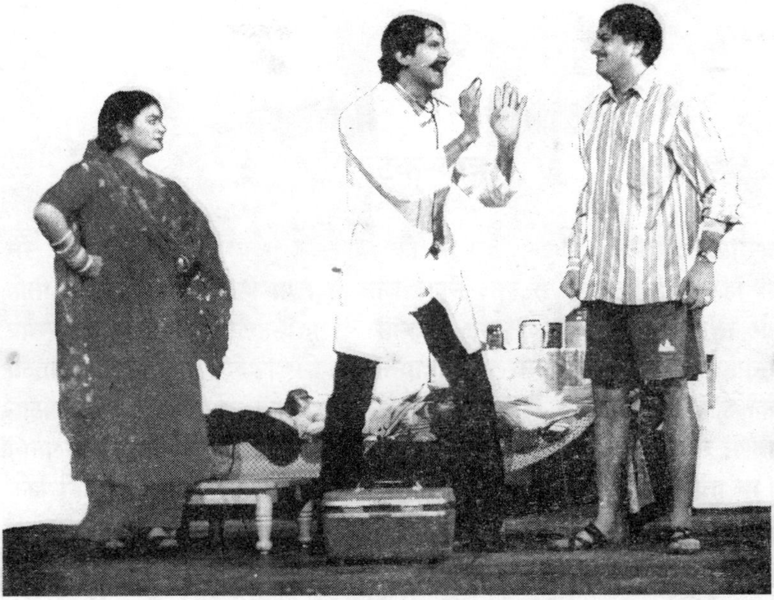

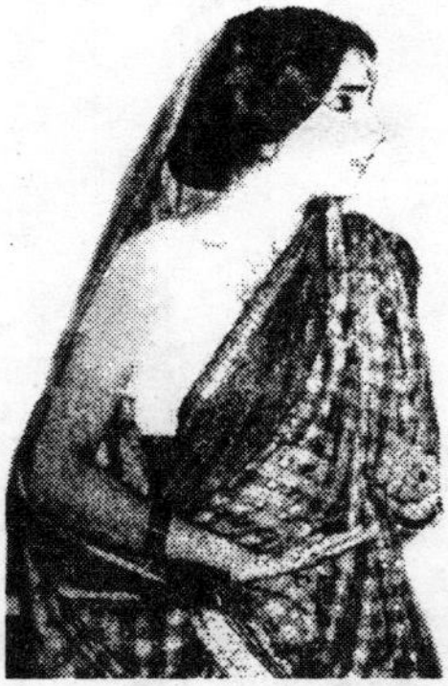
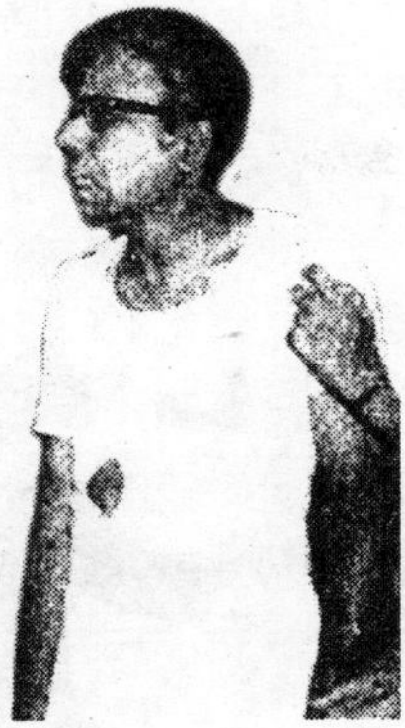

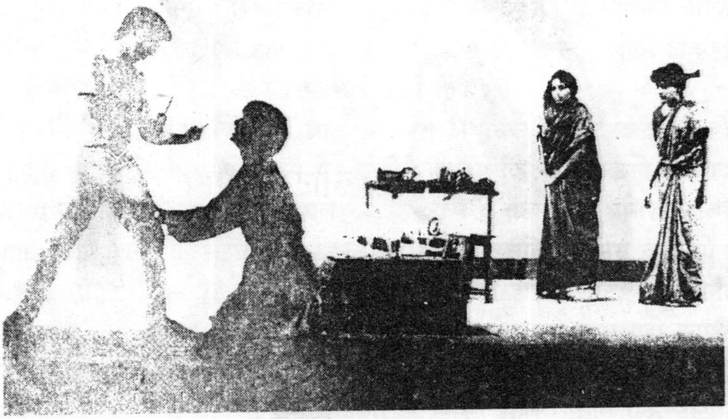

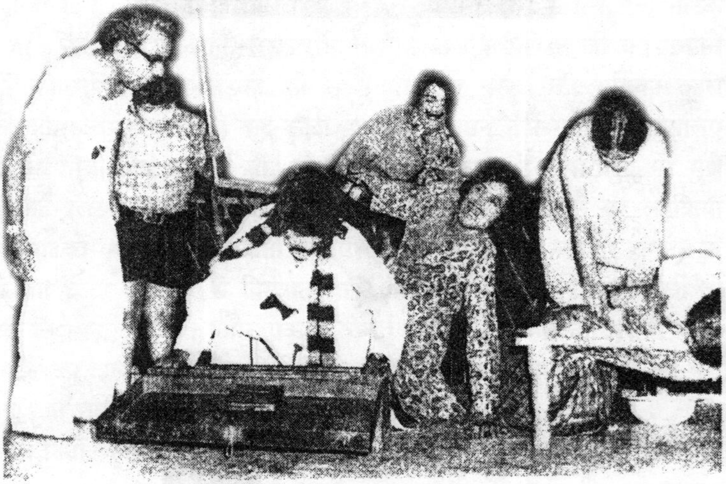

पुरोवाक् : नाटककारीय

"यह नाटक मंच पर अत्यन्त सफल सिद्ध होता है। इसकी अभिनेयता ही इसका गुण है। दर्शक इसे बहुत पसन्द करते हैं"—ऐसा कहने पर लगेगा कि मैं अपने नाटक की स्वयं ही प्रशंसा कर रहा हूँ। अपने आप मियां—मिट्ठू बन रहा हूँ। इसमें "सेल्समैन" की झलक मिलेगी, जो अपने रद्दी माल को किसी न किसी तरह बेचना चाहता है। अतएव स्पष्टीकरण आवश्यक है।

मैं अपने लिखे नाटकों को सबसे पहले स्वयं ही मंच पर प्रस्तुत करता हूँ। स्वयं निर्देशित करता हूँ, या निर्देशन और प्रस्तुति से सम्बद्ध रहता हूँ। इसके द्वारा मैं नाटक का परीक्षण, विश्लेषण संशोधन, परिवर्धन एक निर्देशक की निगाह से करता हूँ। नाटक के रूप में अपने लिखे शब्दों, संवादों से कितना ही मोह क्यों न हो, निर्देशक के रूप में, मैं उनको निर्ममता से काटता छांटता हूँ। निर्देशक के रूप में मेरा व्यक्तित्व नाटककार से एकदम अलग होता है। अतएव मैं अपने ही नाटक की मंच क्षमता के बारे में तटस्थ होकर एक अन्य व्यक्ति के समान टिप्पणी कर सकता हूँ। मैं इस नाटक की अनेक प्रस्तुतियों से सम्बद्ध रहा हूँ। दिल्ली और लखनऊ में कई प्रस्तुतियां कीं। 1976-79 के बीच में मैंने फीजी में इस नाटक के अनेक प्रदर्शन किये। सब ही प्रस्तुतियों में यह नाटक मंच पर खरा उतरा, दर्शकों को दो घंटे तक गुदगुदाता, और कभी-कभी खुल कर हंसाता रहा। इससे मैं इस नाटक की मंचीयता के प्रति आश्वस्त हूँ।

कभी-कभी मंच प्रस्तुति के पश्चात् मुझे एक दो कुछ 'ज़्यादा पढ़े' विद्वान और समीक्षक मिले, जिन्होंने मुझसे पूछा कि यह नाटक कहना क्या चाहता है? इस प्रश्न में यह अन्तर्निहित है कि हर नाटक को कुछ कहना चाहिए। हर नाटक में कोई संदेश होना चाहिए, या ऐसा कुछ होना चाहिए जिससे कि दर्शक नाटक का सारांश निकाल सकें। या स्पष्ट शब्दों में नाटक में ऐसा कुछ होना चाहिए जिससे 'सामाजिक परिवर्तन' लाया जा सके। नहीं तो कुछ भारी भरकम शब्दों का जाल, नये से लगते विचारों का उलझाव, आयातित मानदंडो पर खरी उतरती ऊलजलूलता (एबसर्डिटी)—कुछ तो हो। मैं उनसे क्या कहूँ। कुछ ज़्यादा ही

'पढ़े लिखे' होने के कारण वह मेरी बात शायद नहीं सुनेंगे। सुनेंगे भी तो न सुनने का नाटक करेंगे। शेक्सपियर का 'हेमलेट' क्या कहता है? कालिदास का 'शकुन्तला' नाटक कौन से सामाजिक परिवर्तन का झंडा ऊँचा करता है? मौलियर के नाटक कौन-से गुरु गंभीर विचार प्रतिपादित करते हैं? नाटक की सफल प्रस्तुति जिसमें अभिनेता और दर्शक बराबर की साझेदारी अनुभव करें, क्या नाट्य–उद्देश्य की चरम–प्राप्ति नहीं है?

मैंने नाट्य–लेखन लगभग चालीस वर्ष पूर्व प्रारंभ किया था। किन्तु अपने नाटककार को कभी गंभीरतापूर्वक नहीं लिया। मेरे मन में तो अभिनेता समाया हुआ था। और जब पूर्णकालिक रूप से मंच पर नहीं जा सका और सरकारी नौकरी में फंस गया तो विवश होकर अपने मन को समझाना पड़ा। लेकिन जिस तरह से चोर चोरी से चला जाए, हेराफेरी से नहीं जाता, उसी तरह मैं रंगमंच से अपने आपको पूरी तरह काट नहीं पाया। कभी-कभी नाटक लिखता रहा, निर्देशित करता रहा, या उनमें अभिनय भी करता रहा। कुछ नाटक अच्छे लिख गये, कुछ सामान्य। यह सब अपने आप ही हुआ। मैंने अपने को न स्थापित करने का प्रयत्न किया और न गंभीरता से लिखने का। इसीलिए जब एक मित्र ने, जो एक प्रकाशन संस्थान में काम कर रहे थे, 1974 या 1975 में मुझसे यह नाटक प्रकाशित करने को माँगा तो मैंने भूमिका सहित पांडुलिपि दे दी। जहाँ तक मुझे याद है, प्रकाशक से कोई 'एग्रीमेंट' भी नहीं हुआ था। नाटक जब तक प्रकाशित होकर आए मैं तीन वर्ष के लिए विदेश चला गया। लौट कर नाटक के विषय में कुछ नहीं सुना। जब प्रकाशक संस्थान का पता लगाने की कोशिश की तो ज्ञात हुआ कि वह दिये पते से हट कर कहीं और चला गया है। सुना कि नाटक प्रकाशित तो हुआ था, किन्तु बिका या गोदाम में सड़ गया, इसके बारे में प्रकाशक ने आज तक मुझे कोई सूचना नहीं दी। जिस उदासीनता से मैंने अपने नाट्य–लेखक को लिया है उसमें यह तो अपेक्षित था ही। अब आयु के अन्तिम चरण में मैं लिखना चाहता हूँ। अनुभवों का पुंजीभूत अंबार है। उन्हें लिखना चाहता हूँ। पहले की तरह उदासीनता के साथ नहीं, संकल्प के साथ।

यह नाटक मुझे बहुत प्रिय है, क्योंकि इस नाटक के साथ मेरी माँ और पत्नी की स्मृतियां जुड़ी हैं। वह दोनों अब इस संसार में नहीं है। जब छोटा था, बहुत छोटा, शायद आठ नौ साल का, तब मेरी माँ (उन्हें मैं माता जी कहता था) ने मुझे कहीं से सुनी सुनाई कहानी सुनाई कि किस तरह एक बुढ़िया की दौलत एक बक्स में थी, और उसकी जान तब ही निकली, जब उसने बक्स चारपाई पर रखवाकर उसका ताला अपने हाथ से पकड़ लिया। बचपन की सुनी इस कहानी

प्रतिभा के कहने पर ही यह नाटक लिखा गया था।
इसकी अनेक प्रस्तुतियों में भी प्रतिभा ने अनुपम
और अविस्मरणीय अभिनय किया था।
अतएव यह समर्पित है—

प्रतिभा की स्मृति को

आनन्दनिष्यान्दिषु रूपकेषु व्युत्पत्तिमात्र कलमल्पबुद्धिः
थोऽपीतिहास्त दिवदाह साधुस्तस्मै नमः स्वादुपरांगमुखाय।

जो कम बुद्धिवाला आनन्द बरसाने वाले रूपकों (नाटकों) का फल यह बताता है कि इनसे इतिहास आदि पढ़ने के फल के समान केवल ज्ञान भर मिलता इ है, ऐसे अरसिक को दूर से नमस्कार।

पर मैंने 1963 में यह नाटक लिखा, जब विवाह के पश्चात् मेरी पत्नी प्रतिभा ने मुझसे नया नाटक लिखने को कहा। मैंने शर्त लगाई कि मैं केवल बोलूँगा, लिखना तुमको पड़ेगा। पत्नी सहमत हो गयी, और यह नाटक लिख गया। इसीलिए बाद में वह मुझसे कहतीं थीं कि इस नाटक के आप केवल "बोलक" हैं, लेखक मैं हूँ।

मेरी दृष्टि में, यह नाटक एक "सिचुएशनल कॉमेडी" है। बहुत से हास्य नाटकों में पात्र हकलाते हैं, लंगड़ाते हैं, बिना बात कंधे उचकाते हैं, आदि आदि, और इससे हास्य उत्पन्न किया जाता है। इस नाटक के किसी पात्र में कोई शरीरगत दोष नहीं है। और न ही संवाद में हास्य उत्पन्न करने के लिए जुम्लेबाजी का सहारा लिया गया है। चरित्र और संवाद स्वाभाविक और सहज हैं, लेकिन नाटक की विकास गति और कथानक के क्रमिक उद्भासन में ऐसी स्थितियां आती हैं, जिनमें पात्रों के सहज होने पर भी दर्शक अपनी हंसी नहीं रोक पाते।

इस नाटक के प्रकाशन के लिए भूमिका लिखते समय वह सब लोग याद आ रहे हैं, जो इसकी विभिन्न प्रस्तुतियों में मेरे साथ थे। विशेष रूप से प्रतिभा, हीरा, चड्ढा, राजेश रायज़ादा, सरनबली श्रीवास्तव तथा......जो अब इस संसार में नहीं है। जिस प्रकार मंच पर अभिनेता सीमित अवधि के लिए प्रकट होता है, फिर अपनी भूमिका निर्वहन के पश्चात नेपथ्य में विलुप्त हो जाता है, उसी प्रकार इस जीवन के रंगमंच पर ये भी अपना—अपना नाटक खेल कर अन्तर्ध्यान हो गये है, किन्तु अपने अभिनय की याद छोड़ गये हैं।

—दया प्रकाश सिन्हा

पात्र

बाबूजी	:	गृहपति, 45-50 वर्ष
माँ	:	बाबूजी की पत्नी, 40-45 वर्ष
रानी	:	बाबूजी की पुत्री, 22 वर्ष
हरी बाबू	:	रानी का पति, 26 वर्ष
काके	:	बाबूजी का पुत्र, 10 वर्ष
डब्बू	:	बाबूजी का पुत्र, 5 वर्ष
सुशीला बहन	:	माँ की सहेली, 45 वर्ष
बुआदादी	:	बाबूजी के रिश्ते की बुआ, 80 वर्ष
शहंशाह बहादुर	:	बुआदादी के देवर, 50 वर्ष
डॉक्टर	:	40 वर्ष
गुंडा	:	30 वर्ष

प्रथम प्रस्तुति

इलाहाबाद आर्टिस्ट एसोसियेशन द्वारा नवम्बर 6, 1966 को पैलेस थियेटर, इलाहाबाद में 'अपने अपने दाँव' की प्रामि प्रस्तुति संपन्न हुई, जिसमें निम्नलिखित ने भाग लिया–

बुआदादी	:	सरिता शर्मा (सरन)
काके	:	संदीप शर्मा
माँ	:	हीरा चड्ढा
डब्बू	:	कपिल देव साई
रानी	:	उमा सप्रू
हरी बाबू	:	नरेन्द्र सक्सेना
सुशीला बहन	:	आशा
डाक्टर	:	प्रदीप कुमार
शहंशाह बहादुर	:	दया प्रकाश सिन्हा

निर्देशक : बालकृष्ण मालवीय

अपने-अपने दाँव

अंक-1

प्रथम दृश्य

समय : वर्तमान।

स्थान : उत्तर प्रदेश के किसी छोटे नगर के निम्न मध्यवर्गीय मकान के दो कमरे।

मंच सज्जा : *दो कमरे एक दूसरे से अलग-बीच की दीवार के द्वारा। यह बीच की दीवार पीछे से 'प्रोसेनियम' तक सांकेतिक रूप में केवल तीन चौथाई दूरी तक आती है, ताकि दोनों कमरों में होने वाला अभिनय समस्त दर्शकों को दिखाई दे। बीच की दीवार में एक दरवाजा है। दोनों कमरों में पीछे की दीवार में एक-एक दरवाजा हैं। बायें कमरे में दरवाजा बाईं दीवार में है, जो घर के बाहर खुलता है।*

दायें कमरे में बीचों-बीच एक चारपाई पड़ी है। उस पर मामूली बिस्तर बिछा हुआ है जिस पर बुआ दादी बैठती है। चारपाई की बुनाई इतनी ढीली है कि बिस्तर करीब-करीब चारपाई के नीचे रखे लोहे के बक्स पर टिक जाता है। बक्स में अनुपात से अधिक बड़े, ज़ंग से काले लोहे के ताले पड़े हैं। **चारपाई के सिरहाने एक तिपाई पर अचार के चार-पाँच अमृतवान तथा घी का टिन रखा हुआ है। दूसरी मेज पर पूजा-पाठ का सामान तथा शीशा कंघा रखा है।**

बायें कमरे में एक तख्त, एक कुर्सी तथा एक मेज है। यह कमरा मेहमानों के आने पर बैठक का काम देता है। बाकी समय बच्चों के पढ़ने तथा माँ के घर-गृहस्थी के काम-काज में सहयोग देता है।

प्रारम्भ : *पर्दा खुलने पर बायें कमरे में काके मेज पर झुका पढ़ता दिखाई देता है, तथा दायें कमरे में चारपाई पर बैठी आँख बन्द किये, माला जपती बुआ दादी दिखाई पड़ती है।*

(बायाँ कमरा)

माँ : **(बायें कमरे में, पीछे के द्वार से प्रवेश करते हुए)** काके, जरा सुशीला बहन के यहाँ तो चले जाओ।

काके : **(बिगड़कर)** मैं कहीं नहीं जाऊंगा।

माँ : क्यों नहीं जाओगे? क्या तुम्हारे पैरों में मेंहदी लगी है? सुशीला बहन से कहना.......

काके : कह दिया कि मैं नहीं जाऊंगा। देखती नहीं हो कि पढ़ रहा हूँ।

माँ : देखती हूँ, लेकिन थोड़ी देर में तेरा कुछ बिगड़ नहीं जायेगा।

काके : इम्तहान का सिर्फ महीना भर रह गया है, अगर फेल हो गया तो तुम और बाबू जी दोनों कान पकड़ोगे। न बाबा, मैं नहीं जाता।

माँ : अरे चला भी जा। सुशीला बहन से कहना.....

काके : **(तेज दृढ़ स्वर में)** मैं नहीं जाऊंगा। बस।

माँ : **(क्रुद्ध)** नहीं जा। कौन तेरे पैर पड़ता है। अपनी मर्जी से नाचे–नाचे घूमेंगे। मैंने कह दिया तो लगे पढ़ने। आज ही तो पढ़कर लाट कमण्डल बन जायेगा। **(माँ का बड़बड़ाना; चुप करने के लिए, कुछ चिढ़ाते हुए, काके जोर-जोर से पढ़ता है–'रामः रामौ रामः'। माँ जैसे-जैसे जोर से बोलती है वैसे ही वैसे वह तेज आवाज में पढ़ता है।)** अभी कोई दोस्त आ जाता तो उठ कर चल देते। अभी से ये हाल है तो आगे क्या उम्मीद करूँ। बड़ा पार लगायेंगे। बड़े सआदतमंद बेटे हैं। **(काके के रूप याद करने से चिढ़ कर)** अच्छा-अच्छा सुन लिया बड़ा पढ़ते हो! खामोश रहो। मैं जाती हूँ...बड़ा पढ़ने चले हैं। **(प्रस्थान–पीछे के द्वार से। काके चुप हो कर पुनः पढ़ने में व्यस्त हो जाता है।)**

(दायाँ कमरा)

(बुआ दादी आँखें बन्द किये माला जप रही हैं। पीछे के द्वार से डब्बू का प्रवेश। वह कुछ देर पूजा करती दादी की बन्द

आँखों को देखता है फिर चुपके से बक्स का ताला पकड़ कर हिलाता है। बुआ दादी उसको पकड़ने को हाथ बढ़ाती हैं, तो वह अमृतवान से अचार निकाल कर भागता है।)

दादी : **(चिल्लाते हुए)** डकैत, बदमाश, उठाईगीरा, खड़ा रह, खड़ा रह। अभी बताती हूँ। **(डब्बू, अँगूठा दिखा के भाग जाता है)** भाग गया। अरे कोई इस बदमाश को पकड़े। हाय, हाय, लूट ले गया। अरे कोई बचाये। यहाँ तो सब मिल के मारे डालते हैं। अरे बेशर्मो, मैं हमेशा तो नहीं जीऊंगी। तब तक तो सबर करो। मगर नहीं, जिन्दा ही नोचे मारे डालते हैं। अरे कोई है? अरे क्या सब कान में तेल डाले हैं? क्या सबको साँप सूँघ गया? हाय, मैं कहाँ डूब मरुँ! कहाँ समा जाऊँ। हाय! हाय! **(माँ का और पीछे-पीछे बाबू जी का पीछे के द्वार से प्रवेश। काके भी बायें कमरे से बीच के द्वार से भाग कर आता है।)**

माँ : क्या हुआ बुआ जी?

दादी : अरे मर गयी बुआजी, उसकी अर्थी का इन्तजाम करो। कहला दो मुहल्ले भर में। ले चलो उसे फूंकने।

बाबू : **(सहानुभूति से)** राम! राम! कैसी बातें करती हो बुआ? मरें तुम्हारे दुश्मन।

दादी : अरे भैया, ऐसे नहीं मरूँगी। जिन्दा ही गंगा में बहा दो। **(अंगूठा दिखा के, क्रोध से)** अंगूठा दिखाता है। बेईमान, अंगूठा दिखाता है। लूट लिया, भैया, एक दम लूट लिया।

काके : बुआ दादी, हमें बताओं। कौन बदमाश है ? मैं अपनी स्टिक से उसकी खोपड़ी तोड़ दूँगा।

माँ : बताओ तो बुआ जी, क्या हुआ, कोई चोर घुस आया था?

दादी : हाय क्या बताऊँ! क्या बताऊँ। अरे वही था—वही...।

बाबू : कौन?

माँ : कौन?

काके : कौन?

दादी : अरे, वही बदमाश ! वह बक्स खींच रहा था।

माँ : बक्स खींच रहा था?

दादी : अरे मेरी जान खींच रहा था। ऐसी बेसब्री काहे की? मैं मरूँगी, तो सब तुम्हीं लोगों का तो होगा। सीने पर रख कर नहीं ले

जाऊँगी। घर पर हाथी झूलता था। महल में रहती थी। सब चला गया। जो कुछ बचा है, वह इस बक्स में है। उसे भी लूट लेना चाहते हैं, बेसब्रे। ऊपर से अंगूठा दिखाता है।

बाबू : बुआ हमें बताओ। कौन बदमाश था। तुम उसका हुलिया बता सकती हो? मैं अभी पुलिस को खबर देता हूँ।

माँ : **(अविश्वास से)** दिन दहाड़े घर में बदमाश घुस आया? क्या जमाना आ गया है!

बाबू : भाग किधर से गया बदमाश। **(बुआ दादी से)** कैसा था बदमाश? जरा उसकी हुलिया तो बताओ। जवान था या बुड्ढा?

दादी : अरे क्या बताऊँ, न जवान था न बुड्ढा?

बाबू : तब?

दादी : बच्चा!

माँ : बच्चा!

दादी : अरे डकैतों की उमर से क्या। डकैत तो डकैत। चाहे बच्चा हो।

माँ : **(अविश्वास से)** बच्चा डाका डालेगा?

बाबू : क्यों, क्या बच्चा डाका नहीं डाल सकता? बुआ ठीक कहती हैं। डकैत तो डकैत, चाहे बच्चा हो। **(स्वर बदल कर)** काके की माँ खामोश रहो। **(माँ अविश्वास की मुद्रा बनाती है)**

दादी : मैं झूठ बोलती हूँ ? मैं झूठ बोलूँगी? इस पचासी साल की उम्र में ? हाथी चला गया, कोठी चली गयी, करोड़ों चले गये। अब दस-बीस लाख के लिए झूठ बोलूँगी।

बाबू : नहीं-नहीं!

दादी : मैं तो झूठी हूँ। विश्वास न हो तो डब्बू को बुला कर पूछ लो। मेरी पूजा में आँख बन्द थी, तो बदमाश बक्स खींच रहा था। हाथ पकड़ा तो मुरब्बा निकाल कर भाग गया। जब कुछ नहीं कर सका तो अंगूठा दिखा के भाग गया।

(काके तुरन्त कमरे से बाहर भाग कर जाता है)

माँ : **(आश्चर्य से)** डब्बू!

दादी : हाँ, हाँ, वहीं बदमाश।

माँ : डब्बू?

दादी : अंगूठा दिखा कर भाग गया। कहे देती हूँ कि अभी से यह हाल है तो आगे चल कर सुलताना डाकू बनेगा। जेल जायेगा...जेल।

बाबू : डाकू? **(संभल कर)** डब्बू की यह हिम्मत! बुआ, मैं उसे डाँटूगा। नहीं, नहीं, मारूँगा। बेंत से उसकी खाल उधेड़ दूँगा।

दादी : **(नरम पड़कर)** अरे बेटा, तुम्हारे ही सहारे तो जिन्दा हूँ। जो कुछ है तुम्हारा है, लेकिन यह बदमाश मुझे चैन नहीं लेने देता। **(माँ की ओर इशारा करके)** इसे बुरा लग रहा है, मेरा कहना।

माँ : **(चापलूसी से)** नहीं, नहीं बुआजी। आप ठीक कह रही हैं। बहुत बदमाश है निगोड़ा।

(काके एक हाथ में स्टिक और दूसरे से डब्बू को पकड़े पीछे के द्वार से घुसता है)

काके : बुआ दादी। पकड़ लाया बदमाश को।

दादी : **(क्रोध से चिढ़ाते हुए)** अ ह ह! अब कोई सूरत तो देखे नाना की, जैसे कुछ जानते ही नहीं। पहले अंगूठा दिखाते थे। उठाईगीरा, उचक्का कहीं का।

माँ : **(क्रोध से)** डब्बू। **(बाँह से झकझोरते हुए)** बहुत शैतान हो गया है तू–।

बाबू : नालायक, दादी के साथ बदतमीजी करता है।

दादी : अब बोलो ! पहले तो अंगूठा दिखाते थे।

काके : बुआदादी, अगर मैं दौड़ कर पकड़ न लेता, तो यह भाग जाता।

माँ : चलो, बुआदादी के पैर छूकर माफी माँगो।

बाबू : हाँ पैर छूकर कहो–दादी हमें माफ कर दो। **(डब्बू तना खड़ा रहता है।)**

दादी : अ ह ह, अंगूठा दिखाता था।

माँ : चलो पैर छुओ।

बाबू : **(बिगड़ कर)** खड़ा क्या है, चल पैर छू।

दादी : माँ का बेटा है। पैर कैसे छुये?

माँ : **(झुंझलाकर)** मेरा दुश्मन है पूरा। अरे पैर छू अभागे।

बाबू : **(कन्धा पकड़कर आगे घसीटते हुए)** चलो पैर छुओ।

काके : (स्टिक उठाकर) चलो।

(बाबूजी घसीटकर उसका माथा जबरदस्ती दादी के पैरों पर झुकाते हैं)

बाबू : बोलो, बुआ दादी हमें माफ करो।

डब्बू : बोलो, बुआ दादी हमें माफ करो।

दादी : अब तो भीगी बिल्ली लगता है। पहले अंगूठा दिखाता था।

माँ : अब माफ भी कर दो बुआ।

दादी : यह बोली माँ बनकर। नहीं माफ करती तेरी सिफारिश से। जा, मैंने माफ कर दिया अपने मन से। **(हँसती है। बाबूजी दादी की हँसी में हँसी मिलाते हैं।)**

(तनाव का वातावरण समाप्त होता है)

बाबू : डब्बू, अब जाओ तुम। आइन्दा ऐसा कभी मत करना।

(डब्बू पीछे के द्वार से जाता है, किन्तु जाते-जाते अंगूठा फिर दिखाता है)

दादी : फिर अंगूठा दिखाया। देखा, तुम लोगों ने, उसने फिर अंगूठा दिखाया।

माँ : वह आप को नहीं दिखाया था।

दादी : मुझे नहीं दिखाया, तब किसे दिखाया ?

माँ : काके को।

दादी : नहीं, नहीं, मुझे ही दिखाया।

बाबू : **(समझाते हुए)** नहीं बुआ। भला वह इतनी हिम्मत कर सकता है कि आपको अंगूठा दिखाये। वह अंगूठा तो उसने काके को दिखाया था। सच...!

काके : मुझे?

दादी : काके को दिखाया था?

बाबू : हाँ।

काके : मैं उसे देख लूँगा।

दादी : तब ठीक है। देख बहू, डब्बू पर निगाह रख, तेरे लाड़-प्यार से वह खराब हुआ जा रहा है।

बाबू : **(माँ से)** बोलो, अब लाड़ कम करूँगी।

माँ : अब लाड़ कम करूँगी।

दादी : और थोड़ी सख्ती किया कर।

माँ : सख्ती किया करूँगी।

दादी : ठीक है।

बाबू : बुआ, अब मैं चलूँ।

दादी : जाओ।

(बाबू द्वार तक जाकर लौटते हैं)

बाबू : बुआ, मैं बाजार तरकारी लेने जा रहा हूँ। तुम अपनी पसन्द बताओ, तो तुम्हारी पसन्द की भी तरकारी लेता आऊं।

दादी : तरकारी में क्या पसन्द और क्या नापसन्द? लाना ही है बेटा, तो बटेर लाओ। बहुत दिनों से बटेर नहीं खाई।

बाबू : बटेर ! ! हाँ, हाँ, बटेर लाऊंगा। अच्छा, अब चलूँ।

दादी : और देख, मेरा घी का टीन भी खत्म हो रहा है। घी भी ले आना।

बाबू : अच्छा।

माँ : **(घी के टीन में झांक कर)** अभी तो आधा रखा है?

दादी : **(उपेक्षा से)** यह छोटे घर की है, तभी ऐसी बात करती है। हमारे महल में...

बाबू : आधा टीन रखा है तो वह भी खत्म हो जाएगा। फिर घी आ जाएगा, तो रखा रहेगा। आगे काम आएगा।

दादी : देखो बेटा, शुद्ध घी ही लाना। एक बार तुम जो घी लाए थे उसका टीन शायद मुए कलजुगी घी के पास रह गया था। उससे उसमें बास आ गयी थी और मेरा हाजमा खराब हो गया था।

बाबू : अबकी दफे ऐसा नहीं होगा बुआ।

दादी : और बेटा, खट्टी अमिया और कटहल के अचार भी खत्म हो रहे हैं।

(माँ कुछ तनक कर पीछे के द्वार से चली जाती है।)

बाबू : वह भी ला दूँगा, बुआ।

दादी : बिना अचार के मेरे मुँह में कौर चलता ही नहीं। गले से उतरना मुश्किल हो जाता है। पुरानी आदत जो ठहरी।

बाबू : जरूर लाऊँगा। अब चलता हूँ।

दादी : जाओ बेटा।

(बाबू जी पीछे के द्वार से चले जाते हैं। काके भी बाहर जाने को आगे बढ़ता है)

दादी : काके बेटा!

काके : क्या बुआदादी?

दादी : तू सबसे अच्छा है।

काके : बुआदादी, अगर मैं दौड़कर आज डब्बू को नहीं पकड़ लेता, तो वह हाथ नहीं आता। भागकर किसी के घर में छिप जाता।

दादी : तू बहुत अक्लमन्द है बेटा। मुझे तेरा ही सबसे ज्यादा ख्याल है। तेरे माँ बाबू तो सब लालची हैं। इसी से इतनी खुशामद करते हैं। लेकिन मैं तो सिर्फ तुझे प्यार करती हूँ।

काके : बुआदादी, मेरा हवाई जहाज मत भूलना।

दादी : अरे तेरा हवाई जहाज कैसे भूल सकती हूँ। फिर मैं याद करके भी क्या करूँगी। सारा रुपया तुझी को दे दूँगी। तू खुद ही खरीद लेना।

काके : मैं हवाई जहाज में उड़ना चाहता हूँ। मैं अपना खुद का हवाई जहाज लूँगा। पचास हजार, नहीं एक लाख, नहीं एक लाख से भी बहुत ज्यादा का मिलता है। **(सोचकर)** तुम अपने रुपये बाबू जी को तो नहीं दोगी?

दादी : चल हट, कैसी बात करता है? भला तुझे छोड़कर तेरे बाबू जी या माँ को दूँगी। दोनों लालची हैं। मैं तो सब तुझी को दूँगी। **(गले में लटकी चाबी का गुच्छा दिखाकर)** यह चाबियां तेरे हाथ में देकर मरूँगी। अच्छा बेटा, जरा चन्दन तो घिस दे। पूजा को देर हो रही है।

(काके चन्दन और सिल को पूजा की मेज पर से उठा कर एक कोने में बैठकर चन्दन घिसता है।)

(माँ का हाथ में चावल की थाली लिए बायें कमरे से होते हुए प्रवेश)

माँ : काके! **(आश्चर्य से काके को देखती है)**

काके : क्या है माँ। मैं बुआ दादी के लिए चन्दन घिस रहा हूँ।

माँ : तुझे तो पढ़ाई करनी थी?

काके : **(बात काटते हुए)** फिर बात करना।

(माँ का बीच के द्वार से बायें कमरे में प्रस्थान)

(बायाँ कमरा)

(दायें कमरे से निकलकर माँ सीधी बायें कमरे में प्रवेश करती है। उसकी चाल और मुद्राओं में रोष है।)

माँ : **(क्रोध से थाली रखकर)** फिर बात करना। अब पढ़ाई का हर्जा नहीं हो रहा है। मैंने कहा सुशीला बहन के यहाँ चले जाओ, तो बोला; मुझे पढ़ाई करनी है।

(बाबू जी का भीतर से प्रवेश। बाजार से तरकारी लाने के लिए बदन पर कोट और हाथ में झोला है)

बाबू : **(परिहास में)** काके की माँ! क्या अकेले बैठे-बैठे पागलों सा बड़बड़ा रही हो?

माँ : **(क्रोध से)** पागल तो हो ही गयी हूँ।

बाबू : भगवान न करे, तुम्हारे दुश्मन भी पागल हों।

माँ : अरे, अब तक नहीं हुई तो अब जल्दी ही हो जाऊंगी।

बाबू : क्या नाहक बकवास करती हो?

माँ : बकवास नहीं, ठीक कहती हूँ। इस घर में कौन पागल नहीं हो जाएगा? न जाने कहाँ से उठा लाए बुढ़िया को। सारा घर बौराया जा रहा है।

बाबू : ऐसा न कहो बुआ को।

माँ : क्यों न कहूँ? क्या उसका दिया खाती हूँ? शौकीन बुढ़िया और चटाई का लहंगा। बटेर खाएगी! इस उमर में बिना अचार के कौर मुँह में से नहीं उतरता।

बाबू : अरे भाई, बड़े घर की हैं। अच्छा वक्त देखा है। यह तो कहो कि फूफा ने जुए शराब में सब उड़ा दिया जो इस हालत में हैं और अपने घर पड़ी हैं, नहीं तो...

माँ : घर पड़ी हैं तो घरवालों की तरह से रहें। यह नहीं कि हर समय हुकूमत डाँटे। हम लोग जैसे उनके खरीदे हुए गुलाम हैं।

बाबू : घरवालों की तरह से ही तो रहती हैं बुआ। और क्या करें?

माँ : इसे घरवालों की तरह रहना कहते हैं? घरवालों की तरह रहतीं तो तुम पर विश्वास करतीं। अपने बक्स की चाबी तुम्हें दे देतीं। अपना सारा रुपया और सोना तुम्हें सहेजती रखने को। यह नहीं कि बक्स में तीन-तीन ताले डालकर उस पर चौबीस घंटे चढ़ी बैठी रहतीं।

बाबू : **(परिहास में)** तुम्हारी नीयत खराब है। तुम्हारी निगाह उनके बक्स पर है।

माँ : **(एकदम चिढ़कर)** तुम्हारी निगाह तो बड़ी साफ है? मुझे तो इस घर में किसी की निगाह साफ नहीं लगती। सबकी नजर उसी बक्स पर है।

बाबू : मेरी निगाह...?

माँ : और तो और, वह बेंट भर का काके है, वह भी बुआ दादी का सबसे बड़ा हिमायती बना दीखता है। मैंने कहा कि सुशीला बहन के यहाँ चले जाओ, तो पढ़ाई का बहाना ले बैठा, और अब देखो; जाकर बुआ दादी का चन्दन घिस रहा है।

बाबू : उसे पढ़ना चाहिए। उसका इम्तहान नजदीक है।

माँ : आखिर अपने बाप का बेटा है। बुआ की दौलत पर दाँत तो लगाएगा ही—अपने बाप की तरह।

बाबू : ऐसे नहीं कहते काके की माँ। अगर कहीं वह सुनलें तो...

माँ : सुन ले मेरी बला से। अरे और तो और, कम्बख्त रानी भी कम नहीं है। ब्याह हो गया, मगर जब भी मायके आयेगी तो माँ-बाप से प्रणाम बन्दगी कुछ नहीं, सीधी घुस जायेगी बुआ दादी के पास।

बाबू : तुम सबकी नीयत को इतना बुरा कह रही हो। तुम अपनी बताओ। तुमने ही तो कहा था, बुआ को लिवा चलो अपने घर? फूफा ने तो सब उड़ा दिया है। उनका अब कौन बचा। हम ही लोग उनके हैं। मरते तक सेवा करेंगे और जो कुछ उन्होंने फूफा से छिपाकर बचाया है, वह पा भी जायेंगे।

माँ : कहा था तो कहा होगा। मगर यह बुढ़िया मरती भी तो नहीं। अमरफल खाकर आई है। जी चाहता है इसे जहर दे दूँ।

बाबू : खबरदार! यह बात जबान पर न लाना। बुआ को लेकर दोनों भाइयों से कितनी दुश्मनी हो गयी है। दोनों अपने यहाँ ले जाना चाहते थे। कितना वावैला हुआ था।

माँ : यह मेरी ही सलाह थी कि तुमने बुआ को फूफा की बीमारी से ही पटा लिया। नहीं तो, कौन जाने वह तुम्हारे किसी भाई के यहाँ ही चल देतीं।

बाबू : तब ही तो कहता हूँ जहर वहर का नाम भी न लो। भाई

दुश्मनी माने बैठे हैं। चाहे बुआ अपनी मौत से ही मरें तो भी भाई कहेंगे—जहर दे दिया। बंधे-बंधे घूँमेंगे। बस, उनको खुश रखो।

माँ : कैसे खुश रखें? उनके तो नखरे ही समझ में नहीं आते। कल बोलीं—बहू जरा कलाकन्द मँगाओ।

बाबू : कलाकन्द। मँगा दिया था न?

माँ : मँगाना पड़ा, मँगाती न तो वह तुम्हारे भाइयों के पास लिख भेजतीं, और उन्हें यहाँ से लिवा ले जाने का एक बहाना मिल जाता...।

बाबू : तुम उन्हें शिकायत का एक भी मौका मत दो। बराबर खुश रखो।

माँ : आखिर कब तक...।

बाबू : अरे कभी तो मरेंगी ही, तब तक।

माँ : मुझे तो उनके मरने के कोई आसार दिखाई नहीं पड़ते। पचासी साल उमर है मगर देखने में पचपन से ऊपर नहीं लगतीं।

रानी : **(रानी का बायें द्वार से बाहर से प्रवेश)** माँ, हम आ गये। **(माँ से चिपटती है)**

बाबू : अरे रानी। आओ आओ।

माँ : अकेली आई हो ?

रानी : नहीं, ये भी आए हैं। बाहर किसी से बातें करते-करते रुक गये हैं।

बाबू : हरीबाबू भी आए हैं। अच्छा मैं चलता हूँ। बेटी, तरकारी ले आऊं। तुम अपनी माँ से बात करो।

(बाबू जी का प्रस्थान—बायें द्वार से)

माँ : बैठो बेटी। कैसी हैं तुम्हारी जिठानी?

रानी : एकदम ठीक। इस रफ्तार से मुटा रहीं हैं कि घर के दरवाजे छोटे पड़ जाएंगे।

माँ : शैतान, अपनी जिठानी को ऐसे नहीं कहते।

रानी : नहीं माँ, ठीक कहती हूँ। सोचती हूँ कि फिल्म वाले देख लें तो तुरन्त पकड़ ले जायें। टुनटुन के सारे रोल उन्हीं को मिल जाएँगे।

माँ : **(हंसकर)** बहुत बात करती है। तेरी जिठानी सुने तो तेरी चोटी पकड़ ले।

रानी : **(हंसकर उठते हुए)** अरे उनसे तो हाथ भी नहीं उठाया जायेगा। उनकी एक-एक बांह दो-दो मन की है। **(स्वर बदलते हुए)** जरा देखूँ, बुआदादी के क्या हाल-चाल हैं।

(रानी का बीच के द्वार से प्रस्थान। दायें कमरे में प्रवेश करके वह बुआदादी के पास बैठती है। बुआदादी आँख बन्द करके माला जपती रहती हैं।)

माँ : **(चिढ़कर)** बुआदादी, बुआदादी, जैसे वह लड्डू बाँटती है। इस छोकरी की नीयत अच्छी नहीं लगती। **(हरि बाबू का प्रवेश)** हरी बाबू, आओ बेटा, आओ! बहुत दिनों बाद आये।

हरि : बहुत दिन बाद कहाँ, तीन ही दिन पहले तो आया था।

माँ : अरे बेटा, दामाद का बार-बार आना अच्छा लगता है, इसलिए तीन दिन भी बहुत लगते हैं। बेटा, यह हाथ में क्या लिए हो?

हरि : **(झेंपकर)** कुछ नहीं। यह ! यह डिब्बा है, डिब्बा। **(बात बदलने की कोशिश में)** और कहिये, आपकी तबियत तो अब ठीक है?

माँ : ठीक ही है। खराब कब थी बेटा?

हरि : कुछ खराब तो थी। आप ही तो कह रहीं थीं शायद?

माँ : न, कभी नहीं, मैंने तो तुम से कभी नहीं कहा।

हरि : नहीं कहा होगा। मैं ही भूल गया। शायद किसी और की तबियत खराब होगी। मुझे ख्याल रहा आपकी। **(उठते हुए)** जरा बुआदादी से मिल आऊँ।

(अन्दर दायें कमरे में जाकर रानी के पास बैठता है।)

माँ : **(चिढ़कर)** सपना देखता है। आपकी तबियत खराब थी। मुझे चराने चला है, कल का लौंडा। बातें बनाता है, जैसे मैं कुछ जानती ही नहीं। बुआदादी को देख आऊँ। जमाई भी कम लालची नहीं लगता। जमाने को क्या कहूँ, जब अपनी ही बेटी दगा करने पर उतारू है। **(आवाज देकर)** डब्बू-डब्बू।

(डब्बू का प्रवेश-पीछे से)

डब्बू : हाँ माँ।

माँ : **(उठते हुए)** बेटा, जरा सुशीला बहन को तो बुला ला। कहना माँ ने बुलाया है कुछ काम है।

डब्बू : अच्छा। **(प्रस्थान बाहर-बायें द्वार से)**

(माँ का प्रस्थान-पीछे के द्वार से)

(दायाँ कमरा)

(बुआ दादी आँख बन्द किये माला जप रही हैं। चन्दन घिस कर कटोरी में लिए काके, खड़ा प्रतीक्षा कर रहा है। रानी और हरि बाबू भी उसकी आँख खोलने की प्रतीक्षा कर रहे हैं।)

दादी : **(आँख खोलकर)** हरि बाबू, डिब्बे में क्या लाये हो?

हरि : बंगाली मिठाई है बुआदादी। दांत की जरूरत ही नहीं। मुँह में रखो तो पेट के भीतर।

दादी : देखूँ तो! **(हरि बाबू डिब्बा खोल कर दिखाते हैं)** आह हा! यह तो बहुत बढ़िया रसगुल्ले हैं।

रानी : बुआदादी, यह यहाँ की सब से बढ़िया दुकान के हैं। मैंने तो इनसे कह दिया था—रसगुल्ले बुआदादी के लिए चाहिए। सबसे बढ़िया हों। अगर जरा भी खराब हुए तो मैं लौटा दूँगी।

दादी : बहुत बढ़िया हैं ? ला जरा चखूँ तो।

हरि : **(पास की मेज से चम्मच उठाकर और उससे एक रसगुल्ला उठाकर बुआदादी के मुँह में देते हुए)** अब बताओ बुआ दादी, कैसे हैं ?

दादी : **(जायका लेते हुए)** बहुत बढ़िया। बहुत बढ़िया। लाओ डिब्बा मुझे दे दो। **(डिब्बा लेकर खुद निकाल कर खाती है)** अच्छे हैं। **(काके को देखकर)** बेटा चन्दन घिस लिया?

काके : हाँ बुआदादी।

दादी : **(जैसे याद करके)** हाय, मेरी याद को पत्थर पड़ें, मैंने तो पूजा की ही नहीं, और रसगुल्ले खा लिए।

हरि : तो क्या हुआ। बाद में पूजा पूरी कर लेना।

रानी : भूलचूक तो माफ होती है।

दादी : भूल-चूक माफ होती है? जब खाया है तो खा ही लूँ। **(दो तीन रसगुल्ले और निकाल कर खाती है)** लो काके, तुम भी एक रसगुल्ला लो! **(काके हाथ बढ़ाता है, तो बढ़ाई हुई चम्मच पीछे खींच कर)** न बेटा न, छोटे बच्चों को ज्यादा मिठाई नहीं खानी चाहिए। इससे हाजमा खराब हो जाता है। यह तुम्हें नुकसान करेगा। **(कहकर रसगुल्ला खुद अपने मुँह में रखती है।)**

हरि : बुआदादी बिल्कुल ठीक कहती हैं। बच्चों को मिठाई एकदम नहीं खानी चाहिए। **(स्वर बदल कर)** बुआदादी, कुछ और खाओ।

दादी : बस।

रानी : **(चापलूसी से)** तुमने तो कुछ खाया ही नहीं। एक मेरे हाथ से खाओ। **(बुआदादी के मुँह में चम्मच से रसगुल्ला डालती है।)**

दादी : बस बेटा।

हरि : वाह? यह कैसे हो सकता है बुआदादी? तुम रानी के हाथ से खा लो, और मेरे हाथ से कुछ न खाओ। तुम को मेरे हाथ से भी खाना पड़ेगा।

दादी : अरे नाराज क्यों होता है? भला तेरे हाथ से नहीं खाऊंगी। मेरे लिए तू मेरे भतीजे का दामाद नहीं, मेरे सगे बेटे के बराबर है। एक दम सगे बेटे के बराबर। ला खिला मुझ को।

(हरि बाबू चम्मच से रसगुल्ला खिलाता है।)

दादी : शाबाश! अब बस कर बेटा। रसगुल्ले आलमारी पर रख दे। बाकी रसगुल्ले पूजा खत्म करके खाऊंगी। रानी, जरा पानी तो दे।

(रानी सुराही से पानी निकाल कर देती है। बुआदादी दो एक घूंट पीकर गरारा करती हैं, तो हरि बाबू तुरन्त नीचे से तसला निकाल कर सामने करते हैं, जिसमें बुआदादी कुल्ला करती हैं। कुल्ले की दो-चार बूँदे हरि बाबू के चेहरे पर पड़ती है, जिन्हें वह पोंछता है।)

दादी : बस बेटा, सिर्फ दो-चार माला बाकी रह गयी हैं। उनको जल्दी से पूरा करती हूँ। तुम लोग जल्दी में तो नहीं हो?

रानी : बुआदादी, तुम पूजा खत्म करो। हम लोग बैठे रहेंगे। आज तो इनकी दफ्तर की छुट्टी है।

हरि : हफ्ते में एक दिन की छुट्टी ही मिलती है। उस एक दिन का हफ्ते भर इन्तजार रहता है। सोचता रहता हूँ कि जैसे ही छुट्टी हो, बुआदादी के पास दो-चार घण्टे बैठूँ।

दादी : अरे बेटा, तेरा ही मुँह देखकर तो जिन्दा हूँ। तुम ही लोग तो अपने हो। और सबों का हाल तो तुम जानते ही हो—

रानी : मैं तो इनसे कहती हूँ कि हर रोज दफ्तर से लौटते वक्त बुआदादी से मिलकर आया करो।

दादी : हाँ, हाँ बेटा रोज़ आया करो...

रानी : लेकिन यह शर्माते हैं।

दादी : शर्माते हैं?

रानी : कहते हैं, रोज-रोज ससुराल कैसे जायें।

दादी : ओह! यह बात है।

रानी : मैंने तो इनसे कह दिया है कि यह सब पुरानी बातें हो गयी हैं। आजकल यह सब नहीं चलता।

दादी : **(दोहराते हुए)** आजकल यह सब नहीं चलता।

रानी : देखा मैंने क्या कहा था! अगर रोज नहीं आओगे तो बुआदादी नाराज हो जाएंगी।

दादी : हाँ, मैं नाराज हो जाऊँगी। देखो बेटा, तुम भूल जाओ कि तुम मेरे भतीजे के दामाद हो। मैं तो तुम्हें अपना सगा बेटा मानती हूँ।

रानी : **(हरि से)** सुन लो।

हरि : अब रोज आया करूँगा बुआदादी। दफ्तर से सीधा तुम्हारे पास ही आऊँगा। तुम्हें दिन में एक बार बिना देखे मुझे चैन ही नहीं पड़ता।

दादी : बेटा। न जाने मुझे भी तुमसे कैसा मोह हो गया है। तुम दोनों की बहुत याद आती है। **(काके को देखकर, स्वर बदलकर)** काके देख तो, शायद, तेरी अम्मा तुझे आवाज दे रही है। जा तो।

(काके का पीछे के द्वार से प्रस्थान)

दादी : **(इधर-उधर देखकर, भेद भरे, धीमे स्वर में)** अरे बेटा, मुझे यहाँ रहना अच्छा थोड़े ही लगता है। किसी तरह समय काट रही हूँ। बेटा, मैं तुम्हें कहे जाती हूँ कि इन लालचियों को एक पैसा नहीं दूँगी। जो कुछ है, सब तुम्हीं लोगों को दूँगी। कह मत देना किसी से।

रानी : मैं क्यों कहने लगी। फिर बुआदादी, हम लोग लालची तो हैं नहीं। तुम हमें दो या न दो हम लोग तो वैसे ही तुम्हारे पास आते हैं। इनकी तो जैसे अपनी माँ ही जिंदा हो गयी। हर

समय कहा करते हैं—बुआदादी को देखकर मुझे अपनी माँ की याद आ जाती है। तुम्हें तो एकदम माँ मानने लगे हैं।

दादी : मेरा बेटा तो है ही। सोलह आने मेरा बेटा है।

(काके का पीछे के द्वार से प्रवेश)

काके : अम्मा तो नहीं बुला रही थी।

दादी : नहीं बुला रही होंगी। मुझे लगा कि जैसे बुला रही थी। **(हरि बाबू से)** अच्छा बेटा, तुम लोग बैठो। मैं दो चार माला फेर कर जल्दी पूजा से निबटती हूँ। **(बुआ दादी आँख बंद करके माला जपने लगती हैं।)**

(बायाँ कमरा)

(सुशीला बहन का डब्बू के साथ बाहर से प्रवेश)

डब्बू : बैठो, अभी अम्मा को बुलाता हूँ। **(डब्बू का प्रस्थान पीछे के द्वार से) (सुशीला बहन बैठ जाती है। थोड़ी देर बाद पीछे से हाथ में चावल की थाली लिए माँ का प्रवेश)**

माँ : सुशीला बहन तुम आ गयीं। मैं सुबह से बुलाना-बुलाना कर रही थी।

सुशीला : जैसे ही डब्बू आया, मैं उठकर चली आई।

माँ : **(थाली के चावल बीनते हुए)** डब्बू तो अब गया है। सुबह मैं काके से बोली -बेटा जरा सुशीला बहन को बुला लाओ-तो बोला मैं पढ़ रहा हूँ। इम्तहान सर पर हैं। मैं नहीं जाऊँगा। अब जानती हो कम्बख्त क्या कर रहा है?

सुशीला : क्या कर रहा है ?

माँ : बुआदादी के लिए चन्दन घिस रहा है। अब पढ़ाई का हर्जा नहीं होता।

सुशीला : यह क्या तुम्हारी सगी बुआदादी हैं?

माँ : न सगी, न सौतेली। कहीं दूर दराज की इनके बाप की बहन लगती हैं।

सुशीला : तब क्यों यह बला अपने सिर लाद ली?

माँ : क्या बताऊँ। इनकी तो आदत है कि दुनिया भर के लोगों को अपने मत्थे मढ़ लेते हैं।

सुशीला : **(थाली लेकर स्वयं चावल बीनते हुए)** सुना है बहन, बड़े अमीर घर की हैं।

माँ : हैं तो अमीर घर की, मगर इनके आदमी ने कुछ न छोड़ा। बहुत बड़ी जमीन-जायदाद थी, बहुत बड़ी कोठी थी, हाथी था, लेकिन इनके आदमी ने सब जुए और शराब में बरबाद कर दिया।

सुशीला : बेचारी।

माँ : इसी से तो तरस खा कर यह बुआ को यहाँ उठा लाये।

सुशीला : इनका और कोई अपना नहीं है?

माँ : न, कोई नहीं। बड़ी मनहूस है बुढ़िया। सुनते हैं, हरे-भरे घर में ब्याह कर गयी थी, मगर सब को खा लिया। अकेले पानी को भी तरसती थी। ले दे के हम ही लोग रिश्तेदार बचे हैं, सो लिवा लाये।

सुशीला : बड़ा परोपकार किया।

माँ : परोपकार तो किया ही। रिश्तेदार होने के नाते कुछ तो अपना फर्ज था ही।

सुशीला : मगर सुनते हैं कि बड़ी रकम है उनके पास।

माँ : **(चौंककर)** क्या? **(बात बदलने की कोशिश में)** रकम! बुआ के पास!! **(बनावटी हंसी)**

सुशीला : सुना है कि उन्होंने बहुत रुपया अपने आदमी से छिपाकर बचा लिया था, वह अब भी इनके पास है।

माँ : **(सुशीला के हाथ से थाली लेकर)** क्या कहती हो सुशीला बहन। जब फूफा मरे तो कौड़ी-कौड़ी को मोहताज थे। अगर ये बुआ को लिवा न लाते तो भूखी मर जातीं।

सुशीला : पर बहन मैने सुना है कि इनके पास एक बक्स है।

माँ : क्या, क्या सुना है? तुमने सुना है बक्स है? **(बड़बड़ाते हुए)** दीवारों के भी कान होते हैं। **(संभलकर)** तुमसे यह सब कौन कहता है?

सुशीला : मैंने सुना है–

माँ : बक्स है तो क्या हुआ? कोई जरूरी है कि बक्स में रुपया ही भरा हो। बक्स में बुआदादी के पुराने कपड़े भरे हैं, जो गुदड़ी में भी नहीं बिक सकते।

सुशीला : देखो डब्बू की माँ! मैंने तुम्हें सदा अपनी सगी बहन माना है। माना है न?

माँ : मैंने भी तो सुशीला बहन तुम्हें सगी बहन माना है।

सुशीला : फिर मुझसे क्यों भेद करती हो? मुझसे क्यों छिपाती हो?

माँ : क्या छिपाती हूँ ? सच तो कह रही हूँ। बक्स में चिथड़े भरे हैं।

सुशीला : देखो बहन, तुम सच बताओ। मैंने सुना है कि उसमें अशर्फियां भरी हैं।

माँ : सुशीला बहन!!

सुशीला : बताओ न डब्बू की माँ। सच बात क्या है ? अरे मैं दुनिया भर में गाती थोड़ी ही फिरूँगी। तुम्हारे सर की कसम मैं पेट की बड़ी गहरी हूँ।

माँ : तुमसे किसने कहा?

सुशीला : किसी ने कहा हो। तुम मुझे बताओ। क्या मैं कोई गैर हूँ? मुझ पर तुम्हें क्या भरोसा नहीं है?

माँ : भरोसा तो है।

सुशीला : भरोसा है, तो बताओ। मजाल है जो मेरे मुँह से एक बात भी निकल जाये। जान चली जाये डब्बू की माँ, मगर एक बात भी मुँह से नहीं बोलूँगी। बताओ न!

माँ : क्या बताऊँ बहन। तुम जानती तो हो ही।

सुशीला : तो यह सच है कि बुआ के बक्स में रुपये-अशर्फियां हैं।

माँ : रुपये अशर्फी तो नहीं, सुना है सोने की ईटें हैं।

सुशीला : सोने की ईटें!!

माँ : किसी से कहना मत।

सुशीला : हाय! हाय! मुझे क्या पड़ी है किसी से कहने की।

माँ : फूफा तो अय्याश थे। जो मिला उड़ा दिया। मगर बुआ ने उनकी निगाह से बचाकर सोने की ईटें छिपाकर रख लीं। फूफा माँगते रह गये, मगर निकाल कर नहीं दी।

सुशीला : अच्छा किया। नहीं तो वह उन्हें फूंक ताप कर बराबर कर देते।

माँ : फूफा मरे तो बुआ अकेली रह गयीं। कोई औलाद तो है नहीं। इनके भाइयों को तो जानती ही हो—बड़े नदीदे और लालची हैं। उनकी निगाह बुआ की दौलत पर लगी है।

सुशीला : वह लोग तो बुआ को अपने साथ ले जाना चाहते होंगे?

माँ : हाँ। बुआ के पीछे पड़े थे कि मेरे यहाँ चलो। मगर बुआ इनके साथ चली आई। बुआ ने इनकी निगाह साफ देखी, तो इनसे बोलीं—मैं तुम्हारे लालची भाइयों के घर नहीं जाऊँगी। तुम्हारे यहाँ चलूँगी। बस, तब से हमारे यहाँ हैं।

सुशीला : तुमने सोने की ईंटें देखीं ?

माँ : अरे कहाँ बहन? इतने मोटे-मोटे ताले डाल रखे हैं बुढ़िया ने! चाबी हर समय कलेजे से चिपकाये रहती है, जैसे उसकी जान हो।

सुशीला : अच्छा!

माँ : और तो और हर समय बक्स पर चढ़ी बैठी रहती है। चारपाई के नीचे बक्स रखा है। और चारपाई की बान इतनी ढीली करवा ली हैं कि एकदम बक्स पर बैठ जाती हैं।

सुशीला : बड़ी अक्लमंद हैं बुआ।

माँ : बड़ी चालाक है बुढ़िया। क्या मजाल है कि कोई बच्चा भी बक्स छू ले। आसमान सर पर उठा लेती है। एक दम मुसीबत है।

सुशीला : मुसीबत! कैसे?

माँ : इनको घर क्या ले आये, एकदम सफेद हाथी को पालना हो गया है। बड़े नखरे हैं।

सुशीला : नखरे?

माँ : वनस्पति नहीं खाऊँगी, मेरा कौर नहीं उतरेगा। हरामजादी। चटोरी है, एकदम चटोरी। वैसे तो दिन-रात पूजा-पाठ करती है—मगर बिना गोश्त मछली के पेट नहीं भरता।

सुशीला : गोश्त-मछली खाती हैं ?

माँ : सब कुछ खाती है। मुई का बस चले तो हम सब को साबुत निगल जाये। आज इनसे बोली, बहुत दिन से बटेर नहीं खाई है।

सुशीला : **(हंसकर)** बटेर।

माँ : हाँ बटेर। अचार की बेहद शौकीन है। चारपाई के किनारे एक मेज पर सारे अचार और देसी घी भरा रखा है। क्या मजाल है कि कोई उसमें से एक कतरा भी पा जाये।

सुशीला : कुछ दिया है तुम्हें अब तक।

माँ : दिया है अंगूठा। बक्स पर चढ़ी बैठी रहती है, और हम लोगों का खाकर हमीं पर धौंस देती है—यह नहीं मिला, वह नहीं आया।

सुशीला : तुम लोग तो उनकी बड़ी सेवा करते होगे। आखिर वह सब सोने की ईंटें तुम्हीं को तो मिलेंगी।

माँ : सेवा तो करते हैं। मगर सुशीला बहन, यह न सोचना कि हम लोग सोने की ईंटों के लालच में सेवा करते हैं।

सुशीला : नहीं-नहीं, हम यह नहीं सोचते।

माँ : हम लोग अपना कर्त्तव्य करते हैं। लालची तो इनके भाई लोग हैं, जो बुआ को अपने घर ले जाना चाहते हैं।

सुशीला : बुआ उनके यहाँ नहीं गयी, तब तो उन्हें बड़ा दुःख हुआ होगा।

माँ : बहन, दुःख ही नहीं, हम लोगों से दुश्मनी माने बैठे हैं। मगर हम लोगों में जरा भी लालच नहीं है। अरे हाँ, यह रानी है न।

सुशीला : तुम्हारी बिटिया?

माँ : हाँ हमारी बिटिया। इसकी निगाह में लालच लगता है। हर समय बुआदादी....बुआदादी करती रहती है।

सुशीला : डब्बू की माँ! क्या कहती हो?

माँ : मुझे भी तो इसी का ताज्जुब है। बेटी हो कर माँ के आड़े आती है। अरे कहो, जो कुछ मेरा है, क्या उसका नहीं होगा।

सुशीला : क्यों नहीं!

माँ : फिर मैंने उसकी शादी में इतना खर्च किया। इसमें बहन उसका कसूर कम है। असलियत में वह बहकावे में है, बहकावे में।

सुशीला : किसके बहकावे में?

माँ : उसी हरि बाबू के।

सुशीला : हरि बाबू! तुम्हारा दामाद?

माँ : हाँ हमारा दामाद। हमारी ही जड़ खोदने पर उतारू है। एकदम लालची है। उसी ने हमारी रानी को मंतर पढ़ाया है। खुद भी हर समय बुआ से खुसर-पुसर किया करता है।

सुशीला : अच्छा!!

माँ : आज शायद बुआ के लिए मिठाई लाया था। मैंने फौरन ताड़ लिया, पूछ बैठी-बेटा, यह क्या है? तो बोला-डिब्बा, जैसे मुझे डिब्बा दिखाई नहीं पड़ता था। और भी बहकी-बहकी बातें

करने लगा-तुम्हारी कैसी तबियत है'। मुझे चराने चला है कल का लौंडा!

सुशीला : तुम्हारा दामाद तो खतरनाक लगता है। उस पर निगाह रखना।

माँ : एक दामाद ही क्या, इस बुढ़िया ने तो सब पर मंतर मार रखा है। जो देखो सब उसका खरीदा हुआ गुलाम लगता है। और तो और, हाथ भर का काके है, वह भी बुआदादी के पीछे लगा रहता है।

सुशीला : काके?

माँ : काके के बाप को क्या कम समझती हो तुम ? वह भी तो बुआदादी की खुशामद में लगे रहते हैं।

सुशीला : दौलत का यही असर होता है।

माँ : अगर बुआ कह दें कि एक टांग से खड़े रहो तो काके के पापा एक टांग पर ही जिन्दगी काट दें। सिर्फ मैं ही हूँ इस घर में, जो बुढ़िया की जरा भी फिकर नहीं करती।

सुशीला : **(प्रशंसा से)** अच्छा।

माँ : मैं तो बुढ़िया को टके सेर भी नहीं पूछती। वह मुझ से पानी भी नहीं माँग सकती। अगर कुछ कहे तो मैं तो साफ कहती हूँ कि क्या तुम्हारी नौकर हूँ।

सुशीला : इस तरह कह देती हो?

माँ : क्यों न कहूँ। मुझे दौलत का लालच नहीं। न हो तो कभी देख लेना। देखना कैसा टका सा जवाब देती हूँ बुढ़िया को।

सुशीला : **(सूंघते हुए)** कुछ जल रहा है।

माँ : **(सूंघते हुए)** हाँ, शायद दाल जल रही है। मैं दाल चूल्हे पर चढ़ा कर आई थी, वही जल रही होगी। अभी आई। **(उठकर पीछे के द्वार की ओर बढ़ती है, किन्तु द्वार पर रुक कर घूम कर कहती है)** दो मिनट में आई सुशीला बहन, जरा दाल उतार आऊँ। तुम जाना मत। आम मिर्ची के अचार डालने हैं। इसी से तुम्हें बुलाया है। **(सुशीला स्वीकार में सिर हिलाती है, और माँ का प्रस्थान–पीछे के द्वार से)**

(दायाँ कमरा)

(बुआ दादी हाथ जोड़कर, माला जपना बन्द करती है। फिर आँखें खोलकर चारों ओर देखती हैं)

रानी : लाओ बुआ, तुम्हारे जरा चन्दन लगा दूँ (**बढ़कर चन्दन लगाती है**)

हरि : बुआ, तुम चन्दन में बड़ी सुन्दर लगती हो।

काके : चन्दन मैंने घिसा है।

दादी : हाँ भाई, चन्दन तो काके ने घिसा है। (**स्वर बदलते हुए**) रानी आज तो सारे बदन में सुबह से कुछ दर्द हो रहा है।

रानी : लाओ बुआ मैं दबा दूँ।

दादी : (**गाव तकिए पैर पर पसारते हुए**) बेटी तू पैर दबा दे।

हरि : मैं गला दबा दूँ। मेरा मतलब है.....

दादी : तुम जरा सर दबा दो।

(**रानी पैर दबाती है, और हरि बाबू सर दबाते हैं**)

काके : बुआ दादी मैं सिर दबाऊंगा।

दादी : काके बेटा तू हाथ दबा दे। (**काके एक हाथ दबाता है**)

(बायाँ कमरा)

(बाबूजी का तरकारियों से भरा झोला लिए प्रवेश-बायें द्वार से, उन्हें देखकर सुशीला खड़ी हो जाती है। बाबू जी कुछ संकोच और आसक्ति से सुशीला को देखते हैं)

बाबू : बैठो सुशीला बैठो। (**प्रस्थान दाएं कमरे में**)

(दायाँ कमरा)

(बाबूजी का बीच के द्वार से प्रवेश)

बाबू : बुआ, तुम्हारे लिए बटेर लाया हूँ। क्या कुछ...?

दादी : बड़ा अच्छा किया। बेटा, आज बदन में दर्द है। जरा एक हाथ तू भी दबा दे।

(बाबूजी बुआ दादी का दूसरा हाथ दबाते हैं।)

(बायाँ कमरा)

(माँ का भीतर से प्रवेश)

माँ : दाल एकदम जल ही जाती। यह तो कहो मैं ठीक समय पर पहुँच गयी।

(पल्लू से आँख पोंछती है।)

सुशीला : आँख में क्या हुआ ?

माँ : धुआँ लग गया। लकड़ियाँ एकदम गीली हैं। बड़ा धुआँ देती हैं।

सुशीला : लकड़ियाँ तो हमारे यहाँ भी गीली आई हैं। लकड़ियों ही को क्या कहें, जमाने में कोई भी चीज ठीक नहीं मिलती। दूध में पानी, गेहूँ में कंकड़, आटे में बालू।

माँ : आदमी का ईमान तो खत्म हो गया है।

(इसी समय दायें कमरे में बुआदादी काके से कहती है–
'अरे काके, जरा अपनी माँ को तो बुला ला'।
काके बीच के द्वार से माँ के कमरे में जाता है।)

काके : माँ, तुमको बुआ दादी बुला रही हैं।

माँ : **(उठते हुए)** अभी आई बहन। जरा सुन आऊँ इस बुढ़िया की। न जाने कब मरेगी।

(माँ और काके का प्रस्थान-मध्य द्वार से तथा दायें कमरे में प्रवेश। सुशीला बहन उठ कर धीरे से मध्य द्वार की दरार से दायें कमरे में देखती है।)

(दायाँ कमरा)

दादी : आओ बहू। बस तुम्हारी ही कमी थी।

माँ : क्या हुआ ?

बाबू : बुआ के बदन में दर्द है।

माँ : हाय! मुझे पहले क्यों नहीं बताया बुआ। लाओ मैं पैर दबाती हूँ। **(सुशीला धीरे से दरवाजा खोलकर दायें कमरे में आती है)** बुआ तुम अपना ध्यान रखा करो। भगवान न करे तुम्हें कभी जुकाम भी हो। **(सुशीला का प्रवेश)** बुजुर्गों का साया बहुत बड़ी चीज है। बुजुर्गों के आशीर्वाद से ही घर फलता-फूलता है। सच बुआ, सास बिना यह घर बड़ा सूना-सूना सा था। जब से तुम आई हो बुआ, बात ही कुछ और हो गयी। घर में रौनक आ गयी। **(अचानक सुशीला को देख के अटपटा कर)** सुशीला बहन!

सुशीला : बहन तुम पैर दबा रही हो?

माँ : **(सम्भलकर)** हाँ हाँ! सास के पैर दबाने में क्या बुराई है। बुआ तो मेरी सगी सास हैं। जब से बुआ आई हैं, घर में रौनक आ गयी है।

(बिस्तर पर बुआदादी पसरी हैं। हरि बाबू सर दबा रहे हैं। बाबू जी एक हाथ, और काके दूसरा हाथ दबा रहे हैं। माँ एक पैर दबा रही है। सब एक लय में शरीर दबाने को झुकते और उठते हैं। सुशीला कुछ

देर यह दृश्य देखती है फिर क्रोध में बाएं कमरे में आती है। दृश्य जड़ हो जाता है।)

(बायाँ कमरा)

सुशीला बहन दाएँ कमरे से आती है और बाहर जाते-जाते थाली में से कुछ चावल निकालती है और अपने आंचल में बांधती है।

अंक-1

द्वितीय दृश्य

(दायाँ कमरा)

(बुआ दादी चारपाई पर बेहोश पड़ी हैं, किन्तु बेहोशी में भी अपने गले में पड़ी चाबी के गुच्छे को अपने दाहिने हाथ की मुट्ठी में जकड़े हैं। उनकी चारपाई के पायताने में आराम-कुर्सी पर रानी बैठी है तथा सिरहाने आराम कुर्सी पर माँ बैठी है। दोनों की मुद्रा चिन्तित है। इतने में रानी को नींद का झोंका आता है और कुर्सी से गिरते-गिरते बचती है।)

माँ : जाकर अन्दर सो जाओ।

रानी : **(संभल कर, आँख पोंछती हुई)** नहीं माँ!

माँ : नहीं माँ क्या? नीद के झोंके से कुर्सी से गिरी जा रही है। जा अन्दर जाकर सो जा।

रानी : नहीं, मुझे नींद नहीं आ रही।

माँ : रात भर की जागी है। नींद नहीं आ रही होगी।

रानी : तुम भी तो रात भर जगी हो।

माँ : मैं जागी हूँ तो क्या हुआ? मै तो जग ही सकती हूँ। बुढ़ापे में नींद भी कहाँ आती है। तेरी जागने की आदत नहीं है। जाकर अन्दर सो जा...जा न? **(व्यंग्य से)** तुम्हारी बुआ दादी को कहीं उठा नहीं ले जाऊंगी।

(रानी जम्हाई लेती हुई अनिच्छा से उठती है और बीच की दीवार का द्वार खोल कर बायें कमरे में जाती हैं)

(बायाँ कमरा)

(रानी का प्रवेश। वह अंगड़ाई लेती हुई तख्त पर आ कर लेटती है। इतने में अटैची लिए हरि बाबू का प्रवेश। वह हल्के कदमों

से आ कर रानी की आँख दोनों हाथों से बन्द करते हैं।)

रानी : **(आश्चर्य से)** अरे तुम? यह अटैची कैसी है?

हरि : कैसी क्या? मेरी है।

रानी : यही तो मैं पूछ रही हूँ। अपना सामान लेकर क्यों आये?

हरि : मैंने फैसला किया है कि अब मैं यहीं रहूँगा।

रानी : कब तक?

हरि : जब तक रहना पड़े, यानी **(स्वर दबा कर)** जब तक अपना काम न बने। **(स्वर बदलकर)** बुआदादी को होश आया?

रानी : न-अब भी वैसी ही हैं।

हरि : यहीं तो मात खा गये। बुआदादी को दस मिनट को भी होश आ जाये तो चाबी मेरे हाथ में ही देकर मरेंगी। इसका मुझे विश्वास है। मगर वह तो दो दिन से बेहोश हैं।

रानी : किस्मत को कोई क्या कहे!

हरि : हमें हिम्मत नहीं हारनी चाहिए। तकदीर भी तदबीर वालों को ही मिलती है।

रानी : कहाँ तक तदबीर करूँ। मैं तो तंग आ गयी हूँ जागते-जागते। दो रातें गुजर गयीं इसी उम्मीद में—

हरि : मैंने इसीलिए दफ्तर से छुट्टी ले ली है, ताकि अकेले तुमको ही परेशान न होना पड़े। अब मैं भी तुम्हारे साथ रात को जागा करूँगा।

रानी : तुमने कितने दिन की छुट्टी ली है?

हरि : पन्द्रह दिन की। मैंने सोचा कि जहाँ इतने दिनों कोशिश की है, वहाँ आखिरी मौके पर कोशिश से क्यों चूक जाऊँ।

रानी : **(झुंझलाहट से)** बाज आये ऐसे पैसे से। मैं तो बहुत ही तंग आ गयी हूँ। अम्मा तो जब देखो तानों और झिड़कियों से बात करती हैं। मुझे ऐसे देखती हैं जैसे खा ही जायेंगी। मेरा यहाँ एक मिनट को भी रहने का जी नहीं चाहता।

हरि : क्या तुम्हारी माँ ने तुम्हारे यहाँ रहने पर कुछ कहा?

रानी : साफ तो नहीं कहा, पर घुमा फिरा कर कई बार जता चुकी हैं कि उन्हें मेरा यहाँ पर रहना पसन्द नहीं। कल शाम को ही कह रहीं थीं कि शादी के बाद तो लड़की का घर ससुराल होता है।

हरि : **(आशंका से)** तुमने कुछ जवाब तो नहीं दिया?

रानी : तुम क्या समझते हो? झगड़ा कर लिया होगा?

हरि : झगड़ा तो नहीं किया? झगड़ा मत करना, इस मौके पर।

रानी : तुम तो मुझको बिल्कुल बुद्धू समझते हो।

हरि : बिल्कुल तो नहीं.....।

रानी : मै भी कम नहीं हूँ। मैंने माँ से कहा कि और लड़कियों का घर शादी के बाद ससुराल हो जाता होगा, पर तुम्हारा मोह कुछ ऐसा है कि मेरा घर अब भी यही है।

हरि : ठीक किया। ऐसी ही मीठी-मीठी बातें करके उन्हें खुश रखना। जब तक हमारे हाथ में चाबी नहीं आ जाती, तब तक हमारा मतलब हर हालत में इस मकान में टिके रहना है।

रानी : और अम्मा हर हालत में हम लोगों को, इस मकान से एक दो तीन करने की कोशिश में है।

हरि : उनको कोशिश करने दो। **(स्वर बदलकर)** जरा ठहरो। **(बीच वाले दरवाजे को ठीक से बन्द करता है, फिर आता है)** तुम्हारी माँ कुछ भी कहें, लाख ताने दें, डाँटें या और कोई कोशिश करें, तब भी तुम सब कुछ सह लेना। डिगना नहीं। थोड़ी बहुत तो तकलीफ बर्दाश्त करनी ही पड़ेगी अगर इतनी बड़ी दौलत को पाना है।

रानी : मैं तो इस फिराक में हूँ कि मौका लगे तो बुआ के गले से चाबियां खोल लूँ।

हरि : अरे बुआ के गले से चाबी खोल लोगी तो सबको पता नहीं चल जायेगा।

रानी : मैंने कहा न तुम मुझे बिल्कुल ही बेवकूफ समझते हो।

हरि : बिल्कुल तो नहीं....।

रानी : मैं भी कुछ कम नहीं हूँ। यह देखो—**(ब्लाउज में से तीन चाबियां निकालती है)** यह चाबियां मैंने इस लिए छिपाई हैं कि बुआदादी की चाबी खोलकर उनकी जगह इन्हें बाँध दूँ ताकि किसी को शक न हो।

हरि : शाबाश।

रानी : यह चाबियां भी वैसी ही काली जंग लगी हुई हैं। कोई देखकर आसानी से फर्क नहीं बता सकता।

हरि : भई वाह! मान गये—

रानी : मैंने सोचा कि अगर किसी तरह चाबी बदल लें तो अम्मा इन चाबियों से बक्स नहीं खोल पायेंगी। और अगर बुआदादी बिना होश में आये मर भी गयीं तो हम लोग सबसे कह सकेंगे कि वह अपने होश में हम लोगों को असली चाबी दे गयीं थीं। फिर तो सारी दौलत पर हमारा हक रहेगा।

हरि : जवाब नहीं। बड़े मियां तो बड़े मियां, छोटे मियां सुभान-अल्लाह।

रानी : हम लोग इस गर्मी में स्विट्जरलैण्ड जाएँगे।

हरि : हम लोग अपना हवाई जहाज खरीद कर के उसी में चलेंगे। **(स्वर बदलकर)** अरे हाँ, एक और तरकीब है। यह देखो, **(जेब से कागज निकाल कर)** वकील से मैंने बुआदादी की वसीयत लिखा ली है। इस पर किसी तरह से उनका अंगूठा लगवा लो—

रानी : यह तरकीब तो अच्छी है लेकिन.....

हरि : लेकिन क्या—

रानी : माँ जो हर समय हम पर जासूसी किया करती हैं। एक मिनट को भी अकेला नहीं छोड़तीं। मैं चाबी निकालना चाहती थी, लेकिन मौका ही नहीं मिला। दो रातें इसी कोशिश में बर्बाद हो गयीं।

हरि : माँ को क्या तुम कम समझती हो- आखिर को तो तुम्हारी माँ हैं। वह भी अपने चक्कर में हैं। मगर हम लोग हारेंगे नहीं। तुम बस अंगूठा लगवा लो—

(रानी कागज लेकर अपनी धोती में छुपा लेती है।)

(दायाँ कमरा)

(माँ बुआदादी के हाथ से चाबी निकालने की कोशिश करती है। तभी उन्हें ख्याल आता है कि दरवाजा खुला है। पीछे का दरवाजा बन्द करती हैं। बीच के दरवाजे को बन्द करके कुंडी लगाती है। फिर बुआदादी की चाबी निकालने की कोशिश करती हैं।)

(बायाँ कमरा)

हरि : **(चौंक कर)**—यह दरवाजा किसने बन्द किया?

रानी : माँ ने बन्द किया है।

हरि : क्या वह बुआदादी के कमरे में हैं?

रानी : हाँ।

हरि : फिर जरूर कोई बात है। वह चाबी खोज रही होंगी। मैंने तुमसे कितनी बार कहा कि उन्हें अकेला मत छोड़ा करो। अगर चाबी निकाल ली तो हम लोग हाथ मलते रह जायेंगे।

रानी : मैं क्या करूँ? मुझे नींद आने लगी। इसीलिए चली आई।

हरि : अच्छा, अच्छा, बातें बाद में करना। **(कहता हुआ बीच के दरवाजे पर जाता है—और जोर जोर से खटखटाता है)** माँ! माँ!

(माँ हड़बड़ा कर बीच का द्वार खोलकर बायें कमरे में प्रवेश करती हैं।)

हरि : माँ, मुझसे रानी ने बताया कि तुम दो रोज से जाग रही हो?

माँ : **(अटैची की ओर देखती हुई)** यह तुम्हारी अटैची है?

हरि : हाँ, मेरी अटैची है। माँ, तुम इतना जागोगी तो तुम्हारी तबियत खराब हो जायेगी।

माँ : तो तुम भी अब यहाँ रहोगे?

हरि : हाँ। जब तक हम बच्चे लोग हैं, तब तक तुम्हें तकलीफ करने की कतई जरूरत नहीं। रानी अगर तुम्हारी बेटी है तो मैं भी तो तुम्हारा बेटा हूँ। बेटे-बेटियों का फर्ज होता है कि माँ को किसी तरह की तकलीफ न होने दें।

माँ : आज तुम दफ्तर नहीं गये?

हरि : मैंने जब रानी से सुना कि तुम दो रात से जाग रही हो तो मुझे बहुत तकलीफ हुई। आज रात को मैं तुम्हें नहीं जागने दूँगा। तुम्हें अपनी सेहत का ध्यान रखना चाहिए।

माँ : तुमने दफ्तर से छुट्टी ले ली?

हरि : हाँ। अब तुम्हारे बदले मैं जागूंगा।

माँ : **(व्यंग्य से)** बड़े सआदतमंद दामाद हो।

हरि : **(झेंप मिटाने को हंसते हुए)** यह तो मेरा फर्ज है।

माँ : **(व्यंग्य से)** सास की तकलीफ का ख्याल करके ससुराल आ बसे।

हरि : **(बात टालने को)** रानी, देखो न। माँ कितनी थकी लग रही हैं। चेहरा तो एकदम पीला पड़ गया है। आखिर दो रात से जाग रही हैं। माँ, तुम आराम करो। चलो रानी, हम तुम बुआदादी के पास बैठ जायेंगे।

(हरि बाबू और रानी का दायें कमरे में प्रस्थान। माँ ठगी सी खड़ी रह जाती है)

माँ : **(तख्त पर बैठते हुए स्वतः)** अरे ये लच्छन। ये चरित्तर। हाय, भगवान! तू जो दिन न दिखाए सो थोड़ा है। कलजुग का चौथा चरण है।

(बाबू जी का पीछे से प्रवेश)

बाबू : तुम्हारी तो अकेले बैठ कर बड़बड़ाने की आदत है।

माँ : साफ कह दो कि मैं पागल हो गयी हूँ। अरे, मैं तो ताज्जुब में हूँ कि अब तक पागल क्यों नहीं हो गयी?

बाबू : क्या हुआ?

माँ : ये अपने पेट की बेटी ही चरित्तर दिखा रही है मुझे। और ये कल का लौंडा हरि बाबू, अपने अलग करतब दिखा रहा है। मुझे तो शक है कि दोनों कुछ चाल सोच कर आए हैं।

बाबू : यह अटैची किसकी है?

माँ : अरे वही तो कह रही हूँ। हरि बाबू अपना घर छोड़कर ससुराल में बसने आए हैं। जानते हो क्यों?

बाबू : क्यों?

माँ : **(व्यंग्य से)** सास की सेवा के लिए।

बाबू : सास की सेवा के लिए?

माँ : हाँ, हाँ, सास की सेवा के लिए। कहता है–**(हरि बाबू की नकल करते हुए)**–तुमको बुआदादी की तिमारदारी में रात भर जागना पड़ता है। अब तुम्हारे बदले मैं जागूंगा।

बाबू : ठीक तो है।

माँ : खाक ठीक है। अरे उसकी तो नस मैं पहचानती हूँ। अगर हम लोगों की निगाह जरा बचे, तो वह दीवार में सेंध लगा कर बक्स गायब कर दे।

बाबू : हरि बाबू कब आये?

माँ : अभी ही आया है। दफ्तर से छुट्टी ले ली है। पन्द्रह दिन की।

बाबू : कहाँ है वह इस वक्त?

माँ : वहीं, बुआदादी के पास बैठा है।

बाबू : **(सोचकर)** तुम ठीक कहती थी। मुझे इन दोनों की नीयत में वाकई फर्क नजर आता है।

माँ : तुम्हें अब समझ में आया। पहले जब मैं कहती थी; तो तुम मुझे पागल समझते थे।

बाबू : **(सोचते हुए)** ठहरो डब्बू की माँ। मुझे सोचने दो। यह तो वाकई में एक मुसीबत है।

माँ : तुम्हारे भाइयों से किसी तरह से लड़-झगड़ कर बुआ को यहाँ लाये। मगर अब तो यह बिटिया-दामाद ही दुश्मन बन गये।

बाबू : जहाँ गुड़ होता है, वहाँ चींटे आते ही हैं। फिर दौलत का लालच कम नहीं होता। बाप बेटे एक दूसरे की गर्दन काटने पर उतारू हो जाते हैं। यह तो दामाद है।

माँ : सो तो ठीक है, मगर अब क्या करें?

बाबू : तुम घबराओ मत। मैं सब ठीक किये देता हूँ।

माँ : बड़ा ठीक करने चले। कोशिश कर देखो। वह मामूली चिड़िया नहीं, जो फँस जाये जाल में।

बाबू : **(बीच के द्वार के पास बनावटी, प्यार भरी आवाज देते हुए)** हरि बाबू! हरि बाबू!

(दायाँ कमरा)

हरि : जी आया।

(बायें कमरे में जाता है।)

(बायाँ कमरा)

बाबू : हरि बाबू! मैंने सुना तुमने दफ्तर से छुट्टी ले ली है ?

हरि : हाँ, बाबू जी।

बाबू : **(समझाते हुए)** देखो बेटा, नौकरी-चाकरी के मामले को इतनी आसानी से नहीं लेना चाहिए। मुझे देखो, मैंने पिछले पच्चीस साल से बिल्कुल छुट्टी नहीं ली। सी. एल. तक नहीं। फिर छुट्टी तो जमा रखनी चाहिए। भगवान न जाने, कब कितनी छुट्टी की जरूरत पड़े।

हरि : बाबू जी जरूरत थी तभी तो छुट्टी ली। बुआदादी की तबियत इतनी खराब है कि–

बाबू : बुआ की तीमारदारी के लिए हम लोग तो हैं ही। तुमने नाहक छुट्टी ली। न बेटा न, तुम छुट्टी कैन्सिल करा कर दफ्तर जाओ।

हरि : यहाँ माँ को बेहद तकलीफ होगी। उन्हें रात भी जागना पड़ता है। मैंने सोचा हाथ बटा दूँ।

माँ : मेरी तबियत की तुम फिकर मत करो बेटा। तुम अपनी नौकरी देखो। मैं जाग लूँगी।

हरि : फिर भी तुम्हारा रात भर जागना कहाँ तक ठीक है? इससे तुम्हारी तबियत खराब हो जायेगी।

(रानी का बीच के द्वार से प्रवेश)

माँ : खराब होवेगी तो दो दिन बिस्तर पर पड़ रहूँगी, पर भैया तुम कारोबारी आदमी हो। अपना काम देखो।

हरि : **(उत्तर विहीन सा)** वह तो बात यह है कि...बात यह है कि...

बाबू : **(काटते हुए)** हाँ हाँ, तुम आज ही अपने दफ्तर की छुट्टी कैन्सिल कराओ।

रानी : अरे तुम साफ-साफ क्यों नहीं कहते कि बुआदादी से तुम्हें मोह है।

बाबू : मोह?

रानी : हाँ बाबू जी। आप तो जानते ही हैं कि इनकी बचपन से माँ नहीं है। बुआदादी की सूरत कुछ इनकी माँ से इतनी मिलती है कि उन्हीं को अपनी माँ मानने लग गये हैं। जब से बुआदादी बीमार हैं, इनका घर में किसी काम में मन नहीं लगता है।

हरि : **(रुंधे गले से)** बुआदादी में तो मुझे अपनी माँ मिल गयी। बस इसीलिए मैं छुट्टी लेकर उनकी सेवा करने चला आया। इससे मेरी आत्मा को बड़ी शान्ति मिलती है। बस सिर्फ इसलिए... **(रूमाल से आंसू पोंछने का अभिनय करता है)**

रानी : माँ का प्यार ऐसा ही होता है बाबूजी। फिर जिसकी माँ बचपन में ही चली गयी हो, वह तो जहां भी ममता पाता है, गिर पड़ता है।

हरि : अब तो मैंने छुट्टी ले ही ली है। छुट्टी कैन्सिल कराने से कोई फायदा नहीं। बुआ दादी की हालत ऐसी है कि आपको छुट्टी लेनी पड़ती। अब आप छुट्टी मत लीजियेगा।

रानी : हाँ बाबूजी, आप छुट्टी मत लीजियेगा। यह सब संभाल लेंगे।

हरि : हम लोगों के रहते आप को तकलीफ हो, तो यह हम लोगों के लिए शर्म की बात है। आओ रानी, बुआदादी के पास कोई नहीं है।

(हरि बाबू और रानी का बीच के द्वार से दायें कमरे में प्रवेश। माँ और बाबू जी ठगे से एक दूसरे को देखते हैं)

माँ : देख लिया। **(व्यंग्य से बाबू जी के स्वर की नकल करते हुए)** मैं सब ठीक कर दूँगा।

बाबू : यह तो वाकई बड़ा होशियार है।

माँ : लगता है, छल-कपट तो इसे घुट्टी में पिलाया गया है। मैं तो चली। निबटो तुम अपने इस जमाई से। **(प्रस्थान-पीछे से)**

बाबू : **(असहाय-सा)** ठहरो डब्बू की माँ! **(प्रस्थान-माँ के पीछे-पीछे)**

(दायाँ कमरा)

(हरि बाबू दोनों दरवाजों से बाहर झांकते हैं और इशारे से रानी से कहते हैं कि कोई नहीं है। दोनों दरवाजे बन्द करते हैं। रानी दादी के हाथ से चाबी निकालना चाहती है)

रानी : **(फुसफुसाते हुए)** बाबा! दादी तो इस तरह मुट्ठी में जकड़े हैं कि छुड़ाना मुश्किल है।

हरि : अरे चाबी का चक्कर छोड़ो। कागज पर अंगूठा लगवा लो।

रानी : अंगूठा काहे से लगवा लूँ? स्याही तो है ही नहीं।

हरि : **(सोचते हुए)** स्याही? उफ जल्दी में फाउन्टेन पेन तो घर ही भूल आया।

रानी : अब क्या होगा?

हरि : ठहरो...मुझे खयाल आया। मैंने काके की मेज़ पर एक फाउन्टेनपेन रखा देखा है। अभी लाया।

(हरि बाबू चोर की तरह से बीच की दीवार का दरवाजा खोल करके बायें कमरे में जाते हैं।)

(बायाँ कमरा)

(हरि बाबू मेज पर से फाउन्टेनपेन चोरों की तरह उठाता है–वैसे ही काके का पीछे से प्रवेश)

काके : जीजा जी!

हरि : **(चौंककर)** अं...

काके : जीजा जी आप इतना घबरा क्यों रहे हैं?

हरि : **(संभलकर)** कहाँ? घबरा कहाँ रहा हूँ? काके, तुम्हारा इम्तहान एकदम नजदीक आ गया है। बाबू जी कह रहे थे कि तुम पढ़ते कम हो। तुमको पढ़ाई में ध्यान लगाना चाहिए। नहीं

तो फेल हो जाओगे। चलो पढ़ने बैठो। इधर-उधर खेल कर समय बर्बाद मत करो।

(बीच की दीवार के द्वार से दायें कमरे में हरि बाबू का प्रवेश। जाते जाते वह बीच का द्वार भेड़ता जाता है। हरि बाबू के जाने के बाद काके मेज से किताब उठाता है, किन्तु कुछ ख्याल आ जाने पर बीच के दरवाजे पर जाकर उसकी दरार से झांकने की कोशिश करता है।)

(दायाँ कमरा)

हरि : **(रानी से)** यह लो फाउन्टेनपेन। देखो जल्दी करो। मैं देखता हूँ कि कोई आए नहीं।

(रानी बुआदादी के बायें अंगूठे में स्याही लगाती है। हरि बाबू पीछे के दरवाजे की तरफ जाते हैं। तभी बीच का दरवाजा काके खोलता है। रानी के हाथ से कागज और फाउन्टेनपेन गिर जाता है।)

हरि : **(घबराकर)** क्या ! ओह ! काके तुम पढ़ नहीं रहे हो

(रानी जल्दी-जल्दी कागज और कलम उठाकर अपने आंचल में छिपाती है)

काके : पढ़ तो रहा हूँ। **(अपने हाथ की किताब दिखाता है)**

हरि : इस तरह चल-चल कर पढ़ा जाता है? अपनी मेज पर बैठ के पढ़ो।

काके : मैं इस कमरे में पढूंगा।

हरि : इस कमरे में क्यों पढ़ोगे? यह कोई पढ़ने की जगह है।

काके : मैं यहीं पढूंगा।

हरि : यहाँ बुआ दादी बीमार हैं। कहीं और जाकर पढ़ो।

काके : नहीं, मैं यहीं पढूंगा। मैं बुआ दादी के पास पढूंगा।

हरि : **(झुंझलाकर)** यहीं पढ़ो। मेरे बाप, यहीं पढ़ो। मेरे लाल, मेरे सर पर चढ़ कर पढ़ो।

(हरि बाबू क्रोध और मजबूरी से रानी की ओर देखते हैं। रानी...'मैं क्या कर सकती हूँ' जैसे भाव से कन्धे उचकाती है। हरि बाबू क्रोध से एक ओर बैठ जाते हैं। रानी चिन्तित सी दूसरी कुर्सी पर बैठ जाती है। किताब लिए हुए काके चटाई पर बुआ दादी की चारपाई के पास जमीन पर बैठ जाता है।)

(बायाँ कमरा)

(माँ पीछे के द्वार से प्रवेश करके बीच के द्वार पर जाती है।)

माँ : **(पुकारते हुए)** हरि बाबू, जरा सुनना तो।

(हरि बाबू का बायें कमरे में प्रवेश)

हरि : क्या है माँ?

माँ : बेटा, अभी चौके में गयी, तो पता लगा कि आटा एकदम खत्म हो गया है।

हरि : खिचड़ी बना लो।

माँ : चावल भी तो खत्म हो गया है। गेहूँ रखा हुआ है। कोई पिसाने वाला ही नहीं है। कोई होता तो अभी पिसा मंगाती। अब तुमसे काहे की लाज-शर्म। बेटा, तुम्हीं जरा गेहूँ पिसा लाओ।

हरि : **(विस्मित स्वर में)** मैं गेहूँ पिसा लाऊँ?

माँ : हाँ। क्या हुआ? अपने घर का काम करने में कैसी लाज-शर्म। अब तो यह घर तुम्हारा ही है। अपने घर का काम करने में हिचक नहीं होनी चाहिए।

हरि : मैं गेहूँ पिसाऊँ! क्या और कोई नहीं है घर पर...?

माँ : **(काटते हुए)** काके का इम्तहान है। और इनको दफ्तर जाने की देर हो रही है। बेटा नौकर तो आजकल कोई है ही नहीं। बस एक तुम्हीं हो। जाओ बेटा, जरा जल्दी से पिसा लाओ; वरना आज खाना क्या बनेगा।

(हरि बाबू खड़े सोचते हैं।)

माँ : अरे बेटा, सोचते क्या हो? अब तो तुम इस घर के ही हो। और मैं भी तुम्हें घर का समझ कर ही कह रही हूँ। बुरा मत मानना। अपने घर का काम करने में बुरा मानने की कौन सी बात है? आओ बेटा, गेहूँ चौके से उठा लाओ। जल्दी करो-आओ।

हरि : **(अनिच्छा से)** आता हूँ। तुम चलो।

माँ : अच्छा बेटा। **(माँ का भीतर प्रस्थान)**

हरि : **(क्रोध में)** रानी!

रानी : **(दायें कमरे में प्रवेश)** अरे! अरे! क्या हुआ? इतना शोर क्यों मचा रहे हो?

हरि : मैं अब इस घर में एक मिनट भी नहीं रहूँगा।

रानी : **(इत्मीनान से)** अहा, क्या हुआ?

हरि : सुना तुमने? तुम्हारी माँ कहती है कि आटा पिसा लाओ।

रानी : आटा पिसा लाओ?

हरि : हाँ—आटा पिसा लाओ—जैसे मैं इस घर का दामाद नहीं, नौकर हूँ। मैं इसी वक्त अपने घर जाता हूँ। अब मैं यहाँ एक मिनट भी नहीं रह सकता।

रानी : अरे, यह क्या कह रहे हो? आखिरी वक्त पर तुम्हारे चले जाने से बना बनाया खेल बिगड़ जायेगा।

हरि : भाड़ में जाये बना-बनाया खेल। मेरी भी कोई इज्जत है। मैं आटा पिसाने जाऊँगा?

रानी : एक दिन चले भी जाओगे, तो क्या हो जायेगा?

हरि : **(ताज्जुब से)** तुम भी अपनी माँ जैसी बातें करने लग गयीं। आज आटा पिसाया है, कल जूते पर पॉलिश कराएंगी।

रानी : तो पॉलिश भी कर देना।

हरि : पॉलिश कर देना! जूते पर पॉलिश?

रानी : हाँ, हाँ, काम करने से आदमी छोटा नहीं हो जाता।

हरि : **(मुट्ठी भींचते हुए क्रोध से)** उफ्फ?

रानी : यह मौके की बात है। अक्लमन्दी इसी में है कि इस वक्त जो काम करने को कहा जाये वह तुम कर लो।

हरि : यह अक्लमन्दी है। जूते की पॉलिश करने में क्या अक्लमन्दी है?

रानी : तुम बिल्कुल नहीं समझे। असलियत में तो यह तरकीब है तरकीब।

हरि : किस बात की तरकीब?

रानी : यही कि तुम इन कामों से घबरा कर घर छोड़कर चले जाओ। और अगर वाकई तुम घबरा गये तो माँ की तरकीब काम कर जायेगी। हम लोग हार जाएंगे।

हरि : **(असहाय सा)** तब क्या करना चाहिए?

रानी : यही कि इस वक्त माँ जो कुछ भी कहें उसे चुपचाप बिना किसी हीले-हवाले के करते जाओ।

हरि : मगर...

रानी : मगर-वगर कुछ नहीं। इस तरह से माँ की हर तरकीब हम बेकार कर देंगे। मुझी को देखो, माँ मुझे कितने ताने देती हैं। बात-बात पर झिड़कती हैं। मगर एक मैं हूँ कि मेरे कान पर जूं तक नहीं रेंगती।

हरि : अगर कोई सुनेगा तो क्या कहेगा?

रानी : ससुराल में बसने का यही नतीजा होता है। भूल गये, तुम्हीं तो मुझसे कह रहे थे कि चाहे कुछ हो जाये, हम लोग इस घर को छोड़ कर नहीं जायेंगे। हर मुसीबत झेल कर भी नहीं हटेंगे।

हरि : **(रुँआसा सा)** आज आटा पिसवाया है, कल जूते पर पॉलिश करवाएंगी—परसों कपड़े धुलवाएंगी। तरसों महरी को छुड़ा कर बर्तन मंजवाएंगी। उन्हें तो मुफ्त का गुलाम मिल गया है।

रानी : दौलत भी तो तुम्हें ही मिलेगी।

हरि : **(अतीव विश्वास से)** खैर, दौलत तो मेरी ही है। कहीं जा नहीं सकती। बुआदादी को बस पांच मिनट को होश आ जाये तो वह बक्स मुझी को सौंप देंगी। अगर होश न भी आये तो तुम दस्तावेज पर अंगूठा लगवा लो। बस कचहरी बिठा दूँगा यहाँ लाकर। फिर तो दौलत कहीं नहीं गयी—

(माँ का पीछे के द्वार से प्रवेश)

माँ : अरे बेटा, खड़े-खड़े बातें क्या कर रहे हो? जल्दी से गेहूँ पिसा लाओ। टीन अन्दर रखा है।

रानी : हाँ हाँ जाओ न।

हरि : **(मजबूरी से)** जाता हूँ।

(माँ और हरि बाबू का पीछे के द्वार से प्रस्थान। रानी खड़ी रहती है, तभी माँ का पुनः प्रवेश)

माँ : अरे रानी, तुमसे तो कहना ही भूल गयी। चल बेटा, आज खाना तू बना ले।

रानी : न, मुझसे खाना नहीं बनेगा।

माँ : क्यों?

रानी : देखती नहीं हो, रात से मैं जागी हूँ। फिर मैं बुआदादी के पास बैठूंगी। उनकी हालत बहुत खराब है।

माँ : **(बिगड़ कर)** बुआदादी-बुआदादी! बुआदादी की सगी तू ही तो है। मैं सब समझती हूँ, यह बुआदादी के लिए प्यार क्यों उमड़ रहा है। मैं सब जानती हूँ।

रानी : तुम नाहक नाराज हो रही हो?

माँ : मैं अंधी नहीं हूँ। मैं सब कुछ देख रही हूँ। यह मत समझना कि तुम हम लोगों को चरा लोगी। तुम हमारी बेटी हो। तुम्हारे लिए हम लोगों ने क्या कुछ नहीं किया, और तुम ही हमारे आड़े आती हो।

रानी : क्या कहती हो माँ? हम तुम्हारे आड़े क्यों आएंगे।

माँ : तुम्हारे पढ़ाने लिखाने में हजारों रुपये खर्च कर दिये। तुम्हारी शादी में हजारों के कर्जदार हो गये। और उसका यह फल दे रही हो! जो दुश्मन भी नहीं देगा।

रानी : माँ...!

माँ : रहने दे। मुझे माँ मत कह। भगवान सब कुछ देखता है। सबका इन्साफ उसी के यहाँ होता है। जिसका जो है; वह उसी को मिलेगा। हाँ, मैं बताये देती हूँ, तू अच्छा नहीं कर रही है।

(इतने में हरि बाबू कंधे पर गेहूँ का टीन लादे भीतर से प्रवेश करते हैं।)

माँ : **(स्वर बदलकर)** ओह हरि बाबू! शाबाश बेटा, जल्दी से आटा पिसा लाओ। चार कदम पर ही तो चक्की है।

रानी : जल्दी लौटियेगा। रास्ते में कोई दोस्त मिल जाये तो उससे बात मत करते रह जाइयेगा।

(बिना कुछ बोले, रानी और माँ को आग्नेय नेत्रों से देखते हुए हरि बाबू का प्रस्थान)

माँ : बेशर्मी की हद होती है। अगर इतने पर भी किसी की समझ में न आए, तो मैं क्या करूँ?

रानी : क्या कह रही हो तुम?

माँ : वही जो तुम समझती हो और जिससे जानबूझ कर आँखें बन्द करती हो। हरि बाबू गेहूँ का टीन लादे अच्छे लगते हैं?

रानी : बुरे क्या लगते हैं? अपना काम समझ कर काम करते हैं।

माँ : तब ठीक है। दामाद इसी काबिल है। ससुराल में बसे हैं तो

यही होगा। ससुराल में खातिर-तवाजो बस एक दो दिन की होती है। मगर वह तो बसने चले आये हैं।

रानी : **(तीखे स्वर में)** वह तुम्हारे यहाँ बसने नहीं आये हैं।

माँ : मेहमानदारी एक या दो दिन की अच्छी है। सुना नहीं तूने—

'ससुराल सुख की सार
रहे जो दिन दो चार।
रहे जो दिन दस बीस
खुरपी फावड़े की तजवीज।'

अब खुरपी फावड़े की ही नौबत बाकी रह गयी है।

रानी : मुझे क्या कहती हो? तुम्हारे जो जी में आए सो करो। **(दायें कमरे में प्रस्थान)**

माँ : **(क्रोध से)** आँखों का पानी मर गया है। अपनी इज्जत औ हया का खयाल ही नहीं। बेशर्म डटे हुए हैं। घर से खिसकने का नाम ही नहीं लेते।

(बाबू जी का पीछे के द्वार से प्रवेश)

बाबू : **(हँसते हुए)** तुम फिर अकेली बैठी बडबड़ा रही हो। तुम एक दिन जरूर पागल हो जाओगी।

माँ : पागल तो हो गयी हूँ। तुम्हारे बिटिया दामाद एकदम पागल बनाये हुए हैं।

बाबू : क्या हुआ?

माँ : पूछो क्या नहीं हुआ? तुम्हारी तरकीब तो चली नहीं। तब फिर मैंने अपनी तरकीब निकाली। हरि बाबू से कहा गेहूँ पिसा लाओ।

बाबू : दामाद से गेहूँ पिसाने को कहा?

माँ : पिसवाने को कहा ही नहीं, पिसवाने भेज भी दिया है। वह इसी लायक है। बेशर्म कहीं का! कन्धे पर लादकर ले गया है।

बाबू : अरे, अरे, कुछ तो खयाल किया होता दामाद का।

माँ : ख्याल तो अब करूँगी। काके के बाबू, तुम देखते जाओ। मैं क्या-क्या नहीं करती हूँ। बच्चू को नाकों चने चबवा दूँगी। मेरे आड़े आने चला है!

बाबू : रानी को मालूम है कि हरि बाबू को तुमने आटा पिसाने भेजा है?

माँ : हाँ-हाँ क्यों नहीं? उसी के सामने तो भेजा है।

बाबू : उसने कुछ नहीं कहा?

माँ : वह क्या कहेगी? उसके तो दिल में चोर है। बोले कैसे? तुम फिकर मत करो—दो ही दिन में यह हरि बाबू पानी माँगने लगेगा, बिस्तर लपेट कर ऐसा भागेगा कि फिर दुबारा आने का नाम नहीं लेगा।

बाबू : **(कुर्सी पर बैठते हुए)** क्या बताया जाये! दौलत इतनी बुरी चीज है कि सगी बेटी और दामाद भी दुश्मन हो गये। **(बातचीत के दौरान अनजाने में काके की मेज से एक कापी उठा के मन ही मन पढ़ने लगता है, फिर पढ़कर चौंकते हुए)** काके की माँ! यह देखा तुमने?

माँ : क्या है?

बाबू : गजब हो गया। तुम ठीक कहती हो। **(हकलाते हुए)** क्या कहती हो? कलयुग का कौन-सा चरण है?

माँ : चौथा!

बाबू : हाँ वाकई, कलयुग का चौथा चरण है। यह काके है न, काके...

माँ : हाँ, हाँ, काके! क्या किया काके ने?

बाबू : यह काके ने लिखा है। हे भगवान, गजब हो गया। इस छोटी सी उमर में यह खयालात। मैं तो हैरत में हूँ।

माँ : क्या लिखा है?

बाबू : **(पढ़ते हुए)** होशियार!! होशियार!!!
काके उस्ताद होशियार। इस घर में सब मेरे दुश्मन हैं। माँ और जीजा जी दुश्मन नं. एक। बाबू जी और जीजी दुश्मन नं. दो। माँ और बाबू जी, जीजी और जीजाजी सब बुआ दादी का पैसा चाहते हैं। **(अपने आप से)** इसको कैसे पता लगा। **(फिर पढ़ते हुए)** बुआदादी इनमें से किसी को पैसा नहीं देना चाहती। बुआ दादी सिर्फ मुझको प्यार करती है, क्योंकि मैं लालची नहीं हूँ, क्योंकि मैं बुआदादी का बहुत कहना मानता हूँ, क्योंकि मैं बुआदादी का चन्दन घिसता हूँ, क्योंकि मैं बुआदादी के लिए पूजा के फूल लाता हूँ, क्योंकि मैं उनकी तेल मालिश करता हूँ। **(क्रोध से)** चमचा कहीं का **(पढ़ते हुए)**। बुआदादी ने कहा था कि बाबूजी, जीजाजी व

जीजी को एक पैसा भी नहीं देंगी। बुआदादी अब मरने वाली हैं। सारा पैसा मुझे मिलना चाहिए। माँ, बाबूजी, जीजाजी और जीजी सब खुद उस पैसे को लेना चाहते हैं। इसलिए ये चारों मेरे दुश्मन हैं। मुझे इन चारों से होशियार रहना चाहिए। ये लोग पैसा न ले जायें, इसकी रखवाली करनी है। मुझे होशियार रहना है। होशियार! होशियार!! होशियार!!!

माँ : **(विस्मित)** यह काके ने लिखा है?

बाबू : हाँ, काके ने लिखा है।

माँ : इस कल के छोकरे को जुम्मे जुम्मे आठ दिन हुए हैं, जांघिया पहनते, आज हम सब उसके दुश्मन हो गये। **(उपेक्षा से)** होशियार-होशियार-होशियार! **(रूँआंसी)** काके के बाबू, आजकल माँ बच्चों को दूध नहीं, जहर पिलाती हैं। वे पैदा होते ही उसके दुश्मन हो जाते हैं। **(पुकारते हुए)**-काके,-काके, इधर आ। कहाँ गया, कहाँ है तू? अरे अभागे, करम जले इधर आ!

(काके का बायें कमरे में प्रवेश)

माँ : इधर आ कम्बख्त **(हाथ से पकड़कर घसीटती हुई)** बता, हम तेरे दुश्मन हैं। बोल तुझे किसने सिखाया है? बोल! अब चुप क्यों है? हम तेरे दुश्मन हैं? हम लालची हैं? **(पीठ पर घूंसे मारती हुई)** होशियार होशियार, ले...

बाबू : **(माँ को अलग करते हुए)** काके की माँ, बस करो!

माँ : क्या बस करूँ? सब मेरी जान लेकर ही रहेंगे। तब इन्हें सबर होगा।

(गुस्से में एक ओर बैठ जाती है)

बाबू : काके तुम्हारा इम्तहान नजदीक है। तुम्हें अपनी पढ़ाई पर ध्यान देना चाहिए। **(हरि बाबू का डाक्टर के साथ बाहर के बायें द्वार से प्रवेश)**

हरि : बाबूजी, यह हैं डाक्टर सूरमा!

बाबू : नमस्ते **(काके से)**- जाओ बेटा, पढ़ाई पर ध्यान लगाओ। **(काके अपनी डायरी उठाकर अन्दर चला जाता है।)**

माँ : तुम आटा पिसाने ले गये थे?

हरि : वह मजदूर लाता होगा। उसे पैसे आप दे दीजियेगा।

माँ : हमारे यहाँ डॉक्टर की क्या जरूरत है। वैद्य का इलाज तो हो ही रहा है।

डॉक्टर : तो फिर मुझे...

हरि : बुआदादी की तबीयत बहुत खराब है। वह वैद्य के मान की नहीं। आइये डॉक्टर साहब आप आइये-**(डॉक्टर के साथ हरि बाबू का बीच के द्वार से दायें कमरे में प्रवेश)**

(दायाँ कमरा)

(हरि बाबू डॉक्टर के साथ दायें कमरे में जाता है। उसके पीछे रानी और उसके पीछे बाबूजी उस कमरे में जाते हैं। सबसे पीछे माँ जाती हैं, और बीच के दरवाजे के पास, सबकी तरफ तिरछा घूंघट खींचकर वहाँ का कार्य-व्यापार देखती हैं।)

डॉक्टर : **(बिना बुआ को देखे)** आप लोगों में से कौन-कौन मरीज है?

बाबू : आपको हम सब बीमार दिखाई पड़ते हैं?

डॉक्टर : **(बाबूजी के निकट जाकर, गौर से देखते हुए)** मुँह खोलिए। **(बाबूजी सिधाई में सकपका कर मुँह खोल देते हैं)** जबान दिखाइए?

माँ : **(झिड़कते हुए)** तुमने क्यों मुँह खोल दिया? **(डॉक्टर से)** डॉक्टर साहब, मरीज चारपाई पर लेटा है। मरीज ये नहीं हैं।

डॉक्टर : **(निराशा से)** यह नहीं हैं?

हरि बाबू : **(बदले स्वर में)** डॉक्टर साहब, यह नहीं, बीमार तो बुआदादी हैं। इनको देखिए।

डॉक्टर : सिर्फ एक अदद।

माँ : तो क्या थोक में मरीज देखने आए हो?

डॉक्टर : थोक तो सस्ता पड़ता है। इसीलिए मैं मंडी जाता हूँ। सब कुछ थोक में ही लेता हूँ।

माँ : तो मंडी चले जाते। वहाँ मरीज भी थोक में मिल जाते।

डॉक्टर : क्या बताऊँ-ये मिस्टर... **(हरी बाबू का नाम सोचता है।)**

हरि : **(अपना नाम बताते हुए)**-हरि बाबू।

डॉक्टर : हरि बाबू यहाँ बुला लाए।

माँ : तो अब चले जाओ।

रानी : **(बात संभालते हुए)** इधर आइए डॉक्टर साहब! बुआदादी को देखिए।

डॉक्टर : हाँ हाँ! (**बुआदादी के पास जाकर हाथ की नब्ज देखकर**) क्या देखूँ? कोयला ठंडा पड़ता जा रहा है।

रानी : कोयला!

डॉक्टर : राख ही राख है।

बाबू : (**अचानक तैश में आकर**) खबरदार! हमारी बुआ को राख कहता है।

डॉक्टर : तुम्हारी बुआ को किसने राख कहा?

बाबू : तो किसको कहा?

डॉक्टर : अंगीठी को।

बाबू : (**विमूढ़-सा**) अंगीठी! कौन से अंगीठी?

डॉक्टर : जिन्दगी की अंगीठी। जिन्दगी का तन्दूर।

माँ : काके के बाबू, तुम्हारी समझ में इसकी कोई बात आई?

डॉक्टर : जलती अंगीठी का कोयला देखा है। लाल लाल अंगार सा। फिर कोयला जलते-जलते राख बनने लगता है। फिर राख और राख। और अंगीठी ठंडी पड़ने लगती है। (**किसी के कुछ समझ में नहीं आता है।**)

बाबू : तो?

डॉक्टर : तो इनकी अंगीठी ठंडी पड़ गयी है। जिन्दगी के कोयले राख हो रहे हैं।

माँ : तो तुम किसलिए आए हो? राख झाड़कर कोयले को हवा दो।

डॉक्टर : कैसे हवा दूँ?

माँ : फीस नहीं लोगे? जैसे फीस लोगे।

हरि : डॉक्टर साहब, आप तो इंजेक्शन लगाएंगे।

डॉक्टर : दूध में उबाल आ चुका?

माँ : मेरी तो समझ में नहीं आती इसकी बात।

डॉक्टर : जैसे दूध में उबाल आता है, वैसे ही इस मरीज को भी जोश आता होगा?

हरि : हाँ डॉक्टर साहब। अस्सी साल की उम्र में भी नौजवानों सा जोश था। हर चीज का शौक। खाने पीने का शौक। रसगुल्ले बहुत पसन्द थे। गोश्त भी खूब पसन्द करती थीं। बड़े चाव से खाती थीं।

बाबू : **(अबोधता में)** और कच्ची अमिया भी।

डॉक्टर : **(निष्कर्ष निकालते हुए)** बस! दूध तो फट गया।

हरि : जी?

डॉक्टर : दूध फट गया।

हरि : मैं समझा नहीं।

डॉक्टर : **(बाबू जी से)** बीमारी के पहले पेट में खुदुर बुदुर होती होगी?

बाबू : खुदुर बुदुर!

डॉक्टर : जैसे हल्की आँच में दूध गर्माता है। फिर पेट से छौंके की आवाज सी आती होगी, जैसे कोई दाल में हींग और जीरे का तड़का लगाए। फिर उबाल की आवाज आती होगी?

बाबू : **(हाँ में हाँ मिलाने के)** शायद!

डॉक्टर : उबालते दूध में एक नींबू निचोड़ दो तो क्या होगा?

बाबू : दूध फट जायेगा।

डॉक्टर : बस! दूध फट गया। तुमने कच्ची अमिया की खटाई मरीज की जिन्दगी में डाल दी, और वह दूध सा फट गया। ये मरीज, मरीज नहीं, फटा दूध है। और इसके जिम्मेदार तुम हो।

बाबू : **(डॉक्टर के पास से हटकर, माँ के पास जाकर उसके पीछे, उसकी सुरक्षा में खड़े होते हुए)** मैंने कुछ नहीं किया। ...सच मैंने कुछ नहीं किया।

डॉक्टर : तुम्हीं जिम्मेदार हो।

हरि : **(बीच-बचाव करता सा)** तो अब क्या किया जाए?

डॉक्टर : दूध तो फट गया। अब चाहे छेने का रसगुल्ला बनाओ, सन्देस बनाओ, सीताभोग बनाओ, या श्रीखंड। दूध तो फट गया।

माँ : ये डॉक्टर है या हलवाई।

हरि : डॉक्टर साहब! कुछ इंजेक्शन वगैरह लगाइए। **(इशारे से समझाते हुए)** आप लाए तो हैं।

डॉक्टर : मिठाई काहे से बनती है? दूध से, चीनी से, अन्न से, आटे से, चावल से। और यह शरीर भी काहे से बनता है? सबसे पहले इस शरीर को माँ का दूध मिलता है। फिर चीनी, अन्न, आटा, चावल। शरीर और मिठाई में क्या अन्तर? डॉक्टर और हलवाई में क्या अन्तर है?

हरि : तो हलवाई साहब... मेरा मतलब है डॉक्टर साहब, जल्दी से

इनके इन्जेक्शन लगाइए। **(भेद भरे स्वर में-कान में)** क्या समझाया था।

डॉक्टर : हाँ हाँ। लगाता हूँ। इंजेक्शन।

(बाबूजी माँ को इशारा करते हैं, और दोनों बाएं कमरे में जाते हैं। रानी और हरि बाबू इंजेक्शन लगाने में मदद करते हैं।)

(बायाँ कमरा)

(जिस समय दायें कमरे में डॉक्टर बुआ दादी का परीक्षण कर रहे हैं, उसी समय माँ और बाबूजी बायें कमरे में बातें करते हैं)

बाबू : यह डॉक्टर क्यों लाया है?

माँ : मैंने आटा पिसाने भेजा तो उसे मजदूर को दे आया, और मुझसे कहता है कि उसे पैसे दे देना। इसकी चालाकी से कोई पार नहीं पा सकता।

बाबू : **(सोचते हुए)** यह डॉक्टर क्यों लाया? जरूर इसमें कोई चाल है।

माँ : चाल तो होगी ही। इस फरेबी के हर काम में कोई चाल होगी। यह कोई बहरूपिया है। किसी हलवाई को डॉक्टर बना के लाया है।

बाबू : समझ गया। समझ गया। जानती हो यह डॉक्टर क्यों लाया है?

माँ : क्यों?

बाबू : यह सबूत इकट्ठा कर रहा है।

माँ : किस बात का सबूत?

बाबू : यह मेरी खोपड़ी है जो इसकी चाल समझ गया। मामूली आदमी को तो यह चरका पिला दे।

माँ : किस बात का सबूत? क्या चाल है?

बाबू : अरे, यह मुकद्दमे का सबूत इकट्ठा कर रहा है। यह डॉक्टर इसीलिए लाया है ताकि कचहरी में कह सके कि बुआ का इलाज इसने कराया था।

माँ : यह बात है!!

बाबू : और इसी के आधार पर यह बुआ की दौलत पर हक जतायेगा।

माँ : अब क्या किया जाए?

बाबू : घबराओ नहीं। मैं भी सेर का सवा सेर हूँ। मैंने यह बाल धूप में सफेद नहीं किये हैं।

माँ : तुम क्या करोगे?

बाबू : मैं हरी बाबू को डॉक्टर की फीस नहीं देने दूँगा। मैं खुद फीस दूँगा। इस तरह से इलाज मेरी तरफ से हो जायेगा और हरी बाबू का सबूत खत्म हो जायेगा।

माँ : बात तो ठीक कही। कितनी फीस देनी होगी?

बाबू : मेरे पास रुपये हैं। वह तरकारी से बचाए थे...

माँ : ऐं...?

बाबू : **(टालते हुए)** आओ देखें, वह लोग क्या कहते हैं।

(बाबूजी और माँ का बीच के द्वार से दायें कमरे में प्रवेश)

(दायाँ कमरा)

डॉक्टर : **(हरि बाबू से)** आप घबराइये बिल्कुल मत। मैंने नुस्खा लिख दिया है। दवाई मेरे यहाँ से मंगवा लीजियेगा। अब मैं चलूँ।

हरि : यह लीजिये डॉक्टर साहब। आपकी फीस के तीस रुपये।

बाबू : **(तुरन्त जेब से बटुआ निकालकर)** नहीं-नहीं डॉक्टर साहब, मैं आपकी फीस दे रहा हूँ।

हरि : मैं ही दिये दे रहा हूँ बाबू जी।

बाबू : वाह, तुम किस तरह दे सकते हो? मुझसे लीजिये डॉक्टर साहब।

हरि : मैं क्यों नहीं दे सकता। मैं डॉक्टर साहब को बुलाकर लाया हूँ। लीजिये डॉक्टर साहब। आपके तीस रुपये।

बाबू : **(तनिक तेज स्वर में)** मैं कहता हूँ अपने रुपये रख लो। मेरे रहते हुए तुम रुपये नहीं दे सकते।

हरि : मैं दे दूँगा तो कोई हरज तो नहीं हो जायेगा। लीजिये डॉक्टर साहब-रुपये लीजिये, लीजिये न-

(डॉक्टर रुपये लेने के लिए हाथ बढ़ाता है।)

बाबू : **(बिगड़कर)** डॉक्टर साहब, वह रुपये मत लीजिये। मैं आपको पैंतीस रुपये दूँगा।

हरि : वाह! क्या मैं पैंतीस रुपये नहीं दे सकता?

बाबू : मैं चालीस रुपये दे सकता हूँ।

हरि : मैं भी इकतालीस रुपये दूँगा।

बाबू : मैं बियालिस रुपये दूँगा।

हरि : मैं भी दे सकता हूँ।

बाबू : मैं पचास दे सकता हूँ। साठ दे सकता हूँ। सत्तर दे सकता हूँ। सौ दे सकता हूँ।

हरि : तो आप ही दे दीजिये।

डॉक्टर : अरे-आप लोग खामोश रहिये। क्या कह रहे हैं? मेरे यहाँ हर चीज़ का एक रेट है। फिक्स दाम, बढ़िया माल लेकिन नकद। मुझे पचास-सौ रुपये नहीं चाहिए। मेरी फीस के तीस रुपये हैं, और मैं तीस रुपये ही लूँगा। **(हरि बाबू की तरफ इशारा करके)** चूंकि ये मुझे बुला करके लाये थे, इसलिए मैं इनसे रुपये लेता हूँ। **(हरि बाबू से रुपये लेकर, बाबू जी से)** अगली बार आप बुलाइये तो आपसे भी रुपये ले लूँगा। **(जाते-जाते लौटकर, बाबूजी से)** बुलाएंगे न। **(हरि बाबू डॉक्टर के पीछे-पीछे बायें कमरे से होकर बाहर पहुँचाने जाते हैं। इतने में माँ की निगाह बुआदादी के अंगूठे पर पड़ती है।)**

माँ : **(बुआदादी का अंगूठा हाथ से उठाकर देखती है।)** बुआ के हाथ में स्याही किसने लगाई?

बाबू : **(चौंककर)** क्या? अंगूठे में स्याही लगाई? किसी ने बुआ के अंगूठे का निशान लिया होगा।

माँ : क्या? कौन अंगूठे का निशान ले सकता है? **(कड़े स्वर में)**-रानी ठीक ठीक बोल। तूने बुआ के अंगूठे का निशान लिया है?

रानी : नहीं तो माँ।

बाबू : तूने नहीं लिया तो हरि बाबू ने लिया होगा।

रानी : नहीं बाबूजी, उन्होंने भी नहीं लिया।

माँ : **(बिगड़कर)**-हरि बाबू ने भी नहीं लिया, तब किसने लिया?

रानी : मैं क्या जानूं? तुम्हारी कसम माँ। हम लोग उनका निशान लेकर क्या करेंगे?

माँ : झूठी कसम खाने के लिए एक माँ ही बची है। मार डालो उसको। तुम लोग तो दूध के धोये हो न। तुम लोगों ने निशान नहीं लिया तो क्या भूत निशान लेने आये थे। मुझसे छल, कपट, चरित्तर करती हो। अरे, मैं बताए देती हूँ, मैं अच्छों के लिए अच्छी हूँ और बुरों के लिए बहुत बुरी हूँ। मैं एक को भी नहीं छोडूंगी। मैं अन्धी नहीं हूँ। मैं सब समझती हूँ। मुझे कोई बेवकूफ नहीं बना सकता।

(हरी बाबू डॉक्टर को पहुँचा कर लौटते हैं। दायें कमरे में माँ की आवाज सुनकर बीच के दरवाजे के पास खड़े हो जाते हैं।)

माँ : (**चिल्लाते हुए**) मैं साफ-साफ कहूँगी, चिल्ला-चिल्ला कर कहूँगी-मोहल्ले टोले को सुनाकर कहूँगी। जिसे अपनी इज्जत प्यारी हो, अपने घर जाय। अपना काम देखे। यहाँ क्यों पड़ा है? निकल जाये। मैं किसी से डरूँगी नहीं। किसी से दबूंगी नहीं। जाये, अपने घर जाये। निकल जाये।

अंक-2

स्थान : प्रथम अंक के समान ही।
समय : रात के आठ बजे।

(पर्दा खुलने पर बायें कमरे में हरि बाबू काके की मेज पर बैठे कापी पर हिसाब लगाते दिखाई पड़ते हैं। दायें कमरे में बुआदादी की चारपाई पर, जिस पर बिस्तर नहीं है, माँ चढ़ी बैठी है। माँ के पास ही बाबू जी कुर्सी पर बैठे हैं।)

(दायाँ कमरा)

बाबू : **(खिली बाँछों से)** बुआ तो हम लोगों के भाग्य खोल गयीं।

माँ : हम लोगों ने भी सेवा में कोई कसर नहीं रखी थी।

बाबू : फूफा के मरने के बाद मैं तो बुआ को केवल परोपकार की भावना से लाया था। भगवान जानता है जो मुझ में जरा भी लालच रहा हो।

माँ : सेवा का फल मेवा होता है। **(स्वर बदलकर)** आखिर कब तक हम इस बेशुमार दौलत को बक्स में रहने दें। चाबी मिल गयी है। खोलकर देखें कि क्या है?

बाबू : काके की माँ, जल्दी का काम शैतान का होता है। थोड़ा सब्र से काम लो। इस समय घर में सब लोग जाग रहे हैं। किसी को पता लग गया तो उसके पेट में बात पचेगी नहीं। शहर भर में बिजली की तरह फैल जायेगी।

माँ : मुझसे तो अब इन्तजार नहीं होता।

बाबू : मैं तुम्हारी बेसब्री जानता हूँ। इसीलिए चाबी मैंने अपने पास रख ली है। बेटी दामाद की नीयत तो तुम जानती ही हो। जब सब सो जायें तो चुपचाप निकाल लेंगे। शहर भर में ढिंढोरा पीटने की क्या जरूरत है?

माँ : मेरा तो एक-एक पल पहाड़ बन रहा है। न जाने कितनी देर में यह सोयेंगे।

बाबू : अरे अभी सो जायेंगे। तुम इसी कमरे के आस-पास रहना। बक्स अपनी आँखों से ओझल मत होने देना। **(उठते हुए)** मैं अभी आया। पूजा से निबट जाऊँ। **(प्रस्थान-पीछे के द्वार से)**

(माँ चारपाई पर बैठे ही बैठे पास की मेज से रामायण उठाती है, चश्मा लगाती है। फिर हाथ जोड़ कर मन ही मन रामायण का पाठ करती है।)

(बायाँ कमरा)

(रानी का प्रवेश पीछे के द्वार से)

रानी : **(हरि बाबू के पीछे जाकर पीठ पर हाथ रखती हुई)** क्या कर रहे हो?

हरि : लुट गया।

रानी : क्या हुआ?

हरि : लुट गया। एक दम लुट गया!!

रानी : कैसे लुट गये?

हरि : साफ लुट गया। 5276 रु. 31 पैसे की चोट लगी।

रानी : क्या मतलब?

हरि : मतलब यह कि बुआदादी हम लोगों को 5276 रु. 31 पैसे का चूना दे गयीं। मैं अभी हिसाब लगा रहा था। मेरा तो दिवाला निकल गया।

रानी : 5276 रु.?

हरि : 5276 रु. और 31 पैसे भी!

रानी : इतना कैसे खर्च हो गया?

हरि : यही तो मुझे भी ताज्जुब है। लेकिन जब हिसाब लगाया तब पता चला। रोज-रोज मिठाई लाता था। डेढ़ हजार का तो उनके लिए काशमीरी कम्बल लाया था।

रानी : सोने की अंगूठी भी तो हम लोगों ने बुआदादी के लिए बनवाई थी। तुमने वकील को भी तो कुछ दिया होगा।

हरि : हाँ, उस वकील को भी दस्तावेज लिखाने में पांच सौ रुपये देने पड़े थे। मैंने सब से अच्छा वकील छांटा था-मगर काम कुछ भी नहीं बना।

रानी : हम लोगों की किस्मत ही खराब है। हम लोगों ने बुआदादी की इतनी सेवा करी और बदले में...

हरि : **(काटते हुए)** चाबी मिली तुम्हारे माँ-बाप को–

रानी : अगर बुआदादी को होश आ जाता...।

हरि : **(काटते हुए)** अरे, होश कैसे आता! मेरी किस्मत में जो नहीं लिखा था। दस्तावेज में तुम जरा सा अंगूठा तक नहीं लगवा सकीं?

रानी : और तुम्हीं ने कौन-सा लगवा लिया! मुझसे क्या कहते हो?

हरि : तुमसे नहीं कहता-मैं अपनी किस्मत पर रो रहा हूँ। 31 रु. 5276 पैसे-नहीं, नहीं 5276 रु. 31 पैसे। सच रानी, मेरे दिमाग में तो रह रह कर रुपये खटक रहे हैं। ऐसा गुस्सा आ रहा है कि **(मेज पर रखे गिलास को उठाकर)** इस गिलास को दीवार से मारकर तोड़ दूँ।

रानी : **(हंसकर)** खिसियानी बिलइया खम्बा नोचे। इस गिलास को तोड़ने से तो रुपए मिल नहीं जायेंगे।

हरि : इसीलिए तो नहीं तोड़ा। लकिन अब मैं यहाँ एक पल भी नहीं रुकना चाहता।

रानी : तुम इस वक्त गुस्से में हो। जरा ठंडे दिमाग से काम लो। यही मौका है। माँ बाबू जी की खुशामद करके बुआदादी की बेशुमार दौलत का कुछ हिस्सा पाया जा सकता है।

हरि : वह तो हमें दुश्मन माने बैठे हैं।

रानी : लेकिन अगर हम लोग इस समय चले गये तो हमेशा दुश्मन बने रहेंगे। इसलिए यही वक्त है कि हम फिर से उनके विचार अपने लिए बदल दें।

हरि : कैसे?

रानी : यह तुम मुझ पर छोड़ दो। माँ-बाप का गुस्सा औलाद के लिए बस यों ही होता है। ज्यादा दिन नहीं ठहरता। कोई बहाना मिला, बस तुरन्त उड़ जाता है।

हरि : तुम क्या करोगी?

रानी : तुम देखते जाओ। दो-चार मीठी-मीठी बातें करूँगी। जरा सा माँ के पैर दबाऊँगी, गले से लिपट कर लाड़ करूँगी-सब ठीक हो जायेगा।

हरि : ठीक है। कोशिश कर देखो। किसी तरह चौथाई ही मिल जाए।

रानी : घर की रोटी भी अब मैं ही बनाऊँगी।

हरि : **(दुःखी स्वर में)** हाय 5276 रु. 31 पैसे-मुझे तो सदमा बैठ गया है।

रानी : तुम फिकर मत करो। मुझे देखो, मैं क्या करती हूँ।

(रानी का दायें कमरे में प्रस्थान)

(दायाँ कमरा)

(माँ के पास जाकर रानी बैठ जाती है।)

रानी : **(लाड़ से)** माँ!

माँ : **(क्रोध से)** क्या है?

रानी : माँ आज का खाना मैं बना रही हूँ। तुम चौके की फिकर मत करना।

माँ : **(उपेक्षा से)** हूँ!

रानी : जब तक मैं हूँ माँ, तब तक मैं ही पूरे घर के लिए खाना बनाऊँगी।

माँ : बड़ा एहसान करेगी।

रानी : कैसी बातें करती हो माँ। मैं एहसान करूँगी? अपने घर का खाना बनाने में एहसान होता है?

माँ : यह सूरज पच्छिम से कैसे निकला है?

रानी : ब्याह के बाद लड़की की ममता माँ बाप के लिए कम नहीं होती। दूर रहकर और भी बढ़ जाती है।

माँ : जरूर बढ़ती है—तभी तो माँ बाप के आड़े आने लगती है।

रानी : हाय! माँ तुम क्या कह रही हो?

माँ : मैं क्या कह रही हूँ, यह तू अच्छी तरह जानती है!

रानी : भगवान जानता है माँ, कभी मैंने सपने में भी जो तुम्हारे खिलाफ सोचा हो।

माँ : हाँ-हाँ, भगवान तो जानता ही है। मुझे चरित्तर न दिखा।

रानी : **(भावुकता के अभिनय से)** माँ तुम मुझसे नाराज हो। मैंने अपनी जानकारी में कोई गलती नहीं की। अगर अनजाने में हो गयी हो, तो तुम्हें भूल जाना चाहिए। बच्चे तो गलती करते ही हैं, लेकिन बड़े हमेशा माफ कर देते हैं। माँ की ममता तो ऐसी होती है कि अपने बच्चों का बड़ा अपराध भी माफ कर देती है।

माँ : मैंने भी तो माफ कर दिया है। कौन सा तुझे फांसी पर लटका दिया?

रानी : **(रुआंसे स्वर में)** माँ, मुझसे तुम्हारी यह नाराजगी नहीं देखी जाती। सच तुम्हारा नाराज चेहरा मेरे सीने में बर्छी सा चुभता है। अगर तुम मुझे माफ नहीं करोगी तो मेरा कौन है? माँ-बाप से बढ़कर लड़की का कौन होता है? मैं बड़ी अभागिन हूँ कि जिन्होंने जन्म दिया वही मुझसे रूठ गये।

माँ : **(अपने पास बुलाकर)** इधर आ, इधर आ! रो क्यों रही है?

रानी : **(माँ की गोद में गिरकर)** माँ!

माँ : अच्छा, अच्छा चुप हो जा!

(इतने में हरि बाबू का बीच के द्वार से प्रवेश। माँ बेटी चौंक कर अलग हो जाती है)

हरि : सुशीला बहन आई हैं।

माँ : सुशीला बहन। अच्छा! उनको यहीं बुला लाओ।

(हरि बाबू बीच वाले द्वार से बायें कमरे में जाते हैं। पीछे-पीछे रानी भी)

(बायाँ कमरा)

हरि : सुशीला बहन। माँ आपको बुआदादी के कमरे में बुला रही हैं। आइये—**(सुशीला बहन बायें कमरे में चली जाती हैं। सुशीला बहन के जाते ही हरि बाबू और रानी बड़ी जोर से हाथ मिलाते हैं, और एक-दूसरे का हाथ पकड़े हँसते हुए पीछे के द्वार से अंदर की ओर चले जाते हैं।)**

(दायाँ कमरा)

(माँ और सुशीला बहन गले मिल कर दहाड़ मारते हुए रोते हैं।)

सुशीला : **(बैठकर सहानुभूति में)** बुआ के बारे में सुना। बड़ा अफसोस हुआ।

माँ : **(रोने का अभिनय करते हुए)**- बहन भाग्य में यही था। बुआ हम लोगों को छोड़ कर इतनी जल्दी चली गयीं। यह तो उनको बिल्कुल अपनी माँ की तरह मानते थे।

सुशीला : ईश्वर के आगे किसकी चली है?

माँ : सुबह से रोते-रोते उनका बुरा हाल हो गया है। **(उसी समय बाबूजी केला खाते हुए वहाँ घुसते हैं। माँ उनको नहीं देख**

पाती। सुशीला देख लेती है और मुस्कराती है। बाबू जी सर पर पैर रखकर वहाँ से भागते हैं।) अभी तक कुछ खाया भी नहीं। बुआ चार रोज से बेहोश थीं। कल रात को दो बजे के करीब पांच मिनट को होश भी आया, लेकिन बेचारी बोल न सकीं। उसके घंटे भर बाद ही बेचारी चल बसीं।

सुशीला : उस दिन, इसी जगह जहाँ तुम बैठी हो, बुआ बैठी थीं। चेहरे पर कैसी रौनक थी।

माँ : बुआ के बिना तो यह घर सूना-सूना सा लगता है।

सुशीला : उनकी बीमारी में तुम सबने बड़ी सेवा करी।

माँ : बुआ को चन्दन से जलवाया है। उनका विमान बनवाया था। उनकी अर्थी बड़ी धूम-धाम से निकली थी।

सुशीला : सो तो ठीक है बहन! **(फुसफुसाते हुए)** यह तो बताओ कि चाबी तुम्हीं को मिली या लड़की-दामाद को?

माँ : उँह, लड़की दामाद क्यों पायेंगे? हम लोग जब मौजूद हैं, तो हमीं को मिलनी चाहिए थी।

सुशीला : लेकिन तुम्हारी लड़की-दामाद तो इस चक्कर में रहा करते थे कि वे पा जाएं -

माँ : भला हमारा मुकाबला कर सकते थे! चाबी हमें मिलनी चाहिए थी, वह हम लोगों को ही मिली।

(सुशीला बहन खिसक कर नजदीक आती है)

सुशीला : तब तो बहन, कितना मिला?

माँ : अभी तो कुछ नहीं मिला।

सुशीला : बहन, तुम हमीं से दुराव करने लगीं। अरे, मैं किसी से कह थोड़े ही दूँगी। मगर मुझे यह अफसोस रह जायेगा कि तुम्हारा मुझ पर से बिस्वास हट गया।

माँ : नहीं, नहीं, यह बात नहीं है।

सुशीला : तब। तब क्यों नहीं बतातीं? हम माँगेंगे थोड़े ही। तुम्हारा सुख जानकर हम भी सुखी हो लेंगे।

माँ : अभी तक बक्स खोला ही नहीं।

सुशीला : क्यों?

माँ : इन्होंने चाबी अपने पास रख ली है। तुम तो जानती ही हो कि दीवार के भी कान होते हैं। फिर बेटी दामाद की नीयत

बहुत अच्छी नहीं है। और भी लोगों का आना जाना होता है, इसलिए रात को जब सब सो जायेंगे तब बक्स खोलेंगे।

सुशीला : ओ!.....

माँ : फिर जल्दी भी क्या है? कहीं भागा थोड़े ही जा रहा है।

सुशीला : तभी तुम बक्स पर चढ़ी बैठी हो, बिल्कुल बुआदादी की तरह। **(हंसते हुए)** निगाह तो रखनी ही चाहिए। आदमी के ईमान का क्या भरोसा?

माँ : बुआदादी तो जब तक हमारे यहाँ रहीं, इस बक्स पर चढ़ी बैठी रहीं। सुनती हो बहन! चार दिन बाद जब बुआदादी को होश आया-तो उनकी बोलती बन्द थी, मगर वह बक्स को तब भी नहीं भूलीं।

सुशीला : कैसे?

माँ : उन्होंने इशारे से कहा कि बक्स को नीचे से निकालकर चारपाई पर रख दो।

सुशीला : अच्छा! फिर चारपाई पर बक्स रखा?

माँ : हाँ! चारपाई पर बक्स रखवा लिया, एक हाथ से ताला पकड़ लिया, तब कहीं जाकर वह मर पाईं। ऐसा लगता था कि उनके प्राण इस बक्स में ही अटके थे। तभी मर नहीं पा रही थीं।

सुशीला : उनका बस चलता तो वह अपने साथ बक्स स्वर्ग लेकर जातीं। **(रुककर)** मगर एक बात है, बहन! लगता है उनका मन मरते समय भी बक्स की दौलत पर टिका था।

माँ : वही तो मैं भी कह रही हूँ।

सुशीला : बहन सुनते हैं कि जो जिन्दगी भर अपनी कमाई को अपने सीने से इस तरह चिपकाये रहता है वह मरने के बाद सांप बन कर उस धन की रक्षा करता है।

माँ : **(परिहास से)** अब तो मैं रक्षा कर रही हूँ।

सुशीला : बहन, हमारी अम्मा कहा करती थीं कि उनकी नानी के चचिया ससुर के पास भी ऐसी ही दौलत थी। उसे उन्होंने तांबे के कलसों में भरकर चारपाई के नीचे गाड़ रखा था। सुनते हैं, जैसे ही उनकी मौत हुई, बड़ी जोर से खनखनाने की आवाज हुई जो धीरे-धीरे दूर होती हुई खत्म हो गयी। उसी दिन जब

बाद में उनके लड़कों ने दौलत का बंटवारा करने को जमीन खोदी तो जानती हो क्या देखा उन्होंने....

माँ : क्या देखा?

सुशीला : हाय! वहाँ तो बहुत बड़ा एक कलसे बराबर गोल-गोल छेद हो गया था, जो जमीन में बहुत भीतर तक तिरछा चला गया था, जिसका कोई ओर-छोर नहीं था।

माँ : अरे!

सुशीला : लक्ष्मी तो चंचल होती है। वह माँ की नानी के चचिया ससुर के भाग्य में थी, सो उनके मरते ही चली गयी।

माँ : हाँ भाई! लक्ष्मी तो भाग्य से ही मिलती है।

सुशीला : लक्ष्मी हरेक को फलती भी नहीं। हमारी पड़ोसिन तिवारिन के मौसा के भी मकान की नींव खुदते हुए दो घड़े अशर्फी के कलसे मिले। मगर बहन उस दौलत का आना था मानों घर पर जैसे प्रलय ही हो गयी।

माँ : क्या हुआ?

सुशीला : जैसे-जैसे मकान बनता गया, वैसे-वैसे परिवार का एक-एक प्राणी मरता गया। मकान बनकर के खड़ा हुआ, तो दस आदमियों के परिवार में एक मौसा ही बचे थे।

माँ : **(चिढ़कर)** हाँ, हाँ, किसी-किसी को नहीं फलती है। हमने भी सुना है।

सुशीला : बहन हमारी पड़ोसिन के मायके की सच्ची बात है, उनकी भाभी के फूफा अपने माँ-बाप के इकलौते थे-सो उनकी माँ के आगे सुनते हैं जमीन बालिश्त भर ऊँची हो जाती थी।

माँ : जमीन किस तरह ऊँची हो जाती थी?

सुशीला : यही तो ताज्जुब है बहन! वह पूजा करें तो जमीन सामने फूल जाये। वह खाना बनायें तो चौके में जमीन फूल जाये। वह सो कर उठे तो पैरों के पास जमीन फूल जाये। वह तो परेशान हो गयी।

माँ : परेशान तो कोई भी हो जायेगा। फिर क्या हुआ?

सुशीला : हारकर उन्होंने पंडित से पूछा, झाड़-फूंक करवाई मगर कोई असर नहीं हुआ!

माँ : तब? तब क्या किया?

सुशीला : एक दिन उनकी भाभी के फूफा की माँ ने सपने में देखा कि एक बहुत सुन्दर, बहन, बहुत ही सुन्दर, सोलह बरस की बड़ी-बड़ी आँखों वाली गोरी सी लड़की खड़ी हुई है। उसके चेहरे पर जैसे तेज चमक रहा हो। वह उनसे बोली मैं लक्ष्मी हूँ—मैं तुम्हारे पास आती हूँ। मुझे ले लो, लेकिन बदले में जो माँगू वह तुम्हें देना होगा।

माँ : वह क्या माँगती थी?

सुशीला : उन्होंने पूछा तो लक्ष्मी ने जवाब दिया, मुझे अपना लड़का दे दो।

माँ : लड़का माँगा?

सुशीला : हाँ! बस यह कहकर गायब हो गयी। बताओ बहन, पड़ोसिन की भाभी के फूफा इकलौते बेटे थे। उनकी माँ उन्हें कैसे दे देती? उन्होंने पंडित बुलाकर पूछा-अपना सपना बताया। पण्डित ने कहा कि अब की बार जब जमीन फूले तो उस पर लात मारकर कह देना मुझे तुम्हारी जरूरत नहीं है।

माँ : उन्होंने लात मारी?

सुशीला : हाँ!

माँ : और उसके बाद से जमीन फूलना बन्द हो गयी?

सुशीला : हाँ। तब कहीं जाकर जमीन का फूलना बन्द हुआ।

माँ : **(चिढ़कर)** लेकिन बहन, हमें यह दौलत बुआदादी की सेवा से मिली है। फूफा के मर जाने पर उनको कोई पानी देने वाला भी नहीं था। ऐसे ही मर जातीं, कोई जलाने वाला भी न मिलता। हम लोगों ने इन्हें अपनी असली माँ से ज्यादा माना है।

सुशीला : ठीक कहती हो। वह तो मैंने भी देखा ही है।

माँ : हमारे दिल में खोट नहीं था। उनकी मरते-दम तक सेवा की, जो उनकी खुद की कोख के बेटे भी नहीं कर सकते थे।

सुशीला : हाँ-हाँ-ठीक कह रही हो। स्वर्ग में बैठी बुआ तुम लोगों को दुआएं दे रहीं होंगी।

माँ : यह दौलत भी उनकी दुआ और आशीर्वाद ही से मिली है। यह हम लोगों को क्यों नहीं फलेगी। माँ-बाप जो कुछ भी देते हैं, आशीर्वाद के साथ देते हैं।

सुशीला : भगवान करे तुम खूब फलो-फूलो। अच्छा बहन, अब मैं चलूँ। फिर आऊँगी।

माँ : अच्छा बहन! राम, राम!

(सुशीला बहन जाते-जाते बीच के द्वार से लौटती है)

सुशीला : बहन, मैंने तुम्हें सगी बहन की तरह माना है। माना है न?

माँ : हाँ, क्यों क्या बात है?

सुशीला : बहन, मेरा मकान पुरखों का बनाया हुआ है। हम लोग तो बस किसी तरह से दोनों वक्त खाना और कपड़ा चला पाते हैं। मकान की मरम्मत के लिए रुपया कहाँ से आये। बहन, तुम हमें भूल न जाना।

माँ : हाँ, हाँ, तुम्हें कैसे भूल सकती हूँ?

सुशीला : और बिटिया भी तो अब सयानी हो रही है। उसके हाथ भी अब जल्दी ही पीले करने हैं।

माँ : हाँ, हाँ मैं सब समझती हूँ। तुम चिन्ता मत करो।

सुशीला : अच्छा तो बहन, अब मैं चलूँ?

माँ : हाँ जाओ।

(सुशीला का प्रस्थान)

(बायें कमरे से बाहर जाती सुशीला का सामना बाबूजी से होता है। बाबूजी ठिठककर सुशीला को निहारते हैं। सुशीला उनको देखकर अदा मारती हुई लजाती है, बाहर जाती है।)

माँ : **(स्वर बदलकर बड़बड़ाती हुई)** किसी तरह टली तो यहाँ से! जलन तो देखो, किसी से किसी का फलना-फूलना देखा नहीं जाता।

(बाबूजी का बीच के द्वार से प्रवेश)

बाबू : **(हंसते हुए)** तुम फिर बैठी अकेली बड़बड़ा रही हो। क्या बात हो गयी? जरा हम भी तो सुनें।

माँ : अरे, यह सुशीला बहन जलन के मारे कोयला खाक हुई जा रही है। कहती है कि ऐसी दौलत फलती नहीं है और दरवाजे से लौट-लौट कर कह रही थी कि हमारा मकान बना देना। लड़की की शादी में मदद देना।

(बायाँ कमरा)

(द्वार से शहंशाह बहादुर का प्रवेश। वह चूड़ीदार और शेरवानी पहने हुए है।

सिर पर 'फर' की टोपी है। उमर करीब पैंतालिस- पचास। बगल में छोटा सा बिस्तर है। वह चाल और बनावट से नौटंकी का ऐक्टर लगता है।)

शहंशाह : भाभी! मेरी भाभी!! कहाँ हो तुम?

(बाबूजी का बीच के द्वार से प्रवेश)

बाबू : आप कौन साहब हैं?

शहंशाह : मैं कोई भी हूँ। मैं इस वक्त पूछ रहा हूँ कि भाभी कहाँ हैं? मेरी भाभी कहाँ है?

बाबू : मैं पूछ रहा हूँ, आप कौन साहब हैं?

शहंशाह : मैं कोई भी हूँ। मेरे सवाल का जवाब दीजिये। भाभी कहाँ है?

बाबू : आप अजीब आदमी हैं। घर में सीधे घुसे चले आये, बिना इजाजत लिए हुए, और जब आप से पूछा जाता है कि आप कौन हैं तो आप बताते नहीं।

शहंशाह : देखिये साहब। साफ बात यह है, मैंने आपसे पूछा कि भाभी कहाँ हैं, और आपने मुझसे पूछा कि मैं कौन हूँ। जिस तरह आपने सवाल किया, मैंने भी सवाल किया। लेकिन मैंने पहले, और आपने बाद में सवाल किया। इसलिए मेरे सवाल का जवाब पहले मिलना चाहिए और आपके सवाल का जवाब बाद में। साफ बात!

बाबू : निहायत सनकी आदमी मालूम पड़ता है।

शहंशाह : आपने बताया नहीं कि भाभी कहाँ हैं?

बाबू : कैसी भाभी? आप किसको पूछ रहे हैं?

शहंशाह : मैं अपनी भाभी को पूछ रहा हूँ। राजा गुलजार बहादुर की धर्मपत्नी जो मेरी भाभी हैं, उनको पूछ रहा हूँ।

बाबू : ओह! बुआ को? उनका तो स्वर्गवास हो गया।

शहंशाह : **(चौंककर)** कब?

बाबू : कल रात के तीन बजे।

शहंशाह : ओह! भाभी चल बसीं। **(फूट कर रोते हुए)** भाभी...तुम चल बसीं...और मैं तुम्हें देख भी न सका...भाभी तुम्हारा यह देवर तुम्हें देख न सका...तुमसे आखिरी समय मिल भी न सका। हाय, मेरी भाभी...

(रोने की आवाज सुनकर दायें कमरे से माँ का प्रवेश तथा भीतर के कमरे से रानी-हरि बाबू, काके और डब्बू का प्रवेश)

शहंशाह : मैं जानता हूँ, भाभी आखिरी वक्त मुझसे मिलने के लिए तड़प रही होंगी। मैं ही तो उनकी ससुराल का अकेला आदमी बचा हूँ, और मैं ही उनके आखिरी वक्त नहीं पहुँच सका। भाभी...(**दहाड़ कर रोता है। बाबूजी की समझ में नहीं आता कि क्या करें।**) भाभी!! (**दुख बिह्वल स्वर में**)-मैं आया और तुम चली गयीं भाभी! हाय भाभी...

बाबू : (**सांत्वना के स्वर में**) खामोश रहिये। शान्त होइये। शान्त होइये। अब रोने से क्या फायदा। जाने वाला तो चला ही गया। शान्त हो जाइये।

शहंशाह : साफ बात है। अब रोने से क्या फायदा। (**दुखी स्वर में**) जाने वाला तो चला ही गया, मगर जिन्दगी भर का पछतावा रह गया। आखिरी वक्त उनके दर्शन भी न कर सका।

माँ : (**बाबूजी से पूछते हुए**) मैंने इनको पहचाना नहीं।

शहंशाह : आप पहचानेंगी भी किस तरह? साफ बात तो यह है कि मैंने भी आपको नहीं पहचाना।

बाबू : यह मेरी धर्मपत्नी हैं।

शहंशाह : समझा! समझा!

हरि : आप अपना परिचय तो दीजिये।

शहंशाह : मैं राजा गुलजार बहादुर का भाई शहंशाह बहादुर हूँ।

हरि : बुआदादी के देवर।

बाबू : देवर!!

रानी : (**संशय से**) यह राजा गुलजार बहादुर के भाई हैं!

शहंशाह : क्या मैं राजा गुलजार बहादुर का भाई नहीं लगता?

हरि : (**परिहास से**) बिल्कुल भाई लगते हैं। राजा का भाई ही तो शहंशाह होगा। फिर आप तो शक्ल-सूरत से भी शहंशाह लगते हैं।

माँ : लेकिन राजा गुलजार के तो कोई भाई नहीं था।

शहंशाह : मैं उनका चचेरा भाई हूँ। लेकिन (**जोर से**) राजा गुलजार बहादुर मुझे सगे भाई से बढ़ कर मानते थे। मेरा उनका प्याले-निवाले का साथ था। (**बाबूजी की ओर मुखातिब होकर**) दसवां कब है?

बाबू : बाईस तारीख को।

शहंशाह : और तेरवीं?

बाबू : पच्चीस तारीख को।

शहंशाह : तब तक तो मुझे यहाँ रहना ही पड़ेगा। आखिर आप लोग तो सब भाभी के मायके वाले हैं, उनकी ससुराल का तो कोई होना ही चाहिए।

बाबू : **(अनिच्छा से)** बेशक-बेशक।

शहंशाह : **(कमरे की ओर देखते हुए)** यह कमरा, साफ बात है, बहुत अच्छा तो नहीं है, लेकिन मैं इसी में ठहर जाऊँगा।

बाबू : जी हाँ।

शहंशाह : मैं इसी तख्त पर अपना बिस्तर लगा लूँगा। **(तख्त पर बिस्तर जमा कर बैठते हुए)** ठीक है- मैं यहीं रहूँगा। मैं नहीं आ सका वरना बुआदादी का दाहसंस्कार मैं ही करता। साफ बात है, मुझे ही करना पड़ता-क्योंकि ससुराल का मैं ही अकेला हूँ।

(सब लोग खामोश हो उसको देखते हैं)

शहंशाह : भाभी ने राजा गुलजार बहादुर यानी मेरे भाई साहब की निगाहें बचाकर बहुत बड़ी दौलत छुपाई थी। और वह उस बेशुमार दौलत को लेकर आपके पास यहाँ चली आई थीं। भाभी तो मेरे यहाँ ही जाना चाहती थीं। उस समय मेरी तबियत खराब थी, इसलिए वह यहाँ मायके चली आईं। खैर, वह सब बाद की बात है। अभी तो तेरहवीं तक मैं यहीं हूँ।

(रानी माँ को इशारे से बुलाकर बीच वाले द्वार से दायें कमरे में ले जाती है—पीछे-पीछे डब्बू भी जाता है। दायें कमरे में दोनों खुसुर-पुसुर एक-दूसरे के कान में बातें करती हैं।)

बाबू : **(हिचकचाते हुए)** बुआ ने आपका तो कभी जिक्र ही नहीं किया।

शहंशाह : नहीं किया होगा! खैर, इन सब बातों का क्या फायदा। मेरी जल्दी सोने की आदत है। सफर की भी कुछ थकान है। मैं जल्दी आराम करना चाहता हूँ। खाना जरा जल्दी मंगवाइये।

(दूसरे कमरे से माँ की आवाज आती है 'काके के बाबू, जरा दो मिनट को यहाँ आना। बेटा हरि बाबू तुम भी आना।)

शहंशाह : जाइये साहब, जाइये। आपके लिए समन आया है।

(बाबूजी, काके तथा हरि बाबू का दायें कमरे में प्रवेश)

(दायाँ कमरा)

माँ : **(बाबूजी से)** तुम्हारी अक्ल तो चरने चली जाती है।

बाबू : क्या हुआ?

माँ : क्या नहीं हुआ? यह किसे बुलाकर के अपने घर बिठा लिया है।

बाबू : मैंने कहाँ बिठा लिया? वह अपने आप आया है।

माँ : और तुमसे यह कहते नहीं बना कि निकल जाओ यहाँ से। उसे देखते ही मेरे दिमाग में खटका हुआ था। मगर रानी को उसकी नीयत समझते देर नहीं लगी। उसने फौरन मुझको बुलाकर आगाह किया।

बाबू : रानी ने क्या कहा? **(रानी से)** क्या बात है?

रानी : बाबूजी, मुझे तो यह आदमी बहरूपिया लगता है।

माँ : बहरूपिया नहीं, पूरा जालिया है जालिया। कोई ठग या बदमाश है। कहता है मैं गुलजार बहादुर का भाई हूँ।

हरि : राजा गुलजार बहादुर के भाई की यह शक्ल।

रानी : मैंने तो माँ को तुरन्त बता दिया कि यह भाई-वाइ कुछ नहीं है, दौलत के लालच में सब ही भाई-भाभी बन जाते हैं।

हरि : और अगर यह वाकई बुआदादी का देवर है, तो बुआदादी ने कभी इसका जिक्र क्यों नहीं किया?

रानी : बुआदादी के जिन्दा रहते क्यों नहीं आया?

हरि : अब आया है, अपना हिस्सा माँगने।

माँ : इनके तो कुछ समझ में आता ही नहीं है।

रानी : वह रो कैसे रहा था। सारा घर आसमान पर उठा लिया चिल्ला-चिल्ला कर।

हरि : बहुत बड़ा ऐक्टर है। किसी नौटंकी में भरती हो जाये तो कमा खाये।

माँ : और यह उसे चुप करा रहे थे। **(चिढ़ाते हुए)** शान्त हो जाइये!! शान्त हो जाइये!!

बाबू : **(कुछ चिढ़कर)** अगर कोई सामने रोता हो तो उसे चुप नहीं कराऊँगा?

माँ : नहीं, उसके साथ हम खुद रोएंगे।

बाबू : फिर वह बुआ का अपने को देवर बताता है। इस हिसाब से वह हमारा रिश्तेदार हुआ। हम कैसे निकाल देते?

माँ : बहुत अच्छे! जो आकर कहे कि हम तुम्हारे रिश्तेदार हैं, वह रिश्तेदार हो गया। इस तरह कोई भी आकर कह सकता है।

हरि : इस बात का क्या सबूत कि वह वाकई बुआदादी का देवर है, राजा गुलजार बहादुर का भाई है?

माँ : हाँ, हाँ क्या सबूत है? आज तो यह देवर बनकर आया है। कल कोई ऐरा गैरा नत्थू खैरा उनका बेटा बनकर चला आयेगा।

रानी : बाबूजी आपने उसकी बातें नहीं सुनी। कह रहा था कि भाभी ने राजा-गुलजार बहादुर की निगाह बचाकर बेशुमार दौलत इकट्ठा की थी।

माँ : उसे यह कैसे पता चला?

हरि : किसी भी तरह चला हो। मगर उसे इस वक्त दौलत का जिक्र करने की क्या जरूरत थी? इससे साफ जाहिर है कि उसका यहाँ आने का मतलब दौलत ही है।

बाबू : **(सोचकर)** यह हो सकता है।

माँ : हो नहीं सकता है, अब भी शक है तुम्हें?

हरि : वह तेरहवीं तक यहाँ रहेगा। और उसके बाद अपना हिस्सा माँगेगा।

बाबू : उसके हिस्सा माँगने से क्या हम लोग दे देंगे?

हरि : देना पड़ेगा। वह कचहरी लाकर बिठा देगा। बुआदादी की सारी दौलत राजा गुलजार बहादुर की है। उस पर कानूनन राजा गुलजार बहादुर के रिश्तेदारों का हक है। बुआ के रिश्तेदारों का हक नहीं।

बाबू : वाह! वाह! हमारा हक क्यों नहीं है? फिर जैसे राजा गुलजार बहादुर के रिश्तेदार, वैसे ही उनकी पत्नी के रिश्तेदार। हमारा हक भी उतना ही है, बल्कि ज्यादा है क्योंकि हम ने बुआ की सेवा की है।

हरि : आपकी यह दलील कोर्ट में नहीं चलेगी। कानून-कानून है। पत्नी के रिश्तेदार विरासत में तभी आते हैं जबकि जायदाद या दौलत पत्नी की स्वयं की कमाई हो, या उसे मायके से प्राप्त हुई हो। इस जगह सारी दौलत राजा बहादुर की है। कानून तो इस सनकी शहंशाह बहादुर की तरफ होगा।

माँ : **(निराशा से)** हमारी सेवा सब बेकार हुई।

हरि : कानून सेवा नहीं देखता। वह तेरहवीं तक यहाँ रहकर इस बात का सबूत इकट्ठा कर लेगा कि आप लोगों ने विश्वासघात करके उससे दौलत छीन ली है।

बाबू : तब किया क्या जाये?

माँ : सोचना-विचारना क्या है। कम्बख्त का हाथ पकड़कर मकान के बाहर ढकेल दो।

हरि : उसे सबूत की भी कमी न होगी। आपके मोहल्ले के ही आपके सगे सम्बन्धी ही, दौलत के लालच में उसकी तरफ से बयान देने को तैयार हो जायेंगे।

माँ : ठीक कहते हो भैया। दूर क्यों जाओ। हमारी सुशीला बहन ही को लो, उनका भी कलेजा फटा जा रहा था-जलन के मारे।

हरि : इस बला से, जितनी जल्दी छुट्टी हो उतना ही अच्छा है।

माँ : **(ताव से)** तू देख क्या रही है रानी! यह तो खड़े सोचते ही रहेंगे। तू जाकर मेरा बेलन तो उठा ला। मैं ही कम्बख्त को निकाल कर बाहर करूँ।

हरि : मेरी राय है बाबूजी कि पहले उससे राजा गुलजार बहादुर के भाई होने का सबूत हासिल कीजिये। और अगर वह सबूत न दे पाये, तो उसे धक्के मारकर निकाल दीजिये।

बाबू : तुम ठीक कहते हो। उससे सबूत माँगना चाहिए। आओ मेरे साथ। **(हरि बाबू और बाबूजी बीच के द्वार से बायें कमरे को प्रस्थान करते हैं)**

माँ : हाय! हाय!! यह लोग तो खाली हाथ जा रहे हैं। इस आदमी का कौन भरोसा। पता नहीं, कहीं कोई हथियार रखे हो। चल रानी। हम लोग कुछ हाथों में लेकर चलें।

(रानी, डब्बू और काके का घर के भीतर प्रस्थान)

(बायाँ कमरा)

(बाबूजी और हरि बाबू का बीच के द्वार से प्रवेश। उनको देखकर शहंशाह बहादुर जो तख्त पर बिस्तर बिछाकर आराम कर रहा था, उठ कर बैठ जाता है।)

शहंशाह : भोजन तैयार हो गया?

बाबू : भोजन तो तैयार हो रहा है। तब तक हमने सोचा हम आपसे दो चार बातें कर लें।

शहंशाह : बातें कल सुबह करेंगे। इस वक्त मैं थका हूँ। आराम करूँगा। **(बिस्तर पर लेटता है।)**

हरि : **(गर्म स्वर में)** सुनिये साहब। हम इसी वक्त बातें करेंगे। **(माँ का बेलन लिए, रानी का मच्छरदानी की पतली टेढ़ी बांस की फट्टी लिए, काके का स्टिक लिए तथा डब्बू का स्केल लिए पीछे के द्वार से प्रवेश।)**

शहंशाह : जल्दी क्या है?

हरि : **(तेज स्वर में)** है जल्दी। इसी वक्त बात करनी है।

शहंशाह : **(उठकर बैठते हुए)** साफ बात है-तो बात कीजिये।

बाबू : बुआ ने कभी आपका जिक्र नहीं किया?

शहंशाह : नहीं किया होगा।

बाबू : मुझे यह भी नहीं मालूम था कि राजा गुलजार बहादुर के कोई चचेरे भाई भी हैं।

शहंशाह : साफ बात है, नहीं मालूम होगा। इसमें मेरी क्या गलती। आपकी जानकारी कुछ कम मालूम पड़ती है।

हरि : हमारी जानकारी तो कम है ही, इसीलिए हम जानने आए है कि आखिर आप किधर से आ गये।

शहंशाह : ...**(द्वार की ओर इशारा करते हुए)** जी, इस दरवाजे से।

हरि : **(बिगड़कर)** ज्यादा अक्लमंद बनने की कोशिश न कीजिये। हमने अच्छे-अच्छों के मिजाज दुरुस्त कर दिये हैं।

शहंशाह : साफ बात है। आप तो बहुत गरम तबियत के आदमी मालूम पड़ते हैं।

हरि : गरम तबियत हो या ठंडी। अभी सब पता चल जायेगा। हमारी बात का सीधे-सीधे जवाब दीजिये।

शहंशाह : आखिर आप पूछ क्या रहे हैं?

बाबू : हम लोग आपके राजा गुलजार बहादुर के भाई होने का सबूत चाहते हैं।

शहंशाह : **(आत्मविश्वास से हंसकर)** हुँ हुँ हुँ साफ बात है। हम जानते थे आप सबूत मागेंगे।

हरि : आजकल ठग और उचक्के बहुत हो गये हैं। भेष बदलकर घरों में घुस जाते हैं।

शहंशाह : **(तैश खाकर)** जबान संभाल कर बात कीजिये।

माँ : **(बिगड़ कर बेलन दिखाती हुई)** जबान तू संभाल।

शहंशाह : सबूत चाहिए? सबूत। मैं सबूत दूँगा। **(जेब से डायरी निकालकर)** राजा दिलबाग बहादुर के चार बेटे थे–खुशवन्त बहादुर, दिलवन्त बहादुर, गुलवन्त बहादुर और जसवन्त बहादुर। राजा खुशवन्त बहादुर के दो बेटे हुए-बख्त बहादुर, बख्तावर बहादुर। जसवन्त के तीन बेटे थे। इकबाल बहादुर, खुशहाल बहादुर...और निहाल बहादुर...

हरि : **(काटते हुए)** मुझे यह चिट्ठा नहीं सुनना है। जो जी में आये, डायरी में लिख लीजिये। मुझे तो सबूत चाहिए। सबूत!

शहंशाह : **(उतने ही तैश के साथ, सीने पर हाथ ठोकते हुए)** साफ बात है, साहब। सबूत भी है मेरे पास, वह भी दिखाता हूँ।

(तकिये के भीतर से एक डंडी पर गोल लिपटा हुआ एक लम्बा सा कागज निकालता है।)

माँ : आजकल आदमी का ईमान रह ही नहीं गया है।

शहंशाह : सबूत चाहिए, सबूत देखिये। **(कागज को कमरे में एक सिरे से दूसरे सिरे तक फैलाकर)** यह रहा सबूत।

हरि : यह क्या है?

शहंशाह : सबूत! आँखें खोलकर देखिये। **(जमीन पर फैले कागज से पढ़ते हुए)** राजा खुशवन्त बहादुर के दो बेटे-बख्त बहादुर, बख्तावर बहादुर। जसवन्त बहादुर के तीन बेटे इकबाल बहादुर, खुशहाल बहादुर, निहाल बहादुर...

रानी : बहरूपिया है।

शहंशाह : **(रानी को देखकर)** सबूत माँगा था, तो सबूत देखिये। यह शजरा है, शजरा। बुजुर्गों के जमाने से चला आ रहा है। **(फिर पढ़ते हुए)** राजा बख्त बहादुर के चार बेटे-ताज बहादुर, राज बहादुर, सरताज बहादुर, मुमताज बहादुर। इकबाल बहादुर के तीन बेटे-मस्त बहादुर, अलमस्त बहादुर और गुलदस्त बहादुर...

हरि : **(बिगड़ते हुए)** आपका नाम इसमें कहाँ है?

शहंशाह : सबर कीजिये। सबूत दिखाता हूँ। मेरा नाम भी है। मैं राजा दिलबाग बहादुर के खानदान का हूँ। मुझमें शाही खून है, शाही।

हरि : **(व्यंग्य से)** इनमें शाही खून है। यह मुँह और मसूर की दाल। लखनऊ का हर तांगेवाला खुद को नवाब खानदान का वारिस कहता है।

शहंशाह : **(चिल्लाकर)** सबूत देखिये। **(पढ़ते हुए)** राजा ताज बहादुर के छः बेटे—राजा गुलजार बहादुर, दिलजार बहादुर, जालिम बहादुर, आलिम बहादुर, जोर बहादुर, जोरावर बहादुर

हरि : अरे जाओ जाओ, यह कोई सबूत नहीं है।

शहंशाह : सबूत नहीं तो और क्या है। शजरा है शजरा। खानदानी शजरा। अलमस्त बहादुर का अकेला चिराग हूँ मैं। मैं शहंशाह बहादुर।

हरि : तुम्हारे ऐसे तो सैकड़ों भीख माँगते घूमते हैं। यहाँ से चलते फिरते नजर आओ।

शहंशाह : सबूत चाहते थे, देख लिया सबूत। मैं शाही खानदान का हूँ। राजा दिलबाग बहादुर के खानदान का हूँ।

हरि : हाँ हाँ बड़े शाही खानदान के हो। **(कन्धा पकड़कर)** जाकर के किसी शाही महल में मेहमानदारी करो।

शहंशाह : **(क्रोध से फुंकार कर)** खबरदार, जो मुझे हाथ लगाया। मैं मैं...

माँ : मैं मैं क्या करता है। बकरा है क्या?

हरि : **(दोनों हाथों से पकड़कर धक्का देते हुए)** निकलो यहाँ से

रानी : **(मच्छरदानी का बांस जमीन पर पटकते हुए)** निकल बदमाश!

शहंशाह : मैं देख लूँगा।

काके : स्टिक से सर फोड़ दूँगा।

हरि : अरे जा-जा, देख लेना। **(शजरा को पैरों से मसलते हुए)** और देख अपना शजरा भी लेता जा।

शहंशाह : **(दौड़कर शजरा समेटते हुए)** खबरदार जो शजरे में पैर लगाया। मैं एक एक को देख लूँगा। मेरा नाम शहंशाह बहादुर है।

बाबू : अच्छा, अच्छा अब आप जाइये यहाँ से।

शहंशाह : **(बिस्तर समेट कर बगल में दबाते हुए)** चला तो जाता हूँ मगर तुम लोगों ने अच्छा नहीं किया। एक-एक को मजा चखाऊँगा। शहंशाह बहादुर की बेइज्जती करना मजाक नहीं है। ईंट से ईंट बजा दूँगा। मेरा नाम शहंशाह...है...शहंशाह...

हरि : निकल बदमाश! लफंगा!

माँ : चोर! उचक्का! उठाईगीरा!

(सब लोग डांटते डपटते उसे बायें द्वार से निकाल देते हैं। शहंशाह बहादुर का 'देख लूँगा' कहते हुए प्रस्थान। सब उसका पीछा करते घर के बाहर निकल जाते हैं। बाबू जी अकेले कमरे में रह जाते हैं। वह शहंशाह के निकल जाने के बाद चिल्लाते हैं–'निकल जाओ।' सब शहंशाह को खदेड़कर वापस आते हैं।)

रानी : **(माँ से)** अगर आज ये न होते तो बदमाश को घर से निकालना बड़ा मुश्किल हो जाता।

हरि : बहुत ही छंटा हुआ आदमी लगता था। आप लोग इस चक्कर से बाल-बाल बचे।

माँ : हाँ बेटा, तुम लोगों ने बहुत बचाया। इनके किये तो कुछ न होता। आखिर को वक्त पर अपनी ही औलाद ही काम आती है।

रानी : **(माँ के गले से चिपटती हुई)** माँ, तुम तो हमें अपना दुश्मन समझें बैठी थीं। भला कोई अपने माँ बाप से बैर कर सकता है?

माँ : **(रानी की पीठ थपथपाती है)** अच्छा बेटा अब चलो। रात बहुत हो गयी है, खाना खाकर खत्म करो। **(पीछे के द्वार की ओर चलते हुए)** काके, जरा बाहर का दरवाजा तो बन्द कर दो। पता नहीं कब कौन घुस जाये।

(काके बायाँ दरवाजा बन्द करता है। फिर सब का पीछे के द्वार से प्रस्थान। सब के जाने के बाद बाबूजी का तख्त के नीचे, और इधर-उधर देखकर, अकड़ते हुए घर के भीतर प्रस्थान)

(दायाँ कमरा)

(धीरे-धीरे दोनों कमरों में रात का अंधेरा छा जाता है। बाबूजी और माँ का पीछे के द्वार से लालटेन लिए प्रवेश)

माँ : बारह बज रहा होगा?

बाबू : पीछे का दरवाजा बन्द कर दो।

(माँ दरवाजा बन्द करती है।)

बाबू : सब लोग सो गये हैं न?

(बाबू जी बनियान की जेब से चाबी का गुच्छा निकालते हैं)

माँ : अरे ठहरो-(**बीच के द्वार की ओर इशारा करके**) यह दरवाजा तो खुला है। मैं इसे बन्द कर लूँ। (**द्वार बन्द करती है।**)

बाबू : काके की माँ, तुम कोई हथियार ले आओ। कोई चाकू वाकू।

माँ : घर में तो तरकारी काटने का एक चाकू है?

बाबू : वही ले आओ।

(माँ का पीछे का द्वार खोल कर प्रस्थान। थोड़ी देर बाद चाकू तथा मच्छरदानी का बांस लिए माँ का प्रवेश।)

बाबू : (**माँ के आने के बाद, पीछे के द्वार बन्द करते हुए**) यह हथियार मुझे दो। मैं पहरेदारी करता हूँ। तुम बक्स खोलो। यह लो चाबी। (**बाबूजी एक हाथ में चाकू तथा दूसरे में मच्छरदानी का बांस लेकर कमरे में सीना फुला कर इधर-उधर घूमते हैं। तब ही बायें कमरे में दबे पांव रानी व हरी बाबू प्रवेश करते हैं। वह बीच की दीवार के बन्द द्वार के छेद या सेन्ध से झांकते हैं। थोड़ी देर बाद काके भी वहीं आकर खड़ा हो जाता है।**)

माँ : (**बक्स के ताले में चाबी लगाती हुई**) भगवान के यहाँ देर है अन्धेर नहीं। आज हमारे भाग्य ने भी पल्टा खाया। ताले में तो जंग लगा है। खुलता ही नहीं।

बाबू : हथियार लेकर तुम चौकीदारी करो, मैं खोलता हूँ।

(माँ चाकू और बांस लेकर खड़ी होती है तथा बाबूजी ताला खोलने की कोशिश करते हैं)

माँ : ताले भी मामूली नहीं-शाही हैं शाही। आसानी से कैसे खुल जायें? मैंने तो आज तक सोने की ईंटें देखी नहीं।

बाबू : (**ताला खींचते हुए**) एक मिनट रुको, अभी देख लोगी। यह लो खुल गया। एक खुल गया। यह लो दूसरा ताला भी खुला और यह...यह तीसरा भी खुला।

(बीच के दरवाजे पर हरी बाबू और रानी बायें कमरे में दस्तक देते हैं। दायें कमरे में माँ और बाबूजी आश्चर्य से एक दूसरे को देखते हैं।)

माँ : हाय राम! यह कौन है!

बाबू : (**अपना भय छिपाते हुए, अकड़ से**) ठहरो। मैं देखता हूँ। (**माँ के हाथ से चाकू लेकर, बीच का दरवाजा खोलता है।**) कौन है?

रानी : **(बायें कमरे से)** मैं हूँ बाबू जी।

माँ : **(आगे बढ़कर, बाबूजी को पीछे करते हुए)** रानी! तुम?

रानी : हाँ माँ।

माँ : तुम इस वक्त यहाँ क्या कर रही हो?

रानी : पानी पीने उठी थी। इस कमरे में रोशनी देखी तो देखने चली आई। तुम अभी तक सोई नहीं?

माँ : यह तुम्हारे पीछे कौन खड़ा है?

हरि : **(बायें कमरे से)** मैं हूँ माँ—हरि बाबू।

माँ : तुम भी पानी पीने उठे थे?

हरि : हाँ माँ।

माँ : **(व्यंग्य से)** मैं यह प्यास अच्छी तरह समझती हूँ। पानी पी कर सोने जाओ। **(बीच का दरवाजा बन्द करना चाहती है, वैसे ही हरिबाबू एकदम दायें कमरे में माँ के रोकने के बावजूद घुस जाता है।)**

माँ : **(क्रोध से)** क्या है? क्या है? निकलो यहाँ से।

हरि : बाबूजी से एक काम है। **(बाबूजी के निकट जाकर)** फिफ्टी-फिफ्टी।

बाबू : क्या??

हरि : बाबूजी फिफ्टी-फिफ्टी।

बाबू : एक पैसा नहीं दूँगा।

माँ : निकल जा बेईमान, उचक्का। **(मच्छरदानी का बांस मारने को तानती है, तो रानी दौड़ कर उसे पकड़ती है।)** छोड़ दे रानी। आज मैं इस बदमाश से फैसला कर ही लूँ।

हरि : **(बक्स का एक कुंडा पकड़ कर, बक्स खींचते हुए)** फिफ्टी-फिफ्टी

माँ : **(घबराकर चीखती हुई, बाबूजी से)** बक्स बचाओ। चाण्डाल लिए जा रहा है।

(बाबूजी दौड़ कर बक्स का दूसरा कुंडा पकड़कर अपनी ओर खींचते हैं।)

बाबू : छोड़ दे बक्स छोड़ दे। मैं बड़ा खराब आदमी हूँ।

(हरि बाबू और बाबू जी दोनों बक्स को अपनी तरफ खींचते हैं।)

(बायाँ कमरा)

(बाहर के दरवाजे पर, बाहर से कोई दस्तक देता है। काके दायें कमरे से बायें

कमरे में आता है तथा बाहर का दरवाजा खोलता है। शहंशाह बहादुर एक गुंडानुमा आदमी के साथ कमरे में आता है। काके उनको रोकना चाहता है।)

काके : अगर अन्दर गये तो–

शहंशाह : **(काके को बांह से पकड़कर, दूर झटकते हुए)** हट जा लौंडे। **(गुंडेनुमा आदमी के हाथ में रुपये पकड़ाकर)** आओ पहलवान। **(शहंशाह बहादुर गुंडे को लेकर दायें कमरे में आता है। काके गुस्से से भीतर जाता है।)**

(दायाँ कमरा)

(इस दौरान बाबूजी तथा हरी बाबू में बक्स के लिए खींचातानी जारी रहती है।)

हरि : फिफ्टी-फिफ्टी।

बाबू : मैं एक पैसा नहीं दूँगा। क्या समझता है अपने आप को। मैं गुंडे के लिए गुंडा हूँ।

हरि : फिफ्टी-फिफ्टी।

माँ : **(हरि से बक्स का कुंडा छुड़ाते हुए)** छोड़ दे बक्स। फिफ्टी-फिफ्टी का बच्चा। छोड़ दे।

रानी : **(हरि से)** बक्स मत छोड़ना।

बाबू : मैं कच्चा चबा जाऊँगा। सारी शेख़ी निकाल दूँगा। हरामी का पिल्ला। साला।

रानी : **(हरि से)** बक्स मत छोड़ना।

माँ : **(हरि से चिपटकर, दोनों हाथों से मारते हुए)** छोड़ेगा कैसे नहीं। हरामजादा।

रानी : क्या करती हो माँ **(हरि को छुड़ाने के लिए माँ को धक्का देती है। माँ दूर जा गिरती है।)**

माँ : **(चीखकर)** ले मार।

हरि : फिफ्टी-फिफ्टी।

माँ : मार डाल मुझे। इसी दिन के लिए पाल पोस कर बड़ा किया था।

बाबू : खून पी जाऊँगा।

(रानी भी हरि के साथ बक्स अपनी ओर खींचती है, तो माँ दौड़ कर बाबू जी की सहायता करती है। तब ही बीच के

द्वार से शहंशाह बहादुर, गुंडे को साथ में लिए हुए दायें कमरे में प्रवेश करता है। वह बीच में खड़े होकर बक्स की खींचा तानी देखता है। तब ही काके पीछे के द्वार से आकर, हाकी से शहंशाह बहादुर की पीठ पर मारता है। शहंशाह बहादुर चीख कर बक्स पर गिरते हैं। बक्स हरी और बाबूजी के हाथों से छूट कर गिर पड़ता है, और खुल जाता है। उसमें फटे जूते और पुराने कपड़े निकलते हैं। माँ, रानी, हरि तथा बाबूजी दौड़ कर समान उलटते पुलटते हैं। उसमें कुछ न पाकर निराश से माथे पर हाथ रख कर धम से जड़ होकर बैठ जाते हैं। शहंशाह बहादुर भी बक्स से निकले सामान को देखता है और एक जूता उठा लेता है। फिर एक-एक करके माँ, बाबूजी, तथा रानी, हरि के निराश चेहरों को गौर से चश्में से देखता है। फिर दहाड़ मार कर रो उठता है।)

शहंशाह : **(जूते को सीने से लगाकर रोते हुए)** हाय भाभी, तुम तो अंगूठा दिखा गयीं।

(इति)

दुस्मन उर्फ़ सैंया मगन पहलवानी में
(1965)

भूमिका

नाटककारीय

'दुस्मन-उर्फ़ सैंया मगन पहलवानी में' एक अतिरंजित हास्य नाटक है।

अंग्रेजी नाटक मुख्यतः दो वर्गों में विभाजित किये जाते हैं—ट्रेजेडी (दुखांतकी) तथा कॉमेडी (सुखांतकी)। कॉमेडी प्रायः उन नाटकों को कहते हैं जो दर्शकों का मनोविनोद करते हैं। उनको हँसाते हैं। कॉमेडी अनेक प्रकार की होती है। इनमें से एक को 'स्लैपस्टिक कॉमेडी' कहते हैं। इसका उद्देश्य दर्शकों को किसी न किसी तरह हँसाना होता है। इसका जीवन की सुकुमार भावनाओं, मनोवैज्ञानिक विवेचन, सौन्दर्यानुभूति, जीवन के यथार्थ चित्रण, उच्च आदर्शों आदि से कुछ लेना-देना नहीं होता। बस दर्शक किसी तरह हँसते हुए लोट-पोट हो जाएँ, कुर्सी पर उचक जाएँ और ठहाका रोक न सकें—इसी में 'स्लैपस्टिक कॉमेडी' की सफलता है। चार्ली चैपलिन की प्रारम्भिक फ़िल्में इसी कोटि की थीं।

साहित्य और कला में नवरस स्वीकृत हैं। एकरसता अंततः रसहीन हो जाती है। अतः इस परिप्रेक्ष्य में, 'कथा एक कंस की', 'रक्त-अभिषेक', 'सीढ़ियाँ' और 'अशोक' जैसे मिथक और इतिहास पर आधारित नाटकों के साथ, 'इतिहास चक्र', 'इतिहास (गाथा)', 'मन के भँवर', 'सांझ-सवेरा' जैसे सामाजिक नाटकों की श्रृंखला में प्रस्तुत है यह अतिरंजित हास्य-नाटक 'दुस्मन-उर्फ़ सैंया मगन पहलवानी में'। यह रंगमंच के सर्वाधिक लोकप्रिय आयाम—निर्बाध मनोरंजन के संसार में, दर्शकों और पाठकों की परितुष्टि करेगा। आशा है दर्शक इसको स्वीकार करेंगे।

पिछले तीस वर्षों में अनेक निदेशकों ने 'दुस्मन' अलग-अलग शहरों में मंचस्थ किया है। इनमें जे.पी. सिंह द्वारा निर्देशित नाट्य-प्रस्तुति मुझे बहुत

पसन्द आयी। विशेषकर गीतों का समावेश। मैंने जे.पी. की स्वीकृति से नाटक में उन गीतों को शामिल कर दिया है।

दशकों से 'दुस्मन-उर्फ़ सैंया मगन पहलवानी में' नाटक दर्शकों का मनोरंजन कर रहा है। मैं आशा करता हूँ कि आगे भी करता रहेगा।

मई, 2013 **दया प्रकाश सिन्हा**

पात्र-परिचय

1. **हिकमतसिह** : आयु 28 वर्ष, पहलवान, गम्भीर, किन्तु मूर्ख।
2. **गोली प्रसाद** : आयु 22 वर्ष, हिकमतसिंह का चेला, वाचाल और मूर्ख।
3. **मामू** : आयु 55 वर्ष, हिकमत सिंह का मामा, क्षीणकाय, बुद्धिमान, किन्तु काइयाँ।
4. **माँ** : आयु 50 वर्ष, हिकमत सिंह की माँ।
5. **लीला** : आयु 21 वर्ष, हिकमतसिंह की पत्नी।

प्रथम अंक

स्थान : उत्तर प्रदेश का एक कस्बा

समय : वर्तमान

(पर्दा खुलने पर एक निम्न मध्य-वर्ग के मकान का एक कमरा दिखाई पड़ता है। इसके पीछे की दीवार में बायीं ओर को हटकर एक खिड़की है। बायीं दीवार में एक द्वार है, जो पूरे नाटक भर बन्द रहता है। इस पर एक बहुत बड़ा ताला लटक रहा है। यह द्वार पड़ोसी के घर में खुलता है। दायीं दीवार में दो द्वार हैं। आगे दर्शकों के निकट का दायीं दीवार का द्वार घर के भीतर आने-जाने के लिए है। दायीं दीवार का पीछे का द्वार घर के बाहर आने-जाने के लिए है। पीछे की दीवार पर बीचोंबीच में हनुमान जी की बड़ी तस्वीर टंगी है तथा दायीं दीवार के पास दोनों द्वारों के बीच में आदम-कद शीशा रखा है। इसके अतिरिक्त कमरे में कसरत करने का सामान–गदा, मुग्दर, डम्बल इत्यादि यथास्थान रखे हैं। बायीं दीवार की तरफ आगे एक स्टूल पर कटोरे में बादाम और चने भीगने के लिए रखे हैं। बैठने के लिए एक छोटा तख्त, स्टूल, मचिया इत्यादि रखे हैं। एक कोने पर अरगनी पर लंगोट सूख रहा है। शीशे के सामने हिकमत सिंह नंगे बदन, लंगोट पहने, दण्ड लगा रहा है।)

(पर्दा खुलने पर, प्रकाश वृत्त में, पीछे की दीवार के समानान्तर, केवल लंगोट पहने नंगे बदन हिकमत सिंह दंड लगाता हुआ दिखाई पड़ता है। उसके पैर बाईं दीवार की तरफ़ है, और सिर हनुमान जी की तस्वीर के ठीक नीचे है। कुछ क्षणों पश्चात, प्रकाश के दूसर को उद्भासित करता है, जो मंच पर आगे दायीं और खड़े है और गाते है–

सइयाँ मगन पहलवानी में, लल्ला मगन पहलवानी में।
दुनियादारी ताक में रखके ज़ोगी बन जबानी में ॥ सइयाँ...)
(गीत समाप्त होने पर, गायक-वृन्द से प्रकाश वृत्त लुप्त हो जाता है। प्रकाश-वृत्त में हिकमत सिंह दण्ड लगाता रहता है।)

हिकमत : **(दण्ड लगाते हुए)** नौ सौ सत्तानबे **(मामू का प्रवेश दायीं दीवार के पीछे के द्वार से)** नौ सौ अठानबें, नौ सौ निन्यानवें। एक हजार।
(पूरा मंच प्रकाशित हो जाता है)

मामू : हजार! ग़ज़ब!! शाबाश भांजे हिमाकत, शाबाश।

हिकमत : **(उठते हुए)** हनुमान स्वामी की जय। **(उठकर लुंगी लपेटते हुए)** कहो मामू क्या हालचाल हैं?

मामू : सोचा बहुत दिन हो गये, ज़रा चलकर अपनी बहन को देख आऊँ और अपने भरमचारी भांजे के हालचाल ले आऊँ।

हिकमत : **(बनियान पहन कर)** महाबीर स्वामी की दया से अपने तो चंगे हैं। सब मौज ही मौज है। **(कटोरे से भीगे चने निकालकर मुँह में डालते हुए)**। हिकमत सिंह का डंका बज रहा है चारों ओर ताल ठोककर।

मामू : ऐ ग़ज़ब।

हिकमत : दुस्मन का दिल दहल जाता है। **(मामू से)** तुम भी खाओ।

मामू : क्या प्रसाद है?

हिकमत : नहीं भीगे चने हैं।

मामू : चने! ना बाबा न। तुम्हीं खाओ यह घोड़ों का चारा।

हिकमत : मामू, दुस्मन की हिम्मत नहीं पड़ती मेरे सामने पड़ने की। सामने से ऐसे दुबक कर निकल जाता है जैसे भीगी बिल्ली। इतनी भी हिम्मत नहीं उसकी कि नजर से नजर मिला सके।

मामू : ओह, तो दुस्मन पर बीस हो आजकल।

हिकमत : **(गर्व से)** मेरा नाम हिकमत सिंह है। **(अचानक आयी विनम्रता की लहर में)** सब बजरंगबली की किरपा है। **(दहाड़ते हुए)** जय बजरंगबली। तोड़ दुस्मन की नली।

मामू : ऐ ग़ज़ब! क्या खूब कहा। तोड़ दुस्मन की नली।

हिकमत : मामू, कल छम्मा गुरु से मुकाबला हो गया ताल ठोककर। बड़े बनते थे अपने आपको। ऐसे चलें जैसे गामा पहलवान

के बाद ये ही पैदा हुए हैं। अखाड़ा सत्ती टोला में हमारे चेले जाते हैं। सो हम भी गये थे। छम्मा गुरु भी अपने चेलों के साथ वहाँ आए थे...

मामू : **(रुचि दर्शाते हुए)** अच्छा तो...

हिकमत : चेले आपस में दाव-पेंच खेल रहे थे। इसी में हमारे चेले गोली को उसके चेले कालू ने चित्त कर दिया। बस, इतनी-सी बात पर छम्मा गुरु बोले—कालू आखिर चेला किसका है!

मामू : तो...तुमने क्या कहा?

हिकमत : मेरे बदन में आग लग गयी। बाल भरमचारी के आगे, ढीली लंगोटी वाले छम्मा महाराज की इतनी हिम्मत। देखते ही देखते मेरा मुँह गुस्से में हनुमान जी की अबीरी सा लाल हो गया। ललकार कर कहा मैंने—गोली तो कल का बच्चा है। हिम्मत हो तो गोली के गुरु से पंजा लड़ाओ।

मामू : शाबाश!

हिकमत : कालू तो कालू, उसके गुरु को भी आसमान न दिखा दूँ तो कहना।

मामू : क्या खूब कहा हिमाकत! वाह!

हिकमत : बस छम्मा महाराज अखाड़े में उतर आया। मैंने कहा—एक मिनट ठहरो।

मामू : क्यों?

हिकमत : छम्मा महाराज ने भी पूछा—क्यों? मैंने कहा अगर मैं चित्त हुआ तो मैं अपनी मूछें मुंडवाऊँगा और अगर तुमने मिट्टी चाटी तो तुम्हें यहीं सबके सामने मेरी टाँगों के नीचे से निकलना पड़ेगा।

मामू : वाह हिमाकत, वाह! क्या सूझ है। टांग के नीचे से निकलना पड़ेगा। तुम्हीं यह सोच सकते हो। उसने मंजूर किया?

हिकमत : हाँ। फिर तो वह मुकाबला हुआ कि बस कुछ न पूछो। सुरू में उसने मुझे दबाया लेकिन मामू, भरमचारी तो भरमचारी! मैंने उसके लंगोट को पकड़कर घुमाया और एकदम गर्दनिया डाल दी। चिमटा पकड़ में बच्चू बहुत छटपटाये, मगर एक न चली।

मामू : फिर?

हिकमत : फिर क्या? मैंने एकलंगी लगाकर वह धोबीपछाड़ दांव लगाया कि छम्मा महाराज आसमान देख रहे थे। **(खुशी से)** जय बजरंगबली।

मामू : **(नकल करते हुए)** जय बजरंगबली।

हिकमत : छम्मा महाराज का सब रंग झड़ गया। अपने चेलों-चापड़ों के आगे बच्चू को मेरी टांगों के नीचे से निकलना पड़ा। सब हनुमान स्वामी की दया है **(शीशे के सामने जाकर अपनी बांहों की मछलियों की प्रशंसा की निगाहों से देखते हुए)** यह बल्ले भरमचार और कसरत का फल है। **(मामू से)** मारो घूंसा। **(मामू हिचकिचाते हैं)** हाँ, हाँ, मारो घूंसा। मारो। **(मामू बांह पर घूंसा मारते हैं)** जरा जोर से मारो **(मामू फिर घूंसा मारते हैं)** ज़रा और जोर से...

मामू : **(दाहिने हाथ के पंजे को बायें हाथ से सहलाते हुए)** इन पर घूंसा मारने के लिए मुझे तो किराये पर आदमी बुलाने पड़ेंगे।

हिकमत : **(अपनी बांह के मसल देखता हुआ)** पवनसुत बजरंगबली की इसी कृपा से दुस्मन को चूहा बना दिया है। पिता जी की अंतिम इच्छा पूरी करने में हनुमान स्वामी जानते हैं, हिकमत सिंह ने कोई कसर बाकी नहीं रखी।

मामू : पिताजी की अंतिम इच्छा?

हिकमत : तुम तो जानते ही हो मामू, हमारे खानदान की और दुस्मन के खानदान की पुस्तैनी दुस्मनी है। हमारा खानदान कभी भी दुस्मन के खानदान के आगे नीचा नहीं पड़ा। पिताजी की आखिरी इच्छा यही थी कि जिस तरह उन्होंने खानदान की इज्जत को बचाये रखा उसी तरह मैं भी खानदान की इज्जत पर आँच न आने दूँ। मरते समय बप्पा मुझसे बोले थे-बेटा हिकमत, दुस्मन से हमेसा बीस रहना ताल ठोककर, यही हमारी आखीरी इच्छा है।

मामू : आखिर तुम्हारा और तुम्हारे दुस्मन का झगड़ा किस बात का है? तुम्हारे बाप से भी पूछा था, लेकिन उन्होंने नहीं बताया।

हिकमत : खानदानी झगड़ा है मामू। बाप-दादा के जमाने से चला आ रहा है।

मामू : आख़िर कब से।

हिकमत : दुस्मन के नगड़ दादा के बाप ने हमारे नगड़ दादा के बाप को जान से मार डाला। तब ही से यह बात ठन गयी कि हम दोनों के खानदानों में से सिर्फ एक का बारिस रहेगा, अगर रहेगा तो।

मामू : इस हिसाब से तुम्हारे दुस्मन के परदादा को तुम्हारे नगड़दादा के बाप ने मार कर बदला लिया होगा।

हिकमत : **(गर्व से)** बेसक। लेकिन परदादा के जमाने में हम दोनों खानदानों ने तय कर लिया था कि एक-दूसरे की जान नहीं लेंगे, लेकिन दुस्मनी बरकरार रखेंगे।

मामू : ऐ गज़ब! अचानक यह अहिंसा कैसे सूझ गयी?

हिकमत : परदादा के जमाने से अंग्रेज़ी राज आ गया था। उसमें मरने वाला तो मरता ही, साथ ही मारने वाले को भी फांसी चढ़ना पड़ता। इस तरह दोनों खानदानों के बारिस मर जाते। यह दुस्मनी की सर्त के खिलाफ था। दुस्मनी की सर्त के माफिक केवल एक ही बारिस को मरना चाहिए था। इस तरह दोनों परदादाओं ने दुस्मनी की सर्तों में तबदीली कर दी, और यह तय पाया कि दोनों ही बारिस ज़िन्दा रहकर दुस्मनी निभायें ताल ठोककर।

मामू : वाह, क्या ज़िन्दा-दिल दुस्मनी है। मगर भांजे यह तो बताओ, इस दुस्मनी की वजह क्या है?

हिकमत : बताया न, दुस्मन के नगड़दादा के बाप ने हमारे नगड़दादा के बाप को मार डाला था।

मामू : यह तो सुन लिया। मैं पूछता हूँ कि इसकी शुरुआत कैसे हुई?

हिकमत : सुरुआत?

मामू : दुस्मन के नगड़दादा के बाप ने तुम्हारे नगड़दादा के बाप को क्यों मारा था?

हिकमत : यह तो मैं नहीं जानता।

मामू : **(व्यंग से)** ऐ गज़ब! यह भी नहीं जानते कि दुस्मनी की वजह क्या है, फिर भी दुमनी ठाने बैठे हो।

हिकमत : दुस्मनी है, तो बस दुस्मनी है। वजह कुछ भी रही हो। खानदान की इज्जत मैली नहीं हो सकती, जब तक हिकमत सिंह ताल ठोककर जिन्दा है। हाँ! जय बजरंगबली।

(अचानक बाँये पार्श्व से किसी के गरारा करने की आवाज़ आती है। हिकमत सिंह दौड़कर खिड़की के पास जाता है।)

हिकमत : सुना मामू, दुस्मन कितनी जोर से गरारा कर रहा है। **(भीगे चने का पानी मुँह में डालकर खिड़की के बाहर मुँह कर गरारा करता है, फिर खुश होकर)** देखा मामू, मैंने दुस्मन की आवाज़ बन्द कर दी। कितने जोर-जोर से गरारा कर रहा था। मैंने उससे दूनी आवाज़ में गरारा किया, तो बस, बच्चू चुप होकर चले गये।

मामू : **(व्यंग से)** तुमने खानदान की इज्ज़त बचा ली।

हिकमत : **(शीशे के सामने अपने शरीर को प्रशंसा से देखता हुआ)** चुप कैसे न हो जाता। भरमचर और कसरत का मुकाबला करना आसान नहीं है। **(सांस से सीना फुलाकर सीने पर हाथ मारते हुए)** बज्र देह दानव दलन, जय जय जय कपि सूर।

मामू : भांजे, अगर तुम दोनों में इतनी दुश्मनी है, तो पास-पास क्यों रहते हो? दूर रहो तो तुम दोनों को ही चैन रहे।

हिकमत : हम दोनों खानदान हमेसा से ही पास-पास रहते आये हैं। हमारे नगड़दादा के बाप और दुस्मन के नगड़दादा के बाप एक ही घर के दो हिस्सों में रहते थे।

मामू : दुस्मनी शुरू होने के पहले तो ठीक था, लेकिन दुस्मनी के बाद तो अलग-अलग हो जाना चाहिए था।

हिकमत : कैसे हो जाते दूर? जो भी मकान छोड़कर दूसरी जगह जाता उसे समझा जाता कि वह डर गया। इसलिए दोनों खानदान एक ही घर में डटे रहे ताल ठोककर।

मामू : ऐ गज़ब!

हिकमत : पहले हम दोनों के पुरखे धनकुट्टापुरे के मकान में रहते थे। वह घर जब गिरने लगा तो हमारे दादा ने यह मकान सिर्फ़ अपने ही लिए नहीं, बल्कि दुस्मन के लिए भी ठीक किया।

मामू : **(हँसते हुए)** ऐ गज़ब? नये मकान में आये और साथ-साथ दुस्मन को भी नये मकान में लेते आये। तेरे साथ-साथ सनम।

हिकमत : अगर हमारे दादा यह न करते तो दुस्मन के दादा कहते कि डर कर भाग रहे हैं।

मामू : वाह हिमाकत।

(तभी कोई लड़का खिड़की से चोली में कंकड़ लपेट कर कमरे में फेंकता है।)

मामू : किसी ने कुछ फेंका?

(हिकमत उसे उठाकर खोलता है, लेकिन चोली देखकर एकदम झटक कर दूर फेंक देता है।)

हिकमत : **(बिगड़ते हुए खिड़की के पास जाकर)** खड़े रहो, खड़े रहो, भागो मत। अभी तुम्हें पीटकर बुकनी बनाता हूँ। बदमास कहीं के। भाग गये। मिल जायें तो साबित ही गाढ़ दूँ जमीन में।

मामू : क्या हुआ? किस पर बिगड़ रहे हो?

हिकमत : यह मुहल्ले के लड़के हैं। बहुत ही बदमास हैं। किसी दिन दो-चार हाथ पड़ जायेंगे तो ठीक होंगे।

मामू : यह तो चोली है?

हिकमत : कभी ब्लाउज फेंकते हैं, तो कभी चोली।

मामू : **(हँसकर)** भरमचारी का धरम भ्रष्ट करने के लिए?

(हिकमत मामू की छड़ी से ब्लाउज उठाकर खिड़की की तरफ बढ़ाता है।)

मामू : क्या करते हो?

हिकमत : फेंक रहा हूँ, और क्या करूँ?

मामू : **(एकदम बढ़कर ब्लाउज हाथ में लेते हुए)** लाओ मुझे दे दो। बन्दर के हाथ में तो हीरा भी पत्थर। **(सूंघकर)** इत्र की खुशबू आ रही है। हिमाकत, लगता है तुम्हारा पूरा दिमाग पिघल कर तुम्हारी बांहों में भर गया है, और खोपड़ी एकदम खाली हो गयी है। चोली भी भला फेंकने की चीज़ है।

हिकमत : मामू तुम मुझे हिमाकत क्यों कहते हो। मेरा नाम हिमाकत नहीं, हिकमत सिंह है।

मामू : हिमाकत माने नहीं जानते?

हिकमत : नहीं।

मामू : भांजे, हिमाकत उर्दू का शब्द है। हिमाकत माने हिम्मती।

हिकमत : ओह, अब समझा।

मामू : **(व्यंग से)** चलो कुछ तो समझे।

हिकमत : कहो तो मामू, मैं अपना नाम हिकमत से बदलकर हिमाकत सिंह कर दूँ?

मामू : **(आती हँसी को रोककर)** नाम तो तुम्हारा हिमाकत ही होनाचाहिए, लेकिन हिकमतसिंह तुम्हारे पिता का रखा हुआ नाम है इसलिए इसे ऐसा ही रहने दो।

(माँ का दायीं दीवार के आगे के द्वार से प्रवेश)

माँ : मामा-भांजे में क्या सलाह हो रही है?

मामू : बहन ज़रा भांजे से बातें करने लग गया। मैं तेरे पास ही आ रहा था।

माँ : **(मामू से)** मैं कहती हूँ, तुम इसके मामा हो। कब तक यह बिना नकेल के छुटटा घूमेगा।

मामू : अरे तुम जब कहो तब डाल दें नकेल।

हिकमत : अम्मा को और कोई बात ही नहीं है।

माँ : मैं तो लाख बार कह चुकी, मगर मेरी बात सुनता ही नहीं। लछमनपुर वाले चौधरी साहब मसहूर आदमी हैं। उनकी लड़की मेरी देखी हुई है।

मामू : सुंदर है?

माँ : एकदम सरसती का रूप है।

हिकमत : खबरदार! मैंने कह दिया अम्माँ, यह बजरंगबली का मंदिर है—यहाँ मैं कसरत करता हूँ। यहाँ किसी मादा जाति का नाम न लो।

मामू : अरे वाह भांजे, लड़की के नाम से तो ऐसे बिदकता है जैसे अनाड़ी टट्टू।

माँ : देख लो इसे भैया, जहाँ सादी की बात चलाओ बस बिगड़ना सुरू कर देता है।

मामू : बुद्धू है एकदम। शादी की बात में बिगड़ना चाहिए। एक मुझे देखो, हैं, हैं।

माँ : अरे भैया यही उमर है सादी करने की। अगर अब सादी नहीं की तो बुढ़ापे में सादी करने से क्या फायदा।

मामू : फायदा तो शादी में हर उमर में है। चाहे जवानी हो या बुढ़ापा। फरक बस इतना है कि जवानी में शादी हो जाती है, बुढ़ापे में कोई पूछता नहीं। मुझी को देखो बहन, मैं शादी करने को तैयार बैठा हूँ, अब कोई पूछता ही नहीं।

माँ : सरम खाओ। बात भांजे की सादी की हो रही है, अपनी सादी की बात करने लगे।

मामू : मैं तो बात की बात में कह रहा हूँ। मैं तो इस बुढ़ापे में भी शादी करने को तैयार बैठा हूँ। और एक हमारे भांजे हैं हिमाकत सिंह, जो भरी जवानी में भरमचारी बने बैठे हैं। **(हिकमत से)** लानत है तुम्हारी पहलवानी पर। तुम्हारी जवानी पर।

हिकमत : तुभ दोनों भाई-बहन क्यों मुझे परेसान करते हो।

मामू : ऐ ग़जब! तुम्हारी शादी की बात करना तुम्हें परेशान करना हो गया। हे भगवान, हमें भी कोई इस तरह परेशान करे।

हिकमत : मैं सबसे कई बार कह चुका हूँ।

मामू : एक बार फिर कह दो।

हिकमत : मुझे सादी नहीं करनी है, नहीं करनी है।

मामू : क्यों नहीं करनी है?

माँ : हाँ... क्यों नहीं करनी है?

हिकमत : मुझे दुस्मन का मुकाबला करना है ताल ठोककर।

मामू : दुस्मन तो हर दिन का है। उसके लिए हम अपनी रोटी-दाल, खाना-पीना, बियाह-शादी तो नहीं बन्द कर सकते।

हिकमत : मैं पहलवान हूँ, कसरत करता हूँ।

मामू : अरे शादी के बाद कसरत दोगुनी हो जायेगी। दोनों मिलकर करना...कसरत।

माँ : कसरत करते हो तो करो। पहलवानी करते हो तो करो। कोई रोकता नहीं। लेकिन सादी भी करो। **(मामू से)** मैं अकेली भैया, सुबह से रात तक घर के काम में बिंधी रहती हूँ। इनको पाला, बड़ा किया, जवान किया।

मामा : गलत किया।

माँ : अब क्या इनका फ़रज नहीं है कि मुझे बुढ़ापे में सुख दें। बहू आ जाये तो मुझे कितना सहारा हो जाये।

हिकमत : **(समझाते हुए)** अम्मा, मैंने कह दिया, मैं सादी नहीं कर सकता।

मामू : मैं पूछता हूँ, आख़िर तुम शादी क्यों नहीं कर सकते? लंगड़े हो, लूले हो, मैं पूछता हूँ आख़िर शादी क्यों नहीं कर सकते? क्या वो हो। **(ताली बजाकर हिजड़ों की नकल करता है)**

हिकमत : मैंने हनुमान जी की कंठी ली है।

मामू : कंठी ली है? तोड़ दो कंठी।

हिकमत : मैं भरमचारी हूँ।

मामू : भरमचारी हो, तो हो भाई। हम लोग कब कहते हैं कि भरमचारी न हो। भरमचारी रहो लेकिन शादी ज़रूर करो।

हिकमत : कैसे?

मामू : भरमचारी हो तो किसी भरमचारिनी से शादी कर लो। क्यों ठीक कहा न बहन!

माँ : भइया, यह कंठी-वंठी सब मुझे सताने को है। यह चाहता है कि मरते दम तक मैं इसकी चाकरी करूँ। यह तो चेले चापड़ लिए डंडे-गोपाली करता घूमेगा और मुझे मरते वक्त कोई पानी भी पूछने वाला घर पर न होगा। **(रुंधे गले से)** किसी को क्या कहूँ, सब मेरे पिछले जनम के करमों का फल है। **(आँसू पोंछती हुई दायीं दीवार के आगे के द्वार से घर के भीतर जाती है।)**

मामू : भांजे हिमाकत, तूने मेरी बहन को बड़ा दुखी किया है। **(प्रस्थान घर के भीतर)**

हिकमत : **(हनुमान जी की तस्वीर के आगे हाथ जोड़कर)** हनुमान स्वामी, अपने भगत की रच्छा कर।

(दायीं दीवार के पीछे के द्वार से गोली का प्रवेश।)

गोली : गुरु महाराज! जय बजरंगबली!

हिकमत : चेला, जय बजरंगबली। **(गोली हिकमत के पैर छूता है।)** बजरंगबली, तेरी बात बड़ी, तोड़ दुस्मन की नली।

गोली : गुरु महाराज, कल छम्मा गुरु को तुमने जो पटकनी दी है, बस मजा आ गया। आज कालू बाजार में हल्दी खरीदता मिला। अपने उस्ताद छम्मा के लिए खरीदता होगा।

हिकमत : चाहे हल्दी-चूना लगायें या कुछ और, छम्मा बेटा हमें कभी नहीं भूल सकेंगे। जब-जब पुरवइया चलेगी, तब-तब सरऊ का जोड़-जोड़ पिरायेगा, और हमें याद करेगा।

गोली : मूरख है, चला था हमारे गुरु से टकराने।

हिकमत : **(सीने पर हाथ मारते हुए)** मेरा सीना एकदम चट्टान है। चाहता तो छम्मा गुरु को भींच कर चटनी बना देता।

गोली : गुरु तुम्हारी तो धाक जम गयी है चारों ओर।

हिकमत : **(गंभीरता से)** चेला गोली, तुम क्यों कालू से हार गये?

गोली : गुरु बखत की बात

हिकमत : बोल तेरा भरमचर ठीक है?

गोली : बिल्कुल गुरु, बिल्कुल।

हिकमत : तब कैसे हार गया?

गोली : वकत की बात...।

हिकमत : तू आजकल लड़कियों के बीच में तो नहीं उठता-बैठता?

गोली : नहीं गुरु?

हिकमत : लड़कियों से बातें तो नहीं करता?

गोली : बिल्कुल नहीं गुरु?

हिकमत : उनकी ओर देखता तो नहीं?

गोली : नहीं गुरु, एकदम नहीं।

हिकमत : तो उनके बारे में सोचता होगा?

गोली : नहीं, बिल्कुल नहीं।

हिकमत : तू लड़कियों के साथ उठता-बैठता नहीं, बात नहीं करता, उन्हें देखता नहीं, उनके बारे में सोचता नहीं। तब तू जरूर लड़कियों जैसे कवियों का साथ करता होगा।

गोली : न, गुरु।

हिकमत : जरूर तू जनाने कवियों की परेम कविता पढ़ता होगा? सुनता होगा?

गोली : गुरु, कैसी बातें करते हो? मैं हनुमान जी का भक्त, मरद होकर कवियों के बीच उठूं-बैठूंगा?

हिकमत : तब क्या बात हो सकती है? तू मेरा खास सिस्य है। तुझ पर घमण्ड है। बता तू क्यों हार गया? बोल?

गोली : मैं क्या जानू?

हिकमत : **(खड़े होकर जोश में)** देख बजरंगबली को देख। फिर मुझे देख।

गोली : देख रहा हूँ।

हिकमत : गुरु और गोविन्द दोनों तेरे आगे खड़े हैं। सच-सच बता, क्या बात है?

गोली : **(अचकचाया-सा)** गुरु महाराज।

हिकमत : सच बोल। तूने बजरंगबली की कंठी धारन की है,

गोली : हाँ की है।

हिकमत : भरमचारी की लंगोटी पहनी है...

गोली : आज नहीं पहनी है।

हिकमत : क्यों नहीं पहनी है? सच बोल, नहीं तो तू नस्ट हो जायेगा। तेरा सत्यानास हो जाएगा। हनुमान जी की गदा तेरा सर फोड़ देगी। बोल, सच बोल।

गोली : महाराज एक लड़की है...।

हिकमत : क्या नाम है उसका?

गोली : **(सफाई के स्वर में)** न, न। मैं न तो उसके साथ उठता-बैठता हूँ, न बात करता हूँ, न देखता हूँ और न ही उसके बारे में सोचता हूँ।

हिकमत : कौन है वह लड़की?

गोली : हमारे मोहल्ले में ही रहती है। उसके माँ-बाप उसकी सादी मुझसे करना चाहते हैं। हमारे माँ-बाप को भी यह रिस्ता पसन्द है। लेकिन मैंने सादी को एकदम मना कर दिया है। मैं सादी नहीं करना चाहता।

हिकमत : तो?

गोली : दिन-रात हमारी अम्माँ उस लड़की की तारीफ मुझसे किया करती है। कहती है, रतना बहू बनकर आये तो यह हो जाये, वह हो जाये। सब हो जाये।

हिकमत : देखा तुमने! मैं ठीक समझा था। तुम दिन-रात लड़की का नाम सुनते हो, इसीलिए तुम हार गये। लड़की का नाम भी बरमचारी की सक्ति कम कर देता है। समझे तुम?

गोली : हाँ महाराज, यहाँ तो समझ में आ गया, लेकिन वहाँ अम्मा को कौन समझाये।

हिकमत : चलो बजरंगबली से माँफी माँगो। उसके आगे माथा टेको नाक रगड़ो।

गोली : **(साष्टांग लेटता हुआ)** महावीर स्वामी 'एक्सक्यूज़ मी।'

हिकमत : बजरंगबली, अपने भगत को छमा करो। इसने तुम्हारी कंठी पहनी है, तुम्हारा लंगोटा पहना है। इसे छमा करो। **(गोली से)** बोलो, हे बजरंगबली...।

गोली : हे बजरंगबली...।

हिकमत : हम तुम्हारे बन्दर हैं, लंगूर हैं।

गोली : **(दोहराते हुए)** ये तुम्हारे बन्दर हैं। लंगूर हैं।

हिकमत : हमें छमा करो।

गोली : इन्हें छमा करो।

हिकमत : अब उठो। **(गोली उठता है)** अब मेरे पैर पड़ो। **(गोली गुरु के पैर पड़ता है।)** मैंने भी तुम्हें छमा किया। अब उठो। **(हाथ जोड़कर)** जय बजरंगबली।

गोली : **(हाथ जोड़कर)** जय बजरंगबली।
(नेपथ्य में बन्दूक छूटने की आवाज़)

हिकमत : यह कैसी आवाज़ है **(दौड़कर पीछे की खिड़की से बाहर झाँकता है। गोली भी हिकमत सिंह के पीछे जाकर खिड़की से झाँकता है)**।

गोली : घर है या आतंकवादी अड्डा।
(मामू भी घर के भीतर से निकल कर खिड़की के पास जाते हैं। तब ही एक गोली और छूटती है।)

मामू : यह बन्दूक कौन चला रहा है?

हिकमत : दुस्मन के घर वाले बन्दूक चला रहे हैं।

मामू : क्यों? दुश्मन के यहाँ कोई खुशी हुई है क्या?

माँ : **(प्रवेश करके)** उसका गौना आज होकर आया है। उसी में बन्दूक छुड़ा रहा होगा।

गोली : **(खुशी से)** गौना?

माँ : मुए तू क्यों खुस हो रहा है?

गोली : गौना होकर आया है न।

मामू : ओ हो, गौना होकर आया है। सुनो भांजे, तुम्हारा पड़ोसी आबाद हो गया आज से।

माँ : इससे क्या कहते हो? लगता है मेरे मन की मन ही में रह जाएगी।

हिकमत : गधा है एकदम।

मामू : पता नहीं कौन गधा है?

हिकमत : गौना हुआ है तो उसमें बन्दूक छुड़ाने की क्या ज़रूरत! सारे मुहल्ले को बता देना चाहता है।

मामू : क्यों न छुड़ाये बन्दूक? क्यों न बताये मुहल्ले वालों को, बियाह करके लाया है घरवाली को। कोई भगाई-वगाई होती तो सब चुपचाप करता।

माँ : भगवान जाने कब इस हिकमत को समझ आयेगी।

गोली : कभी नहीं।

माँ : कब मैं बहू का मुँह देखूँगी।

गोली : कभी नहीं।

मामू : **(गोली से)** अबे चुप। **(माँ से)** जब इसकी मामी आयी थी, तो तीन दिन तक नौबत बजी थी मेरे घर। शहनाई वालों ने चीख-चीखकर मुहल्ले को ही नहीं पूरे शहर को बता दिया था।

माँ : इसकी तो मति भरस्ट हो गयी है।

मामू : गौने की खबर सुनकर मेरे दिल में तो जैसे नरम-नरम कुछ-कुछ होने लगता है। ताज्जुब तो यह है बहन कि इस पर कुछ असर नहीं हुआ।

माँ : अभागा है!

मामू : एकदम सूखा ठूंठ, हरियाली कहीं है ही नहीं।

हिकमत : **(बिगड़कर)** तुम लोग अपनी बकवास बन्द करो।

मामू : सुन लो बहन, यह बकवास है। दुनिया की सबसे मीठी बात शादी बकवास है। भांजे हिमाकत! तेरी बात कोई सुने तो कहे बूढ़ा है। तुमसे ज्यादा जवान तो मैं हूँ।

हिकमत : तो मामू तुम अपनी सादी कर लो।

मामू : मैं तो तैयार बैठा हूँ।

गोली : बैठे ही रहिए।

मामू : लेकिन कोई पूछने वाला ही नहीं है। और एक तू है जिसके पीछे लोग शादी को पड़े हैं। इस दुनियाँ में न्याय नहीं है।

माँ : इस पर किसी बात का कोई असर नहीं। किसी के कहने का कोई ख़्याल नहीं। एकदम चिकना घड़ा है।

मामू : ज़रा सोचो, तेरे दुश्मन के घर में इस समय रौनक ही रौनक होगी। वहाँ गोरे-गोरे नाजुक हाथों में काली चूड़ियाँ पहने उसकी बहू बैठी होगी। इसके खिलाफ तेरे घर में यह **(गोली की तरफ इशारा करके)** सूरतहराम मुसण्डा बैठा है।

हिकमत : मामू, इसे कुछ न कहो। खबरदार!

माँ : **(वितृष्णा से दोहराते हुए)** इसे कुछ न कहो।

मामू : ज़रा सोचो तो भांजे, दुश्मन की शादी हो गयी, तेरी शादी नहीं हुई। अब बता कैसे तू दुश्मन का मुकाबला करेगा?

हिकमत : मैं हर चीज़ में दुस्मन से बढ़-चढ़कर हूँ। मैं अगर उसके एक हाथ मार दूँ ताल ठोककर, तो दिन में उसको तारे दिखाई दे जायें। मेरा क्या खा के वह मुकाबला करेगा।

मामू : सादी में तेरा खानदान उससे कम पड़ गया।

हिकमत : शादी के अलावा तो किसी चीज़ में कम नहीं है ताल ठोककर।

मामू : तो शादी में ही क्यों कम रहे। उसमें भी दुश्मन को मात दे। तेरी बहू दुश्मन की बहू से ज्यादा सुन्दर होगी, उसकी मेरी जिम्मेदारी है।

हिकमत : उसमें तो मजबूरी है।

मामू : क्या मजबूरी है? क्या तुम वो हो? (दोनों हाथ से ताली बजाकर दिखाता है)

गोली : गुरु जी ने हनुमान स्वामी की कंठी पहनी है। बजरंगबली का लंगोट बांधा है।

माँ : **(बिगड़कर गोली से)** बड़ा आया गुरु जी वाला। तुम्हीं ने मेरे बेटे को भड़काया है। इस सबकी जड़ में तुम्हीं हो। आफत का परकाला!

हिकमत : खबरदार अम्माँ। हमारे चेले को कुछ मत कहना। मैं यह बर्दास्त नहीं करूँगा।

माँ : हाँ, हाँ, माँ पर जितना चाहो बिगड़ लो। जिसने तुझे पाल-पोसकर बड़ा किया वह कुछ नहीं। यह लफंगा तुम्हारा बड़ा सगा हो गया। जो कुछ वह सलाह दे वही करो। मैंने भी कसम ले ली आज से, जो तुझसे कुछ भी कहूँ अब। हाँ! **(क्रोध में घर के भीतर प्रस्थान)**

मामू : **(कान पर हाथ रखते हुए।)** खनून्, खनून्...पायल और कंगन की मिली-जुली आवाज़। ज़रा सुनो...**(हिकमत सिंह और गोली ध्यान देकर सुनते हैं।)** हाँ, हाँ सोलहों आने पायल और कंगन की मिली-जुली आवाज़ है। **(हिकमत सिंह से)** तेरी मामी की याद आ गयी मुझे। मरते दम तक वह कंगन और पायल

पहनती थी। **(बाई ओर के द्वार की ओर इशारा करते हुए)** इस दरवाज़े के उधर तुम्हारा दुस्मन रहता है।

हिकमत : हाँ।

मामू : तब तो बेशक उसकी नयी दुल्हन इसी कमरे में है। **(दरवाज़े के पास जाकर किवाड़ में कान लगाकर)** वह यहीं है। **(किवाड़ के एक छेद में आँख लगाकर देखता है)** वाकई हिमाकत वह यहाँ बैठी है। मुझे इस छेद से दिखाई पड़ रही है। **(छेद से फिर देखकर)** आहा, बिल्कुल स्वर्ग की अप्सरा है। कैसा गोरा-गोरा रंग है—जैसे...जैसे चांदनी। क्या अल्हड़ जवानी है—बिल्कुल पहाड़ी नदी जैसी, भरी भरी, चिकनी बांहें, नाज़ुक कलाई और उसमें चमकती लाल-लाल चूड़ियाँ। **(उदास स्वर में)** भांजे, मुझे तेरी मामी बड़ी याद आ रही है। **(छेद से फिर देखकर)** हाय, हाय, उसकी आँखें तो देख...काली-काली, आँखों को देखकर लगता है जैसे आँखें नहीं दो भौरे बैठे हैं! आँखों का कटीला काजल दूर तक खिंचा है। हाय, मेरे दिल को चीर गया। **(फिर छेद देखकर)** उसके होंठ, पतले-पतले गुलाबी होंठ, हाय होंठ नहीं गुलाब की दो पंखुड़ियाँ हैं। बड़े जालिम हैं उसके होंठ! **(फिर छेद से देखकर)** हाय, हाय, क्या बात है! भगवान ने बड़ी फुर्सत में खास अपने हाथों से गढ़ा है, उसके अंग-अंग को। **(छेद के पास नाक ले जाकर सूंघते हुए)** क्या महक है! क्या सुगंध है। अरे हिमाकत, यह खुशबू उसकी सुन्दरता की है, उसकी जवानी की है। **(फिर छेद से देखकर, बदले स्वर में)** न बाबा न, मैं और नहीं देखूँगा। **(कान पकड़कर)** कान कपड़े, अब और नहीं देखूँगा। बुढ़ापा काटना मुकिल हो जाएगा। न, न, अब और नहीं देखूँगा।

(दायें द्वार से घर के भीतर प्रस्थान)

हिकमत : चेला गोली, यह दरवाज़े का छेद तो बहुत ही भयंकर है। मैं तुम्हें कागज और गोंद देता हूँ, इसे बन्द कर दो।

(घर के अन्दर प्रस्थान)

(गोली बैठा-बैठा हिकमत की प्रतीक्षा करता है। बीच में कभी-कभी बायें द्वार की ओर देखता है। हिकमत भीतर से अखबार और गोंद लाकर गोली को लाकर देता है। गोली

अखबार में गोंद लगा कर बायें दरवाज़े का छेद बन्द करता है। हिकमत उस समय उसको शिक्षा देता है।)

हिकमत : चेला गोली, बरमचारी को हर समय संकट ही संकट है। उसे हर समय आँख खोलकर रहना चाहिए। यह दरवाज़े का छेद मति-भरस्ट कर सकता है। जिन्होंने हनुमान जी की कंठी और लंगोटी धारन की है, उन्हें ऐसे भुलावों से हमेसा बचना चाहिए ताल ठोककर।

गोली : बन्द कर दिया छेद।

हिकमत : साबास चेला। अब ज़रा मेरे बादाम पीस दो। **(चने के पास रखे भीगते बादाम देता है।)**

गोली : **(सिल पर बादाम पीसते हुए)** गुरु, कभी बादाम के साथ किसमिस पीस कर खायी है?

हिकमत : नहीं तो...

गोली : बादाम का जायका दस गुना हो जाता है।

हिकमत : किसमिस तो घर में है। मैं लाकर देता हूँ।

(प्रस्थान घर के अन्दर)

(गोली अकेला बैठा बादाम पीसता है फिर उठकर बायें द्वार पर जाता है। दरवाज़े से कान लगाकर सुनता है। फिर गोंद की शीशी में पड़ी डंडी निकालकर, दरवाज़े के कागज को देदकर उसमें से देखता है। तब ही हिकमतसिंह एक तश्तरी में किशमिश लेकर आता है।)

हिकमत : **(गरजकर)** चेला!

गोली : **(घबराकर)** गुरु महाराज!

हिकमत : निकल जाओ।

गोली : छमा गुरु, छमा! **(हिकमत के पैर पकड़ना चाहता है)**।

हिकमत : **(पैर हटाकर)** खबरदार, मुझे मत छूना।

गोली : छमा करो, गुरु।

हिकमत : बजरंगबली की कंठी और लंगोटी पहनकर, उन्हीं के आगे यह पाप करते तुम्हें सरम नहीं आई?

गोली : अब आ रही है।

हिकमत : पापी, तुम्हें इसका फल मिलेगा।

गोली : बड़ी गलती हुई महाराज **(कान पकड़कर)** कान पकड़ता हूँ।

हिकमत : हट जाओ मेरी निगाहों के सामने से।

गोली : **(हिकमत के पैर पकड़कर)** मैं नहीं जाऊँगा, जब तक तुम हमें छमा नहीं कर दोगे।

हिकमत : तुमने बजरंगबली की कंठी का अपमान किया है।

गोली : मैं बड़ा पापी हूँ। हमने बहुत बड़ा अपराध किया है। हमें छमा करो गुरु महाराज।

हिकमत : तुम कंठी और लंगोटी उतार दो।

गोली : हमारी जान ले लो, मगर कंठी और लंगोट न उतारो। **(हनुमान जी की तस्वीर के आगे माथा टेकता है)**। हनुमान स्वामी, भगत के अपराध को छमा करो। मैं तुम्हारे आगे माथा झुकाता हूँ। नाक रगड़ता हूँ।

हिकमत : **(क्रोध को दबाकर)** चेला, तुमने बहुत बड़ा अपराध किया है लेकिन मैं तुम्हें छमा करता हूं। एक मौका और देता हूँ।

गोली : **(हिकमत के आगे लेटते हुए)** गुरु महाराज तुम बड़े दयालु हो।

हिकमत : इस समय जाओ। मेरा मन बड़ा चंचल है। साम को अखाड़े पर मिलना।

गोली : जैसी आज्ञा।

(प्रस्थान-घर के बाहर)

(हिकमतसिंह कुछ देर बैठा रहता है फिर उद्विग्न सा कमरे में टहलता है, फिर बायें द्वार के पास रुकता है। फिर अखबार में गोंद लगाकर बायें दरवाज़े के पास जाता है, वहाँ कुछ देर खड़ा सोचता रहता है और अचानक छेद में आँख लगाकर देखने लगता है। तब ही दायें द्वार से, घर के भीतर से मामू आते हैं। वह हिकमतसिंह को देखकर स्तंभित रह तो हैं। फिर उसकी गर्दन में अपनी छड़ी की मूंठ डालकर अपनी ओर खींचते हैं?)

मामू : कहिये भरमचारी जी, यह क्या हो रहा है?

हिकमत : **(हकलाते हुए)** म्...म्...म्...

मामू : मैं मम्मा नहीं, मामू हूँ। यह छुप-छुप के क्या हो रहा है? अब बोलो, बता दूँ तुम्हारे चेले-चपाटों को उनके गुरु महाराज की करतूत!

हिकमत : **(हाथ जोड़कर)** मामू...

मामू : अपने गुरु का हाल सुनकर चेले जूते लेकर दौड़ पड़ेंगे। **(चिढ़ाते हुए)** ऊपर से जय बजरंगबली, और अन्दर ही अन्दर जय अनारकली। ये ग़ज़ब। यह गुल! शाबाश बेटे! ज़रा सोचो अगर मैं दुश्मन को बता दूँ तो...

हिकमत : न मामू दुस्मन से न कहना।

मामू : उसे अगर पता लगे कि तुम सिर्फ़ नाम के भरमचारी हो तो कितनी भद्द होगी तुम्हारी, तुम्हारी ही नहीं, तुम्हारे खानदान की भी तौहीन होगी।

हिकमत : दुस्मन से न कहना। मैं तुम्हारे हाथ जोड़ता हूँ।

मामू : मैं तो कहूँगा। दुश्मन से भी कहूँगा और ताल ठोककर तुम्हारे चेले-चपाटों से भी।

हिकमत : मैं कहीं का न रहूँगा। मामू, ज़रा सा ख़्याल करो।

मामू : मुझे कुछ नहीं सुनना है।

हिकमत : पूरे सहर में मेरी बदनामी होगी।

मामू : छम्मा महाराज, घूम-घूमकर पूरे शहर में तुम्हारी कीर्ति का ढिंढोरा पीटेंगे। दुश्मन के आगे तुम जो नाक ऊँची लिए फिरते हो, वह हमेशा के लिए कटकर साफ हो जाएगी।

हिकमत : नहीं मामू, कहीं, ऐसा गज़ब न करना। मैं काला मुँह लेकर कहाँ जाऊँगा।

मामू : मैं क्या जानूं। इधर तहलका में खबर छपी, उधर तुम्हारा काम तमाम। हाँ... अगर तुम चाहते हो कि मैं अपनी जुबान बन्द रखूँ तो उसकी सिर्फ़ एक तरकीब है।

हिकमत : क्या?

मामू : तुम शादी की रजामन्दी दे दो।

हिकमत : **(हिचकिचाते हुए)** सादी?

मामू : हाँ, शादी।

हिकमत : लेकिन मामू...

मामू : लेकिन-वेकिन कुछ नहीं। या तो शादी करो, या फिर पूरे शहर को पता चल जायेगा कि तुम असलियत में क्या हो। ज़रा सोचो, जो अभी तुम्हारे पैर पकड़ते हैं, वही तुम पर थूकेंगे। तुम्हारा दुश्मन जो अभी तुमसे आँख भी नहीं मिला पाता, वह तुम्हारे आगे सीना निकालकर कहेगा—तुम क्या मुकाबला

करोगे हमारे खानदान का। तुम्हारी तो पूरे शहर में बदनामी है। **(रुककर)** चुप क्यों हो? जवाब दो। हाँ या न। मेरे पास समय नहीं।

हिकमत : ठहरो ज़रा, सोचने दो।

मामू : सोचना-विचारना क्या? किसके पास इतनी फुर्सत है, जो खड़ा रहे। जवाब दो, तो दो, नहीं तो मामू चले नारद बनकर। **(डुगडुगी बजाने का अभिनटन करते हुए)**–डुग-डुग-डुग... सुनो-सुनो- सुनो-बच्चे बूढ़े जवान सुनो, देश के सारे पहलवान सुनो, एक भरमचारी की दास्तान सुनो। हिकमत सिंह वैसा नहीं जैसा आप समझते हैं, जैसा आप जानते हैं, जैसा आप मानते हैं। ये ऐसा है...ये वैसा है। **(मामू बाहर जाने को दरवाज़े की तरफ बढ़ते हैं)**।

हिकमत : **(दौड़कर मामू के पैर पकड़ते हुए)** मैं सादी के लिए तैयार हूँ। लेकिन तुम्हारे पैर पकड़ता हूँ किसी से कुछ न कहना। मैं सादी कर लूँगा लेकिन तुम चुप रहना। मेरी बदनामी न करना। मैं सादी कर लूंगा...लेकिन...तुम।

मामू : ऐ गज़ब। **(ऊँचे स्वर में)** बहन-बहन...तुम्हारा बेटा शादी के लिए तैयार है ताल ठोककर।

हिकमत : **(रोते स्वर में)** ताल ठोक कर नहीं, सिर पीटकर।

(अंधेरा होता है और शहनाई गूंज उठती है।)

(अंतराल अंधकार : प्रथम अंक समाप्त)

द्वितीय अंक

(हिकमतसिंह हनुमान जी की तस्वीर के आगे आँखें बन्द करके पूजा में बैठा है। मामू, गोली, माँ और लीला अपनी पोशाक पर सफ़ेद शॉल ओढ़कर गायकबृन्द बन जाते हैं। वे ध्यान में मग्न हिकमत सिंह के आसपास खड़े होकर गाते हैं :

सैंयाँ मगन पहलवानी में,
लल्ला मगन पहलवानी में।
भाव भजन में दगल लगाया,
बजरंगी का अलख जगाया।
न शादी, न ब्याह की चिन्ता,

बने ब्रहमचारी जवानी में।
उठ्ठक बैठक दण्ड पेलना,
दाँव पेंच से दंगल खेलना।
सुबह शाम बस दंगल कुश्ती,
सारा घर परेशानी में।
सैयाँ मगन पहलवानी में–

(गायकवृन्द माथा ठोंकते, तथा हिकमत को धिक्कारते प्रस्थान करते हैं। थोड़ी देर बाद, लीला अपने चरित्र में शॉल उतारकर घर के भीतर से प्रवेश करती है। वह कुछ देर आँखों में नटखट मुस्कराहट लिए पूजा करते हिकमतसिंह को देखती है, फिर चुपचाप बिना आहट किये एक-एक करके हिकमतसिंह के मुग्दर, डम्बल, भीगते चने इत्यादि हटा देती है। फिर भीगते चने जहाँ रखे थे, वहाँ पान रख देती है। पूजा के पानी में इत्र उडेल देती है और अन्त में हनुमान जी की तस्वीर के नीचे, हिकमतसिंह के ठीक सामने राधा-कृष्ण की रास करती तस्वीर टांग देती है। फिर कोने में खड़ी हो जाती है। हिकमतसिंह पूजा के लिए पानी अंजुली में लेता है, तो इत्र की खूश्बू अनुभव करता है।)

हिकमत : **(पानी सूंघते हुए)** पूजा के पानी में इत्र कहाँ से आ गया है? यह राधा किसन की तस्वीर किसने लगा दी? **(राधा-कृष्ण की तस्वीर हटाते हुए)** मैं बजरंबली का भक्त, न जाने इसे कौन लगा गया। मेरे मुग्दर कहाँ गये? और मेरे भीगे चने कहाँ गये? कौन रख गया पान यहाँ? **(कोने में खड़ी लीला हँसती है। हिकमतसिंह चौककर उछल पड़ता है)** कौन है?

लीला : मैं हूँ।

हिकमत : तुम?

लीला : यह पान मैंने रखे हैं।

हिकमत : क्यों?

लीला : आपके लिए।

हिकमत : तुम मेरे कमरे में क्यों आई ताल ठोंककर?

लीला : क्या आपके कमरे में आना मना है?

हिकमत : हाँ...मना है।

लीला : मुझे मना है?

हिकमत : हाँ, तुम्हें मना है।

लीला : क्या मैं आपकी कोई नहीं?

हिकमत : पूजा भंग कर दी तुमने।

लीला : बताइये, मैं आपकी कौन हूँ? **(अदा से)** हम आपके हैं कौन?

हिकमत : तुमको मेरे कमरे में आने की जरूरत नहीं।

लीला : बताइये न, मैं आपकी हूँ कौन?

हिकमत : मुझसे बात न करो।

लीला : मैं आपकी घरवाली हूँ। कह दीजिए झूठ है। बोलिये क्या मैं आपकी घरवाली नहीं हूँ?

हिकमत : **(झुँझलाकर)** हो, तो मैं क्या करूँ?

लीला : घरवाली हूँ तो जो आपका कमरा वह मेरा कमरा। अब मैं भी इसी कमरे में रहा करूँगी।

हिकमत : **(चौककर)** क्या? नहीं-नहीं, तुम इस कमरे में नहीं रह सकतीं।

लीला : क्यों?

हिकमत : क्योंकि यह मेरा कमरा है।

लीला : तब ही तो मैं इस कमरे में रहूँगी।

हिकमत : यह बरमचारी का कमरा है। इसमें तुम नहीं रह सकतीं। तुम नारी हो।

लीला : **(परिहास से)** ओह! मैं नारी हूँ।

हिकमत : जल्दी निकलो यहाँ से। बाहर जाओ। मैं कहता हूँ जाओ यहाँ से।

लीला : और अगर न जाऊँ?

हिकमत : तो मैं तुम्हें जबरदस्ती निकाल दूँगा। ताल ठोंककर।

लीला : कैसे?

हिकमत : हाथ पकड़कर बाहर कर दूँगा।

लीला : **(हाथ बढ़ाकर)** लो पकड़ो हाथ।

हिकमत : **(लीला का हाथ पकडने को हाथ बढ़ाता है किन्तु सोचकर खींच लेता है)** ओफ, मैं बरमचारी, नारी को कैसे छू सकता हूँ?

(परेशानी में हनुमान जी की तस्वीर के सामने जाकर खड़ा होता है।)

लीला : मेरा हाथ नहीं पकड़ सकते, तो तुम मुझे निकाल भी नहीं सकते। अब मैं चैन से इस कमरे में रह सकती हूँ।

हिकमत : हनुमान स्वामी, इस पागल नारी को अकल दो।

लीला : गौने के चार महीने बाद, आज ही तो मुझे अकल आयी है।

हिकमत : नारी, मैं हाथ जोड़ता हूँ, चली जा यहाँ से।

लीला : आज तो फैसला होना ही है। या तो तुम मुझे हाथ पकड़कर घर से निकाल दो, नहीं तो मैं इस कमरे में आकर तुम्हारे साथ रहूँगी।

हिकमत : पवनसुत, महाबीर, बिक्रम बजरंगी—अपने भगत की रच्छा कर।

लीला : आज हमेसा के लिए तय कर दो। तुम मुझे घर से निक़ालोगे, या मुझे इस कमरे में रखोगे।

हिकमत : देख मैंने तेरा कुछ नहीं बिगाड़ा है। तू मुझसे किस बात का बदला ले रही है?

लीला : आख़िर यह इस तरह कब तक चलेगा। कुछ न कुछ तो तय होना ही है—इस पार या उस पार। **(कमरे के दरवाजे बन्द करती है।)**

हिकमत : **(चौंककर)** अरे यह क्या! तुमने दरवाज़े बन्द कर दिये? कोई देखेगा तो क्या कहेगा...

लीला : क्या कहेगा?

हिकमत : मैं अकेला एक नारी के साथ...

लीला : कह दीजिएगा वह नारी आपकी घरवाली है।

हिकमत : तुम कुछ नहीं समझतीं... **(दरवाज़ा खोलने को बढ़ता है)**।

लीला : **(दरवाज़े के सामने आकर)** तुम दरवाज़ा नहीं खोल सकते।

हिकमत : **(बिगड़कर)** हट जा सामने से।

लीला : मैं आपको दरवाज़ा नहीं खोलने दूँगी।

हिकमत : हट जाओ।

लीला : मैं नहीं हटती।

हिकमत : **(दांत भींचकर)** ओफ! एकदम मुसीबत में है। **(विनती से)** रास्ते से हट, मुझे जाने दे।

लीला : मैं तुम्हें नहीं जाने दूँगी। जाना ही चाहते हो तो हाथ पकड़कर मुझे घर से निकाल दो।

हिकमत : **(क्रोध को दबाते हुए)** मुझे जाने दो।

लीला : **(हाथ बढ़ाकर)** खड़े क्या देखते हो, लो पकड़ो हाथ और मुझे घर से बाहर निकाल दो।

हिकमत : **(खीज में भरकर दरवाज़े से हटकर हनुमान जी की तस्वीर के सामने हाथ जोड़कर)** बजरंगबली, तुम भगतों के रखवाले हो। उनकी हर मुसीबत से रच्छा करते हो। हे महाबीर स्वामी, अपने इस भगत की रच्छा कर। मैं तेरे हाथ जोड़ता हूँ। तेरे पैर पड़ता हूँ। हे अंजनी कुमार, मैं तेरी सरन हूँ। सरनागत की रच्छा कर। **(लीला धीरे से जाकर उसकी बांह पकड़ती है, वह चौंक जाता है।)** दूर हट। खबरदार! आइन्दा कभी मुझे छूना मत। दूर हट।

लीला : अगर मैं न हटूं। **(धीरे-धीरे हिकमत की ओर बढ़ती है।)**

हिकमत : **(पीछे हटते हुए)** दूर हट, दूर हट! हे पत्नी! क्यों मेरा पतन करती है?

(लीला धीरे-धीरे आगे बढ़ती है और हिकमत दूर हट, दूर हट, कहता पीछे हटता है, जब तक कि वह पीछे हटता-हटता दीवार से टिक नहीं जाता।)

हिकमत : **(पुकारते हुए)** अम्मा! अपनी बहू को तो देखो **(लीला मुस्कराती आगे बढ़ती है)** जय बजरंगबली **(कहता पीछे की खिड़की का दरवाज़ा खोलकर, उससे छलांग मारकर भाग जाता है)**।

(लीला खिड़की पर जाकर भागते हिकमत को देखती है, फिर गुस्से में कदम रखती घर के भीतर के दरवाज़े को खोलती है। वह अन्दर से बन्द है।)

लीला : **(गुस्से में दरवाज़ा पीटकर)** अम्मा जी, दरवाज़ा खोलो। दरवाज़ा खोलो अम्माँ जी।

माँ : **(दरवाज़ा खोलकर भीतर कमरे में झाँकते हुए)** हिकमत कहाँ गया?

लीला : मैं नहीं जानती।

माँ : **(कमरे में प्रवेश करके)** वह यहीं तो था। किधर चला गया?

लीला : मैं क्या जानूं।

माँ : **(दुलार से)** अरे बता न, मेरा बुद्धू बेटा कहाँ गया।

लीला : अम्माँ जी, मुझे मायके भेज दो।

माँ : बहुत नाराज हो? वह धीरे-धीरे रास्ते पर आ जाएगा।

लीला : वह तो मेरी सूरत से भी नफरत करते हैं।

माँ : धीरे-धीरे प्यार करने लगेगा।

लीला : उन्हें मेरा रहना बुरा लगता है, तो मैं चली जाऊँगी।

माँ : मेरा लड़का लाखों में एक है। उसमें एक भी बुरी लत नहीं है, कोई ऐब नहीं है। ज़रा झक्की है, जो सूझ गयी सो सूझ गयी।

लीला : अम्माँ जी मेरा मन नहीं लगता यहाँ।

माँ : मन भी लगने लगेगा! हिम्मत से काम ले बेटा। मन न छोटा कर। पहले तो वह सादी भी करने के लिए तैयार नहीं था। सादी का नाम सुनते ही कोसों दूर भागता था। फिर सादी को राजी हो गया। अब तेरी छाया से भागता है। देख लेना, कुछ दिनों बाद तेरे पैरों पर अपना माथा रगड़ेगा।

लीला : मैं तो उनको सुखी देखना चाहती हूँ, उनकी सेवा करना चाहती हूँ, लेकिन अगर मेरे कारन उनको घर छोड़कर भागना पड़ता है, तो मैं खुद ही चली जाऊँगी।

(आँसू पोंछती है)

माँ : **(ढाढस देते हुए)** पगली कहीं की। इसमें रोने की क्या बात है। चुप हो जा, मेरी बेटी, चुप हो जा। **(बांहों में भरकर थपथपाती है)**

(बाहर से दरवाज़े पर खटखटाहट। माँ उठकर दरवाज़ा खोलती है। एक हाथ में झोला लिए, तथा दूसरे से हिकमत को पकड़े मामू का प्रवेश)

मामू : **(प्रवेश करके)** लो बहन, अपने लाडले को संभालो। **(लीला का घर के भीतर से प्रस्थान)** घर छोड़कर भागा जा रहा था।

माँ : घर छोड़कर। क्यों?

मामू : इसी से पूछो।

माँ : क्यों बेटा, क्या बात हो गयी?

हिकमत : माँ, या तो इस घर में वह रहेगी या मैं।

माँ : राम राम, कैसी बातें करते हो। तुम दोनों ही का यह घर है। तुम दोनों ही यहाँ रहो।

हिकमत : नहीं माँ, एक न एक को तो जाना ही पड़ेगा।

मामू : बहुत नाराज है। चला जा रहा था तेज-तेज। मैंने पूछा कहाँ जा रहे हो, तो बोला—''हमेशा के लिए घर छोड़कर जा रहा हूँ।''

हिकमत : हाँ, घर छोड़ देने में ही मुझे सान्ती मिलेगी।

माँ : लेकिन क्यों?

मामू : यहीं तो मैंने भी इससे पूछा। आख़िर क्यों घर छोड़ देना चाहता है? यह कुछ बताता ही नहीं।

हिकमत : मैंने आख़िरी बार कह दिया ताल ठोककर, या तो मैं इस घर में रहूँगा या तेरी बहू।

मामू : क्या बहू ने कुछ कह दिया?

माँ : वह बेचारी क्या कहेगी। उस जैसी बे-जुबान और नेक लड़की मैंने आज तक देखी नहीं।

हिकमत : उसे उसके मायके भेज दो।

मामू : क्यों? उसे उसके मायके क्यों भेज दें? इस घर में ब्याह कर आयी है। इस घर पर उसका उतना ही हक है जितना तुम्हारा।

माँ : ज़रा सोचो बेटा, वह आख़िर को तेरी दुल्हन है। उसका लीला नाम कौन जानता है? सब उसे हिकमत की दुल्हन कहकर पुकारते हैं। उसकी बेइज्जती करने में क्या तेरी बेइज्जती नहीं होगी?

मामू : मैं पूछता हूँ कि उसने ऐसा क्या कर दिया जो यह उसे निकालने पर उतारू है?

माँ : बेटा जैसे मैं तुम्हारी माँ हूँ, उसकी भी माँ हूँ। मैं जिस तरह चाहती हूँ कि तुम हमेसा मेरे पास रहो, उसी तरह चाहती हूँ कि वह भी मेरे पास रहे।

मामू : **(झुँझलाकर)** ऊँ हूँ। मुझे भी तो उसका कसूर मालूम पड़े।

माँ : मैं तो यह चाहती हूँ कि तुम भी रहो, वह भी रहे। घर के एक कोने में पड़ी भी रहे तो तुम्हारा कुछ बिगड़ता तो नहीं।

हिकमत : घर के एक कोने में पड़ी रहे तो कोई बात नहीं लेकिन...।

माँ : लेकिन क्या बेटा?

हिकमत : उससे कह दो कि मेरे कमरे में कभी न आये।

मामू : **(एकदम फूटकर हँसते हुए)** यह माजरा है! अब समझ में आया। बहू रानी, भरमचारी के कमरे में आ गयीं।

हिकमत : **(बिगड़कर)** वह क्यों आयी मेरे कमरे में ताल ठोककर।

मामू : बड़ी गलती की। अपने घरवाले के कमरे में जाकर उसने बड़ी गलती की...।

हिकमत : अगर कोई देख लेता तो?

मामू : तो हिमाकत सिंह की नाक कट जाती **(रुककर)** मेरी सलाह मानो भांजे, कहाँ तक नाक की रखवाली करोगे। एक बार नाक कट जाने दो, तो हमेशा के लिए नाक बचाने के झंझट से बच जाओगे। नकटे को अपनी नाक की फिकर नहीं रहती। नकटे की नाक कटे, तो सवा हाथ बढ़े। बड़ा सुख है नकटा बनकर रहने में। न रहेगी नाक न बजेगी नासुरी।

माँ : बेटा, मैं बहू को कह दूँगी। वह तुम्हारे कमरे में कभी नहीं आयेगी।

मामू : वह कमरे में आ गयी, इसीलिए तुम घर छोड़कर भागे जा रहे थे?

हिकमत : मामू, तुम समझते नहीं।

मामू : मामू नहीं समझते। लानत है तुम्हारी पहलवानी पर। लानत है तुम्हारी जवानी पर। औरत से डर कर भाग रहे थे।

हिकमत : मामू मैं अपनी जबान का पक्का हूँ। आन पर जान दे सकता हूँ। मैंने बजरंगबली की कंठी ली है, उसे निबाहना है ताल ठोककर।

मामू : अरे हाँ, याद आया। मैं तो तेरे लिए एक चीज़ लाया था; देता हूँ। **(झोले में से कलैंडर निकालता है)** भांजे बहुत दिन तुमने हनुमान जी की तस्वीर इस कमरे में लगाई, अब कुछ दिन इसे लगाओ। **(हिकमत कलैंडर खोलकर देखता है। उस पर एक कामुक मुद्रा में स्त्री का चित्र है)।**

हिकमत : **(कलैंडर फेंकते हुए)** बजरंगबली, बजरंगबली।

मामू : भांजे अगर औरत की तस्वीर से इतनी नफरत है, तो शादी क्यों की थी?

हिकमत : तुम जानते हो मैंने अपनी मरजी से नहीं की।

मामू : इन्कार कर देते।

हिकमत : तुमने मजबूर जो कर दिया था।

मामू : ऐ गज़ब, दूसरे की बीबी को छुपकर झाँकते थे, और अपनी बीबी से भागते हो।

हिकमत : मैं भी आदमी हूँ।

मामू : लगता तो नहीं।

हिकमत : मुझ से भी गलती हो सकती है एक बार। तुमने इस गलती का फायदा उठाया। दुस्मन को और मेरे चेलों को बता देने की धमकी दी।

मामू : जब हाँ की है तो निबाहो मरदों की तरह।

हिकमत : खानदान की इज्ज़त का ख़्याल न होता तो कभी हाँ नहीं करता। दुस्मन के घर में बीवी है, उससे कम न पड़ूँ, इसीलिए सादी कर ली ताल ठोककर।

मामू : और उसे अजायब घर में सजा कर छोड़ दिया।

माँ : दुस्मन तो अपनी घरवाली को अछूत नहीं समझता।

हिकमत : तुम्हें सिकायत थी कि बुढ़ापे में कोई पानी पिलाने वाला नहीं है। लो, पीओ अब पानी। तुम बहू का मुँह देखता चाहती थीं, अब देखो मुँह। तुम्हारी इच्छा पूरी हुई। अब तुम लोग मेरा धरम क्यों खराब करना चाहते हो?

मामू : **(उपहास करते हुए)** च च च—बेचारे का धर्म!

माँ : मेरी इच्छा का तूने ख़्याल किया, यह तो बहुत अच्छा किया। भगवान तुझे इसके लिए सुख देंगे लेकिन बेटा, ज़रा उस बेचारी का ख्याल कर।

हिकमत : क्या ख्याल करूँ? खाती-पीती है। बढ़िया-बढ़िया कपड़े पहने है। मौज करती है।

माँ : जिस औरत से उसका आदमी बात न करे, उसके लिए खाना-पीना क्या! उसको कितना दुःख होता है, कोई नहीं जान सकता।

मामू : **(भावुकता से)** मैं जान सकता हूँ बहन। हिमाकत की मामी से शादी के शुरू के दिनों में किसी बात पर झगड़ा हो गया था, और फिर मैं उससे रात-भर नहीं बोला। इसका उसे इतना बुरा लगा कि ज़िन्दगी-भर मुझे ताना दिया। मरने के दस दिन पहले भी बोली थी, तुम्हारा गुस्सा बड़ा खराब है, मुझे याद है एक दफा तुम रात-भर मुझ से नहीं बोले थे।

माँ : अपने लिए नहीं तो उस बेचारी का दिल रखने के लिए ही उसकी कभी-कभी राजी-खुसी पूछ लिया कर।

हिकमत : अरे, उसकी राजी खुसी पूछने जाऊँगा, तो अपनी खुसी का बंटाधार हो जायेगा।

मामू : तुझे अपने चेले-चपाटों का डर है, तो फिकर न कर। उन

लोगों को कुछ पता नहीं लगेगा। (हिकमत सिंह के सर पर हाथ रखते हुए) ले हम लोगों ने कसम खाली। हम लोग उनसे यही कहेंगे कि हिकमत ने अभी अपनी बीबी की सूरत भी नहीं देखी।

हिकमत : मैं झूठ नहीं बोल सकता।

मामू : चल बहन, अन्दर चल। तेरा बेटा तो हरिचन्दर का अवतार है। उससे कुछ कहना बेकार है।

माँ : दो-एक मीठे बोल बोल देने से तेरा कुछ घट नहीं जायेगा।

हिकमत : तो क्या बढ़ जाएगा?

मामू : एकदम उल्टी खोपड़ी है हिमाकत की। कोई सीधी बात तो इसकी समझ में आती ही नहीं। क्या फायदा इस सिरफिरे से जबान लड़ाने में। चलो अन्दर। (अपने आप से) सैंया मगन पहलवानी में, सारा घर परेशानी में।

(मामू और माँ का घर के भीतर प्रस्थान)

हिकमत : **(बजरंगबली की तस्वीर को हाथ जोड़कर)** हनुमान स्वामी, पूजा में बिघन पड़ गया है। छमा करना। **(लोटा उठाकर उसके इत्र पड़े पानी को पीछे की खिड़की से बाहर गिराता है, तब ही आते हुए गोली को देखता है।)** आओ, आओ, चेला। आओ।

गोली : **(प्रवेश करते हुए)** जय बजरंगबली **(हिकमत के पैर छूता है।)**

हिकमत : मस्त रहो। कहो सब चंगा है?

गोली : बस कठौती में गंगा है। आपकी और बजरंगबली की दया है।

हिकमत : और कहो, कसरत कैसी चल रही है ताल ठोककर।

गोली : बहुत अच्छी गुरु महाराज।

हिकमत : कहाँ तक पहुँची दण्ड?

गोली : सात सौ डेढ़

हिकमत : डेढ़?

गोली : सात सौ एक पूरा कर लेता हूँ। दूसरा करते समय आधे पर गिर जाता हूँ।

हिकमत : बहुत ठीक। इसी तरह चलाते जाओ। जल्दी ही हजार तक पहुँच जाओगे ताल ठोककर।

गोली : आपकी किरपा रहे। **(सूंघते हुए)** गुरु महाराज, यह इतर की खुसबू है?

हिकमत : **(छिपाते हुए)** इतर! इतर यहाँ कहाँ से आया? खिड़की खुली है, बाहर कहीं से खुसबू आयी होगी, हवा में उड़कर।

गोली : **(उठते हुए)** नहीं गुरुजी, मेरी कुत्ते की नाक है। लगता है यहीं कमरे में है **(लोटा छूने को हाथ बढ़ाता है)**

हिकमत : लोटा मत छूना। पूजा का पानी है उसमें।

गोली : **(लोटा उठाकर सूंघते हुए)** अरे इसी में तो इतर का पानी है।

हिकमत : **(झेंपते हुए तथा बहाना बनाते हुए)** हैं, हैं, इतर।

गोली : **(पान देखकर)** पान! गुरु जी आपने पान खाना कब से सुरू कर दिया?

हिकमत : सुरू कहाँ किया। पान तो रखा है। मैंने खाया तो नहीं।

गोली : आपके मुग्दर कहाँ गये? डम्बल कहाँ गये?

हिकमत : वह तो...वह तो...बात यह है...

गोली : यह तस्वीर कैसी है? **(मामू द्वारा लायी गयी तस्वीर उठाकर देखते हुए फेंक देता है)** बजरंगबली! बजरंगबली!!

हिकमत : मेरी नहीं है...मेरी नहीं है।

गोली : आपके कमरे में रखी है? मुझे पता है आपकी नहीं है। आपकी हो ही नहीं सकती। यह तो किसी लड़की की है पर आपके कमरे में।

हिकमत : मेरी नहीं है। मामू की है। मामू की।

गोली : मामू की यह तस्वीर हो ही नहीं सकती। मामू तो चोली नहीं पहनते। मामू सीला की जवानी बन गये हैं क्या? **(अचानक दायीं दीवार का भीतर का दरवाज़ा खोलकर लीला मुग्दर और डम्बल फैंकती है।)**

गोली : ब्यूटीफुल, सुंदर, अति सुंदर। गुरु जी, आपने अपने मुग्दर गुरुआनी जी के पास रखने शुरू कर दिये हैं?

हिकमत : **(एकदम दहाड़कर)** चेला!

गोली : **(हाथ जोड़कर)** गुरु महाराज।

हिकमत : जबान सम्हाल कर बात करो।

गोली : महाराज छमा।

हिकमत : तुमनें अपने गुरु पर सक किया?

गोली : नहीं महाराज।

हिकमत : झूठ मत बोलो। ताल ठोककर तुमने अपने गुरु पर शक किया?

गोली : **(स्वीकारात्मक)** हाँ महाराज!

हिकमत : बोलो क्यों? **(गोली जवाब नहीं देता)** उत्तर दो। तुम्हें बजरंबली की सौगंध। तुम्हें तुम्हारे गुरु की सौगंध।

गोली : महाराज, इतर, पान और तस्वीर को देखकर...

हिकमत : बस, यही है तुम्हारा बिस्वास अपने गुरु पर। पान, इतर और तस्वीर देखकर तुमने उस पर सक कर लिया। **(गोली उत्तर नहीं देता)**

हिकमत : पान, तस्वीर और इतर देखकर यह क्यों नहीं देखते कि तुम्हारा गुरु इन सकटों के बाद भी अपना धरम निभाये है। बरमचारी का बरत भंग नहीं होने दिया ताल ठोककर। देखो चेला, देखो, कितनी बाधा है तुम्हारे गुरु के रास्ते में। उसका मुग्दर चुरा लिया गया,

गोली : टू मच।

हिकमत : उसके पानी में इत्र मिला दिया गया।

गोली : थ्री मच।

हिकमत : उसके चने हटा लिए गये।

गोली : फ़ोर मच।

हिकमत : फिर भी वह कंठी पहने है।

गोली : मगरमच्छ।

हिकमत : तुम्हें सरम नहीं आयी अपने उसी गुरु पर सक करते। कल तुम बजरंगबली पर सक करोगे।

गोली : गुरु महाराज, छमा। मैं बड़ा पापी हूँ अधर्मी हूँ, गधा हूँ, कुत्ता हूँ–

हिकमत : मुझे पता है।

(पैरों पर गिरता है)

हिकमत : **(उठाते हुए)** उठो चेला। मुझे तो आस्चर्य है कि तुमने अपने गुरु पर सक किया।

गोली : महाराज मैंने नहीं किया, मेरे बाप ने सक किया।

हिकमत : तुम्हारे बाप ने।

गोली : हाँ महाराज! वह कहते हैं कि तुम्हारे गुरु ने सादी कर ली, तो तुम भी सादी कर लो।

हिकमत : तुमने नहीं बताया कि सादी के बाद भी मैं बरमचारी हूँ ताल ठोककर।

गोली : वे मानते नहीं, बोले, तुम्हें बहकाया होगा। ऊपर-ऊपर बरमचारी और अन्दर-अन्दर...

हिकमत : बजरंगबली! बजरंगबली! (**उठकर हनुमान जी की तस्वीर के सामने जाते हुए**) कैसे गन्दे बिचार हैं तुम्हारे बाप के!

गोली : इसी का तो मुझे अफसोस है। गुरु महाराज, मैं आजकल बड़े संकट में हूँ।

हिकमत : कौन-सा संकट?

गोली : माँ-बाप दिन-रात पीछे पड़े रहते हैं—सादी करो सादी करो। मैं परेसान आ गया हूँ। सोचता हूँ कर ही डालूँ।

हिकमत : संकट तो मुझ पर भी है, पर मेरी तरह सामना करो। कह दो मैं सादी नहीं करूँगा।

गोली : खुद तो कहा नहीं (**स्वागत**)। वह तो मैंने कह दिया। फिर भी संकट से छुटकारा नहीं है!

हिकमत : क्यों?

गोली : वह लड़की है न रतना...

हिकमत : कौन?

गोली : अरे वही।

हिकमत : वही कौन?

गोली : अरे रतना।

हिकमत : तो...

गोली : वह हर समय मेरे मन पर छायी रहती है।

हिकमत : तेरा मन असुद्ध है। तू भरस्ट हो गया है?

गोली : महाराज, मैं क्या करूँ?

हिकमत : तू उस लड़की के साथ उठता-बैठता होगा?

गोली : नहीं। वो पहलवानी नहीं करती। इसलिए उसके साथ उट्ठक-बैठक करने का अब तक मौका ही नहीं मिला।

हिकमत : तू उसकी ओर देखता होगा।

गोली : गुरु महाराज, न तो मैं उसके साथ न दंड पेलता हूँ, न बैठक लगाता हूँ और न उससे बातें करता हूँ। तब भी वह मन पर छायी रहती है।

हिकमत : तू नहीं सोचता, तब कैसे मन पर छायी रहती है।

गोली : पता नहीं महाराज।

हिकमत : झूठ बोलता है तू।

गोली : झूठ बोले कौवा काटे। नहीं महाराज। मैं जानकर कभी नहीं सोचता, फिर भी उसका ख़्याल मन में आ जाता है।

हिकमत : कोसिस करो कि उसके बारे में न सोचो।

गोली : कोसिस करता हूँ गुरु महाराज। **(अपने आपसे)** मेरे ख़्यालों से हट ना। तुम्हें मेरी क़सम, हट ना। अरे हटती है कि दूँ एक रहपटा।

गोली : गुरु महाराज कोसिस करके देख लिया। फिर भी उसी का ख़्याल आता है। मन बेकाबू हो जाता है। अपनी मनमानी करने लगता है। ऐसा कभी-कभी होता है।

हिकमत : **(सोचते हुए)** हाँ, ऐसा कभी-कभी होता है।

गोली : आपको भी! **(स्वागत)** गये काम से ये भी हिकमत से। मैं नहीं चाहता कि रतना के बारे में सोचू फिर भी उसका ही ख़्याल आता है।

हिकमत : मेरे साथ भी यही होता है।

गोली : **(आश्चर्य से)** क्या?

हिकमत : मैं नहीं चाहता कि तुम्हारी गुरुआनी का ख़्याल भी आये, फिर भी मन नहीं मानता।

गोली : **(टटोलते हुए)** मन बेकाबू हो जाता है?

हिकमत : हाँ चेला।

गोली : मन मनमानी करने लगता है।

हिकमत : हाँ, मनमानी करने लगता है।

गोली : गुरु महाराज, मैं तो कभी-कभी सोते से चौंककर उठ बैठता हूँ।

हिकमत : मैं भी चेला।

गोली : फिर लाख कोशिश करो नींद नहीं आती।

हिकमत : मेरे साथ भी यही होता है।

गोली : उस समय रतना का ही ख़्याल आता है।

हिकमत : मुझे भी।

गोली : मुझे सपने में रोज रतना दिखाई देती है।

हिकमत : मेरे सपने में भी आती है।

गोली : **(क्रोध से)** क्या रतना आपके सपने में आती है?

हिकमत : **(सफ़ाई में)** नहीं, तुम्हारी गुरुआनी।

गोली : मुझे लगा, रतना कहीं गोली को तो गोली नहीं दे रही है?

हिकमत : रतना नहीं। तुम्हारी गुरुआनी।

गोली : गुरु महाराज, मुझे रतना की वह आँखें...वह रूठी आँखें, जैसे हर समय कुरेदा करती हैं, परेसान किया करती हैं।

हिकमत : तुम्हारी गुरुआनी की आँखें भी मुझसे बर्दास्त नहीं होतीं। पता नहीं उनमें क्या है...वह घायल-घायल निगाहों से देखती है तो मुझे लगता है मैं गल जाऊँगा, पिघल जाऊँगा...चेला हम दोनों, गुरु-चेला एक से हैं। **(गले से लगाने को हाथ बढ़ाता है)**

गोली : **(गले से लगते हुए)** गुरु महाराज।

हिकमत : हम दोनों की दसा एक है। हम दोनों पर एक ही संकट है। इस संकट से बजरंगबली ही उबारेंगे।**(गुरु-चेला दोनों हनुमान जी की तस्वीर के आगे हाथ जोड़ते हैं।)**

हे संकट मोचन, हम दोनों पर भारी बिपदा पड़ी है। इस संकट से तुम्हीं निकालो। हम दोनों गुरु-चेला बड़े पापी हैं। बड़े नीच, अधम और कुकर्मी हैं। हम पर दया करो। इस संकट से हमें उबारो।

(दोनों गुरु-चेला साष्टांग प्रणाम करते हैं, तब ही नेपथ्य में बन्दूक छूटने की आवाज़ सुनायी देती है। दोनों एकदम उठकर पीछे की खिड़की पर जाकर बाहर देखते हैं)

हिकमत : यह तो दुस्मन बन्दूक चला रहा है।

(मामू और माँ का भीतर से प्रवेश)

गोली : दुस्मन के यहाँ लगता है कोई खुसी हुई है।

माँ : **(खिड़की के बाहर झाँककर)** ...पड़ोसिन के लड़का हुआ है **(अन्दर सबको बताते हुए)** लड़का हुआ है।

गोली : **(खुश होकर)** लड़का!! वाह! वाह!

माँ : तू क्यों कूद रहा है खुशी से।

गोली : लड़का हुआ है न।

मामू : सुन ले, तेरे दुश्मन के यहाँ लड़का हुआ है।

हिकमत : मुझसे क्यों कहते हो?

मामू : तुझसे न कहूँ तो किससे कहूँ?

माँ : भगवान जाने हमारे यहाँ कब खुसी होगी।

मामू : तू खड़ा है अब तक। तेरी जगह ये गोली होता तो चुल्लू भर पानी में डूब मरता।

गोली : पागल हूँ क्या? मैं क्यों डूब मरता। डूबें गुरुजी।

माँ : **(आँसू पोंछती हुई)** भगवान जाने, मेरे भाग्य में पोता देखना बदा है या नहीं।

मामू : दुस्मन के यहाँ बधाइयाँ और नौबत बजेगी। बहन तेरा बेटा तो सूखा ठूंठ है। सूखे पेड़ में भी कभी फल आये हैं।

माँ : **(हिकमत से)** अरे कुछ तो सरम कर। लोग क्या कहेंगे?

हिकमत : **(खिड़की से हटते हुए)** अम्माँ मुझे परेसान न करो।

मामू : **(व्यंग से)** बहन, इसे परेशान मत करो। जाओ-जाओ भांजे, तुम्हारी अम्माँ तो बकवास करती है। अकलमंद तो तुम्हीं हो। दण्ड लगाओ दण्ड।

माँ : इसे मेरा ज़रा भी खयाल नहीं है।

मामू : मैं ठीक कहता हूँ इसकी उलटी खोपड़ी है। कोई सही बात तो इस सिरफिरे की समझ में आ ही नहीं सकती।

माँ : आज मेरे दिल पर क्या बीत रही है, कोई नहीं जान सकता। पड़ोस में औरतें सौहर गायेंगी और हमारे यहाँ...

मामू : **(काटते हुए)** हमारे यहाँ यह इस मुस्टंडे **(गोली की ओर इशारा करके)** की माला जपेगा।

हिकमत : खबरदार मामू! मैं बताये देता हूँ, मेरे चेले की बेइज्जती मत करना।

मामू : हिमाकत कहीं का, अपने चेले की बेइज़्ज़ती का इतना खयाल है, लेकिन न अपनी इज्ज़त का खयाल है, न अपने खानदान की इज्ज़त का।

मामू : **(माँ से)** इसके आगे इसके दुश्मन के घर में चिराग जल गया और यह अंधेरे कमरे में बैठा दण्ड पेल रहा है।

माँ : इसके कान पर जूं तक नहीं रेंगती।

मामू : भांजे, ज़रा मेरी बहन का ख़याल कर। कब तक तरसायेगा इसे एक पोते के लिए।

माँ : मैं तो मनाती हूँ कि जल्दी से भगवान मुझे इस घर से उठा ले। मैं इस निपूते घर में ज्यादा दिन नहीं रहना चाहती।

मामू : मेरा भी मन नहीं होता इस मनहूस घर में आने का।

हिकमत : तो मत आया करो।

मामू : सुन लिया बहन तूने। अरे हिमाकत, मैं तो अपनी बहन को देखने चला आता हूँ कभी-कभी। तुझसे मिलने तो आएगी मेरी जूती।

हिकमत : तो यहाँ मेरे कमरे में क्यों खड़े हो ताल ठोककर।

माँ : जबान संभाल कर बात कर हिकमत। अपने मामा से कैसे बोलता है?

मामू : **(क्रोध में)** तेरे कमरे में थूकने भी न आऊँ। बड़ा आया लाटसाहब का बच्चा बन कर। चलो बहन चलो यहाँ से। सिरफिरा जाहिल है...

(मामू का प्रस्थान। पीछे-पीछे माँ का प्रस्थान)

गोली : गुरु महाराज, आपके मामा न होते तो अभी उठाकर पटक देता। वाकई तुम पर बड़ा संकट है। **(हिकमत को चिन्तामग्न देखकर)** क्या सोच रहे हो गुरु महाराज?

हिकमत : कुछ नहीं।

गोली : बताओ न।

हिकमत : तुझसे क्या छुपाना गोली। साले दुस्मन के यहाँ कंस पैदा हुआ है।

गोली : तो...?

हिकमत : मैंने कंठी की लाज रखी है। लंगोटी की मर्यादा निभायी है। मगर दुस्मन के यहाँ कंस पैदा हुआ है तो मैं क्या करूँ?

गोली : दुस्मन के यहाँ कंस पैदा हुआ है तो तुम दुर्योधन पैदा करो। दुनिया में बहुतों के यहाँ लड़के पैदा हुआ करते हैं...

हिकमत : चेला!

गोली : अच्छा मत पैदा करो। गुस्सा क्यों होते हो?

हिकमत : नहीं नहीं चेला। दुस्मन के घर की बात दूसरी है। आज तक हमारे खानदान की दुस्मन के आगे मूंछें नीची नहीं हुईं।

गोली : बेसक!

हिकमत : वह हमेसा उन्नीस रहा है हमसे! हम हर चीज़ में उससे आगे बढ़े हैं, ताल ठोककर। आज तक कभी ऐसा नहीं हुआ कि उसके घर में कोई चीज़ हो और हमारे घर में न हो...

गोली : लेकिन आज तो उसके यहाँ लड़का...

हिकमत : हाँ। आज उसके यहाँ लड़का है और मेरे यहाँ लड़का नहीं है। छः पुस्तों के बाद हम कम पड़ रहे हैं। बताओ गोली, मैं क्या करूँ?

गोली : मैं क्या बताऊँ?

हिकमत : बजरंगबली, तुम्हीं बताओ। मैं खानदान की इज़्ज़त बचाने के लिए क्या करूँ?

गोली : आइडिया। एक आइडिया है गुरुजी।

गोली : यस आइडिया। ऐन आइडिया कैन चेंज योर लाइफ़, विदाउट वाइफ़।

हिकमत : वो कैसे?

गोली : आप लड़का गोद ले लें।

हिकमत : वाह! वाह! क्या तरकीब है! सांप मरे न लाठी टूटे। चेला हम तुमसे बहुत खुस हैं। बहुत खुस हैं। तुम हमारे पैर छू सकते हो। **(गोली बढ़कर पैर छूता है)** जय बजरंगबली। हमें तुम पर बड़ा घमंड है।

गोली : आपकी कृपा है महाराज।

हिकमत : लेकिन लड़का कहाँ मिलेगा?

गोली : किसी भी अनाथालय में!

हिकमत : (सोचते हुए) अनाथालय में!

गोली : अनाथालय से लड़का न लाना चाहो तो...

हिकमत : तो...?

गोली : तो मुझे अनाथ समझ कर गोद ले लो।

हिकमत : तुझे गोद ले लूँ?

गोली : हाँ।

हिकमत : बाप के बराबर बेटा।

गोली : क्या हुआ? आजकल के लड़के तो अपने बाप से बड़े बनते ही हैं।

हिकमत : नहीं नहीं, यह बात नहीं। लेकिन मैं सोचता हूँ...

गोली : क्या बात है?

हिकमत : दुस्मन यह न कहे कि उसका बेटा तो उसकी मेहनत का है। और मैं किराये पर ले आया।

गोली : कह तो सकता है।

हिकमत : वह यह भी कह सकता है कि मेरा बेटा मेरे खून का है, तुम्हारा बेटा उधार का।

गोली : बेसक कहेगा।

हिकमत : तब मैं क्या जवाब दूँगा।

गोली : उसका तो कोई जवाब नहीं है।

हिकमत : खानदान की इज्ज़त मिट्टी में मिल जाएगी। वह दुस्मन जो आँख भी नहीं मिला पाता था, अब ताल ठोककर चलेगा। हमारे नगड़दादा के बाप को दुस्मन के नगड़दादा ने मार डाला। तब से हमारे खानदान वाले दुस्मन के खानदान पर हमेसा भारी रहे। उससे बीस रहे। लेकिन अब हमारे खानदान की किरकिरी हुई जा रही है और मैं कुछ नहीं कर पा रहा हूँ। बताओ मैं क्या करूँ?

गोली : तुम कंठी उतार दो।

हिकमत : **(गरजते हुए)** चेला!

गोली : मत उतारो, चिल्लाते क्यों हो?

हिकमत : खबरदार! ऐसी बात जबान पर भी नहीं लाना। मैं बजरंगबली का पक्का भगत हूँ। जान चली जाय लेकिन कंठी नहीं जा सकती। जय बजरंगबली। **(बजरंगबली की तस्वीर के आगे हाथ जोड़ता है)**

गोली : महाराज मुझे माफ करना।

हिकमत : गोली, अब तुम जाओ। मेरा मन असांत है, चित्त पर माया है। तुम अब जाओ। **(गोली पैर छूता है)** मस्त रहो।

(गोली का प्रस्थान बाहर)

(हिकमत परेशान-सा कमरे में घूमता है, फिर खिड़की के पास जाकर बाहर देखता है। फिर बायीं दीवार के पास खड़ा होकर सोचता है कि उसके छेद से दुस्मन के घर में देखें या न देखें, तब ही मामू के आने की आहट होती है। वह छिटक कर दूर खड़ा हो जाता है।)

(मामू का प्रवेश)

हिकमत : मामू, मुझे माफ कर देना।

मामू : भांजे?

हिकमत : कभी-कभी मेरा भेजा गरम हो जाता है।

मामू : मैं जानता हूँ।

हिकमत : उस समय मुझे कुछ ध्यान नहीं रहता कि मैं किससे क्या कह रहा हूँ।

मामू : कोई बात नहीं भांजे। मैंने बुरा नहीं माना। **(बाहर के द्वार की ओर बढ़ता है, फिर रुककर)** एक बात कहूँ भांजे।

हिकमत : कहो।

मामू : हम लोग जो कुछ कह रहे थे, तुम्हारे भले के लिए कह रहे थे।

हिकमत : मैं जानता हूँ।

मामू : मैं तुम्हारे खानदान का नही हूँ, फिर भी तुम्हारे खानदान में मेरी बहन आयी है इससे कहता हूँ। **(हिकमत चुप रहता है)** मैं नहीं चाहता कि तुम्हारा खानदान तुम्हारी दण्ड-बैठक में खत्म हो जाये।

हिकमत : मामू, मैं मजबूर हूँ। मैंने हनुमान स्वामी की...

मामू : जानता हूँ—कंठी और लंगोटी ली है। लेकिन भांजे, तुम्हारा अपने घर के लिए भी तो फर्ज है। तुम्हारी माँ कितने दिन और ज़िन्दा रहेगी। क्या तुम चाहते हो कि वह अपने पोते का मुँह देखने की हसरत लिए मर जाये।

हिकमत : मेरी समझ में नहीं आता, क्या करूँ?

मामू : ज़रा सोचो, अभी तक तुम दुश्मन से कभी कम नहीं रहे, लेकिन अब तुम उससे कम हो।

हिकमत : लड़का पैदा करने ही से वह बढ़ गया? आज भी मैं उसके एक झापड़ मार दूँ तो उसकी बत्तीसी न बाहर निकल आये तो नाम बदल लूँ ताल ठोककर।

मामू : लेकिन हिमाकत कब तक? जब तक तुम जवान हो, तब ही तक न। कल जब तुम बूढ़े हो जाओगे और उसका लड़का जवान हो जायेगा। तब उसका कौन मुकाबला करेगा? परसों जब उसका पोता जवान होगा, तब तुम क्या इस दुनिया में बने रहोगे? कौन उसके आगे तुम्हारे खानदान का नाम लेगा? भांजे, छः पुश्तों से जीतते रहने वाले खानदान को तुम हमेशा के लिए हरा रहे हो। सोचो, तुम्हारे बाप ने मरते समय तुमसे क्या कहा था—बेटा जान चली जाए, मगर दुश्मन से हमेशा

बीस रहना। और एक तुम हो उनके लायक सपूत, जो खानदान को मिटाने पर उतारू हो। तुम्हें शरम आनी चाहिए। तुम पर लानत है।

हिकमत : अब मत कहो मामू। मत कहो।

मामू : तुम कुल-डोबन हो, तुम कुल के कलंक हो।

हिकमत : बस बहुत हो गया।

मामू : तुम्हारे पुरखे स्वर्ग में बैठे तुम्हीं को देख रहे होंगे। तुम्हीं उनकी इज़्ज़त बचा सकते हो। उनकी निगाहें तुम पर हैं। चाहो तो तुम उनका नाम मिटा दो, या उनकी इज़्ज़त बचा लो।

हिकमत : **(जोश में गले से कंठी उतारते हुए)** बजरंगबली की कंठी की सौगंध! दुस्मन से उन्नीस नहीं हो सकता। उसके जितने भी लड़के होंगे उनसे दो ज्यादा हिकमत सिंह के होंगे ताल ठोककर। जय बजरंगबली।

मामू : शाबाश भांजे। कंठी तो तुमने मेरे सामने उतार दी। अब लंगोटी मेरे सामने मत उतारना।

हिकमत : वह तो रात को उतारूँगा...

मामू : शाबाश भांजे शाबाश। अब मैं चलूँ। सौहर गाने वाली औरतों को अभी से ठीक कर दूँ। **(मामू का प्रस्थान)**

(हिकमत बजरंगबली की तस्वीर के सामने जाता है।)

हिकमत : **(हाथ जोड़कर)** बजरंगबली, माफ करना। यह खानदान की इज़्ज़त का सवाल है। **(रोते हुए)** बजरंगबली, माफ करना।

(हनुमान जी की तस्वीर उतारकर एक तरफ रख देता है। फिर कौने से उठाकर मामू द्वारा लायी गयी स्त्री के कामुक मुद्रा के चित्र को वहाँ टांग देता है। फिर भावहीन चेहरा लिए रोदाँ के विचारक की मुद्रा में बैठ जाता है। धीरे-धीरे मंच पर प्रकाश धीमा होता हुआ, समाप्त होता है। कुछ क्षणों पश्चात प्रकाश-वृत्त में गायक-वृन्द दिखाई पड़ता है। सभी अभिनेता/अभिनेत्रियां अपनी-अपनी पोशाकों पर सफ़ेद शॉल ओढ़कर गायक बन जाते हैं। और वृन्द-गान करते हैं–

आयी आयी आयी आयी
शुभ घड़ी आई रे,
लल्ला जी जन्मे, बधाई रे बधाई रे।

कुल का चिराग़ जला, ख़ुश हुई माता।
आज पहलवान की छाती हुई छाता।
गाये बधाई कोई, कोई ले बलैया,
खुशी से नाचे कोई, ता थेई ता थैया।
हिकमत की हिम्मत तो आज रंग लाई रे
लल्ला जी जन्मे...।

(अंतराल अंधकार)

तृतीय अंक

स्थान : **हिकमत सिंह के मकान का वही कमरा।**

समय : **द्वितीय अंक के सात वर्ष बाद।**

(दांयीं दीवार के पास दोनों दरवाज़ों के बीच एक लकड़ी की बन्द अलमारी रखी है, उस पर बच्चों के खिलौने रखे हैं। सामने की दीवार पर बीचोंबीच एक औरत की तस्वीर वाला कलैण्डर लगा है। कमरे में दो-तीन कुर्सियाँ, मोढ़े इत्यादि बेतरतीव पड़े हैं। कमरे में अन्य सामान भी बिखरा पड़ा है। पर्दा खुलने पर हिकमत सिंह लुंगी, बनियान पहने कुर्सी पर बैठा कुर्ते के बटन टांकता दिखाई पड़ता है। तभी घर के भीतर से चश्मा लगाए लीला आती है।)

लीला : उहूँ, बटन लगाया जा रहा है?

हिकमत : मैं इसलिए लगा रहा हूँ कि तुम देखो और सरमाओ।

लीला : लाइये मैं लगा दूँ। **(कुर्ता लेना चाहती है)**

हिकमत : **(हिकमत लीला का हाथ झटक कर)** रहने दो। मैं खुद ही लगा लूँगा।

लीला : लाइये न।

हिकमत : तीन दिन से कह रहा हूँ कुर्ते में बटन लगा दो, बटन लगा दो, मगर अब तक नहीं लगाया।

लीला : दम भरने की फुर्सत नहीं मिलती। मैं क्या करूँ?

हिकमत : मैं फटे हाल घूमता फिरूँ, मगर तुमको कोई फिकर नहीं।

(नेपथ्य में एक बच्चे की आवाज़-अम्माँ)

लीला : सुबह से साम तक बच्चों में उलझी रहती हूँ। मैं तो और कुछ कर ही नहीं पाती।

हिकमत : सिर्फ़ छः बच्चों में यह हाल।

लीला : तुम्हें एक दिन भी बच्चों को संभालना पड़े तो पता लग जाय। दिन-भर की झांय-झांय। मैं तो एकदम पागल हो जाती हूँ। **(नेपथ्य में प्रथम बालक का स्वर-अम्मा। फिर द्वितीय बालक का स्वर-अम्मा। फिर दोनों लड़कों की बार-बार अम्मा पुकारने की होड़ सुनाई पड़ती है।)**

लीला : आयी! चुप रहो कम्बख़्तो। **(हिकमत से)** लगता है शुरू हुई लड़ाई।

हिकमत : जाओ-जाओ, बटन तो मैं लगा ही लूँगा।

(लीला उलाहना-भरी नजर डालती घर के भीतर चली जाती है।)

हिकमत : आख़िर लग ही गया बटन। **(कुर्ता पहनकर गीत गाता हुआ शीशे के सामने जाता है। फिर बाल गुनगुनाता है।)** तेरी गोरी-गोरी सूरत पर वार गया मैं...

(अचानक घर के भीतर जोर से ढोल बजने लगता है, तथा तीन-चार बच्चों के बेसुरे गाने की आवाज़ आती है-मुहब्बत करके भी देखा, मुहब्बत में भी धोखा है।)

हिकमत : **(गुस्से में घर के भीतर खुलने वाले द्वार में जाकर)** चुप रहो। अगर कोई सोर करेगा, उसे सौ बार कान पकड़कर उठना-बैठना होगा। **(लौटकर कमरे में कुर्सी पर बैठे हुए)** घर क्या है एकदम मछली बाजार है। एक मिनट को भी चैन नहीं मिलता। **(सिगरेट जलाकर पीते हुए)** जुम्मा-जुम्मा आठ दिन हुए पैदा हुए, मगर अभी से ही साहबजादे गा रहे हैं 'मुहब्बत करके भी देखा'। पैदा होते ही कम्बख़तों को तजुर्बा हो गया। कलजुगी कहीं के।

लीला : **(भीतर से प्रवेश करके)** कौन है कलजुगी?

हिकमत : तुम्हारे लड़के। गा रहे हैं मुहब्बत करके भी देखा। पूछो इनसे, कल ही तो पैदा हुए, मोहब्बत भी कर ली। हम बुड्ढे होने को आये और आज तक मोहब्बत नहीं कर सके।

(स्वर बदलकर) हम बचपन में कभी ऐसे गाने नहीं गाते थे।

लीला : **(परिहास से)** आप तो हनुमान चालीसा पढ़ते थे।

हिकमत : मेरा मज़ाक मत बनाओ।

लीला : क्या इन्हें भी अपनी तरह बरमचारी बनाना चाहते हो?

हिकमत : अपनी तरह! तुमने मुझे बरमचारी रहने ही कहाँ दिया?

लीला : मेरी गलती है?

हिकमत : तुम्हीं ने तो मेरा धरम बिगाड़ा है।

लीला : पंचायत बुलाओगे? मुकदमा करोगे?

हिकमत : **(रोमाँस से)** बिल्कुल नहीं। **(हाथ पकड़कर खींचते हुए)** आओ न, बिगाड़ो मेरा धरम।

(अचानक घर के भीतर बच्चों के शोर, सीटी और भोंपू की आवाज़)

लीला : **(भीतर के दरवाज़े के पास गुस्से से जाकर)** बन्द करो सोर। खामोस। अगर कोई भी बोला तो उसके थप्पड़ पड़ेगा। समझे खामोस। **(लौटकर हिकमत से)** ये बच्चे...मैं तो हर समय सोर सुनते-सुनते ऊब गयी हूँ।

हिकमत : मैंने सोचा था आज छुट्टी के दिन तो दो-चार घड़ी तुम्हारे पास बैठने को मिलेगा। **(अचानक खाँसता है।)**

लीला : तुम्हारी खाँसी ठीक नहीं है। डाक्टर को दिखा दो न।

हिकमत : डाक्टर को दिखाने के लिए चाहिए रुपये। चील के घोंसले में माँस कहाँ? कहाँ इतने पैसे हैं जो, डाक्टर को फेंके जा सकें।

लीला : भगवान न करे आपको कुछ...

हिकमत : मामूली खाँसी के लिए पैसे बरबाद करना बेकार है। इन पैसों से बच्चों के लिए दूध ही आ सकता है। **(नेपथ्य में लड़के के चीखकर रोने की आवाज़)** अम्मा...टुन्नू ने मार दिया। अम्मा...

लीला : मुझे चैन नहीं लेने देंगे। जब देखो झगड़ा। लगता है सब फौज में जायेंगे। **(घर के अन्दर जाती है)**

(नेपथ्य में एक-दूसरे को मारने की आवाज़। लीला के बीच बचाव की आवाज़। दोनों बच्चों के रोने की आवाज़।)

लीला : **(भीतर से प्रवेश करके झुंझलाहट में)** बड़े शैतान बच्चे हैं, मानते ही नहीं। एक दूसरे के बाल नोच रहे हैं, काट रहे हैं। चीख रहे हैं। लाख अलग करो मगर हटते ही नहीं।

हिकमत : **(तैश में उठते हुए)** बिना मार खाये मानेंगे नहीं।

(घर के भीतर प्रस्थान, पीछे-पीछे लीला का गस्थान। थोड़ी देर बाद बच्चों का रोना बन्द हो जाता है। उ.।के बाद लीला और हिकमत का मंच पर प्रवेश।)

हिकमत : **(भीतर से प्रवेश करके)** लात के भूत बातों से नहीं मानते। जब मार पड़ गयी तब चुप हुए।

लीला : तुम भी अजीब हो। टुन्नू-मुन्नू लड़ रहे थे, और तुमने जाकर चुन्नू-मुन्नू को मार दिया।

हिकमत : **(रुककर)** कोई बात नहीं। चुप तो हो गये?

लीला : मारने के पहले यह भी तो जान लेना चाहिए कि किसकी गलती है। उनसे उनकी बात तो सुन लेनी चाहिए।

हिकमत : क्यों? मैं कोई मुंसिफ हूँ, जज हूँ, जो दिन-भर बैठा मुकदमा सुनूं और उनका फैसला करूँ। ऐसे ही मुकदमे फैसला करने का शोक होता तो मैं जज बनता।

लीला : लेकिन...

लीला : अगर एक-दो होते, तो यह भी कर लेता, अब आधे दर्जन के झगड़े कहाँ तक सुनूं।

लीला : बच्चे भगवान की देन हैं। इनको ऐसा नहीं कहते।

(माँ का भीतर से प्रवेश)

माँ : **(क्रुद्ध होकर)** इतने सरारती बच्चे नहीं देखे मैंने। परेशान आ गयी हूँ मैं। उठते-बैठते हर समय जान आफत में किये रहते हैं। कभी भी चैन से नहीं रहने देते।

लीला : क्या हुआ माँजी?

माँ : पूछती है क्या हुआ? यह आधे दर्जन डाकू तूने ही जने हैं और मुझसे पूछती है क्या हुआ?

लीला : बताइये भी क्या हुआ? क्या किसी ने...

माँ : ऐसे ऊधमी बच्चे तो मैंने देखे ही नहीं। शालिग्राम को भोग लगाने के लिए मैंने आँख बन्द करी और जब आँख खोली तो देखती क्या हूँ कि तुम्हारा छिटंकी-भर के मुन्ने, परसाद खा रहा हैं। ठीक से बोल तक तो पाता नहीं पर रग-रग में सैतानी भरी है। अब बताओ मैं कैसे पूजा करूँ?

लीला : अब मैं क्या करूँ?

माँ : करो क्या-आधे दर्जन पैदा करके घर में बिठा लिए हैं, उन्हें संभाल कर रखो। नहीं तो अभी मिठाई चुराते हैं, कल डाका डालेंगे।

(बड़बड़ाते हुए प्रस्थान)

लीला : **(माँ की नकल करते हुए)** उन्हें संभाल कर रखो। नहीं तो अभी मिठाई चुराते हैं कल डाका डालेंगे। अम्मा जी जब देखो तब मेरे बेटों को कोसा करती हैं।

हिकमत : कभी-कभी कुछ लेकर खिला दिया करो। बच्चे हैं...

लीला : मेरा क्या है, मैं तो रात-दिन चाट और कचालू खिलाकर ही बच्चों का पेट भरूँ, मगर मेरे पास पैसे कहाँ रहते हैं। जो तुम मुझे देते हो उसमें दोनों वक्त की रोटी किसी तरह चल जाती है, यही बहुत है। तुम मुझे और रुपये दो, तो दोनों वक्त बालूसाही खिलाऊँ सबको।

हिकमत : **(व्यंग से चिढ़कर)** तुम तो ऐसे बातें करती हो कि रुपये पेड़ पर फलते हैं, बस मैं तोड़कर तुम्हारे लिए ले आऊँ।

लीला : एक सेर दूध लेती हूँ, उसमें छः बच्चों को दूध देती हूँ।

हिकमत : मैं अकेला दो सेर दूध पिया करता था। अब एक बूँद भी नहीं पीता।

लीला : एक सेर दूध में तो बच्चे आपस में सर फोड़ लें। इसको ज्यादा मिल गया, मुझको कम मिला। सेर दूध का दो सेर करती हूँ, तब किसी तरह काम चलता है।

हिकमत : **(आश्चर्य से)** सेर का दूध दो सेर कैसे करती हो?

लीला : जैसे किया जाता है?

हिकमत : कैसे किया जाता है? **(सोचते हुए)** पानी मिलाती हो तुम?

लीला : तो और क्या करूँ।

हिकमत : **(आहत सा)** बच्चों को पानी मिला दूध देती हो!

लीला : तुम तो ऐसे बोल रहे हो जैसे मैं बड़ा भारी गुनाह करती हूँ। सारी गलती मेरी ही है।

(माँ का भीतर से प्रवेश)

माँ : **(हिकमत से)** अरे बेटा, मुझे तो याद ही नहीं रहा। सन्ने जब पिछली बार बीमार पड़ा था तो मैंने देवी की तीन सुहागिनों को खाना बोला था। देवी मइया की किरपा से सन्ने अच्छा हो गया। देवी-देवताओं का उधार नहीं छोड़ना चाहिए।

हिकमत : तो क्या करूँ मैं?

माँ : अगले सोमवार को सत्तमी है। उसी दिन तीन सुहागिनों को बुलाकर खिला देना।

हिकमत : **(लीला से)** तीन औरतों को अगले सोमवार को बुलाकर खिला देना।

माँ : उनको पियरी भी देनी होगी।

हिकमत : क्या?

माँ : **(समझाते हुए)** पीली साड़ी।

हिकमत : **(खीजकर)** अब साड़ी कहाँ से लायेंगे?

माँ : कहीं से लाओ बेटा। देवी की मानता तो पूरी करनी ही पड़ेगी।

हिकमत : मेरे पास बिल्कुल भी रुपये नहीं हैं।

माँ : अब कुछ भी करो तुम। न हो तो बाजार से पियरी उधार ले आओ, अगले महीने दे देना।

लीला : बाजार का उधार कर लो, लेकिन देवी का उधार नहीं छोड़ सकते।

माँ : **(बिगड़ते हुए)** हाँ हाँ, देवी का उधार नहीं छोड़ा जा सकता। सुना नहीं है तूने सत्यनारायन की कथा। लीलावती और कलावती को कितना दुख मिला। आजकल तो धरम-करम दुनिया से बिलकुल ही उठ गया है। फैसन की कमी नहीं, मगर पूजा-पाठ के नाम पर रुपया नहीं है।

लीला : मैं कौन-सा फैसन करती हूँ।

माँ : जबान लड़ाती है। अपने बड़े-बूढ़ों की इज्ज़त करना नहीं जानती।

लीला : इसमें जबान लड़ाना क्या है?

माँ : एक दिन तू भी बुड्ढ़ी होगी। जब तेरी छः छः बहुएं तेरी चोटी खींचेंगी तब तुझे पता चलेगा, बड़ों से कैसी बातें करनी चाहिए। मैं तो जैसे घर की नौकरानी हूँ। रूखा-सूखा खाने को दे दो, वह बहुत है। अपने को मालकिन समझती है कलमुँही कहीं की। **(प्रस्थान)**

लीला : **(रुआँसी होकर)** मुझे कहती है मैं फैसन करती हूँ। क्या फैसन करती हूँ। पुरानी-पुरानी धोतियाँ पहन कर किसी तरह रहती हूँ, वह भी तुम्हारी अम्माँ की आँखों में खटकता है।

हिकमत : अम्मा की बात पर ध्यान न दो। वह तो यों ही कहती हैं।

लीला : धोतियों में पेबन्द लगाकर सी-सी कर पहनती हूँ। पड़ोसिन को देखो कैसी-कैसी फैसन की साड़ी निकालती हैं।

हिकमत : दुस्मन की बात मत बोलो।

लीला : क्यों न बोलूँ। बड़े दुस्मन के आगे अपने आपको सूरमा बनते हो।

हिकमत : **(तैश में)** बनता नहीं हूँ—हूँ।

लीला : जानते हो दुस्मन अपनी घरवाली को ऐसी-ऐसी साड़ियाँ पहनाती है, जिनके मैं तो नाम भी नहीं जानती।

हिकमत : साड़ी से क्या होता है?

लीला : साड़ी से कुछ नहीं होता, तो काहे से होता है। पड़ोसन नयी-नयी साड़ी, नये-नये गहने पहन कर मेरे सामने से निकलती है, तो मेरे सीने पर सांप लोटता है, मगर मैं अपनी फटी-पुरानी धोती में संतोस करती हूँ।

हिकमत : औरतों को गहने-कपड़े के अलावा और कुछ सूझता ही नहीं।

लीला : कौन से थान-खरीद कर भर दिये हैं तुमने मेरे लिए। भगवान जानता है बियाह के बाद तुमने एक छल्ला भी बनवा कर मेरी उँगली में नहीं डाला।

हिकमत : तुम मुझे ताना दे रही हो?

लीला : यह लो, बात करना भी ताना हो गया?

हिकमत : यह ताना नहीं है क्या?

लीला : मैं बात भी न करूँ। तुम और तुम्हारी अम्माँ तो यही चाहती हैं कि मैं अपनी जबान काट लूँ। बोलने पर भी पहरा डाल दो।

हिकमत : इतना ही गहनों का सौक है तो कर लेती किसी धन्ना सेठ से सादी।

लीला : भगवान जानता है कि मैंने कितना सहा है तुम्हारे घर में। गहनों की बात छोड़ो, धोतियाँ ही कितनी ले आये हो। जब मायके जाती हूँ दो-चार ले आती हूँ। तुमने क्या दिया है मेरे लिए?

हिकमत : कह लो आज जो कुछ तुम कहना चाहती हो। निकाल लो अपने दिल का गुबार।

लीला : क्यों न कहूँ? जो सच बात है वह तो डंके की चोट पर कह सकती हूँ। मैं तुम्हारी अम्माँ के तानों से डर जाऊँगी?

रूखा-सूखा खाकर किसी तरह पेट भरने की गुनहगार हूँ, वरना क्या सुख दिया है तुमने मुझको। न ठीक से खाना न पहनना, न और कोई बात, उस पर भी किसी तरह जी लो, मगर तुम्हारी अम्माँ के तानों ने बींध-बींधकर जिंदगी हलकान कर दी है।

हिकमत : अम्माँ का तो बहाना है। असलियत तो यह है कि तुम खुद गहनों और कपड़ों को ललचायी रहती हो।

लीला : **(आहत स्वर में)** चुन्नू के बापू!

हिकमत : जब तुम इतनी लिलही हो, तो लड़के तो लिलहे होंगे ही। तुम गहने-कपड़े पर जान देती हो, तो लड़के मिठाई पर टूटेंगे ही। माँ का असर है बच्चों पर।

लीला : **(अति क्रोध से किन्तु रूआँसी होकर)** मैं लिलही हूँ। मैं गहने कपड़े पर जान देती हूँ। भगवान मुझे उठा ले तो सारा झगड़ा ही खतम हो जाय। मैं लिलही हूँ।

(क्रोध में पैर पटकते हुए घर के भीतर प्रस्थान। हिकमत विवशता के भाव से जाती लीला को देखता है, फिर सिगरेट निकाल कर पीता है, तब ही गोली बाहर से अन्दर आता है। उसकी हुलिया पहले से बिलकुल बदली है। वह अब पतलून-कमीज और सोला हैट लगाये है। आँखों पर काला चश्मा है।)

गोली : **(प्रवेश करके)** गुड मार्निंग! हिकमत सिंह।

हिकमत : आओ गोली आओ। आओ, यहाँ बैठो।

गोली : बैठूंगा नहीं। ज़रा जल्दी है। पिक्चर देखने जाना है, "मैं प्रेम की दीवानी हूँ।"

हिकमत : आये हो तो बैठ तो जाओ।

गोली : **(बैठते हुए)** इधर से गुजर रहा था, सोचा तुमसे मिलता चलूँ।

हिकमत : बड़ा अच्छा किया। नून, तेल, लकड़ी में, मैं तो इतना फंसा रहता हूँ कि कहीं निकल ही नहीं पाता।

गोली : **(पान की पुड़िया खोलते हुए)** यह लो, रास्ते से बनारसी की दुकान से पान लेता आया हूँ तुम्हारे लिए।

हिकमत : **(पान लेते हुए)** बनारसी की दुकान जैसे पान बनारस में भी नहीं मिल सकते।

गोली : **(जिस कागज में पान लिपटा था, उसका कागज देखते हुए)** अरे यह तो कल्लू की फ़ोटो है।

हिकमत : **(चौंककर)** कल्लू की?

गोली : **(कागज को पढ़ते हुए)** दस हजार रुपये नकद इनाम।

हिकमत : लाओ मैं देखूँ। **(हाथ बड़ाकर कागज लेता है। फिर पढ़ते हुए)** दस हजार रुपये नकद इनाम। सूबे के मसहूर पहलवान कल्लू उस्ताद का चेलेंज। **(स्वर बदलकर)** साले कल्लू अब सूबे के मसहूर पहलवान हो गये।

गोली : **(कागज लेकर पढ़ते हुए)** कलजुगी भीम, रूस्तमे हिन्द, दंगल केसरी, कुस्ती सम्राट कल्लू उस्ताद जो हिन्दुस्तान के मसहूर पहलवान छम्मा महाराज के सागिर्द हैं।

हिकमत : ससुर छम्मा! वह पटकनी दी थी, आज भी अंग-अंग पिराता होगा उसका।

गोली : **(पढ़ते हुए)** ऐलान किया है कि कोई भी माई का लाल जिसने सेरनी का दूध पिया हो।

हिकमत : मैं तो मदर डेरी का दूध पीता हूँ।

गोली : और अपने आपको पहलवान समझता हो, उनसे मुकाबला करे, अगर वह हार गया तो दस हजार रुपये देंगे।

हिकमत : **(निराश स्वर में)** सब वक्त की बात है। कभी कल्लू तो कल्लू, कल्लू का बाप छम्मा को इन्हीं टांगों के नीचे से निकाला था, और आज वही सोखी में यह परचा निकाल रहा है।

गोली : हिकमत सिंह, कभी-कभी तो मेरा दिल भी अखाड़े जाने को होता है। मन चाहता है कि कपड़े उतार फेंकूं और अखाड़े की ठंडी-ठंडी मिट्टी बदन पर रगडूं।

हिकमत : वह दिन तो जैसे सपने हो गये।

गोली : मगर मेरी 'वैफ'-रतना कहती है कि बाहर के अखाड़े को भूल जाओ। **(शर्मा कह)** कहती है, घर में ही पहलवानी करो।

हिकमत : किसी के कह देने से कोई कैसे भूल सकता है।

गोली : वह कहती है—पहलवानी सरीफों का काम नहीं।

हिकमत : **(क्रोध से)** पहले अगर तुमने यह कहा होता तो...

गोली : पहले तो मैं भी यह नहीं सुन सकता था लेकिन अब बात

दूसरी है। **(समझाते हुए)** रतना ठीक कहती है। जब अखाड़ा छोड़ दिया तो छोड़ दिया। उसके बारे में सोचने से क्या फायदा।

हिकमत : ठीक ही कहते हो।

गोली : सोचता हूँ अगर रतना की कहीं और सादी हो गयी होती तो जिन्दगी भर पछताता।

हिकमत : मैं तो सादी करके पछता रहा हूँ।

गोली : क्यों?

हिकमत : खानदान की इज्ज़त की बात न होती तो कभी भी सादी न करता।

गोली : भाभी जी तो इतनी सीधी हैं।

हिकमत : कहाँ सादी के पहले की मस्ती, और कहाँ यह दिन-रात की चख-चख। इस समय तो आधे दर्जन बच्चे चुप हैं, मगर जब बोलते हैं तो ऐसा लगता है जैसे छत गिर पड़ेगी।

गोली : बच्चे तो सोर मचाते ही हैं।

हिकमत : हफ्ते में छः दिन तो दफ़्तर में मरो। इतवार के दिन भी घर में चैन नहीं मिलता। फिर खर्चे का हाल यह है कि जो लाओ सब खर्च। सब समा जाता है इस घर में।

गोली : सादी के बाद तो खर्च बढ़ ही जाता है। अकेली जान पर भला क्या खर्च।

हिकमत : हमारे यहाँ हर चीज़ दर्जनों में होती है। नेकर सिलाओ तो आधा दर्जन नेकर सिलाओ। जूते लाओ तो आधा दर्जन जोड़ी। कमीज का कपड़ा गज में नहीं, थान में खरीदता हूँ। **(गोली हँसता है)** हाँ, सचमुच हमारे घर में फुटकर कुछ नहीं होता। सब कुछ पूरा-पूरा होता है। दर्जनों के हिसाब से।

गोली : बच्चों के लिए ऐसे नहीं कहते।

हिकमत : अरे मैं कुछ कहता थोड़े ही हूँ, जो खर्च है वही बता रहा हूँ। पहले बच्चों को खिलाओ, फिर खुद खाओ। जब बच्चों का पूरा पड़ता नहीं तो अपने आप कैसे कुछ खाऊँ। पहले दो सेर दूध रोज पीता था। सौ-सौ बादाम घिसकर खाता था। अब बरसों बीत गये बिना दूध बादाम के।

गोली : तुम पहले से बहुत झटक गये हो।

हिकमत : न अब वह पहले जैसी मस्ती है न मौज। हर समय कोई न

कोई चिन्ता चिता सी जलाया करती है। कभी-कोई बीमार, तो कभी कोई। किसी के सिर में दर्द है तो किसी के पेट में।

गोली : मेरे दो बच्चे हैं, उनके साथ भी बीमारी लगी रहती है। फिर तुम्हारे तो छः हैं।

हिकमत : मुझे तो लड़कों के नाम भी याद नहीं रहते। सन्नू को पन्नू कह बैठता हूँ और चुन्नू को मुन्नू समझता हूँ। मुन्नू की अम्मां को इसकी बड़ी शिकायत है।

गोली : शिकायत होनी ही चाहिए।

हिकमत : अब बताओ कहाँ तक याद रखूँ। बदमाश इतने हैं कि दिन भर लड़ा करते हैं। मैं इनकी लड़ाई सुनते-सुनते तंग आ गया हूँ। कहाँ तक चिल्लाया जाय! जो कोई सामने मिलता है उसी को दो थप्पड़ लगाता हूँ। बस सब चुप हो जाते हैं।

गोली : **(हँसकर)** अरे नहीं।

हिकमत : और क्या करूँ? मुन्नू की अम्मां कहती है, जिसकी गलती हो उसे ही मारो। अब बताओ मैं कोई थानेदार तो नहीं हूँ जो जुर्म की तफतीस करूँ।

गोली : तुम भी बड़ी मजेदार बात करते हो।

हिकमत : मजेदार नहीं जब सर पर बीतती है तो पता चलता है। न ठीक से खा सको न पहन सको। हर समय रुपये की झिक-झिक और रोना।

(माँ का भीतर से प्रवेश)

माँ : अरे बेटा, न हो आज ही सुहागिनों को खाने का न्योता भिजवा दो।

हिकमत : अच्छा।

माँ : भूलना मत।

हिकमत : अच्छा-अच्छा बुला लूँगा। भूलूँगा नहीं।

माँ : देवी-देवताओं की बात है...आजकल के लड़के कुछ समझते नहीं।

(प्रस्थान घर के भीतर)

हिकमत : दोनों वक्त खाने को पूरा पड़ता नहीं और अम्माँ को सुहागिन खिलाने की पड़ी है।

गोली : कैसी सुहागिनें?

हिकमत : कोई देवी की मानता बोली थी। खाना हो तब भी गनीमत। सुहागिनों को पीली धोती भी देनी है। अब बताओ कहाँ से यह सब करूँ। इस पर मुन्ने की अम्मा कहती है मैंने उसके लिए गहने नहीं बनवाये। साड़ी नहीं लाया। (समझाते हुए) औरतें सब एक सही होती हैं। गहना और कपड़ा तो उनका भगवान होता है।

गोली : अरे हाँ कोई नयी खबर?

हिकमत : कैसी खबर?

गोली : घर में नयी खुसी। कुछ उम्मीद है?

हिकमत : उम्मीद बेसक है। यह साल खाली कैसे जा सकता है?

गोली : फी फी फी-अरे वाह हिकमतसिंह।

हिकमत : सब ईस्वर की इच्छा है।

गोली : **(हँसकर)** हम तो भाई अभी से बता दें, हरीरा और सोंठ के लड्डू खायेंगे। हाँ।

हिकमत : हाँ हाँ, भाई खाना।

गोली : वाह कमाल है, इतनी खुसी की बात तुम अब तक छुपाये थे। हिकमतसिंह, अब की दफा तो दरवाज़े पर सहनाई बजवानी चाहिए। सातवां लड़का...बड़ा भागवान होता है। ऐसा भाग बिरलों का ही होता है।

हिकमत : सब ईस्वर की कृपा है।

गोली : दावत देनी पड़ेगी, दावत। इतनी बड़ी खुसी, उस पर दावत भी कम है।

(मामू का बाहर से प्रवेश)

मामू : खुशी, कौन सी खुशी। **(गोली उठ खड़ा होता है)**

हिकमत : **(टालते हुए)** कुछ नहीं।

गोली : तुमको नहीं मालूम? हिकमत सिंह ने नहीं बताया?

मामू : हिकमत! अरे वाह चेला, गुरु का नाम कब से लेने लग गये?

हिकमत : अब हम लोग बराबर हैं।

गोली : जब से कंठी उतारी तब से बराबर हैं। गुरु-चेला तो हनुमान जी की कंठी पहन कर थे।

मामू : बहुत खूब! अब चेला गुरु के कान काट रहा है। **(गोली से)** शबाश **(रुककर)** हाँ, यह खुशी काहे की है।

गोली : हिकमतसिंह के यहाँ लड़का पैदा होने वाला है।

मामू : लड़का?

गोली : सातवां लड़का। ऐसा भाग्य बिरलों का होता है।

मामू : ऐसा दुर्भाग्य। पलटन पैदा करता जा रहा है। मैं पूछता हूँ इन्हें खिलायेगा कहाँ से?

गोली : **(अचानक हिकमतसिंह से)** मैं चलूँगा अब।

मामू : **(गोली से)** अरे वाह, यह अचानक कहाँ चल दिये बरखुरदार?

गोली : मुझे ज़रूरी काम से जाना है। फिर मिलूँगा हिकमत बाई-बाई।

मामू : ए ग़जब बाई-बाई।

(गोली का बाहर प्रस्थान)

मामू : भाग गया तुम्हारा जमूरा। मेरी सूरत से भी घबराता है।

हिकमत : तुम्हारी जबान पर लगाम नहीं है। न जाने क्या कब कह बैठो?

मामू : मेरी जबान पर लगाम नहीं है, इससे किसी का बनता-बिगड़ता नहीं। लेकिन हिमाकत तुम्हारे लंगोट पर जो लगाम नही है, उससे, तुम अपनी तबाही अपने आप ला रहे हो। इन बच्चों को खिलाओगे कहाँ से? कभी यह भी सोचा है?

हिकमत : मैंने सौगन्ध खाई थी कि दुस्मन के बेटों से ज्यादा मेरे बेटे होंगे।

मामू : और उसी तैश में चार बेटे ज्यादा पैदा कर बैठे। अब सातवें की तैयारी में हो।

हिकमत : मेरे सात बेटों के सामने दुस्मन के दो बेटे आँख भी न उठा सकेंगे।

मामू : गीदड़ की फौज के लिए एक शेर काफी होता है।

(तभी घर के भीतर सन्ने बड़ी जोर से रोता है)

हिमाकत : **(गुस्से से)** साले, जब देखो तब रोया करते हैं। कोई समय नहीं, जब घर में सान्ति रहे। **(गुस्से में चलता घर के भीतर जाता है)**

हिकमत : **(नेपथ्य में)** रोता है औरतों की तरह। नालायक, गधा, कुल डोबन। जा मार। मैं कहता हूँ जा मार के आ। जा! जा!! जा!!

(सन्ने को मरता है सन्ने की जोर जोर से रोने की आवाज़ आती है।)

मामू : अरे अब बस भी कर। एकदम मार ही डालेगा...**(कहते हुए घर के भीतर प्रवेश)**

(थोड़ी देर बाद हिकमत को पकड़े हुए मामू का प्रवेश। हिकमत के हाथ में टूटी हुई पटरी है।)

मामू : इतना नहीं मारना चाहिए। कहीं ठांव-कुठांव पड़ जाती तो...।

हिकमत : पिटकर चला आया लड़कियों-सा रोता है। यह न हुआ दुस्मन के बेटे को पीटकर आता।

मामू : अभी बच्चा है...।

हिकमत : **(बात काटते हुए)** दुस्मन का बेटा तो जैसे जवान है। उससे दो महीने बड़ा है मेरा सपूत। मगर उसके नाम से कांपता है। इतना कहा मैंने कि जा मार कर आ, लेकिन हिम्मत ही नहीं पड़ती उसकी। मेरा खून खौल रहा है।

मामू : बहुत मारा तुमने। पीटते-पीटते पटरी तोड़ दी उस पर। अब जाने भी दो।

हिकमत : मैं उसकी जान ले लूँगा। कम्बख्त मेरा बेटा है, उस पर इतना डरपोक। मैं कहता हूँ, मामू एक दिन यह हमारे खानदान की इज्ज़त को मिटा कर रहेगा।

मामू : खानदान की इज्ज़त।

हिकमत : हाँ खानदान की इज्जत। मैंने अपनी कंठी इसी खानदान की इज्ज़त के लिए उतारी, अपना धर्म बिगाड़ा। दुस्मन के बेटे का मुकाबला करने के लिए मेरा बेटा हो, इसीलिए सादी की, लेकिन नतीजा एकदम उलटा।

मामू : अब खत्म भी करो।

हिकमत : छः पुस्तों की दुस्मनी में हमारा खानदान कभी पीछे नहीं रहा। हमेसा दुस्मन पर हावी रहे, लेकिन अब लगता है कि कमबख्त हमारे खानदान को हराकर ही रहेंगे।

मामू : हरायेंगे नहीं, तुम्हारा खानदान तो हार गया हिमाकत।

हिकमत : क्या कहते हो मामू? जब तक हिकमत ज़िन्दा है, हमारा खानदान नहीं हार सकता।

मामू : और तुम्हारे मरने के बाद? **(हिकमत उत्तर नहीं देता)**

मामू : तुम लाख शोखी बघारो, लेकिन सच तो यह है कि तुम हार गये।

हिकमत : क्या कहते हो मामू। मैंने खानदान की इज्ज़त के लिए क्या नहीं किया।

मामू : तुम्हारे खानदान को तुम्हारे दुश्मन ने नहीं तुमने खुद हराया। **(हिकमत अविश्वास से हँसता है)**

हिकमत : बच्चे तो भगवान् की देन हैं।

मामू : **(खिड़की की ओर बढ़ते हुए)** देख, देख, तेरा दुस्मन अपनी बीबी और बच्चों के साथ बाहर घूमने जा रहा है। **(खिड़की के पास खड़े होकर देखते हुए)** कितने साफ-सुथरे तन्दुरूस्त लगते हैं सबके सब। दुश्मन की बीबी को देख! हाय, हाय, क्या जवानी है। तुझसे पहले उसकी शादी हुई थी, लेकिन आज भी उसकी बीबी पर शबाब है। एक तेरी बीबी है, जिसे देखकर लगता है एकदम बुढ़िया हो गयी है। दोनों का कोई मुकाबला ही नहीं। सब कैसे खुश लगते हैं। **(खिड़की से हट कर बीच में आते हुए)** भांजे हिमाकत, हिकमत बहुत बड़ी चीज़ है। हिकमत से आदमी अपनी तकदीर खुद ही बनाता है। भगवान ने अक्ल इस्तेमाल के लिए दी है। अब भी तू समझ जाये तो बहुत है। मैं तो चलता हूँ। **(बाहर प्रस्थान)**

(परेशान हिकमत सिंह उदास बैठ जाता है। तभी चार कोनों से मामू, गोली, माँ और लीला सफ़ेद शॉल ओढ़ कर वृन्द गायक के रूप में, मंच पर आते हैं। वे हिकमत को घेर कर छेड़ते/चिढ़ाते हुए गाते हैं)

गाना

जीत के भ्रम में क्यों जीते हो
तुम हारे, जीता है दुस्मन।
कोई और नहीं है दुस्मन,
तुम हो अपने आपके दुस्मन।
सोच के दुस्मन, समझ के दुस्मन,

तुम हो पूरे अक्ल के दुश्मन।
ऊपर वाला तुम्हें बचाए,
तुम तो हिमाकत, हद करते हो।
जीत के भ्रम में क्यों जीते हो,
तुम हारे, जीता है दुश्मन।

(गीत समाप्त होने पर हिकमत सिंह के एक तरफ़ गोली और मामू तथा दूसरी तरफ़ माँ और लीला एक दूसरे की कमर में हाथ डालकर धीरे-धीरे गीत की अन्तिम दो लाइनें गाती रहती हैं–पार्श्व संगीत की तरह। हिकमत पहले दीवार पर टंगी कामुक स्त्री की तस्वीर उतारता है। फिर घर के भीतर से एक तस्वीर लाता है। उसकी धूल झाड़ता है। फिर उसे दीवार पर टांगता है। वह हनुमान जी की तस्वीर है। फिर वह तस्वीर के निकट भावहीन-सा, विचारक की मुद्रा में बैठ जाता है।
वृन्दगीत के स्वर तेज़ हो जाते हैं।)

(इति)

❑❑